KB186634

기[企業]사부일체

기술사업화 퍼즐을 맞추다

기업 성장 전략 시리즈 1

기(企業)사부일체

박수기 지음

책들의 정원

들어가며

대한민국의 미래는 중소기업에 달려 있고 중소기업의 미래는 기술사업화에 달려 있다

대한민국의 중소기업은 항시 위협에 노출되어 있다는 것은 이제 상식이다. 중소기업의 지속가능성을 담보할 방법은 존재하지 않는 것일까? 기업 성장전략 시리즈 1편 《기(企業)사부일체》는 이러한 고민을 통해 세상에 나오게 되었다.

중소기업이 성장하기 위해서는 다양한 전략이 필요하다. 기업 성장 전략 시리즈 1편은 그중에서도 '기술 기반 성장전략'을 이야기한다. 수많은 유관기관이 다양한 형태로 기업 활동을 지원하고 있으나, 기업에서 이를 미처 알지 못해 도움을 얻지 못하는 일이 흔하다. 또한 유관기업에서도 기업의 실체實體를 제대로 이해해야만 전략적으로 기업에 접근할 수 있다.

글로벌 무한경쟁에 돌입하면서 대한민국 중소기업은 기술 혁신의 방향성을 찾아야만 한다. 잇따른 창업 열풍에도 불구하고 국내 중소기업이 기술혁신의 방향성을 찾고 있는지 의문이 든다. 아직 우리나라 산업화 역사가 일천日淺해

중소기업 스스로 혁신기업으로 거듭나는 일이 어려운 것이 현실이다.

필자는 다양한 기업 컨설팅을 통해 개방형 혁신open innovation이 혁신 성장을 위한 도구로써 중요한 역할을 하고 있으며, 이를 적절히 활용할 경우 한반도를 넘어 글로벌 시장의 강자로까지 성장이 가능하다는 것을 확인했다. 국내기업의 보석 같은 사례들이 널리 확산되어 새롭게 거듭날 수 있으리라는 꿈을 품어본다.

대한민국호의 현재 위치는 어떠한가? '대한민국의 미래는 중소기업에 달려 있다'고 이야기하지만 중소기업은 무수한 위협에 처해 있지 않은가? 창업 후 마주하게 된다는 '죽음의 계곡'에서 속절없이 사라지는 수많은 기업을 바라보며 안타까운 마음을 금할 수 없다. 이토록 매서운 현실에서 대한민국 중소기업은 어떻게 방향성을 확인해야 하는가?

대한민국에서 중소기업을 경영하는 것은 외로운 싸움이다. 이에 대한민국 정부는 중소기업의 성장을 지원하기 위한 다양한 프로그램을 운영하고 있다. 아시아의 많은 국가가 대한민국의 중소기업 지원 시스템을 부러움의 대상으로 삼고 있다.

중소기업 대표와 임직원은 지속 경영을 위해 끊임없이 고민하고 있다. 하지만 막상 어떻게 도움을 받아야 할지, 어떤 방법으로 회사의 성장을 도모해야 할지 그 수단과 방법을 모르는 경우가 다반사다. 중소기업의 대표는 일인다역一人多役을 맡는다. 낯선 위협에 처하고 중요한 의사 결정에 직면한다. 기술적 난제를 돌파하기 위한 전략도 마련해야 한다. 하지만 이러한 전략적 의사 결정에 도움되는 조언은 어디에서도 쉽게 찾을 수가 없다.

만일 내가 오늘 창업을 한다면 무엇을 어떻게 준비해야 할까? 대학과 각종 창업기관에서 끊임없이 교육 과정을 개설하고 있지만, 창업자의 마음으로 와 닿는 수업을 찾기는 무척이나 힘들다. 왜 그럴까? 창업은 이론이 아니라 실전이기 때문이다. 실전에서 발생하는 돌발 상황에 대처하는 법을 찾지 못한 사람이라면 이 말을 이해할 것이다.

기업은 창업과 동시에 위기에 직면한다. 성장을 하기도 하지만, 매출 정체를 겪기도 하고, 때로는 매출 감소를 경험하기도 한다. 기업 현장은 여러 변수와 의사 결정의 연속이기도 하다. 특히 중소기업의 임직원은 의사 결정에 많은 어려움을 겪고 있다. 중소기업의 기술사업화는 하드웨어가 아닌 소프트웨어로 완성되는 과정이다. 기술사업화란 결국 단계별로 세밀한 분석을 하고 그에 맞는 대안을 구하는 길고 긴 여정이다.

이 책에는 필자가 직접 수행한 수많은 기술사업화의 실제 사례가 녹아들어 있다. 창업과 성장, 위기 극복과 지속 경영을 위한 준비, 마지막으로 인수·합병까지 기업 활동의 전 과정을 스토리를 통해 살펴볼 것이다. 마치 어느 기업에서 실제로 벌어지는 상황을 보여주듯이 생생하게 풀어낸 스토리를 통해 기업의 대표와 임직원이 숙지해야 할 현장 전략과 전술을 제시하고자 하였다.

대한민국에서 중소기업과 중견기업을 운영하는 대표, 조직을 이끄는 임직원이라면 이 책을 통해 기술사업화가 무엇인지 깨닫고 대한민국 기술 혁신의 주역이 될 수 있을 것이다. 또한 기술사업화 지원기관, 기술공급기관(대학, 출연연구소), 기술접점기관(기업 지원 공공기관, 금융기관 등)의 실무 담당자 및 의사 결정자가 이 책을 읽는다면 기업이 매일 마주하는 고민을 파악하고 그들에게 전략적으로 접근할 수 있게 되리라 믿는다.

기술사업화는 받아들이기 어렵고, 실제 사례를 찾아보기도 힘들다고 말한다. 하지만 대한민국에는 이미 수많은 기술사업화 사례가 존재한다. 이를 통해 혁신 기업으로 성장하는 경우도 매우 많이 존재한다. 필자가 이 책을 통해 전달하는 지식이 대한민국 기술경쟁력을 배가시키는 데 일조하기를 기원한다. 대한민국을 둘러싼 주변 환경은 매우 불투명하지만, 그래도 기업의 숙명은 '성장'이기에 이 책이 중소기업의 앞날에 조금이라도 힘이 되기를 진심으로 희망한다.

이야기 속으로 들어가기에 앞서 밝혀야 할 점이 있다. 이 책에 등장하는 '한국전자'와 '세계음향'은 필자가 실제로 컨설팅을 진행했던 서울디지털산업단지의 J사에서 받은 영감을 기반으로 가공된 가상의 회사다.

또한 이 원고에는 필자 외에도 수많은 분의 손길이 닿아 있다. 이 자리를 빌려 힘을 보태주신 분들께 인사를 올린다. 이 책의 내용은 전반적으로 필자가 재직했던 한국발명진흥회 지식재산거래소에 기반을 두고 있다. 그곳에 계신 특허거래전문관 여러분께 먼저 감사의 말씀을 드린다. 또한 차준용 변리사님과 안수현 회계사님은 각각 '특허 관련 내용'과 '투자 및 M&A 관련 내용'에 큰 도움을 주셨다. 두 분의 조언이 매우 소중한 가르침이었음을 밝힌다. 원고를 집필하는 동안 묵묵히 자료를 조사해준 나의 보석 신애, 상현에게도 고맙다는 말을 전한다. 더불어 마지막 순간까지 따끔한 충고와 응원을 보내준 나의 영원한 반려자, 사랑하는 아내에게 이 책을 바친다.

2020년 1월

박수기

목차

part 2 죽음의 계곡을 넘다

part 3 R&D 역량 확보를 통해 성장의 발판을 마련하다

part 4 제품혁신전략을 통해 성장하다

part 5 해외 진출을 위해 특허 포트폴리오 전략을 수립하다

part 6 지식재산 경영을 통해 기업 경쟁력을 강화하다

part 7 재도약을 위해 M&A를 시도하다

등장인물

김한수 대표

한국전자 대표이사. (전)한국음향 연구소장. 한국음향에서 젊은 날을 불살랐지만 한국음향의 파산으로 인생의 목표를 상실한다. 하지만 이를 계기로 한국음향 멤버와 제2의 한국음향을 창업한다. 김한수 대표는 '변혁의 리더'를 지향하며 '함께하는 리더'를 꿈꾼다. 한국전자 창업 후 기업의 창업과 위기 그리고 이를 극복하며 찾아온 성장 기회를 통해 한편의 성장 드라마를 펼친다. 기업에서 발생할 수 있는 다양한 사건을 통해 역동적으로 살아가는 오늘날 중소기업 대표의 표상과 같다.

박정수 대표

에이스컨설팅 대표이사. 중소기업 사이에서 '미다스의 손'으로 불리는 전설의 컨설턴트다. 한국음향 시절 김한수 대표와 맺은 인연을 통해 한국전자의 컨설팅을 맡는다. 한국전자의 성장과 위기를 함께하며 한국전자가 발전하는 데 견인차 역할을 한다. 한국전자의 창업과 성장 그리고 위기 극복 과정과 M&A까지 컨설팅을 통해 기업의 성장 전략과 위기 상황을 극복하는 과정을 치밀한 전략을 통해 한국전자의 지속 경영의 토대를 마련한다.

조인호 부사장 겸 CFO(chief financial officer, 최고재무관리자)

한국전자 부사장. (전)한국음향 재무팀장. 한국전자의 공동 창업자로 김한수 대표를 존경하며 함께하기를 마음속으로 희망했던 인물이다. 한국음향에서 장정윤 CFO의 직속 부하였지만, 장정윤 CFO의 석연치 않은 일처리에 의심을 가지고 그를 추적했다. 매사 꼼꼼하고 빈틈없는 일처리로 정평이 나 있으며, 한국전자에서 물심양면 김한수 대표를 보좌한다. 그림자와 같이 보이지 않는 곳에서 묵묵히 자기 역할에 최선을 다하는 한국전자의 살림꾼.

임창용 부사장 겸 CTO(chief technology officer, 최고기술경영자)

한국전자 부사장. (전)한국음향 선행기술팀장. 한국음향에서 차세대 기술을 준비했으며 한국전자 창업과 성장의 숨은 공로자. 공동 창업자로, 한국전자에서는 연구소장을 맡아 기술 개발을 주도하며 지속 성장을 위한 기술적 토대를 마련한다. 이민우 팀장과 함께 한국전자 연구개발의 주역으로 꼽힌다. 한국전자가 기술혁신 기업으로 거듭나도록 진두지휘하는 선장의 역할을 충실히 수행한다. 한국전자를 매각한 이후 CEO로서 새로운 삶을 살기도 하지만 개발자라는 역할을 너무나도 사랑하는 뼛속까지 개발자.

이민우 연구팀장

한국전자 팀장. (전)한국음향 개발팀장. 한국음향에서 김한수 소장, 임창용 팀장과 더불어 연구소 삼인방 중 한 명. 한국음향에서 차세대 기술을 극비리에 개발하는 중책을 맡아 소임을 다하는 인물로, 한국전자의 공동창업에 참여한다. 한국전자에서 임창용 부사장을 도와 기술개발을 현장을 실질적으로 이끌며 한국전자의 R&D(research and development), 기술 개발 전략, 인증 등 관련 업무 전반을 묵묵히 수행한다. 한국전자 매각 이후 한국콘텐츠영상에서 CEO로 새 출발을 한다.

장정윤 대표

세계음향 대표이사. (전)한국음향 부사장(CFO). 정공법이 아닌 변칙적 방법을 통한 성장을 추구하지만, 결국에는 '뿌린 대로 거둔다'는 말처럼 본인이 뿌린 씨앗으로 인해 무너진다. 교활하며 기회주의적인 성향을 가졌다. 김한수 대표와는 한국음향에서 대립각을 세웠다. 세계음향 대표이사로 새 출발하며 문익주 부사장의 아이디어와 기획력으로 한때 승승장구 한다. 오늘날 많은 중소기업이 그러하듯 원칙 없이 눈앞의 이익을 위해 정의를 버리는 인물로 묘사되지만 중소기업에 많은 시사점을 던져준다.

문익주 부사장

세계음향 부사장. (전)한국음향 상무. 아이디어가 좋고 임기응변이 뛰어나 한국음향에서 장정윤 부사장의 오른팔 역할을 했으며, 한국음향의 고의에 가까운 부도에 관여했다. 김한수 연구소장과는 사사건건 부딪쳤고 한국음향의 전략 방향에 대한 반대 의견을 피력하는 바람에 김한수 소장의 한국음향 내 입지를 축소시키며 그와는 경쟁적인 구도를 형성했다. 장정윤 대표에게 전략과 방향을 제시하며 승승장구 하지만, 결국 변칙적인 방법으로 성장을 도모함에 따라 정공법을 추구하는 한국전자의 전략에 밀려 몰락한다. 장정윤 대표의 참모이자 기획자 역할을 하지만, 같은 배를 탄 장정윤 대표의 '대표 자격 미달'로 말미암아 좋지 않은 결말을 맞이한다.

장동식 회장

현대시스템 회장. 한국음향을 이 세상에서 허망하게 사라지게 한 장본인. 매사 꼼꼼하고 전략적인 판단이 탁월해 현대시스템을 대기업 반열에 올려놓았다. 한국전자와 크로스 라이센싱 계약, M&A 등을 추진한 인물로 오랜 기업 경험을 기반으로 둔 전략가라 할 수 있다.

프롤로그

한국음향 사인방의 출사표

사방에 먹구름이 가득하다. 하늘에 구멍이 뚫린 듯 세찬 바람과 함께 폭우가 쏟아진다. 마치 하늘이 한국음향의 운명을 아는 듯하다. 한때 중소기업의 '희망'으로 불리던 한국음향의 운명은 어디를 향할 것인가?

드디어 운명을 결정할 최후의 날이 왔다. 한국음향에 최후통첩이 내려졌다. 주거래 은행인 '너희은행'에서 돌아온 어음이 최종 부도 처리되며 한국음향은 이 세상에서 허망하게 사라질 운명에 처했다. 한국음향은 이대로 무너질 것인가? 한국음향 직원들의 동요가 광풍처럼 휘몰아쳤다. 한국음향의 운명을 아는 듯 한국음향은 사옥마저 사방이 회색빛이다.

한국음향 직원들의 향방을 결정할 마지막 회의가 대회의실에서 열렸다. 한국음향 전 직원 비상 대책 회의다. 전 직원의 웅성거림 속에 장정윤 부사장이 앞으로 나선다.

"지금까지 자금 관리를 담당한 임원으로서 할 말이 없습니다. 직원들께 죄송하다는 말밖에 꺼낼 수 없어 면목이 없습니다. 한국음향은 법원에서 파산 절차를 밟을 예정이며 직원들의 급여와 퇴직급 등은 우선 지급할 예정이므로 동요가 없으시길 바랍니다."

직원 중 한 사람이 소리쳤다.

"그럼, 당신은 책임이 없다는 말입니까?"

직원들의 웅성거림으로 비상 대책 회의장은 소란스러워졌다.

"부사장으로서 끝까지 회사를 책임져야 하지 않습니까?"

어수선한 분위기가 이어졌다. 이어서 문익주 상무가 나섰다.

"직원 여러분께 면목이 없습니다. 여기서 여러분께 할 수 있는 말은 여러분 각자 살 길을 알아서 찾아야 한다는 것뿐입니다."

직원들의 웅성거림을 뒤로한 채 장정윤 부사장과 문익주 상무는 묘한 미소를 지으며 성급히 대강당을 빠져나갔다.

김한수 연구소장의 머리는 복잡했다. 지금까지 매달려온 오디오 시스템이 시장에서 사라질 운명에 처했다. 지난 수년간 한국음향은 '현대시스템'이 장악하고 있는 오디오 시스템 시장에 도전장을 내밀었지만, 골리앗과 다윗의 싸움으로 비유될 만큼 두 기업의 체급은 차이를 보였다. 대기업과 중소기업 간의 싸움으로 세간의 관심이 집중되었다. 한국음향은 시장 개척에 한계를 드러내며 스스로 무너진 측면이 없지 않았다.

김한수 소장은 조인호 재무팀장, 임창용 선행기술팀장 그리고 이민우 개발팀장과 시청 앞 선술집에서 마지막 만남을 갖기로 했다. 마지막 만남은 새로운 기약을 위한 자리이기도 하다.

"조 팀장 여기야!"

김한수 소장이 조인호 팀장을 보며 반갑게 맞이한다.

"조 팀장, 마지막까지 우리 회사의 재무팀장으로서 끝까지 애썼는데 아쉽게 됐네."

김한수 소장은 한숨을 내쉬었다.

"회사의 마지막을 막지는 못했지만, 우리의 앞날은 우리가 결정해야 되는 것 아니야"라며 김한수 소장이 큰 소리로 운을 띄운다. 임창용 팀장과 이민우 팀장이 연이어 선술집에 들어선다. 자리에 앉은 한국음향 사인방의 표정이 어둡다.

"소장님, 끝까지 고군분투했는데 안타깝게 됐습니다."

"자네들이 연구소를 잘 이끌어왔는데, 결말이 좋지 않아 면목이 없네."

임창용 팀장은 손사래를 친다.

"소장님은 끝까지 최선을 다했습니다. 그리고 현대시스템과의 승부는 이미 결정 난 사안이라는 걸 누구보다도 여기에 참석한 사람은 잘 알고 있습니다."

김한수 소장은 물고 있던 담배를 끄며 눈을 지그시 감고는 회상에 젖는다. 지나간 수많은 일들이 주마등처럼 스치며 한국음향에 진한 아쉬움이 남는다.

"나는 현대시스템과의 승부에서 한국음향이 전략을 바꾸어야 한다고 수차례 대표님께 건의했지만, 그때마다 묵살당했지."

김한수 소장은 지난 일을 떠올리며 회한에 젖는다.

"난, 이미 한국음향의 앞날을 예감하고 있었어. 그래서 미래를 준비하고자 내부에 미래기술 TFtask force를 운영했지. 미래기술 전략의 밑그림을 여기에 참석한 임창용 팀장과 이민우 팀장이 준비해왔네."

조인호 재무팀장은 놀랍다는 표정을 짓는다.

"아니, 이런 배신자들…. 나만 빼놓고 작당을 하고 있었군!"

"조 팀장, 이해해주게. 워낙 극비리에 진행 중인 프로젝트라…."

사실 미래기술 TF는 한국음향의 마지막 카드로 준비한 프로젝트였다. 하지만 한국음향이 허망하게 무너져서 미래기술 TF가 준비한 기술도 거품처럼 사라질 위기에 처했다.

"그래서 내가 오늘 여기에 모이자고 한 거야. 미래기술 TF에서는 미래의 개인화 방향에 맞춘 초소형 음향 기술을 준비 중에 있었지. 한국음향에 위기가 찾아올 즈음 대표님께 프로젝트를 극비리에 보고했으며, 대표님께서 한국음향이 잘못될 경우에 대비해서 나에게 미래기술 TF의 결과물에 대한 활용 방안의 전권을 맡기셨다네. 그리고 미래기술 TF에서 나온 산출물들은 여기에 참석한 두 팀장이 모두 확보하고 있어서 사업화를 진행하는 데는 크게 무리 없을 듯하네만…."

또 다시 조인호 팀장의 인상이 굳는다.

"한국음향이 무너진 마당에 어떻게 사업화를 진행한단 말인가요?"

김한수 소장은 서로 눈빛을 교환하더니 담뱃불을 끄고는 착잡한 목소리로, 그러나 작심한 듯 이야기를 꺼낸다.

"이 자리에 모인 한국음향 사인방이 주역이 되는 새로운 세상을 꿈꾸며 이 자리에서 출사표를 던집니다."

김한수 소장은 한국음향 사인방에게 출사표를 던진다.

"한국음향을 창업한 목표는 소리로 세상을 변화시키고자 한 소명이었지만,

세상이 어지럽고 뜻이 모자라 우리의 꿈을 이루지 못하였습니다. 하지만 여기에 모인 우리들은 한마음 한뜻으로 새로운 기업을 새워 새롭게 소리를 통해 대망의 꿈을 이루고자 합니다. 우리의 뜻이 또 다시 무너질지도 모르겠으나, 이 자리에서 우리의 의지를 모으고 우리의 소망을 담아 대한민국의 앞날에 희망을 불어넣고 새로운 시대를 만들고자 힘을 합치려 합니다. 우리는 한국음향의 전철을 또 다시 밟을 수도 있습니다. 하지만 이 자리에 참석한 한국음향 사인방이 모두 마음을 합한다면 뜻을 이루지 못할 까닭이 없습니다. 비록 한국음향에서 뜻을 접었지만, 우리 모두 한마음 한뜻으로 새로운 둥지를 틀며 새 희망의 그림을 그리며 우리의 큰 뜻을 펼칩시다."

한국음향 사인방은 엄숙한 분위기에 모두의 뜻이 이루어질 날을 그린다. 김한수 팀장이 출사표를 던지고 자리에 앉는다. 김한수 팀장은 결의에 찬 외침을 던진다.

"난, 한국음향에서 여러 해 동안 창업을 준비해왔지. 내가 계획했던 일정이 앞당겨졌을 뿐이야. 난 창업을 통해 한국음향과 같은 실패의 전철을 밟지 않을 거야. 나는 우리나라에서 중소기업이 안착하기 힘들다는 여건도 잘 알고 있지만, 내 꿈을 위해 내 인생의 모든 것을 바쳐 세계적인 중소기업을 키워내고 싶어."

김한수 소장의 목소리에 힘이 묻어났다. 김한수 소장이 지금까지 품어왔던 꿈 이야기를 한다. 김한수 소장은 엔지니어로서 소리에 매료되어 한국음향에서 매일 밤을 불태웠다. 김한수 소장의 기술과 제품은 때로는 현대시스템의 제품을 능가하기도 했다. 연구소 직원들은 현대시스템을 누르고 한국음향이 우뚝 솟아오를 날을 손꼽으며 밤을 지새웠다. 하지만 한국음향은 시장 개척에 한계를 드러냈다. 한국음향의 전략 실패는 중소기업의 실패로 각인된다.

"저는 한국음향에서 젊음을 불태웠지만, 꿈을 이루지 못했습니다. 하지만 여러분과 소리를 통해 이 세상 사람들에게 꿈과 희망을 전달하고 싶습니다."

이렇게 말하고 나서 김한수 소장은 자신감 넘치는 표정을 하면 두 손을 불끈 쥐었다. 그리고 세 사람의 손을 맞잡고 미래를 향한 확신에 찬 눈길을 나눴다.

"우리 미래를 위해 함께하지 않겠나?"

이렇게 한국음향은 막을 내렸지만, 또 하나의 신생 기업이 돛을 올렸다.

PART

1

꿈을 현실로, 맨 주먹으로 창업하다

창업과 만남

한국전자 대표이사실. 한국전자의 첫날이다. 김한수 대표는 너무 흥분되어 잠깐 눈만 붙이고 새 회사로 출근했다. 누구나 창업의 깃발을 올릴 때는 흥분과 긴장으로 만감이 교차하기 마련이다. 김한수 대표 역시 마음의 동요를 가라앉히지 못하고 뜬눈으로 밤을 지새워야 했다.

서울디지털산업단지에 위치한 15층 사무실에 한국전자 대표이사 집무실이 있다. 아직은 새벽공기가 차다. 김한수 대표는 창밖을 바라보며 쌀쌀한 서울의 한기를 느끼고 있었다. 새벽임에도 창밖을 내다보면 발 아래로 사람들이 부산하게 오가고 있다. 김한수 대표는 화이트보드에 무언가를 적는다. 그러고 나서 화이트보드에 적힌 글자를 뚫어지게 쳐다보고 있다.

'92% VS 8%.'

92%는 국내 스타트업이 3년 내 망할 확률이다. 그럼 8%는 성공하는가? 8%도 대부분은 그저 그런 상태로 끝나고, 단 1%만이 우리가 생각하는 '의

미 있는 성공'을 보인다. 1% 확률의 게임으로 내가 들어왔다. 정글에서 사자로 살아가기 위한 전략이 필요하다. 김한수 대표는 눈을 감은 채 꿈속에 빠져들었다.

돌 깎는 석공 셋이 있다.

"지금 무엇을 하고 있습니까?"

첫 번째 석공에게 물었다.

"눈 없소? 보면 모르오?"

그는 불평을 한다.

"당신은 무엇을 하고 있습니까?"

두 번째 석공에게 물었다.

"돈 벌고 있잖소. 가족을 먹여야 하고, 좋은 집을 사야 하고, 돈을 더 많이 모아야 하기 때문이오."

그는 아무 감정 없이 사무적으로 대꾸한다.

"그럼 당신은 무엇을 하고 있습니까?"

세 번째 석공에게 물었다.

"나는 수많은 사람들이 영혼의 안식을 찾을 수 있는 훌륭한 성당을 지을 돌을 다듬고 있소."

마지막 석공이 열정과 행복에 찬 미소로 대답했다.

첫 번째 석공은 매일 똑같은 일에 찌들어 있다. 그래서 불평을 하고 있다. 그의 삶은 목표가 없고 동물적인 반응만이 있을 뿐이다. 그는 무거운 몸과 마음을 이끌고 삶이라는 무게를 단지 견디어내고 있다.

두 번째 석공은 좋은 집을 가지고 돈도 벌 것이다. 그러나 공허한 삶을 돌아보며 이기적인 사람인 채로 죽음을 맞이할 것이다. 그의 삶은 제한적이고 편협한 목표에서 한 치도 벗어나지 못한다. 그는 부지런하지만 남이 시키는 일을 할뿐, 행복과 기쁨과 열정이 없는 텅 빈 삶을 살고 있다.

세 번째 석공은 삶의 목표가 있을 뿐만 아니라 그것을 통해 그와 그의 가족을 먹여 살리고, 그 또한 행복과 건강과 활력을 선물로 받게 될 것이다. 그는 일에 붙들려 있지 않다. 그는 단순히 일이나 물질 이상의 '가치'를 바라보고 있으며, 그것을 통해 성실 이상의 열정을 발휘할 것이다.

꿈에서 깨어나듯 김한수 대표는 생각했다.

'그래, 한국전자호는 세 번째 석공을 찾아서 나아가야 한다.'

미래는 색깔 있는 리더의 손에 달려 있다고 한다. 과연 김한수 대표는 어떤 색깔로 한국전자를 이끌 것인가? 서번트 리더, 브랜드 리더, 사이드 리더, 파워 리더, 슈퍼 리더, 비전 리더, 변혁 리더…. 리더에도 다양한 유형이 존재한다. 김한수 대표는 '변혁 리더'에 방점을 찍기로 했다.

'변혁 리더라….'

변혁의 리더란 구성원들의 의식과 가치관, 태도의 혁신을 추구하는 리더다. 변화가 필요할 때 약점을 강점으로 전환시키고 구성원을 설득시키고 먼저 신기술에 도전한다. 김한수 대표는 보라색으로 대표되는 리더십인 변혁의 리더를 지향한다. 한국전자를 보라색 리더십에 기반해 성장시켜야 한다. 김한수 대표는 끊임없이 스스로에게 질문을 던졌다. 한국전자는 무엇을 위해 나아갈 것인가?

'나는 소리를 통해 세상 사람들에게 행복을 전하고 싶다.'

바로 이것이 한국전자의 사명이다. 김한수 대표는 비로소 환한 미소를 지었다. 그가 행복한 미래를 그려보는 사이에 시간은 화살과 같이 흘렀다.

얼마의 시간이 지났을까. 한국전자는 정신없는 일상을 헤쳐 나가는 중이다. 한국전자는 올바른 방향을 찾아 제대로 움직이고 있을까? 아니면 방향을 잃고 정처 없이 떠돌고 있을까? 김한수 대표는 자꾸 의구심이 들었다. 자신이 한국전자의 뱃머리를 제대로 이끌고 있는지 혼란스러웠다.

김한수 대표는 창밖에 펼쳐진 서울디지털산업단지의 풍경을 바라본다. 김한수 대표의 복잡한 심정은 아랑곳하지 않고 도심은 숨 막힐 정도로 복잡하고 아름답다. 이때 누군가의 노크 소리가 들린다. 공동창업자인 조인호 CFO와 임창용 CTO가 대표이사실에 들어왔다. 김한수 대표가 굳은 표정으로 조인호 CFO를 향해 질문을 던진다.

"조 부사장, 한국전자가 출범한지 3개월이 되었습니다. 자금은 계속 소진되고 있고 현재까지 명확한 비전과 목표가 설정되지 않은 상태로 시간만 흘러가고 있는데, 자금 조달 계획과 미래를 향한 준비 사항은 어떻습니까?"

조인호 부사장은 만면에 미소를 지으며 여유로운 표정을 짓는다.

"대표님, 현재까지는 계획대로 잘 진행되고 있습니다."

이번에는 임창용 연구소장이 말을 이어받는다.

"대표님, 연구소도 인력 충원과 개발 로드맵을 완성하였습니다. 인력 충원과 기술 개발이 완료되면 한국전자는 국내 리딩 기업을 넘어 글로벌 기업으로 성장할 수 있으리라 생각됩니다."

김한수 대표는 목이 타는지 잔을 들어 물을 벌컥벌컥 들이킨다. 그는 혼자

생각할 시간이 필요했다. 우선 두 명의 부사장을 물러나게 한 후 깊은 생각에 빠져든다. 지금 한국전자호는 난파선이 되어 정처 없이 바다 위를 떠다니는 형국이 아닌가 하는 걱정이 몰려온다. 난파선을 호화유람선으로 변모시켜야 한다. 김한수 대표의 머리가 번뜩인다. 갑자기 생각난 사람이 있는 듯하다. 김한수 대표는 마음이 급한듯 스마트폰을 집어들고 통화를 시도한다. 스마트폰을 통해 낯익은 목소리가 전달된다.

"박정수 대표님 안녕하세요?"

김한수 대표는 차분한 목소리로 통화를 한다.

"김 대표 오랜만일세. 사업을 잘 되고 있지?"

긴장된 목소리로 전화를 이어간다.

"대표님, 저 좀 도와주셔야겠습니다. 창업 초기라 모든 게 혼란스러워 대표님을 만나 뵙고 긴히 이야기를 나누고 싶은데 시간 내주실수 있나요?"

"하하, 김 대표의 요청이라면 열 일 제쳐놓고 만나러 가야지."

김한수 대표는 안도의 한숨을 내쉬며 전화기를 내려놓는다. 박정수 대표와의 만남이 한국전자의 운명을 좌우할 중요한 사건이 되리라는 예감이 뇌리를 스친다. 김한수 대표는 두 눈을 지그시 감으며 생각에 잠긴다.

박정수 대표는 한국음향과 인연이 있다. 한국음향이 위기에 처했을 때 한국음향의 컨설팅을 담당하였지만, 한국음향 김성주 대표와 생각이 맞지 않아 컨설팅을 지속하지 못했던 것이다. 김성주 대표와의 인연이 못내 아쉬웠다. 하지만 김한수 대표는 그때의 인연으로 지속적 만남을 이어가고 있었다.

박정수 대표는 세간에 '신의 손'으로 불리는 신화적 인물이다. 박정수 대표는 이미 국내 수백 개의 중소기업 컨설팅을 통해 명성이 자자하며, 또한 국내

10여개의 중소기업 IPOinitial public offering, 기업공개를 성공적으로 진행하여 업계에서는 미다스의 손으로 불린다. 김한수 대표는 박정수 대표와의 만남을 떠올리며 잔뜩 기대에 부풀어 있다. 박정수 대표는 틀림없이 한국전자에 도움을 줄 수 있으리라 확신하는 것이다. 한국전자 창업 후 박정수 대표와 김한수 대표의 첫 만남. 아마도 한국전자는 박정수 대표와의 만남을 통해 새로운 전기를 마련할 수 있으리라는 믿음을 갖고 김한수 대표는 발걸음을 재촉했다.

수원에 위치한 수인선 닭발집. 수인선은 1937년에 개통되어 1995년까지 운행된 역사를 가지고 있다. 수인선 닭발집은 수인선 복선화 공사 현장의 중심에 위치하고 있어 주변이 혼잡하다. 수인선 닭발집은 수원 끝자락에 위치한 수인선과 역사를 함께한 전통 있는 식당이다. 거리에 가로등 하나 없고, 간판도 겨우 형광등 하나에 의지해 수인선 닭발집임을 알리고 있다. 김한수 대표가 닭발집으로 들어선다. 닭발집 내부는 매우 소란스러웠다. 왜 하필 이런 촌구석에서 만나자고 했는지 궁금했다.

"안녕하세요. 오매불망 대표님을 만나 뵙고 싶었습니다."

김한수 대표가 손을 내밀자 박정수 대표도 반갑다는 듯이 두 손을 내밀어 맞잡는다.

"김 대표님, 오랫만에 보니 더 반갑습니다. 난 한국음향의 전철이 김 대표에게 약이 되리라 생각합니다."

김 대표는 불현듯 한국음향 시절이 떠올라 인상이 굳어진다. 사실 김 대표의 한국음향 시절은 좋은 기억일 수가 없다.

"네, 한국음향이 위기에 처했을 때 박정수 대표님이 한국음향에 찾아오셨었죠. 그때 제가 한국음향의 기술 전반을 설명하는 과정에서 만나 뵙게 되었던 인연으로 이 자리가 마련된 것이라 생각합니다."

그러면서 김한수 대표는 당시 박정수 대표가 한국음향 컨설팅을 맡았더라면 한국음향이 그렇게 허망하게 무너지지는 않았으리라는 상념에 잠시 눈을 감으며 회상에 젖는다.

"김 대표, 그때보다는 얼굴이 많이 밝아졌습니다. 창업 후 좋은 일이 많은가 봅니다."

박정수 대표는 그동안 일어난 일들을 떠올리며 생각에 잠긴다. 한국음향 시절 김 대표의 설득력 있는 발표가 인상 깊었다. 무슨 일을 내도 낼 사람이라 생각한 사람이 당시의 김한수 소장이었다. 김 대표의 신념에 찬 발표는 박정수 대표의 뇌리에 깊은 인상을 남겼다.

조인호 부사장으로부터 한국음향 부도 소식과 한국음향 출신 핵심 네 명이 한국전자를 창업했다는 소식을 들었다. 한국음향은 전략 부재와 대표이사의 부화뇌동으로 스스로 무너진 측면이 있다.

박정수 대표는 당시 김한수 소장을 보며 그가 자존감과 사명감을 갖고 일하고 있다는 것을 직감으로 느꼈다. 한국음향은 직원들의 노력으로 다시 일어설 수 있는 계기가 있으리라 생각했지만 그 결말은 기대와 달리 허망하게 무너졌다. 한국음향은 다윗과 골리앗의 싸움으로 세간의 관심을 많이 받았지만, 전략 부재로 허망하게 무너지는 바람에 중소기업의 한계를 뼈저리게 느끼게 하는 사건이 되었다. 김한수 대표는 당시만 생각하면 가슴이 저미어온다. 지금 다시 한국음향 시절로 돌아간다면 현대시스템을 이길 수 있을 텐데…. 하지만, 현실을 달랐다. 현대시스템은 아직도 승승장구하고 있다. 현대시스템은 대

기업을 넘어 글로벌 기업으로 이미 성장한 상태다

"네, 물론 전략적인 패인도 있었지만, 대기업과 중소기업의 싸움이니 정면승부는 어려운 상태였지 않았나요?"

박정수 대표는 미소 띤 얼굴로 김한수 대표를 바라본다. 사실 한국음향은 현대시스템이 장악하고 있던 오디오 시스템 시장에 도전장을 내밀었다가 허망하게 무너졌다. 한국전자와 같은 중소기업이 매스프로덕트시장(대규모 생산을 기반으로 한 시장을 의미함. 즉 TV, 휴대폰과 같은 제품의 시장)에서 살아남기는 어려운 법이다. 대기업의 경우 탄탄한 공급망을 구축하며 균일한 품질을 유지하는 프로세스를 구축하기가 그리 어렵지 않다. 하지만 중소기업 입장에서는 공급망 구축도 어려울 뿐더러, 대량생산 기반의 균일한 품질관리에도 어려움이 많은 것이 현실이다. 따라서 중소기업은 전략적으로 대기업과 중복되지 않은 시장을 공략하는 것이 성공의 가능성을 높이는 전략이다. 즉 핵심 부품을 공급하거나 또는 소비재 시장에서 시장 규모가 크지 않아 대기업이 참여할 가능성이 낮은 시장을 전략적으로 공략하는 것, 즉 틈새시장 진입 전략을 세우는 것이 중소기업이 살아남을 수 있는 확률을 높이는 전략이다.

"한국전자가 중소기업이 잘 할 수 있는 틈새시장을 발굴하고 전략적인 시장 접근법을 구사했더라면 이렇게 허망하게 무너지진 않았을 거야."

김한수 대표는 박정수 대표의 말을 듣고 약간 놀라는 표정이다. 한국음향 시절부터 한국전자의 창업 현황까지 모든 걸 꿰뚫고 있다. 역시 '미다스의 손'이라는 별칭은 거저 얻어진 게 아니었다. 박정수 대표라면 한국전자의 성장을 함께 도모해도 되지 않을까 하는 생각이 든다. 김 대표는 박정수 대표와 함께 할 수 있는 묘책을 고민하고 있다.

"제가 창업한지 수개월이 됐습니다. 나름 많은 준비를 하고, 회사에 다니면서 자료도 충분히 찾았다고 생각했습니다. 하지만 막상 창업을 하니 무엇을 먼저 해야 되는지 도저히 감이 잡히지 않습니다. 특히 한국전자의 큰 틀을 정비하고 시장 진입 전략과 기술 전략을 세워 지속적인 성장을 도모하기 위해서는 박정수 대표님의 도움이 절실히 필요해서 이렇게 만나 뵙자고 청했습니다."

사실 박정수 대표는 김 대표가 마음에 든다. 박정수 대표의 비즈니스는 가능성 있는 기업을 발굴하는 데 초점을 맞추고 있는데, 스타트업 발굴에 있어 대표자의 성향과 역량은 가장 중요하게 생각되는 요소다. 박 대표와 스타트업의 대표자가 성향이 맞지 않는다면, 한 배에 선장이 두 명 있는 꼴이 되어 그야말로 난파선이 되는 형국이다. 따라서 박 대표는 스타트업 대표와의 교감과 이를 기반으로 한 기업 성장 전략을 추진한다. 하지만 김한수 대표는 박정수 대표의 생각을 읽지 못하고 좌불안석이다. 김한수 대표는 긴장한 표정이 역력하다.

"음…. 저는 무료 봉사를 하는 사람도 아니고, 익히 몸값이 높은 것은 알고 있으리라 생각합니다. 스타트업 기업에서 제가 제시하는 컨설팅 비용을 감당할 수 있을까요?"

김한수 대표는 잔뜩 긴장하며 지푸라기라도 잡는 심정으로 애타게 이야기를 이어간다.

"물론 저는 한국전자를 갓 창업했지만, 지금까지의 많은 경험이 한국전자 성장의 디딤돌이 되리라고 믿습니다. 한국전자를 스피커 분야에서 특화된 제품을 통해 글로벌 강소기업으로 성장시키고 싶습니다. 글로벌 강소기업으로 성장하는 데 있어서 박 대표님과 성공을 공유하는 방법으로 도움을 받으면 박 대표님도 흥미가 있으리라 생각합니다."

박정수 대표는 재미있다는 시선으로 김한수 대표를 바라본다. 김 대표의 젊은 혈기가 마음에 드는 듯한 표정이다.

"내가 왜 이런 닭발집과 같은 서민적인 식당에서 보자고 했는지 아시나요?"

김한수 대표는 의미를 알 듯 모를 듯하다. 어째서 첫 미팅 장소를 이런 곳으로 결정했을까? 김 대표는 정말로 의아했다.

"글쎄요?"

박정수 대표는 만면에 미소를 띤다. 박 대표의 미소를 보니 김 대표는 더욱 아리송하다.

"수인선 닭발집은 생각보다 매출액이 상당히 높습니다. 그리고 지난 40년간 한 우물을 파며 전문성과 시장성을 확보한 케이스란 생각이 듭니다."

김한수 대표는 주변을 살피면서 다른 고객들이 주문한 음식을 쳐다보았다. 모든 손님들이 닭발을 맛있게 먹고 있었다. 수인선 닭발집은 메뉴가 닭발밖에 없다.

"수인선 닭발집은 연간 매출이 10억이고 순이익도 3억 원 이상으로 웬만한 중소기업보다도 더 낫다고 볼 수 있습니다."

김한수 대표는 깜짝 놀란다. 이렇게 허름한 집치고는 상당한 수준의 매출을 올리고 있었다. 과연 박 대표는 이를 통해 무엇을 이야기하고자 하는 것일까?

"박 대표님의 말씀을 듣고 깜짝 놀랐습니다."

"김 대표, 수인선 닭발집의 성공 요인은 무엇이라고 생각합니까?"

김 대표는 주변을 또 다시 둘러본다. 여전히 주변은 혼잡하고, 입구는 배달

주문으로 더욱 더 혼잡하다.

"글쎄요. 맛 아닐까요?"

"당연히 음식점이면 맛이 제일 중요한 포인트지요. 수인선 닭발집은 유명세를 타면서 '체인화를 진행하자'느니 '가게를 넓혀 더 많은 돈을 벌자'는 등 온갖 유혹을 겪었습니다. 그러나 지금까지 초심을 잃지 않고 한 우물을 파며 전문성을 확보하는 동시에 시대의 흐름을 놓치지 않는 유연한 자세를 갖췄어요. 이것이 바로 수인선 닭발집의 경쟁력이라 볼 수 있습니다."

김 대표는 닭발을 먹으며 얼굴이 벌겋게 달아올랐다. 오랜만에 매운 음식을 먹으니 약간 속이 쓰리다.

"그런데 음식이 너무 매운데요."

"바로 그것이 핵심입니다. 요즘 사람들이 매운 음식을 꺼려서 음식점들이 매운 음식을 줄이는 추세지만, 수인선 닭발집은 지금까지 매운맛을 그대로 유지하고 있죠. 그 점이 이 집만의 차별화 포인트라 할 수 있습니다. 너무 매운 음식은 대중성이 떨어지는 것이 사실입니다. 수인선 닭발이 해물파전과의 결합을 통해 매운맛의 풍미를 더한 전략은 젊은층을 공략함에 있어 더할 나위 없는 방법이었습니다. 지금은 해물파전이 수인선 닭발집의 트레이드마크가 되었지요. 해물파전과 닭발을 같이 먹으면 매운맛도 사라지고 파전의 풍미와 결합되어 더욱 맛있게 되는 원리입니다. 따라서 수인선 닭발집은 전통을 고집하지만, 시대에 따른 변화에도 적응하며 새로운 음식을 창출한 예라고 할 수 있습니다."

기업도 마찬가지다. 특히 중소기업은 핵심 역량을 확보하고 집중하는 전략이 중요하다. 또한 핵심 역량은 시대의 흐름에 따라 변할 수 있는 것이다. 시대의 흐름에 따라 핵심 역량을 변화시킬 수 있는 유연성도 확보해야 한다. 박정수 대표는 수인선 닭발집의 트레이드마크인 닭발을 먹으며 음식이 매운지 해물파전을 섞어 맛있게 먹었다.

"김 대표, 컨설팅 계약 관련 조건은 제가 제안하겠습니다. 저도 김 대표처럼 창업을 경험했습니다. 창업 후 기업을 매각한지가 벌써 10년 전 이야기입니다. 우선 저에 대한 이해가 필요하므로 제 이야기를 하겠습니다. 한 10여 년 직장생활을 한 후 저도 젊은 나이에 창업을 했고 운 좋게 매각까지 성공했습니다. 그리고 기업에는 다양한 형태가 있습니다. 저는 대기업, 중소기업, 중견기업, 창업 그리고 공공기관까지 다양한 형태의 기업 경험을 가지고 있습니다. 이러한 경험을 기반으로 지금은 다양한 형태의 기업을 대상으로 컨설팅을 하고 있습니다. 제가 기업 컨설팅을 하는 목적은 돈은 아니라는 점을 분명히 말해두겠습니다. 그리고 한국전자와 같이 창업 초기에 어려움을 겪고 있는 기업을 위해 뭔가 기여를 하고 싶은 생각이 있어 제가 컨설팅 조건을 제안하겠습니다."

김한수 대표는 숨조차 쉴 수 없다. 얼굴을 잔뜩 찡그리며 긴장한 표정을 감추지 못하고 있다.

"김 대표 너무 긴장하지 않으셔도 됩니다. 조건을 이야기하겠습니다. 컨설팅 비용은 없습니다. 오히려 내가 한국전자의 가능성을 보고 1억 원을 투자하겠습니다. 단, 1억 원의 지분은 20%로 제안하겠습니다."

김한수 대표는 깜짝 놀라는 표정을 짓는다. 김 대표는 박 대표의 명성을 익히 들었기에, 계약조건이 믿어지지 않는다. 반면 박 대표는 연신 미소를 짓는다. 과연 박 대표의 미소는 무엇을 의미하는지 김 대표는 혼란스럽다.

"의외의 조건입니다. 박 대표님의 컨설팅 조건은 까다롭기로 정평이 나 있는

데 오늘 제안하신 조건은 너무나 놀랍습니다. 추가 조건은요?"

"당연히 추가 조건이 있습니다. 우선 매월 나와 김 대표 단 둘이 식사를 하는 것입니다. 물론 식사를 하면서 회사의 진행 사항에 대한 보고를 해주는 조건입니다. 즉, 한국전자에서 월 단위로 보고서를 별도로 제출해야 하고, 내가 마음에 안 들면 언제든지 지분 회수 및 컨설팅을 중단하는 조건입니다. 그리고 당연히 식사 비용 등 일체의 비용은 김 대표가 부담해야 하는 조건입니다."

김한수 대표는 의아했다. 초기 스타트업에게 이런 호조건을 제시하기는 쉽지 않고, 스타트업에 투자할 경우 회수 확률은 10%에도 미치지 못하는 현실을 알고 있기에 더더욱 의아했다.

"대표님답지 않게 한국전자를 전폭적으로 지원하는 것은 아닌지 모르겠습니다."

박정수 대표는 알 수 없는 묘한 표정을 짓는다.

"난, 10여 년 전부터 컨설팅업을 진행하고 있습니다. 최근에 컨설팅의 포트폴리오 변경을 시도하고 있었고요. 예전에 내가 창업했던 그 느낌을 통해 다시 한 번 살아 있는 느낌을 되찾고 싶어서 최근 스타트업 발굴을 시작했습니다. 그리고 10년 전에 기업 매각을 통해 회수된 자금이 약 200억 원 정도인데 이 자금을 활용해 스타트업 100여 개를 발굴해서 투자할 생각입니다."

김한수 대표는 깜짝 놀란다. 하지만 김 대표는 박 대표의 의중을 읽을 수 있었다.

"아! 감사합니다. 그럼, 차주에 한국전자에서 계약서에 서명을 하고 한국전자의 현재 임원과 한국전자의 비전 및 향후 기업 운영 전략에 대해 간단히 말씀드리도록 하겠습니다."

박정수 대표는 음식이 매운 듯 물을 들이키면 마지막 당부의 말을 이어 간다.

"내가 수인선 닭발집을 찾은 이유는 초심을 잃지 말라는 메시지를 전달하기 위함이었습니다. 또한 김 대표에게 《중용》 〈23장〉을 인용하면서 마지막까지 지켜야 할 기업 대표로서의 자세를 이야기하겠습니다.

작은 일도 무시하지 않고 최선을 다해야 한다.
작은 일에도 최선을 다하면 정성스럽게 된다.
정성스럽게 되면 베어 나오고,
겉으로 베어 나오면 드러나고,
겉으로 드러나면 이내 밝아지고,
밝아지면 남을 감동시키고,
남을 감동시키면 이내 변하게 되고,
변하면 생육된다.
그러나 오직 세상에서 지극히 정성을 다하는 사람만이
나와 세상을 변하게 할 수 있다.

이 말은 《중용》에 나오는 문구이기도 하지만, 얼마 전 영화 〈역린〉에서 인용하면서 유명해졌습니다."

김한수 대표는 박정수 대표가 말한 문구를 머릿속에 되새기며 주먹을 불끈 쥔다. '모든 일에 최선을 다하며 세상을 바꾸는 기업을 일구어야겠다'는 다짐을 하며 자리에서 일어났다. 김한수 대표는 오늘에서야 희망의 빛을 찾은 느낌이다. 초심으로 돌아가 최선의 노력을 통해 나의 비전을 실현하는 날을 그려본다. 성공한 기업인으로서 초심을 잃지 않는 모습을 그리며, 지극히 정성을 다하는 사람만이 세상을 변하게 할 수 있다는 신념을 구현할 자신의 미래를 그려보니 흐뭇한 미소를 짓게 된다.

김한수 대표는 박정수 대표와의 만남에서 무언가 손에 잡히는 듯한 느낌을 받았다. 박정수 대표의 다양한 경험은 한국전자와 같은 초기 기업에는 단비와 같은 존재가 되리라는 느낌 말이다. 김한수 대표는 눈앞의 안개가 걷히며 선명한 미래가 그려지는 느낌을 받아 밤늦도록 박정수 대표와 미래를 이야기했다.

한국전자, 꿈을 그리다

한국전자 대표이사실. 한국전자 이사진이 모여 박정수 대표에 대해 이야기를 나누고 있었다. 오늘은 박정수 대표와 컨설팅 계약을 체결하는 날이다. 내부에서 계약 조건에 대해 모두가 찬성한 것은 아니었다. 특히 조인호 CFO는 지분 20%가 과하다고 판단해 반대로 일관했다. 하지만 김한수 대표의 설득으로 계약 관련 논의는 일단락되었다. 김한수 대표의 결정을 모두 수용하기로 하였다.

'똑똑.'

박정수 대표가 회의실에 들어왔다. 박정수 대표는 회의실 문을 열고 주변을 둘러본다. 회의실은 다른 중소기업과 다를 바 없었다. 길이 5미터와 너비 3미터의 길다란 회의용 탁자가 회의실 중앙에 놓여 있었다. 회의실 탁자를 중심으로 의자가 여덟 개 놓여 있었고, 회의실 앞쪽에는 화이트보드가 있었다. 화이트보드에는 마침 지금 회의가 끝난 듯 휘갈겨 쓴 메모가 적혀 있었다. 회의

실의 위치는 대표이사실 바로 옆방이었다. 회의실은 대표이사실과 마찬가지로 통유리를 통해 서울디지털산업단지를 한눈에 볼 수 있었다. 창가에서 보는 도심은 숨 막힐 정도로 복잡하고 아름다웠다.

"반갑습니다. 박정수라고 합니다. 한국전자 임원분들을 오늘에야 뵙게 되는군요. 여러분들을 뵙는다고 해서 어젯밤에 잠을 설쳤습니다. 처음 뵙겠습니다."

박정수 대표의 너스레에 모두들 웃음을 터트린다. 박정수 대표는 첫 만남을 부드러운 분위기로 이끈다.

"박 대표님과 같은 분이 잠을 설쳤을 리는 만무하고, 기분 좋은 위트 감사합니다. 박 대표님의 명성은 익히 들어 잘 알고 있습니다. 이렇게 만나 뵙게 되어 영광입니다."

임창용 CTO가 인사를 건넨다. 박정수 대표와 임창용 CTO는 악수를 나눈다. 박정수 대표는 미소 띤 얼굴로 상당히 오랫동안 악수를 하며 임창용 CTO의 면면을 살핀다. 박정수 대표는 한국전자의 출발에 맞추어 컨설팅을 진행하게 되어 다행이라 생각한다. 흔히 초기 기업의 경우 이미 난파선이 되어 지푸라기를 잡는 심정으로 컨설팅을 의뢰하는 경우가 다반사인데 이러한 상태에서는 그 누구라도 기업을 구해줄 수 없는 경우가 대부분이다. 지금부터 한국전자호가 세상에 나서서 빛을 볼 날을 위해 튼튼한 기초를 다져보기로 한다.

한국전자의 창업자 면면을 살펴보자. 한국전자의 대표인 김한수 대표는 한국음향에서 개발 총괄로서 연구소장을 역임하였다. 한국음향에서 한때 승승장구하였지만, 끝내 꿈을 이루지 못한 엔지니어 출신의 대표다. 하지만 경영 전반에 대한 경험이 없어 경영을 보좌할 참모가 필요하다. 박정수 대표가 한국전자를 선택한 이유이기도 하다.

조인호 CFO는 한국음향에서 재무팀장을 담당하였다. 김한수 대표와는 한국음향 입사 동기지만, 내심 김한수 대표를 존경한다. 김한수 대표의 오른팔 역할을 할 적임자로 한국음향 재무팀장 출신인 만큼 재무 전반의 지식을 가지고 있다. 다만 한국음향과 같이 일정 궤도에 오른 기업의 프로세스는 이해하지만, 신생 기업의 외부 자금 조달, 투자 유치 등에는 경험이 없다. 따라서 다양한 형태의 경험을 쌓으며 한국전자의 핵심 참모 역할을 해야만 한다.

임창용 CTO는 한국음향에서 선행기술팀장을 담당하였다. 따라서 미래 기술 전략 등 큰 그림을 그리는 능력이 탁월하다. 하지만 세부 개발 업무 등에는 감각이 떨어지는 문제가 있다. 김한수 대표는 임창용 CTO의 성장을 기대한다. 이를 통해 CEO로 재탄생하는 순간을 기대하기도 한다.

이민우 연구팀장은 한국음향에서 개발팀장을 담당하였다. 세부 개발 전략 등에 강점을 보유하고 있다. 따라서 한국전자의 개발 전반 실무를 담당하며 임창용 CTO를 보좌하면 개발 부분의 조합은 완성될 것이다. 박정수 대표는 네 사람을 바라보며 다양한 생각에 잠겼다. 드디어 한국전자 임직원을 대상으로 첫 번째 질문을 날린다.

"네, 반갑습니다. 우선 제가 첫 질문을 던지겠습니다. 창업한지 얼마 되지 않았기에 여기 모인 창업자 네 분은 한국전자의 비전을 공유하고 있으리라 생각됩니다. 한국전자의 꿈은 무엇인가요?"

임창용 부사장은 머리를 얻어맞은 기분이다. 창업 후 지금까지 일만 생각하고 달려왔지, 정작 우리의 목표를 공유하며 하나의 비전을 나누지는 못했다. 가슴이 시려왔다.

"기업의 목표는 이윤 추구인 동시에 지속적인 성장과 비전 실현에 있습니다.

따라서 한국전자도 비전과 미션을 먼저 수립해야 합니다."

박정수 대표는 한국전자 임직원의 표정을 보며, 한국전자가 기업가 정신에 기반한 기업의 비전을 수립할 필요가 있음을 느낀다.

"여러분, 혹시 사명선언서를 들어보셨나요?"

김 대표는 대답했다.

"예, 들어보긴 했습니다만 구체적으로 생각해보진 않았습니다."

박정수 대표는 사명선언문을 통해 한국전자의 비전을 펼쳐야 함을 생각한다.

"회사에는 사명선언문과 비전선언문이 있습니다. 어떤 차이가 있을까요?"

김한수 대표는 답답함을 느낀다. 한국전자 임원들까지도 비전을 공유하지 못하고 앞만 달려온 것이 아닌가하는 회한이 밀려온다. 김 대표는 한국전자 임원들의 표정을 살피며 이야기를 이어간다.

"사명선언문은 회사의 존재 이유를 말하는 것이고, 비전은 회사가 미래에 어떻게 되었으면 좋겠는지를 말하는 것으로 회사가 원하는 목표를 의미합니다."

이렇게 말하며 김한수 대표는 본인이 해야 할 일을 박정수 대표가 대신하고 있음을 느낀다.

"네, 김 대표님이 정확히 말씀하셨습니다. 예를 들어 보겠습니다. 우리가 잘 아는 대기업인 S그룹의 사명선언문은 '인재와 기술을 바탕으로 최고의 제품과 서비스를 창출하며 인류사회에 공헌한다'입니다. 다음으로 L그룹의 사명선언문은 '사랑과 신뢰를 받는 제품과 서비스를 제공하여 인류의 풍요로운 삶에 기여한다'입니다."

김한수 대표는 한국전자의 비전을 생각한다. 그렇다. 회사마다 추구하는 비전이 다르기에 사명선언서도 모두 다를 것이다. 한국전자도 사명선언서를 통해 비전을 확립해야 한다. 사명선언문과 비전은 한국전자의 지속 성장을 위한 밑바탕이 될 것이다. 김 대표는 갈 길이 멀지만, 비전과 사명선언문을 통해 직원들의 통합 작업을 진행해야 함을 이해하기 시작했다.

"김 대표님, 회사의 비전과 미션을 바탕으로 사명선언서를 먼저 작성하세요. 그리고 회사의 비전과 미션, 사명선언서는 반드시 회사 임직원 모두가 참가해서 도출해내는 과정을 밟아야 합니다."

김한수 대표는 눈을 감으며 한국전자의 비전을 생각한다. '한국전자는 소리를 통해 세상 사람들에게 즐거움을 선사한다.' 과연 한국전자 임직원들은 한국전자의 비전을 어떻게 생각하고 있을까? 한국전자는 단순히 음향시스템을 판매하는 회사를 지향해서는 안 될 것이다.

"박 대표님, 한국전자의 비전과 미션을 정하는데 있어서 대표의 의중이 충분히 반영되어야 하지 않나요?"

박정수 대표는 고개를 가로젓는다.

"한국전자는 대표 한 사람만의 생각으로 운영되어서는 안 됩니다. 따라서 전 직원이 사명선언서를 도출해내는 과정이 필요한 것입니다. 그리고 세월이 흘러감에 따라 회사의 비전과 미션이 바뀔 수 있기에 매년 회사의 비전과 미션, 그리고 사명선언서를 재검토해서 회사 상황에 맞추어 변경해야 합니다."

회사 상황에 맞추어 변경해야 한다니…. 한 번 정한 사명선언서는 지속성이 있어야 하는데 매년 변경해야 한다는 말인가?

"박 대표님, 회사의 비전과 미션은 회사의 지향점인데 왜 매년 변경해야 하는가요?"

김한수 대표가 의아한 표정을 지으며 질문한다.

"네, 좋은 지적입니다. 회사의 비전이란 지향점입니다. 따라서 우리의 비전과 미션대로 업무를 제대로 처리하고 있는지 또는 우리가 생각한 지향점이 세월에 따라 변했는지도 검토하는 자리가 필요한 거지요."

'바로 그거야. 비전과 미션을 공유하지 못하니, 나와 임원 간 공허한 메아리가 오갔던 것이다.'

김 대표는 드디어 내부 의견을 통합하기 위한 단초를 잡는다.

"그럼, 매년 전사 워크숍을 진행해야겠네요."

"네, 맞습니다. 가능하면, 회사 내부가 아닌, 별도의 외부 공간에서 전 임직원이 모여서 치열한 토의를 통해 도출해내야 합니다."

우리와 같은 스타트업은 정신없이 내부 일정이 돌아가고 있어 별도의 일정으로 워크숍을 진행하기는 어려운 것이 현실이다. 하지만 이러한 과정을 통해 무너지지 않는 탄탄한 조직력이 탄생한다. 박정수 대표는 자리에 앉으며 이야기를 맺는다.

"이것이 제가 드리는 첫 번째 과제입니다."

한국전자의 김한수 대표는 무릎을 친다.

'그렇지. 회사의 비전과 미션을 바탕으로, 회사의 원칙을 바탕으로, 하나의 방향으로 움직이는 원리. 바로 이거야….'

"김 대표님은 한국전자의 매출 목표 등 미래 밑그림을 어떻게 그리고 있나요?"

김한수 대표는 멍한 표정으로 잠시 생각에 잠겼다가 이야기를 이어간다.

"한국전자는 스피커 기술을 바탕으로 하여 글로벌 기업으로 성장시키고, 직원들과 늘 함께할 것입니다."

박정수 대표가 김한수 대표를 뚫어져라 쳐다보며 표정이 굳어진다. 아직은 김 대표가 방향성을 잡지 못하고 있다. 창업 초기의 혼란을 빨리 극복해야 한다. 박 대표는 김 대표가 CEO로서 역량을 확보해야 함을 깨닫는다.

"우리나라 중소기업 대표의 문제점은 회사와 자기 자신을 동일시한다는 겁니다."

"무슨 소리죠?"

김한수 대표는 당황하는 표정이 역력하다.

"즉, 나와 회사를 결혼한 상태로 생각하고 있죠. 그래서 회사의 성장을 함께하고, 회사가 망할 때도 함께하고, 이혼하지 않고 영원한 결혼 생활을 꿈꾸죠."

회사 이야기를 하면서 결혼은 무엇이고, 이혼은 무엇이란 말인가? 김한수 대표는 도무지 이해가 가지 않아 혼란스럽다.

"만약 내 그릇이 200억 원 정도의 매출 규모까지 가능하다면, 200억 원 매출을 달성하는 순간 출구 전략을 검토해야 합니다. 하지만 국내 중소기업 대표는 그렇게 생각하지 않는 경향이 강합니다."

김한수 대표는 심각한 표정을 짓는다. 과연 나의 그릇은 어디까지일까? 박정수 대표가 굳은 표정을 누그러뜨리며 다시 이야기를 이어간다.

"그래서 제가 제안을 드리는 내용을 곰곰이 생각해보시기 바랍니다. 국내 중소기업 대표는 보통 세 가지로 분류할 수 있습니다. 첫째로 일반적인 공학기술자 출신의 CEO, 둘째로 공학기술 기반이 아닌 영업, 마케팅, 재무 등을 기반한 CEO, 셋째는 천재적인 공학기술 기반의 CEO로 구분합니다."

"아, 기업의 CEO도 일정 부분 구분이 있군요."

김한수 대표는 놀란 표정을 짓는다.

"제가 수년간 컨설팅을 진행하면서 느낀 점은 이 세 부류의 CEO의 매출이 어느 정도 정해져 있다는 것이죠. 첫 번째, 일반적인 공학기술자 출신 CEO의 한계 매출은 200억 원에서 500억 원입니다. 두 번째, 공학기술 기반이 아닌 영업, 마케팅, 재무 등을 기반한 CEO의 한계매출은 500억 원에서 1천억 원입니다. 마지막으로 천재적인 공학기술 기반의 CEO는 1천억 원 이상이 가능하다는 결론에 도달했습니다. 물론 창업자 한 사람이 모든 걸 좌우하지는 않지만 제가 비유적으로 설명한 것입니다. 또한 이 세상에 없던 새로운 시장을 창출한 사례라면 매출의 끝은 알 수 없는 것입니다. 따라서 김 대표님도 자신을 스스로 분석해보시고, 한국전자의 목표를 정해야 합니다. 이것이 제가 제안하는 두 번째 과제입니다."

김한수 대표는 자문한다. 나의 그릇은 어느 정도인가? 나는 준비된 대표일까? 한국전자호의 미래는 어떻게 펼쳐질 것인가? 박정수 대표가 화이트보드에 종이 하나를 붙인다.

<그림 1-1> **내 아내 그리고 장모**(My Wife and My Mother-in-Law)
시사만화가 W. E. Hill의 작품

"김 대표님, 이 그림에서 무엇이 보이나요?"

"노파가 보입니다."

"임 소장님은 무엇이 보이나요?"

"젊은 여인이 보입니다."

김한수 대표는 웃으면서 임 부사장을 힐끗 쳐다본다.

"하하하, 임 소장, 무슨 젊은 여인이 있다고 그래."

"대표님이야말로 잘못 보신 듯합니다."

김 대표와 임 부장은 한동안 말싸움을 한다. 서로의 말을 믿지 못하는 상태가 지속된다. 이때 박 대표가 나선다. 박 대표는 두 사람의 표정을 보며 알 수 없는 미소를 짓는다.

"자, 다투시지 마시고, 한 10분 정도 그림에 집중해보세요."

김 대표와 임 소장은 그림에 집중하며 골똘히 쳐다본다.

"김 대표님이 무엇이 보이나요?"

김 대표는 살짝 놀라는 표정이다. 비로소 젊은 여인과 노파가 보이기 시작한다. 임 소장도 역시 놀라는 표정이다. 임 소장의 눈에 노파가 들어온다.

"노파도 보이고, 젊은 여인도 보입니다."

"임 소장님은 무엇이 보이나요?"

"네, 저도 앞에서 보았던 젊은 여인과 노파를 함께 보았습니다."

김 대표는 방금 전까지 보지 못했던 그림이 보이며, 흠칫 놀라움을 금치 못한다. 임 소장도 마찬가지다. 박 대표는 흐뭇한 미소를 짓는다.

"제가 보여드린 그림은 흔히 〈노파와 소녀〉로 알려진 유명한 그림입니다. 이 그림이 의미하는 바는 어떤 사물을 바라보는 시각에 따라 달리보일 수 있다는 사실입니다. 즉, 회사를 운영함에 있어서 충분한 토의와 논의를 통해 결론을 도출하는 과정을 거쳐야만 우리가 보지 못하는 부분까지 확인할 수 있다는 것입니다."

김한수 대표는 한 장의 그림을 통해 많은 깨달음을 얻는다.

'지금까지 모든 사건을 판단함에 있어 내가 가지고 있는 편견을 통해 바라보지 않았던가. 모든 사람은 저마다 자신이 가지고 있는 고유의 가치가 있고, 사람이 모두 같을 수는 없을 것이다. 이를 통합 발전시켜야 하는 것이 나의 임무이다. 따라서 회사를 운영함에 있어 일관된 원칙을 적용해야 할 것이다.'

"회사를 운영함에 있어 어떤 사람을 판단할 때도 마찬가지 원리가 적용됩니다. 어떤 한 사람을 판단할 때, 그 사람이 투영된 일부만으로 판단한다면 노파만 보일 수 있습니다. 따라서 회사 운영 시 다양한 시각이 존재할 수 있다는 걸 항시 명심하시고 다양성을 인정하려는 노력이 필요합니다."

김한수 대표는 깨달음을 얻은 듯 얼굴에 행복한 미소가 피어난다.

'그래, 조직을 운영함에 있어 다양한 사람이 조직에 기여한다. 하지만 어떤 사람이 조직에 기여하지 못한다면 이것이 대표의 눈에는 좋지 않은 판단을 할 수 있는 기준이 될 수 있다. 하지만 조직에서 원하는 다양한 형태의 사람을 수용하기 위해서는 서로 다름을 인정하는 문화가 필요한 것이다.'

박정수 대표는 회사 운영의 기본 방침과 비즈니스에 있어서 결국은 사람이 승부를 결정짓는다는 이야기로 마지막 당부를 하며 끝을 맺는다.

"오늘 마지막으로 드리고 싶은 말씀은, 중소기업의 성장은 사람에 좌우된다는 것입니다. 중소기업 성장의 기반은 사람이며, 중소기업에 속한 인재에 의해 기업의 흥망성쇠興亡盛衰가 좌우됩니다. 따라서 좋은 인재를 채용하고, 육성하고, 비전을 공유함으로서 기업 성장을 도모하는 전략이 유효합니다. 좋은 인재를 영입하면 50억 매출이 가능한 회사를 500억 매출로 만들 수 있다는 것입니다. 따라서 한국전자의 비전을 실천하기 위해 어떤 인재를 영입할지를 고민해두시기 바랍니다. 또한 이러한 고민의 결과를 반드시 실천해서 한국전자의 밝은 미래를 그려가시길 조언드립니다."

한국전자는 인재를 기반으로 미래를 개척할 것이다. 중소기업은 사람이 답인 것이다. 한국전자 창업자들의 얼굴에는 한국전자의 미래를 그려갈 수 있다는 자신감이 넘쳐흐르고 있었다. 드디어 한국전자의 항해가 시작되었다.

창업 시 아이템 선정방법

창업 시 아이템 선정에는 많은 어려움이 있다. 특히 창업자는 창업 전에 아이디어를 선정하고 제품 개발에 매진하는 경우가 흔한데 아이템 선정 시 다양한 검토 사항이 존재한다. 창업뿐만이 아니라 기업의 숙명은 영속 성장永續 成長에 있다. 따라서 지속적인 아이템 발굴 전략이 필요하다. 박정수 대표와 한국전자 임원이 모였다.

"지난번 미팅 때 창업 시 비전 설정을 통한 회사의 전반적인 운영에 대해 이야기했습니다. 이번에는 창업 시 아이템 선정 방법과 기존 기업의 유망 기술 발굴 전략에 대해 말씀드리겠습니다. 제가 먼저 질문을 하겠습니다. 회사에서 지속 성장을 위한 제품 아이템을 선정해야 하는데, 우선 한국전자는 현재 스피커 요소 기술을 확보하고 있으므로 스피커 요소 기술을 발판으로 다양한 제품군을 통해 매출을 극대화하는 것이 중요합니다. 또한 신규 제품을 기획하는 데 있어 문화적, 정치적, 인구학적인 변화를 통해 새로운 시장을 개척하는 자세가 중요한데 어떻게 진행해야 할까요?"

임창용 CTO가 대답했다.

"우선은 핵심기술과 핵심역량에 집중해서 시장에 우수한 제품을 내놓으면 되지 않을까요?"

임창용 CTO는 자신만만한 표정을 짓는다. 박정수 대표는 생각이 깊어진다. 임창용 CTO의 변화를 이끌어야 할 필요성을 절감한다.

"네, 임 부사장님 말씀도 맞는 말씀입니다만, 제품이 아무리 우수하더라도 시장에서 팔리는 제품을 내놓아야 합니다."

임창용 CTO는 의아해한다. 제품을 잘 만들면 당연히 시장에서 잘 팔리는 것이 상식이다. 박 대표가 무슨 이야기를 하고 싶은 것인지 궁금하다.

"우선 제품 기획에는 통찰력을 확보해야 합니다. 즉, 내가 음향기기 제품을 시장에 판매하고자 한다면, 음향기기 제품의 시장동향과 관련 기술동향을 통해 통찰력을 확보하기는 어려울 것입니다."

김한수 대표는 의아한 표정을 짓는다.

'제품기획과 제품개발은 당연히 업계 동향 분석을 통해 하는 것이 당연하지 않은가?'

"박 대표님, 이번에는 진짜로 잘못 짚으셨습니다. 제품 기획은 A, B, C가 있습니다. 제품 기획에는 당연히 업계의 동향조사가 필수적입니다."

이번에는 김한수 대표가 박정수 대표를 가르치는 듯한 표정이다. 박정수 대표는 박장대소拍掌大笑한다.

"김 대표, 내가 이야기하고자 하는 바는 중소기업에서 약간의 변화를 통한 제품 개발을 이야기하는 바가 아닙니다. 새로운 시장을 창출할 원리를 이야기하는 것입니다."

김한수 대표는 다시 머리가 아파온다.

"제품 개발에는 우리 인간의 모든 문화가 녹아있어야 합니다. 즉, 문文, 사史, 철哲을 기반으로 한 제품 기획이 가능하기 위해서는 사람에 대한 이해가 필수적입니다. 이는 인간에 대한 통찰력이 필요하다는 이야기입니다."

김한수 대표는 의아한 표정을 지으면서 다시 이야기를 이어간다.

"물론 박 대표님 말씀이 맞긴 하지만, 우리와 같은 중소기업에서는 중장기 전략을 가져가는 것은 현실적으로 무리가 있어 보입니다. 당장 내일의 미래가 보이지 않는 상황에서 중장기 전략을 가져간다는 것은 현실성이 떨어진다고 생각하는데요."

박정수 대표는 미소를 지으면 화이트보드에 무언가를 그린다.

"지금 설명하는 내용이 쉽게 와 닿지 않는 측면이 있으니 성공 사례와 실패 사례를 통해 접근 방법을 설명해보겠습니다. 실패 사례의 전형으로 필립스의 'CD-i'를, 성공 사례로는 자동차 업체인 포드의 '모델 T'를 말씀드리도록 하겠습니다. 이 사례를 통해 소비자가 원하는 제품을 만들어야만 시장을 창출할 수 있다는 간단한 원리를 설명할 수 있습니다."

김한수 대표는 잠시 생각에 잠긴다. 소비자가 원하는 제품과 기술 혁신도 중요하지만, '시장에서 가치를 창출할 수 있는 제품'에 핵심이 있었다. 과연 한국전자는 고객을 중심에 두고 제품개발에 매진하고 있는지 의구심이 든다. 등골이 오싹한 느낌이 김한수 대표의 온몸을 감싸 안는다.

이어진 박 대표의 설명은 이러했다. 필립스의 CD-i는 기존에 없던 제품으로 비디오와 뮤직시스템, 게임기, 교육 도구 등이 복합적으로 통합된 혁신적인 제품으로 평가되었다. 하지만 너무나 기능이 많아 사용자가 사용하는 데 어려움이 있었다. 또한 다양한 콘텐츠를 사용할 수 있는 기기임에도 불구하고 함께 사용할 매력적인 콘텐츠가 없었다. CD-i는 이론적으로는 거의 모든 게 가능했지만, 실제로 만족스럽게 쓸 수 있는 기능이 없었다. 따라서 사용자는 CD-i를 외면했다. 시장에서 실패한 것이다.

반면 포드의 모델 T를 살펴보면 CD-i와 상반된 결과를 보여준다. 당시 미국의 500여 개 자동차 생산업체들은 부유층을 위한 고객 맞춤형 고급차 제작에 치중하고 있었다. 구매자 효용성 지도를 그린다면, '사용' 단계에서 '재미'와 '이미지'만 채우고 있었다. 대다수 사람들에게 가장 큰 효용성 장애는 '사용' 단계의 편리성과 '유지 보수' 단계의 리스크였다. 모델 T는 한꺼번에 두 가지 장애 요인을 제거하였다. 한 가지 모델과 최소 옵션 기능으로 생산되었다. 효용성 지도상의 사용 단계 이미지에 대한 투자를 과감하게 없앴다. 따라서 새로운 시장 창출에 성공했다.

아무리 좋은 기술이나 인적자원 그리고 브랜드와 역량을 갖춘 회사도 고객이 원하는 가치를 잘못 찾으면 언제나 실패할 수 있다. 새로운 상품, 서비스를 만들 때 가장 중요하고 최우선적으로 해야 할 것은 바로 '고객이 원하는가' 여부를 찾아내는 일이다. 김한수 대표는 마침 한국음향의 실패가 떠올랐다. 김한수 대표는 한국음향의 실패한 전략을 그대로 답습하고 있는 한국전자가 보였다. 김한수 대표는 머릿속이 맑아지는 느낌을 받았다.

"한국전자와 같은 중소기업은 신제품 기획 시 어떤 전략을 추구해야 할까요?"

박정수 대표는 한국전자에 실질적으로 도움을 주고 싶다. 하지만 한국전자

구매자 효용성 지도

구매자 효용성 지도는 고객이 제품이나 서비스에 대해 가질 수 있는 다양한 경험들을 고객의 관점에서 제시한다. 기존의 가치 사슬은 공급자 관점에서 기업의 활동을 설명하고 있다. 기업이 가치를 창출해내는 과정을 제품의 물류, 생산, 운송, 판매, 서비스 등으로 제시하며 각 단계에서의 기업 역량 강화를 요구한다. 그러나 구매자 효용성 지도에서는 구매자 관점의 경험 사이클(buyer experience cycle)을 제시하고 있다. 구매자는 제품의 구매에서 처분에 이르기까지 여섯 단계의 과정을 거치게 된다. 즉, 구매·배달·사용·보충·수리·폐기 처리 등의 단계에서 구매자들은 각 단계별로 고유한 경험을 하게 되는데, 공급자는 각각의 단계에서 차별적인 효용을 제공해야 한다.

와 같은 중소기업의 경우 신제품기획팀과 같은 별도의 조직을 가지고 있지 않은 것이 현실이고, 따라서 신제품 기획이 대부분 대표자의 머리에서 나오는 경우가 흔하다. 중소기업의 대표자가 신제품 기획을 할 경우 조금 더 쉽게 접근할 수 있는 방법이 유효할 것이다.

"한국전자뿐만 아니라 여러 기업의 경우 경제, 정치, 환경, 사회 이슈 등을 통해 방향성을 확인하고 제품 기획을 추진한다면 소비자 욕구를 충족할 수 있는 신제품 기획이 가능할 것입니다."

"그럼, 구체적으로 경제, 정치, 환경, 사회 이슈를 활용하는 방법을 설명해주시죠."

"예를 들어 설명하면, 사회적 이슈인 사이버 범죄와 경제 이슈인 초연결 사회는 밀접한 관계를 가지고 있으며 이를 통해 새로운 비즈니스를 창출할 수 있는 원리인 것입니다. 즉, 사이버 범죄와 초연결 사회를 이으면 '보안' 관련 기술을 통해 새로운 비즈니스를 창출할 수 있죠. 저출산, 초고령 사회를 중심으로 살펴보면 난치병 극복, 미래 세대 삶의 불안정성, 저성장과 성장 전략 전환이 서로 밀접한 연결 관계를 가지고 있음을 알 수 있습니다. 이를 통해 바이오 산업, 서비스산업에 새로운 성장 전략을 마련할 수 있음을 알 수 있다는 것입니다."

김한수 대표는 잠시 생각에 잠겼다.

'과연 우리와 같은 중소기업에도 맞는 전략일까? 중소기업의 신제품 개발 전략, 신시장 진출 전략은 무엇일까?'

"지금 말씀하신 내용은 너무 큰 그림이고 우리 같은 중소기업에는 도움이 되지 않을 듯합니다."

"김 대표님, 제가 이야기한 정치, 경제, 사회, 환경이슈 기저를 살펴보면 중소기업의 나아가야 할 방향까지도 그려져 있습니다. 다양한 이슈를 확장하는 전략을 생각해보면 다양한 사업 전략이 보일 것입니다."

김 대표는 눈을 감고 상념에 잠겼다. 임창용 CTO가 다시 질문을 한다.

"제가 보기에도 너무 큰 그림이라 우리 중소기업이 사회적인 이슈를 쳐다보고 큰 사업을 진행하기에는 어려움이 있을 듯합니다."

한국전자와 같은 중소기업에 적합한 접근방식이 필요하다. 조금 더 쉬운 접근방식을 위해 사례를 통한 설명해야겠음을 박정수 대표는 깨닫는다. 다시 박정수 대표가 말을 이어받았다.

"너무 크게 생각할 필요는 없습니다. 간단히 설명하기 위해, 저출산 초고령화 사회와 연관 지어볼까요? 그럼 다음과 같은 비즈니스 영역이 나올 수 있습니다. 최근 O2Oonline to offline 서비스가 각광받고 있는데 초고령화 사회와 맞물려 1인 가구가 폭증하고 있습니다. 1인 가구의 특징은 시간이 아주 많은 사람이 있는가하면, 그렇지 않는 경우도 있다는 것입니다. 주로 직장인들은 시간이 아주 없는 상황입니다. 이들을 연결하여 O2O서비스를 개발하면 좋은 비즈니스가 창출됩니다. 즉, 1인 가구 중 직장을 다니는 사람은 시간이 없어 개인 볼일 등을 처리할 여유가 없겠지요. 이때 시간이 많은 1인 가구주가 대신 그 볼일을 봐준다면 서로 윈윈이 되는 시스템이 구성되겠지요. 이와 같이 인구 변화 등을 면밀히 살펴보면 새로운 비즈니스를 창출할 수 있는 겁니다."

김한수 대표는 손뼉을 치며 이야기한다.

"아하! 우리 중소기업은 사회 변화에서 작은 틈새시장을 공략해 새로운 비즈니스를 창출할 수 있는 거구나. 제가 1인 가구용으로 제품을 기획한다면 1인 가구는 여성과 노인의 비율이 높으므로 여성 혹은 노인용 전용 공구를 개발해도 좋은 아이템이 될 듯합니다. 즉 기존의 공구처럼 크고 무겁게 만들지 말고 플라스틱 소재 등 가벼운 소재를 기반으로 하거나, 다양한 공구의 기능보다는 두세 가지 자주 사용하는 기능만을 부가함과 더불어 타깃 고객층을 위해 붉은색, 파란색 등 색상의 다양화를 추진한다면 시장 반응이 좋은 제품이 기획될 듯합니다."

김 대표는 역시 달랐다. 김 대표를 제외한 한국전자 임원들은 아직도 감을 잡지 못하는 표정이다. 이는 김 대표의 숙제로 남겨두자.

"김 대표님, 금세 전문가가 되었는걸요. 오늘 내가 말한 내용을 기반으로 한국전자의 아이템 발굴 전략을 구사한다면, 좋은 제품이 나오리라 기대해도 되겠습니다."

김한수 대표는 그동안 어렵게만 느껴졌던 제품 기획의 방향성이 쉽게 잡히고 있음을 마음으로 느끼고 있다. 제품 기획뿐만 아니라 오늘의 교육은 통찰력을 통한 기업 경영이다. 기업을 경영하는 경영자는 인문, 사회, 역사, 문화 등을 통해 제품 기획뿐만 아니라 기업 경영 원리를 터득할 필요가 있는 것이다. 김한수 대표는 한국전자의 제품 기획에 자신감이 붙는 듯하다.

한국전자는 대표이사 혼자서 이끌어갈 수 있는 것이 아니다. 김한수 대표는 한국전자 임직원의 제품 기획력을 높이는 방안이 필요함을 절감한다. 한국전자는 김한수 대표 혼자만의 힘으로 만들 수 있는 것이 아니다. 한국전자 임직원 모두의 아이디어를 도출하는 전략이 필요하다. 한국전자의 미래를 위한 오늘의 회의는 커다란 의미를 내포하고 있음을 회의 참석자들은 느낌으로 알고 있었다. 한국전자는 신제품 기획을 통해 대한민국의 자랑스러운 중소기업으로 우뚝 설 수 있는 토대를 다지고 있었다. 바로 기본이 충실한 기업으로 우뚝 서는 것이다. 한국전자의 회의실에는 희망의 불이 타오르고 있었다.

한국전자,
기술획득 전략을 결정하다

박정수 대표가 지정한 첫 번째 컨설팅을 받는 날이다. 박 대표는 장소로 서울 삼성동 전주 콩나물 국밥집을 골랐다. 김한수 대표는 의아했다. 지난번 수인선 닭발집에 이어서 전주 콩나물 국밥집이라. 박정수 대표의 의중을 읽을 수 없어 답답한 느낌이 있지만, 아마도 전주 콩나물 국밥집은 박정수 대표가 전달하려고 하는 메시지가 담겨 있는 장소일 것이다. 석양이 지는 삼성동 거리는 사람들로 넘쳐난다. 삼성동 전주 콩나물 국밥집에 김한수 대표가 들어서자, 주인이 김 대표를 직접 안내했다. 전주 콩나물 국밥집 3층 마지막 방이었다.

"김 대표, 지난번 과제 리포트는 잘 받았습니다. 과제 결과 보고서를 보고 한국전자의 미래를 읽을 수 있어서 좋았습니다."

김한수 대표는 머쓱한 표정으로 이야기를 이어간다.

"박 대표님, 하필 왜 전주 콩나물 국밥집인가요? 무슨 사연이라도 있나요?"

박 대표는 의미심장한 미소를 짓는다.

"한국전자의 사업 계획서를 보면서 불현듯 떠올라서 이 국밥집으로 잡았습니다. 그리고 가능하면 앞으로 컨설팅 장소로 우리 고유의 음식과 술이 있는 장소를 택할 생각입니다. 특별히 첫 컨설팅 장소를 전주 콩나물 국밥집으로 정한 이유가 당연히 있지요. 한국전자의 사업계획서를 보니, 스피커 관련 기초 기술은 가지고 있지만, 어느 분야에 응용할 것이며 어떻게 사업화를 할지 구체적인 그림이 아직 많이 부족해 보이는 것이 사실입니다. 그래서 오늘은 국내 중소기업 중 강소기업으로 성장하는 두 기업을 소개하려고 합니다."

김한수 대표는 자못 궁금한 듯 귀를 기울인다. 김 대표는 박 대표와의 만남은 한국전자의 방향성을 잡을 수 있는 자리가 되고 있다는 생각이다. 이러한 만남을 거듭할수록 김 대표는 부쩍 성장하고 있다는 느낌이다.

"첫 번째로 소개할 기업은 수원에 위치한 강소기업인 A사입니다. A사는 지난번 미팅 때 이야기한 세 번째 CEO의 케이스에 해당됩니다. 즉, 천재 공학자가 창업한 케이스라는 것입니다. A사 대표는 서울대 물리학과를 졸업하고, 스탠퍼드 박사 학위를 취득한 후 실리콘벨리에서 원자현미경 벤처기업인 P사를 설립했습니다. P사를 매출 130억 원 기업으로 키워낸 후 과감히 매각하고 기왕이면 비즈니스를 고국에서 하고자 대한민국에서 A사를 설립했습니다.

A사는 중소기업으로는 드물게 국내 유수의 대학 출신은 물론이고 해외 유명 대학 출신의 박사들이 연구원으로 즐비합니다. 연구원뿐만이 아니고, CFO도 글로벌 기업 출신이 담당하고 있습니다. 중소기업의 성장을 결정하는 것은 사람이라고 말했습니다. A사는 현재 원자현미경 글로벌 2위 업체로 머지않아 1위로 올라서리라고 주저하지 않고 말할 수 있습니다.

두 번째는 평택에 위치한 D전자로, 전자파 차폐 필름을 제조하는 회사입니다. 이 사업 분야는 일본 회사가 글로벌 1, 2위를 차지하고 있는 시장이었는데 대표이사가 일본 유학을 다녀온 후 S전자와의 파트너십을 기반으로 해당 기술을 개발했습니다. 전자파 차폐 필름의 성능은 투자율에 의해 결정되는 소재 기술의 결정체로 내부 핵심 인력을 지속적으로 육성하여 마침내 글로벌 1위 기업으로 올라섰으며 S전자, A사의 하이앤드 스마트폰에서 솔벤더*로서의 지위를 확보한 사례라 볼 수 있습니다."

김 대표는 중소기업이 진정한 강소기업으로 재탄생할 수 있다는 사실이 정말로 신기했다. 한국전자야 말로 히든 챔피언이 되어 세계 시장에서 강자로 우뚝 설 수 있다는 사실이 실감이 나지 않는다. 하지만 히든 챔피언은 전략과 실행이 필요하다. 한국전자를 어떻게 히든 챔피언의 반열에 올려놓을 수 있을까.

"네, 사례 잘 들었습니다. 그리고 한국전자도 두 강소기업처럼 지향하는 밑그림을 잘 그려야 할 듯합니다. 궁금한 사항이 있습니다. 사례에서 이야기한 두 기업에는 공통된 특징이 있을 듯합니다. 그것이 무엇일까요?"

박 대표는 김 대표의 핵심을 찌르는 질문에 만족한다. 박 대표는 김 대표의 폭풍 같은 성장에 안도한다. 하지만 칭찬은 아직 이르다.

"우선 중소기업이 장악할 수 있는 시장에 진입했다는 점이 있습니다. 시장 규모 또한 대기업이 진입하기에는 작은 규모였죠. 또한 틈새시장 성격의 시장

---

* 제품을 공급하는 업체를 보통 '벤더사'라고 부른다. '솔벤더'란 특정 제품 또는 부품을 단독으로 공급하는 업체를 의미한다. 따라서 솔벤더는 상대적으로 금액 협상 등에서 우위에 선다고 말할 수 있다.

에서 글로벌 1~2위를 점유할 정도로 우수한 경쟁력을 확보했다는 점도 있습니다. 결국 기술을 기반으로 시장을 개척한 사례로 볼 수 있습니다."

글로벌 강소기업의 원리가 여기에 있다. 글로벌 시장 점유율과 차별화 포인트가 다른 틈새시장 진입 전략인 것이다.

"그럼, 한국전자에 어떤 조언을 해주실 건가요?"

"음…. 제가 한국전자 사업계획서를 보면서 느낀 점은… 예전 한국음향의 전철을 밟지 않을까 하는 걱정이 든다는 점입니다. 한국전자가 일반 스피커 시장에 진입해서 글로벌 기업과 경쟁하여 우위를 점하겠다는 포부는 가상하나, 시장 창출 능력이 미약한 한국전자와 같은 소기업이 도전하기에는 어려운 시장으로 판단됩니다. 따라서 제 생각에는 스피커 시장의 메인 시장에 도전하기보다는 한국전자와 같은 중소기업이 새로운 시장을 창출할 수 있는 틈새시장을 발굴해서 신 시장을 개척해야 할 것으로 보입니다. 이 대표의 생각은 어떠십니까?"

김 대표는 박 대표의 지적이 뼈아프다. 여전히 한국음향의 굴레를 벗어나지 못하고 있는 한국전자가 보인다. 김 대표는 생각의 전환이 필요함을 느낀다.

"네, 맞습니다. 지금까지 우리는 한국음향의 전철을 밟고 있다는 느낌을 지울 수 없습니다. 이 시점에서 박 대표님의 지혜가 필요합니다."

박 대표는 김 대표의 발상의 전환을 읽는다. 드디어 한국전자가 정상 궤도에 진입할 시간이다.

"네, 김 대표님 잘 보셨습니다. 한국전자의 사업 방향성에 단초를 제공하기 위해 여기 전주 콩나물 국밥집에 온 것입니다."

중소기업에 맞는 최적의 아이템 발굴은 한국전자의 사활을 건 싸움이다.

아이템 발굴 전략을 통한 실행 전략이 필요함을 느낀다. 지금까지 산전수전山戰水戰 다 겪은 박 대표의 실행 전략은 한국전자에 날개를 달아줄 것이다. 뜨겁게 이야기가 이어지는 가운데 콩나물 국밥이 나오고 있었다.

"음식이 들어오네요. 먼저 삼성동 전주 콩나물 국밥집의 매출은 얼마이고, 이익은 어느 정도라고 생각합니까?"

"글쎄요, 연간 매출이라야 잘해야 3억, 이익이라야 1억 미만이겠지요."

"틀렸습니다. 김 대표가 생각한 것 이상의 매출과 이익이 나고 있습니다. 물론 삼성점만 이야기하면 김 대표의 말이 맞지만, 이집은 전국 체인점으로 매출액 500억, 이익 50억 이상을 달성하고 있는 어엿한 중소기업입니다."

김한수 대표는 눈이 휘둥그레지면서 말했다.

"콩나물 국밥집의 매출이 그렇게 대단한가요? 놀랍네요."

박정수 대표는 사실 전주 콩나물 국밥집의 산증인으로, 전주 콩나물 국밥집을 비즈니스화시킨 장본인이나 다름없다.

"전주 콩나물 국밥집 세팅 작업은 내가 컨설팅을 하면서 진행된 케이스였습니다."

전주 콩나물 국밥집의 진행 과정은 결코 쉽지 않은 일이었다. 전주 콩나물 국밥집은 원래 전주 남부시장에서 한 욕쟁이 할머니가 운영하던 집인데, 할머님이 고령이고 대를 이어 운영할 자식도 없어서 사라질 운명에 처했다.

마침 이때 현 전주 콩나물 국밥집 대표인 김인홍 대표가 새로운 사업을 구상하기 위해 박 대표를 찾아왔다. 그는 한식 관련 체인점을 구상하고 있었으며 현재 한식 관련 기술은 보유하지 않은 상태에서 종자돈 3억을 기반으로 전국 체인화를 꿈꾸고 있었다. 박 대표는 컨설팅을 진행하면서 다음처럼 제안했다.

"현재 기반이 아무것도 없으니 기술 이전을 통한 사업화를 합시다."

마침 남부시장 욕쟁이 할머니가 폐업을 준비 중에 있었다. 남부시장 욕쟁이 할머니를 설득해서 할머니가 보유하고 있는 전주 콩나물 국밥의 노하우와 상표를 이전 받기로 했다. 결국 협상을 통해 총 1억 원에 계약하고 관련 노하우를 3개월에 걸쳐서 전수받았다. 그렇게 출발한 것이 삼성동 전주 콩나물 국밥집이다. 지금은 전주 콩나물 국밥집의 본산과 같은 역할을 하고 있다. 욕쟁이 할머니는 기술 전수 6개월 후에 노환으로 별세하셔서 지금은 만날 수가 없다. 지금 할머니가 살아계셨다면, 할머니의 맛과 풍미가 전국에 확산된 모습을 보며 흐뭇해하셨을 모습을 상상하니 안타까운 마음이 그지없다.

"그럼, 진행 과정에 어려운 점도 많았을 듯합니다. 그 과정을 듣고 싶습니다."

박 대표는 전통 음식의 체인화이기에 많은 우여곡절이 있었음을 설명한다. 처음 할머니를 만나면서 전국 체인화를 위한 당위성 설명을 수십 차례 진행했다. 하지만 할머니의 완고한 고집을 꺾지 못해서 사업 진행이 중단될 위기에 처했다. 얼마의 시간이 흘러 할머니의 건강이 악화되었는데, 그 바람에 할머니의 마음이 움직여 기술을 전수받을 수 있었다. 하지만 할머니의 국밥집은 전주의 중장년층 고객에 어울리는 맛이라 판단했다. 박 대표는 당시를 회상하며 말을 이었다.

"우리는 기술 전수 후 고객 반응 테스트를 서울, 경기, 충청권 등으로 나누어 여러 단계로 진행했습니다. 그런데 고객 반응 테스트에서 50대 이상은 폭발적인 반응을 보였지만, 50대 이하에서는 반응이 없는 상태였습니다. 그래서 레시피를 일부 변경해 젊은 층의 선호도를 끌어올리는 작업을 하였습니다. 마치 기술 이전 후 상품화를 위한 추가 개발과 같은 과정이라 할 수 있습니다. 레시피 변경 후 고객 반응을 보니 드디어 삼성동 1호점을 오픈할 수 있겠다 싶었습니다. 삼성동 1호점을 오픈한 후, 체인점 문의가 끊이지 않아 전국 체인화를 진행해서 현재에 이르고 있습니다."

김한수 대표는 '바로 이것이야'라며 손뼉을 치고는 이야기를 이어간다. 제품을 출시하기 전 고객으로부터 피드백을 받고 이를 통해 완성도를 높이는 전략은 시장의 불확실성을 극복하는 방법인 것이다.

"아, 이런 식당도 기술 이전이 가능하군요. 박 대표님을 보면 무궁무지한 레시피가 샘솟는 느낌이 듭니다."

박 대표는 흐뭇한 미소를 지으며 콩나물 국밥을 맛나게 먹기 시작했다.

"자, 우리도 식사하십시다. 전주 콩나물 국밥집만의 특징은 수란과 같이 나온다는 것이 있습니다. 김 대표, 수란은 어떻게 먹는지 아시는가요?"

"콩나물 국밥집은 처음이라서…. 어떻게 먹죠?"

"우선 펄펄 끓는 콩나물 국밥의 국물을 수란 그릇에 두세 숟가락 붓고, 같이 나오는 김을 취향에 따라 두세 장 부숴서 넣으면 됩니다. 그리고 숟가락으로 휘휘 저으면, 수란이 조금 익게 됩니다. 다 저었으면 맛나게 먹으면 됩니다."

김 대표는 전주 콩나물 국밥을 먹으며 깜짝 놀란다. 놀라운 맛과 풍미에 흠뻑 빠져든다.

"내가 오늘은 특별히 전주 이강주를 이집 주인에게 부탁해놨습니다. 우리 건배할까요? 한국전자의 앞날에 무궁한 영광을 위하여, 건배!"

건배를 한 후 김 대표가 말했다.

"이강주는 처음 들어봅니다."

"이강주는 조선 중엽부터 전라도와 황해도에서 제조되었던 조선시대 오대 명주의 하나로 손꼽힙니다. 선조 때부터 상류 사회에서 즐겨 마시던 고급 약소주인데 토종 소주에 배와 생강이 들어가니 이강주라 이름 지어 전해져오고 있습니다. 호남의 술로서 이강주, 죽력고, 호산춘하면 조선 시대에 전국적으로 유명하였는데 특히 이강주는 고종 때 조미수호통상조약 체결 당시 국가 대표술로 동참하였다는 기록이 남아 있는 우리나라 명주죠. 한잔 듭시다. 이강주와 같이 한국전자도 우리나라 명품기업이 되길 기원합니다. 건배!"

박정수 대표는 얼굴에 홍조를 띠며 전주 콩나물 국밥집을 김 대표에게 소개한 이유를 이야기한다. 한국전자와 같은 중소기업이 오픈이노베이션open innovation을 실행으로 옮긴다면 진정한 히든 챔피언으로 거듭날 수 있다. 박정수 대표는 한국전자의 나아갈 방향을 암시하고 있는 듯한 표정을 짓는다. 김한수 대표는 한국전자의 미래가 자못 궁금한 표정이다.

"난, 오늘 김 대표에게 전주 콩나물 국밥집의 사례를 들려주며 기업의 기술획득 전략의 하나인 '기술 이전을 통한 기술사업화 전략'에 대해 이야기했습니다. 차주에 제가 한국전자를 방문하겠습니다. 한국전자 임원들과 함께 기술획득 전략, 개방형 혁신 전략, 그리고 중소기업이 성장하기 위한 정부과제 지원 전략에 대해서 이야기하겠습니다."

이미 삼성동에는 어둠이 짙게 깔리며 수많은 네온사인이 거리를 밝게 비추고 있었다. 네온사인처럼 한국전자에도 희망의 등불이 되리라는 확신을 갖고 김한수 대표는 발걸음을 재촉했다.

한국전자 대회의실. 한국전자 대회의실에는 한국전자의 김한수 대표, 임창용 CTO, 조인호 CFO, 이민우 연구팀장이 한자리에 모였다. 김한수 대표가 먼저 이야기를 꺼낸다.

"오늘은 한국전자호의 순항을 위해 박정수 대표님이 한국전자와 같은 초기 기업에 도움이 되는 기술 획득 전략, 개방형 혁신 전략, 그리고 중소기업이 성장하기 위한 정부과제 지원 전략, 그리고 이를 위한 정부의 다양한 정책에 대한 말씀을 할 예정입니다. 앞으로 한국전자가 활용해야 할 자양분이 될 예정이니, 임직원 여러분은 오늘 이야기한 내용을 잘 메모해놓았다가 사업에 활용해야 할 것으로 사료됩니다."

박정수 대표가 앞으로 나서며 화이트보드에 무언가를 그린다.

"구체적인 이야기를 진행하기에 앞서 질문 하나 하겠습니다. 비즈니스를 진행함에 있어 시장 진입 시 고려해야 할 요건이 무엇일까요?"

이민우 팀장이 일어서며 이야기를 한다.

"시장 진입을 위한 기술 분석이 선행되어야 합니다. 또한 내가 개발하고 있는 제품이 시장에서 팔릴지를 고민해야 합니다."

다시 박정수 대표가 이야기를 이어받는다.

"이민우 팀장이 좋은 이야기를 했습니다. 제가 질문한 것은 원초적인 것으로, 제품 개발 전에 제품 아이템 선정 시 고려사항을 말씀드린 것입니다. 즉, 사업 기획 시 검토해야 할 요건 중 하나가 바로 '인구와 문화적인 변화를 인지하고 관련 사업을 기획하는 것'이라는 말입니다. 예를 들어 우리나라의 인구와 가구의 변화를 봅시다. 우리나라는 현재 1인 가구의 증가가 특징적입니다. 그럼 1인 가구가 증가함에 따라 1인 가구를 대상으로 하는 비즈니스에는 기회가 있겠지요. 1인 가구 중 60대와 20대 여성의 비율이 높으므로 1인 가구

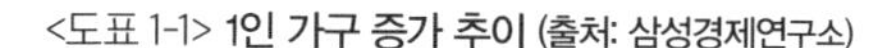

(단위: 만 가구)

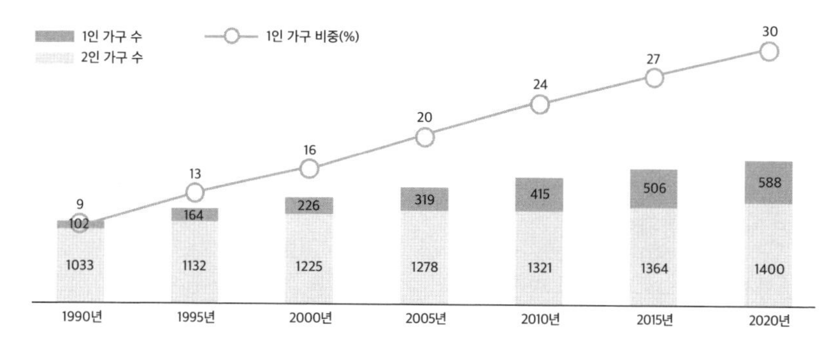

삼성경제연구소 홈페이지(seri.org) 참조

전용 공구세트를 특화해서 개발한다면 시장에 쉽게 진입할 확률이 높아지는 원리인 것이지요. 즉, 시장 상황에 맞는 맞춤형 시장전략을 수립하라는 것입니다."

김한수 대표는 머릿속으로 그림을 그리며 한국전자의 기술 개발 전략에 대한 고민이 깊어진다. 과연 한국전자는 시대의 변화를 반영한 제품 개발 계획을 가지고 있는 것인가? 김한수 대표가 생각하는 변화는, 지금까지 가족 단위로 구성된 가정이 구매하던 TV나 냉장고 같은 가전 또는 디바이스가 개인화 방향으로 변화가 있을 것이라는 점과 개인화를 위한 디바이스가 필요할 것이라는 점이다. 한국전자는 개인화 디바이스 중에서도 개인화 음향 디바이스에서 기회를 찾고자 하는 것이다.

"먼저 한국전자는 기술 개발을 어떻게 진행할 계획인가요, 김 대표님?"

김 대표는 잠시 뜸을 들인다.

"한국전자는 우수한 기술 인력을 보유하고 있으니 내부 개발을 통해 진행할 예정입니다.

"그럼, 연구 개발 비용 계획은?"

연구 개발 비용이라. 지금까지 김 대표는 연구 개발 비용에 대해 깊이 생각해보지 않은 상황이다.

"자체 자금으로 충당할 계획인데, 쉽지는 않네요."

"내가 그려준 기술 획득 전략에 대한 표를 한번 보고 생각해보세요. 우리나라 중소기업의 경우 대부분 자체 개발을 선호하고 있는 상황입니다. 하지만 기회비용을 고려한 최적의 전략은 기업의 상황에 따라 달라질 수 있기에 많

<표 1-1> **기술획득 전략**

전략	내용	위험도	획득기간	독자전략 구사	성과 독점성
자체 연구 개발	자신의 연구 개발로 소유권 획득	上	장기	가능	上
기술 구매	소유권 구입	中	단기	가능	上
기술 라이센싱	사용권 획득	下	단기	가능	中
공동 연구	공동 연구와 소유	中	중기	가능	中
합작 투자	기술과 자본 유치	中	단기	불가능	下
인수 합병	기술 사업체 인수	中	단기	가능	上

은 고민이 필요합니다. 따라서 기술 획득 전략은 다양한 방법이 있을 수 있습니다. 내부 기술 개발은 두 가지로 나누어질 수 있습니다, 첫 번째가 자체 연구 개발이고, 두 번째가 정부 R&D를 통한 기술 획득 전략, 세 번째로 위탁 연구가 있습니다. 혹시 개방형 혁신이라는 이야기 들어보았습니까?"

임창용 CTO가 말을 이어받는다.

"아, 오픈 이노베이션! 개방형 혁신이라고 신문에서 최근 많이 기사화되는 것을 보았습니다만, 다른 세상 이야기라 치부하고 자세히 들여다보지는 않았습니다."

그렇다. 중소기업은 아직 개방형 혁신에 익숙하지 않다. 하지만 자원이 부족한 중소기업이 혁신을 통해 성장하려면 개방형 혁신을 이루어내야만 한다. 박 대표는 미소를 지으며 이야기를 다시 이어간다.

"오픈 이노베이션은 '기술 획득 전략in-sourcing'과 '보유 기술의 아웃소싱out-sourcing'을 통해 수익화를 논하는 것입니다. 즉, 기술 획득 시 내부 R&D와 외부 R&D를 결합해서 혁신적인 제품을 개발하기 위한 전략과 내부 보유 기술을 매각, JVjoint venture, 기술 창업 등을 통해 수익을 극대화하는 전략입니다."

"왜 하필 최근에 개방형 혁신이 회자되고 있나요?"

김한수 대표가 박 대표를 바라본다. 박정수 대표는 잠시 생각에 잠기더니, 이야기를 이어간다.

"대기업의 중앙연구소 모델은 1970~1980년대의 전형적인 스타일입니다. 개발할 제품이 한정적이었고 대기업의 우수한 인력만으로 기술 개발이 가능했으니 제품 출시에 맞추어 개발할 수 있었습니다. 하지만 지금은 아닙니다. 왜냐하면 제품군 자체가 너무나도 다양해졌고, 연구 개발 비용과 시간은 기하급수적으로 증가하고 있으니까요. 즉, 제품 개발에 1조 원의 비용을 투입하면 그 이상의 수익이 발생해야 하는 것이 상식인데, 지금은 1조 원의 개발 비용을 투입했는데도 수익은 1조 원 또는 그 이하가 되니 자체 개발을 통한 수익화가 점점 어려운 구조로 변화하게 되었습니다. 그래서 개방형 혁신이 출현하게 된 거고, 기업의 제품 혁신은 내부와 외부에서 동시에 이루어져야 시장에서의 경쟁력을 확보할 수 있는 시대가 된 겁니다."

임창용 CTO는 심각한 표정을 지으며 말을 이어간다.

"한국전자는 아직 작은 조직으로 효율적으로 기술 개발이 가능하다고 생각합니다."

한국전자 연구소 내부 직원들의 생각을 바꿀 수 있는 전략이 필요하다. 생각이 바뀌어야 실행이 가능하다. 박 대표는 한국전자를 개방형 혁신이 가능한 조직으로 재탄생시키는 것이 자신의 도전 과제임을 느낌으로 안다.

"임 부사장의 말도 일리가 있습니다. 작은 중소기업은 스피드를 기반으로 한 기술 개발을 통해 혁신을 추구하고 있습니다. 그럼에도 불구하고 내가 제안하는 것은 자체 개발을 통해 내부 혁신 역량은 유지한 채 필요한 요소 기술을 외부에서 도입하자는 것입니다. 물론, 한국전자의 인력이 우수하다는 것은 알겠지만… 오픈 이노베이션의 핵심을 들여다보면서 이야기해봅시다. 즉, 외부에는 한국전자보다 훨씬 더 많은 개발자들이 존재하므로 외부의 우수 기술과 내부의 기술 개발 역량이 결합된다면 훨씬 경쟁력 있는 제품 개발이 가능하지 않을까 하는 결론에 도달하는 것입니다."

임창용 CTO는 기술획득전략이 한국전자에 도움을 줄 수 있을지 궁금한 표정이다. 기술획득전략은 한국전자에 날개를 달아줄 수도 있고 한낱 일장춘몽一場春夢이 될 수도 있다.

"그럼, 기술 획득 전략을 통해 한국전자가 전략적으로 활용할 수 있는 방향은 어떤 것이 있을까요?"

"기술 획득 방법에는 자체 연구 개발, 기술 구매, 기술 라이센싱, 공동 연구,

합작 투자, 인수 합병으로 나누어볼 수 있습니다. 한국전자는 스타트업 기업이니 오픈 이노베이션을 통한 기술 획득 전략중 기술 라이센싱이 비용도 저렴하고 수용 가능한 전략으로 판단됩니다. 향후 한국전자가 지속적으로 성장하기 위해서는 기술 구매, 공동 연구, 합작 투자, 인수 합병 등도 적극적으로 검토해야 할 것으로 보이지만, 현실적인 대안으로 기술 라이센싱 전략을 추천합니다.

또한 향후 한국전자의 성장 전략으로 합작 투자와 인수 합병도 적극적으로 검토해야 할 것으로 판단합니다. 특히, 기술 획득은 사람의 이동이 중요하므로 사람의 이동이 가능한 합작 투자와 인수 합병은 의외로 리스크(위험)를 줄일 수 있는 방법이긴 합니다. 다만 높은 비용이 드므로 한국전자가 충분히 성장한 상태에서 검토해야 할 방법이라고 생각합니다."

임창용 CTO는 솔직히 깜짝 놀랐다. 박정수 대표의 설명을 통해 다양한 기술 획득 전략이 존재한다는 것을 알았지만, 한국전자도 단순히 내부 R&D뿐만 아니라, 외부의 기술을 적극 활용하여 시장을 창출하는 전략으로 방향을 수정해야 할 필요성을 느끼고 있었다. 임창용 CTO의 기술 획득 전략에 대한 생각이 바뀌는 순간이다.

"제가 드린 자료에 있는 〈표 1-2〉를 유심히 살펴보면 기술 거래가 얼마나

<표 1-2> **기술 이전의 효과 분석 (대덕특구펀드)**

구분	기술 거래 기업 (12개 사/279억 투자)		전체 (29개 사/414억 투자)	
	매출액	인력	매출액	인력
투자 시점	1,221억 원	1,051명	3,405억 원	1,984명
투자 3년 후 시점	1,785억 원	1,199명	3,971억 원	2,220명
증가율	46.2%	14.1%	16.6%	11.9%

효과적인지 이해할 수 있습니다. 이 표는 대덕특구펀드의 펀드 성과를 측정한 내역입니다. 전체 투자 대상 기업의 매출액 증가율과 인력 증가율이 각각 16.6%, 11.9%인데, 기술 거래 기업의 매출액 증가율과 인력 증가율은 46.2%와 14.1%로 전체 투자 대상 기업보다 훨씬 더 높은 성과를 내고 있습니다. 기술 이전을 통한 성장 전략이 유효할거라고 판단하는 근거가 될 수 있습니다.

하지만, 기술 거래 기업의 높은 실적이 기술 거래 때문이었다고만 하기보다는 오픈 이노베이션의 효과였다고 볼 수 있습니다. 즉, 기술 거래 기업은 기업 내부에 오픈 이노베이션을 기반으로 한 '혁신의 피'가 흐르고 있었다고 하겠습니다. 즉, 기업이 혁신적으로 운영되고 있다는 증거입니다."

박정수 대표는 한국전자의 기초를 다지기 위해 무엇을 펼칠까 고민한다. 한국전자의 임직원이 날아오르기 위한 전략 말이다. 박정수 대표의 고민이 깊어간다. 한국전자와 같은 스타트업이 쉽게 이해할 수 있는 정부 지원 시스템을 펼쳐보이는 것이 정답일까? 한참 고심한 후 박정수 대표는 화이트보드에 그림을 장황하게 나열한다.

"제가 정부 부처 그림을 펼쳐놓은 이유가 무엇이겠습니까?"

박정수 대표는 기업 컨설팅을 진행하면서 국내 산업의 생태계는 B2C, B2B, B2G 등 다양한 형태로 비즈니스 모델이 존재함을 알고 있다. 특히 중소기업은 산업 생태계의 하단에 위치하고 있어 정부의 다양한 지원사업을 이해하고 이를 비즈니스에 활용하는 전략이 필요한 것이다. 이러한 정부 지원사업의 수혜를 받기 위해서는 정부 구조를 이해하는 것이 필수적이다. 그렇다. 중소기업에서 다양한 정부 지원사업에 지원하기 위해서는 정부의 특성과 전문기관을 이해해야만 하는 것이다. 하지만 이를 일목요연一目瞭然하게 정리한 자료

<도표 1-2> 기업 지원 정부 주요 부처 및 산하 기관 현황

과학기술정보통신부

1차관
- 연구재단
- 과학기술일자리진흥원
- 특구재단
  - 대덕특구
  - 광주특구
  - 대구특구
  - 부산특구
  - 전북특구
- 지주회사
  - 한국과학기술지주
  - 미래기술지주
  - 에트리홀딩스
- 출연연구소
  - ETRI등 25기기관

2차관
- IITP
- NIPA
- KCA
- KISA
- NIA

중소벤처기업부
- 중소기업기술정보진흥원
- 창업진흥원
- 소상공인시장진흥공단
- 중소벤처기업진흥공단
- 한국벤처투자
- 기술보증기금
- 테크노파크
  - 경기테크노파크등 18개 테크노파크
- 창조경제혁신센터
  - 서울창조경제혁신센터등 19개 창조경제혁신센터
- 신용보증재단

산업통상자원부
- 산업기술평가관리원
- 산업기술진흥원
- 에너지기술평가관리원
- 산업단지공단
- 전문생산기술연구소
  - 전자부품연구원등 15개 기관

특허청
- 한국발명진흥회
- 한국특허전략개발원
- 한국특허정보원
- 지식재산보호원
- 지식재산연구원

* IITP(Institute for Information & communication Technology Planning & evaluation): 정보통신기획평가원
* NIPA(National IT Industry Promotion Agency): 정보통신산업진흥원
* KCA(Korea Communications Agency): 한국방송통신전파진흥원
* KISA(Korea Internet & Secuirty Agency): 한국인터넷진흥원
* NIA(National Information Society Agency): 한국정보화진흥원

는 존재하지 않았다.

"기업을 운영하다보면, 정부 부처에 납품할 일도 생기고, 사업 관련 법률도 존재하고, 정부 지원도 받으며 성장해야 하므로 여러방면으로 알고 있어야 활

용할 수 있지 않을까요?"

조인호 CFO가 자신만만한 표정으로 대답한다.

"그래, 바로 그겁니다. 한국전자와 같은 스타트업은 정부의 지원 정책을 적절히 활용해서 성장 전략을 모색해야 할 필요성이 있기 때문에 주요 정부 부처를 그렸습니다."

이민우 팀장은 정부 부처의 구조가 이렇게 복잡하다는 것을 처음 알았다. 중소기업은 정부 부처의 다양한 구조를 이해하고 있으면 다양한 정책 자금 등을 통해 성장 동력을 마련할 수 있다는 생각을 갖게 되었다.

"지금부터 정부 부처의 주요 지원 정책과 역할에 대하여 한번 살펴봅시다."

박정수 대표는 그림을 일일이 열거하며 정부 부처의 다양한 기능에 대해 설명하기 시작했다.

"우선, 우리나라의 주요 부처 중 기업과 관련 있는 부처를 살펴보자면 과학기술정보통신부, 산업통상자원부, 중소벤처기업부 그리고 특허청이 있습니다. 위에 나열한 부처 이외에도 여러 곳이 있으나 4대 부처 이외에는 특정 업종에만 영향을 미치므로 이번 설명에서는 제외하도록 하겠습니다.*"

김한수 대표는 지금까지 정부 부처에 대해 고민한 적이 없었다. 과연 정부 부처를 아는 것이 비즈니스에 무슨 도움이 되는지 도무지 이해가 되지 않았다.

"박 대표님, 다양한 정부 부처를 우리 같은 중소기업이 거래하는 것도 아닌데 굳이 알아야 되는 이유가 있나요?

---

* 각 정부 부처의 지원 정책에 대한 이해가 필요하다. 이에 대한 상세한 내용은 부록에서 다루기로 한다.

"김 대표, 중소기업에게 도움이 되지 않는다면 내가 왜 설명하겠습니까? 당연히 중소기업 비즈니스에 도움이 될 수 있으니, 이해하려고 노력해야 합니다."

"중소기업의 대표는 너무나도 할 일이 많군요."

"중소기업의 대표가 일인다역一人多役을 하는 것은 당연한 겁니다. 기업을 경영하면서 끊임없이 다양한 지식을 축적해야 하고 다양한 네트워크도 구축해야 됩니다. 너무나도 힘겨운 자리가 될 수 있습니다. 이제 본격적으로 설명에 들어가도록 하겠습니다."

중소기업을 운영하면 다양한 이해관계자가 존재한다. 중소기업의 이해관계자에는 부품을 공급하는 공급망 관련 이해관계자, 제품을 납품하기 위한 대기업 등 제품 관련 이해관계자만 존재하는 것이 아니다. 따라서 중소기업의 주변을 에워싸고 있는 다양한 이해관계자에는 중소기업 지원 기관이 존재한다.

기업은 성장함에 따라 다양한 기회를 가지고 갈 수 있다. 이러한 다양한 기업 지원 기관의 생태계를 이해해야만 기업의 성장 전략을 접목할 수 있는 것이다. 다양한 정부부처가 존재하지만, 중소기업이 우선적으로 이해해야 할 정부 부처로는 과학기술정보통신부, 중소벤처기업부, 산업통상자원부 그리고 특허청이 있다. 이외에도 환경부, 해양수산부, 국토교통부, 농림축산식품부, 보건복지부 등 연관 관계를 갖고 있는 다양한 부처가 있을 수 있으나 중소기업이 공통적으로 알아야 할 부처를 중심으로 살펴보자.

우선, 과학기술정보통신부는 1차관과 2차관, 3차관으로 구분한다. 1차관은 주로 기초, 원천기술 개발을 지원하는 업무를 하며, 보통의 경우 대학교와 정부출연연구소와 밀접한 관계를 가지고 있다. 2차관은 정보통신ICT 관련 정책 부서로 이해하면 되는데, 예전 정부 부처로 보면 정보통신부MIC, Ministry of Information and Communication로 이해하면 된다. 3차관은 신설된 조직으로 과학 기술 분야 R&D 컨트롤 타워로 이해하면 된다.

3차관의 역할을 살펴보자. 첫째, 기존 기획재정부가 수행하던 대규모 신규 연구 개발 사업에 대한 예비타당성 조사 권한을 이관받았다. 전 정부에서 대규모 신규 연구 개발 사업이 예비타당성 조사로 인해 많은 시간이 소요됨으로써 비효율성과 적시성을 잃어버려 많은 비판의 대상이 됐다. 이러한 문제점을 개선하기 위해 기획재정부의 업무를 과기정통부 3차관으로 이관하게 됐다. 둘째, 연구 개발 사업 예산의 지출 한도를 기획재정부와 공동으로 설정하는 권한*을 갖는다. 셋째, 과학기술분야 정부 출연 연구기관의 인건비, 운영비를 조정하는 권한을 갖는다. 넷째, 연구 개발 사업에 대한 평가 정책 기능이 보강된다. 즉, 평가 기능을 담당하는 조직을 과 단위 조직에서 국 단위 조직으로 확대 개편한다. 3차관은 기업과는 직접적인 관계가 없으나 국가 R&D의 컨트롤 타워 역할을 함으로써 국가 R&D 정책의 흐름을 결정할 전망이니 눈여겨 지켜보는 지혜가 필요하다.

과학기술정보통신부 1차관에 대해 살펴보자. 1차관 산하기관으로 한국연구재단NRF, National Research Foundation of Korea과 과학기술일자리진흥원COMPA, Commercializations Promotion Agency for R&D Outcomes, 연구개발특구진흥재단, 지주회사, 출연연구소, 대학교 등이 있다. 우선 기초, 원천 연구를 지원하기 위한 조직으

* 소위 예산 실링 기능을 말한다. '실링'이란 정부 예산의 요구 한도며, 각 부처의 다음 연도 예산의 개산 요구에 대하여 국무회의에서 일정한 기준을 정한다.

로 연구재단이 있다. 연구재단은 과학기술정보통신부의 예산과 교육부의 예산을 집행하는 기관으로 과학기술정보통신부의 예산은 기초 원천 연구를 지원하는 예산이고 교육부의 예산은 교육 인력 양성 사업 등으로 산학협력 활성화 지원사업, 산학협력 선도대학LINC 육성사업등 주요 과학기술 인력양성사업을 지원하기 위한 사업으로 구성되어 있다.

한국연구재단의 예산은 2019년 기준으로 5조 원 이상이니 국내 최대 공공기관으로 볼 수 있다. 과학기술일자리진흥원은 기초, 원천 연구의 성과물을 활용하기 위한 다양한 지원사업이 있다. 특히 과학기술일자리진흥원의 사업 목표는 기술 이전과 사업화에 방점이 찍혀 있어 관심을 두어야 할 기관으로 판단된다. 기술사업화 지원사업의 수혜자가 연구자로 한정되어 있었으나, 최근에는 기업에 추가 R&D를 지원하는 사업이 신설되어 기술사업화를 추진 중인 기업은 관심을 가지고 확인해야 한다.

출연연구소와 대학교는 주로 정부의 연구 개발 사업을 수행하고, 사업 결과물의 사업화를 위해 기업에 기술 이전을 위한 TLOtechnology licensing office, 대학이나 출연연구소 등 공공 연구기관의 기술 이전 전담 조직 조직을 보유하고 있으므로 주의 깊게 보아야 할 곳이라고 판단한다.

연구개발특구진흥재단과 지주회사는 공공 기술의 이전 및 사업화 지원 기관이라 이해하도록 하자. 연구개발특구진흥재단은 대덕(대전), 광주, 대구, 부산, 전북의 특구 지역에 위치하고 있으며 대전에 연구개발특구진흥재단 본부가 위치하고 있다. 각 특구의 특성에 맞추어 특구 내 연구기관의 결과물을 기업에 이전함에 있어 연구소 기업 설립 지원과 기술사업화 지원사업, 기술 가치평가 지원사업 등 다양한 기술사업화 관련 사업을 집행한다.

지주회사도 주의 깊게 보아야 할 조직이다. 지주회사는 한국과학기술지주KST, Korea Science & Technology holdings, 미래과학기술지주, 에트리홀딩스등 3개사가 있다. 한국과학기술지주는 17개 출연연이 출자한 지주회사다. 따라서 17개 출연연의 기술 이전을 전제로 연구소 기업 설립, 기술 합작 투자 또는 지분 투자를 하는 지주회사로 이해하면 된다. 즉, 출연연구소의 기술사업화를 지원하기 위해 설립된 과학기술정보통신부의 재투자 기관이다.

미래과학기술지주는 4개 과학기술 특성화대학 즉, 한국과학기술원KAIST, 광주과학기술원GIST, 대구경북과학기술원DGIST, 울산과학기술원UNIST이 출자한 지주회사로 4개 과학기술 특성화대학의 기술 이전 및 기술사업화를 지원하는 지주회사로 이해하면 된다. 4개 과학기술 특성화대학의 기술을 이전받아 사업화를 진행하는 형태에 지분을 투자하는 지주회사라 할 수 있다. 미래과학기술지주는 연구소기업설립, 기술합작투자 또는 지분 투자를 하는 과학기술정보통신부의 재투자 기관으로 이해하면 된다.

에트리홀딩스는 ETRI한국전자통신연구원가 100% 지분을 갖고 설립한 지주회사로, 한국전자통신연구원의 기술 이전을 통한 사업화를 지원하기 위한 지주회사다. 주로 연구소 기업 설립을 통한 기술 합작 투자를 선호한다는 점을 숙지하자. 다만 한국과학기술지주와 에트리홀딩스는 별도의 펀드를 운영하므로 중소기업은 이를 이해할 필요가 있다. 즉, 한국벤처투자의 기술사업화 펀드의 운용사로 한국과학기술지주와 에트리홀딩스가 선정되었다. 이는 기술 이전을 받은 중소기업이 투자 대상이 되므로 관심을 갖고 투자 유치를 진행하면 된다.

이상으로 과학기술정보통신부 1차관 주요 기관에 대하여 이야기했고, 이번에는 2차관 산하기관을 살펴보자. 2차관은 정보통신분야에 특화된 업무를 진행하는 부처로 이해하면 된다. 과거의 정보통신부로 이해하면 훨씬 이해하기가 쉽다. 주요기관으로 R&D와 산업진흥을 지원하는 정보통신기획평가원과 정보통신산업진흥원이 있다.

정보통신기획평가원은 한국콘텐츠진흥원, 한국방송통신전파진흥원, 정보통신산업진흥원, 한국산업기술평가관리원 등 흩어져 있던 여러 기관의 정보통신 산업 관련 연구 개발 기능을 하나로 모아 시너지를 극대화하기 위해 설립된 기관이다. 또한, 정보통신 분야 연구 개발뿐만 아니라 기술사업화까지 전주기全週期로 지원하기 위한 기관이다.

정보통신기획평가원은 정보통신 융합 활성화 등에 관한 특별법에 기반하여 설립된 기관이다. 정보통신산업진흥원은 정보통신 분야의 기초원천 연구개발보다는 정보통신 분야 산업 진흥을 위한 기관으로 S/W, IoT, 클라우드, 빅데이터 등 소프트웨어 분야의 실증 등에 중점을 두고 지원하는 기관이다. 따라서 연구 개발 분야는 정보통신기획평가원을 이용하고, 개발된 연구 개발의 확산을 위한 실증 연구는 정보통신산업진흥원에 노크하면 양 기관을 효율적으로 이용할 수 있다.

두 기관 이외에도 한국방송통신전파진흥원, 한국인터넷진흥원, 한국정보화진흥원 등이 있다. 한국방송통신전파진흥원은 방송과 통신 분야를 지원하는 기관으로 이해하자. 그리고 한국인터넷진흥원은 주로 보안기술 관련 기술이전 지원 및 R&D를 중점적으로 진행하는 기관이다. 따라서 보안관련 기업은 한국인터넷진흥원의 사업을 이해하고 활용하는 전략이 필요하다. 한국정보화진흥원은 공공 데이터 개방, 전자정부 등을 지원하기 위해 다양한 인프라 확산을 지원하는 기관이다.

다음으로 산업통상자원부에 대해서 알아보자. 산업통상자원부는 중소벤처기업부의 출현으로 중소벤처기업부와 일부 업무의 조정이 있었다. 산업통상자원부 산하기관인 테크노파크가 중소벤처기업부로 이관되었고, 지역산업 진흥 정책의 업무가 중소벤처기업부로 이관되었다.

산업통상자원부의 주요 기관을 살펴보자. 산업통상자원부의 산하 기관은 다음과 같다. 한국산업기술평가관리원KEIT, 한국산업기술진흥원KIAT, 한국에너지기술평가원KETEP, 한국산업단지공단KICOX과 전문 연구소로 구분할 수 있다. 한국산업기술평가관리원과 한국에너지기술평가원은 산업통산자원부의 연구개발과제를 관리, 집행하는 기관이다.

기술사업화 관점에서 중요 기관으로는 한국산업기술진흥원과 한국산업단지공단 그리고 전문 연구소로 구분하여 설명하겠다. 한국산업기술진흥원은 기술사업화에 방점이 찍혀 있고, 기술 개발 과제의 경우도 기초, 원천보다는 상용화 연구에 초점이 맞추어져 있어 중소, 중견기업에서 관심을 두고 과제를 지원하면 좋은 결과를 볼 수 있는 기관으로 판단된다. 그리고 기술사업화를 지원하기 위한 산학협력 지원사업과 국제기술협력 지원사업, 기술사업화 지원사업, 지역사업등 다양한 지원사업 카테고리를 가지고 있으니, 관심을 가지고 주요 사업을 통해 지원을 받을 수 있도록 접근 전략을 수립하는 노력이 필요하다.

기술사업화를 위한 주요 지원사업을 보면, 기술사업화 도움닫기 플랫폼, 기술사업화 바우처 지원사업, 비즈니스 아이디어 사업화 지원사업 등은 기업이 사업화하는 데 직접적인 도움을 받을 수 있으니, 지속적인 관심을 보이는 것이 중요하다. 또한 기술이전을 받은 기업이 기술사업화를 위한 추가 기술개발을 할 경우 R&D 재발견 프로젝트는 관심을 두고 챙겨보아야 할 사업이다.

산업단지공단사업은 산업집적지 경쟁력 강화사업에 주로 관심을 가지고 접근하면 된다. 한국전자의 경우 사업장 위치가 공단 내에 위치하고 있으므로 특별히 산업단지공단 사업을 챙겨보면 다양한 지원사업을 수혜받을 수 있다. 산업집적지 경쟁력 강화사업은 산업단지 혁신클러스터 사업으로 미니클러스터와 기업성장 지원센터 사업으로 구분할 수 있다. 미니클러스터 사업은 회원가입 후 수혜를 받을 수 있는 사업으로, 미니클러스터 회원사는 특허출원 지원사업, 생산기술사업화, 매버릭 기업 육성사업(수출을 주력으로 하는 수출 강소기업을 육성하기 위한 사업) 등 다양한 형태의 과제를 지원하고 있다. 산업단지공단 클러스터사업은 미니클러스터라는 회원제 관리를 통해 지원사업을 진행하므로 회원가입이 필수조건이다. 따라서 회원사만이 지원이 가능한 사업이 대부분이므로 지원 경쟁률이 상대적으로 낮은 특징이 있다.

산업통상자원부의 전문연구소에 대해 살펴보자. 전문 연구소는 산업기술혁신촉진법에 설립 근거를 두고 있다. 전문 연구소는 생산 기술에 강점을 보유한 연구소로 전자부품연구원, 광기술원, 한국자동차연구원(구 자동차부품연구원) 등 특정 분야에 특화된 기술을 보유한 기관이다. 전문연구소는 공동연구 개발 또는 기술 이전 관련 기업이 활용할 수 있는 기관으로 판단하면 된다. 출연연과 달리 연구원의 인건비 등 기본 경비가 정부 예산으로 지원되지 않으므로 기업과의 협력사업이 원활하게 지원될 수 있는 특징이 있다.

가장 중요한 기관인 중소기업청, 아니, 중소벤처기업부에 대해 알아보자. 중소벤처기업부는 현 정부 들어 새롭게 출범한 기관으로 기존 중소기업청에서 부로 승격하며, 중소기업과 벤처기업의 생태계 구축, 정책 등을 책임지는 기관이 되었다. 우선, 중소벤처기업부 산하기관을 살펴보면 중소기업기술정보진흥원(기정원)과 창업진흥원, 중소벤처기업진흥공단(구 중소기업진흥공단), 신용보증재단중앙회 등과 정부 조직 개편으로 새롭게 편입된 기관이 있다. 신규 편입된 기관으로는 기술보증기금, 창조경제혁신센터(19개), 지역테크노파크(17개) 등이 있다.

중소벤처기업부 산하기관은 주로 중소기업, 벤처기업, 창업 등으로 특화되어 지원되고 있다. 먼저 중소기업기술정보진흥원(약칭 '기정원')부터 살펴보자. 기정원은 특히 소규모 중소기업이 기술개발과제를 지원받기 위해서는 반드시 이해하고 넘어가야 하는 기관 중 하나다. R&D 전담기관으로 예산 규모는 2020년 기준 약 1조 5천억 원이다. 기정원 과제는 단계별로 지원해야 하고, 기업당 횟수 제한이 있어 세심한 접근 전략이 필요하다.

창업 단계에서는 창업기업 기술개발 과제 또는 R&D 기획 지원과제를 지원하면 과제 선정 확률을 높일 수 있다. 두 번째 단계에서는 제품, 공정개선 기술개발을 들 수 있고, 세 번째는 융·복합 기술개발과제 또는 구매조건부 신제품개발과제 그리고 마지막으로 글로벌 전략기술개발 또는 혁신기업 기술개발과제를 지원하면 단계별 지원전략을 완성한다고 볼 수 있다. 기정원 과제의 특징은 과제 지원을 통해 중소기업에서 중견기업으로 성장할 수 있는 R&D 전략을 마련할 수 있다는 것이다.

창업진흥원은 창업단계의 지원사업에 집중되어 있다. 주요 사업은 창업교육, 시설·공간 임대지원, 사업화, R&D, 판로(해외 진출)로 구분되어 있어 창업자가 챙기면 반드시 도움을 받을 수 있는 프로그램들이다. 특히 창업진흥원 지원사업 중 TIPS 프로그램(민간투자주도형 기술창업지원, 이스라엘 방식)을 관심있게 챙겨보면 도움이 된다. TIPS 프로그램은 세계시장을 선도할 기술 아이

<도표 1-3> TIPS 프로그램 구조

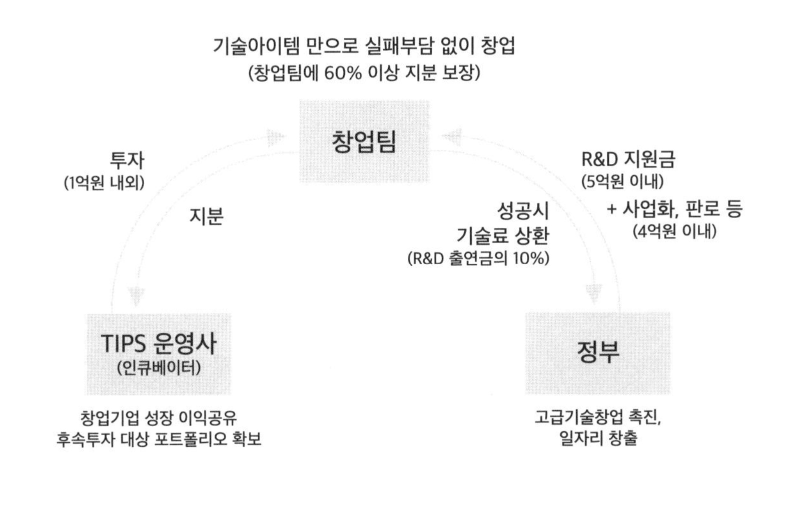

템을 보유한 창업팀을 민간 주도로 선발하여 미래유망 창업기업을 집중 육성하는 프로그램이다.

TIPS는 글로벌 시장을 지향하는 기술력을 갖춘 유망한 창업팀에게 과감한 창업 도전 기회를 제공하기 위한 프로그램이다. 성공벤처인 중심의 엔젤투자사, 초기전문 VC(venture capital, 모험자본, 흔히 펀드를 통해 투자금을 운용하는 회사를 의미), 기술대기업 등을 운영사로 지정하여 엔젤투자·보육·멘토링과 함께 R&D 자금 등을 매칭하여 일괄 지원하므로 성공 확률을 높일 수 있는 프로그램이다. TIPS는 최대 10억의 자금을 통해 창업 초기 성장 동력을 마련할 수 있는 획기적인 프로그램으로 판단한다.

초기 스타트업 기업은 창업패키지사업과 창업도약패키지사업을 이해할 필요가 있다. 창업패키지사업은 창업 3년 이내인 기업에 사업화 자금을 7천만 원 이내에서 인건비, 시제품 제작비, 마케팅 비용 등을 지원하는 과제다. 이는 창업 초기 기업의 운영비를 지원하는 성격이다. 창업도약패키지사업은 사업화 자금 3억 원, 연구 개발비 4억 원으로 구성된 지원사업이다. 소위 '죽음의 계곡'에 빠진 창업 4년차에서 7년차 기업이 지원할 수 있는 사업으로 자금 사용도에 유연성이 있는 사업화 자금을 3억 원 지원하고, 연구 개발비로 4억 원을 사용할 수 있는 과제다.

중소벤처기업진흥공단과 신용보증재단중앙회는 기술보증기금, 신용보증기금등과 연계해서 확인해보자. 기업을 운영함에 있어 매출이 50억에서 100억으로 성장하면서 조금씩 이익이 발생하더라도 규모의 경제를 실현하기 위해 지속적으로 융자가 필요하다. 기업의 규모가 성장함에 따라 지속적으로 시설 자금, 운영 자금 수요는 늘어나며, 지속적인 자금 수요가 발생하는 흐름을 보인다. 따라서 자금 계획 수립이 중소기업 운영에 있어 매우 중요한 부분을 차지한다고 말할 수 있다.

자금 수립 전략을 위해 기관의 특성을 이해한 후에 접근할 필요성이 있다. 먼저, 중소벤처기업진흥공단사업은 기본적으로 융자라고 이해하면 된다.* 중진공 직접대출과 간접대출로 구분되며 매달 1~10일 사이에 온라인으로 신청하는 구조다. 중진공 지원자금을 보면 창업기업 지원자금, 투융자 복합금융자금, 개발기술 사업화자금, 신성장 기반자금 등으로 구분되어 있어 성장 단계별 접근 방법이 유효하다. 특히 개발기술 사업화자금은 자체적인 기술개발뿐만 아니라, 이전받은 기술의 사업화 자금으로 활용할 수 있으나, 기업에서 잘 모르

* 최근 중소벤처기업진흥공단에서도 일부 출연 사업을 시행 중에 있다.

고 있는 경우가 많으니 상세한 내용을 체크하는 지혜가 필요하다.

기술보증기금과 신용보증기금을 살펴보자. 기술보증기금의 전반적인 프로그램은 기업에서 어느 정도 이해도가 있으므로 기술혁신센터의 프로그램을 알아보자. 기술혁신센터는 기술이전과 기술사업화보증을 묶은 융복합프로그램을 운영한다. 기술혁신센터는 서울(양재동), 대전, 부산등에 센터가 있으며 향후 전국 광역 단위로 확대 개편할 계획을 가지고 있다.

신용보증기금과 신용보증재단중앙회를 살펴보면, 신용도가 취약한 중소기업은 신용보증재단을 우선 이용하는 것이 합리적인 방법이다. 신용보증재단은 지역별로 있으며, 중기부와 지자체의 출연을 기반으로 자금을 운영하는 형태

<도표 1-4> **신용보증재단 자금 대출 구조**

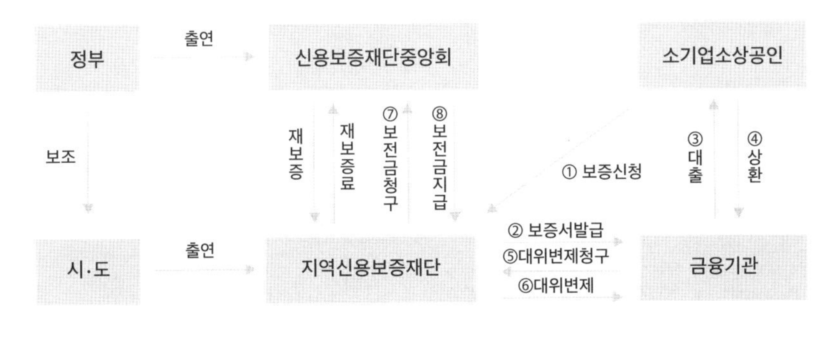

다. 서울의 경우 서울신용보증재단, 경기도의 경우 경기신용보증재단이 있는데 지역 신용보증재단은 기업이 이용할 수 있는 금융기관 중 가장 낮은 이자율로 자금을 이용할 수 있는 특징이 있다. 하지만, 기업당 받을 수 있는 금액이 소액이다. 그리고 기보, 신보를 이용할 경우 이자를 대신 지급하는 프로그램도 운

영하고 있으니, 효율적으로 이용하는 지혜가 필요하다.

신용보증기금의 경우 지식재산우대보증프로그램을 2013년에 출시하면서 본격적으로 기술금융시장에 진입한 기관이다. 보통 기술형 중소기업은 기술보증기금을 이용하는 게 그동안의 관행이었는데, 신용보증기금의 지식재산우대보증프로그램 출시를 통해 기술 기반 중소기업이 보증을 받을 수 있는 기관이 확대되었다고 볼 수 있다. 그리고 신용보증기금의 지식재산 우대 보증 프

<표 1-3> **신용보증기금의 지식재산 우대 보증 프로그램**

구분	창출 단계	거래 단계	사업화 단계	활용촉진 단계	
보증 상품	개발자금 보증	이전자금 보증	사업화자금 보증	지식재산 가치평가보증	지식재산 우대보증
대상기업	R&D 수행기업	IP 인수기업, 전용실시권 허락기업	R&D 성공기업, IP 보유 및 인수기업	IP(특허, 실용신안, 디자인) 보유 기업	(좌동)
대상과제	자체 R&D 정부 R&D	산업재산권, 저작권, 신지식재산권	R&D 성공과제, 정부 인증기술, 보유 및 인수 IP	가치평가 IP (특허, 실용신안, 디자인)	보유 IP (특허, 실용신안, 디자인)
자금용도	연구개발, 시제품제작	IP 인수, 기술료지급	생산, 마케팅	매출확대 (운전자금)	사업 확장, IP 재창출
보증한도	5억원	5억원	10억원	10억원	5억원
	15억 원(통합 보증한도)				
보증비율 (우대)	창업기업 100% 일반기업 95%	창업기업 95% 일반기업 90%	(좌동)	(좌동)	(좌동)
보증료율 (차감)	창업기업 0.5%p 일반기업 0.3%p	(좌동)	(좌동)	(좌동)	(좌동)

로그램은 중소기업당 보증금액이 확대되어, 더 많은 자금을 통해 성장 동력을 창출할 수 있으리라 판단된다. 〈표 1-3〉과 같이 지식재산 우대 보증 프로그램을 보면 개발 자금 보증, 이전 자금 보증, 사업화 자금 보증, 가치평가 및 우대

보증 등으로 구분되어 지원된다.

각 단계별 보증한도가 5억~10억 원 한도이며, 지식재산보증 통합한도는 15억 원이다. 성장 중소기업이 지식재산 우대 보증 프로그램을 효과적으로 활용하면 기업의 성장 동력이 배가될 것으로 보인다. 기업 입장에서는 R&D 단계, 기술이전 단계, 사업화 단계, 활용 단계로 구분되어 프로젝트 보증 형태로 단계별 보증이 가능하니, 전략적인 접근이 필요하다.

이번 정부 들어와서 중소기업벤처기업부에 새롭게 편입된 창조경제혁신센터와 테크노파크를 간단하게 살펴보자. 창조경제 혁신센터는 창업 전초기지로서 스타트업을 발굴하고 초기 투자 기능을 담당한다. 테크노파크는 제품제작, 시험인증 등 테크노파크가 갖추고 있는 기능을 최대한 활용할 수 있도록 창업 후 보육 기능에 집중한다. 이를 바탕으로 지역 스타트업, 중소기업을 글로벌 강소기업으로 키우고 나아가 '월드클래스 300 기업' 등으로 육성할 계획이다. 테크노파크에서 일부 담당했던 투자 업무는 창조경제혁신센터로 이관되어 창조경제혁신센터는 스타트업 육성에 초점이 맞추어져 있다고 생각하면 된다.

기술기업에서 특히 주목해야 할 기관 중 하나인 특허청에 대해 알아보자. 글로벌 강소기업으로 성장하기 위해서는 지식재산권 전략수립과 관련 지원사업을 꼼꼼히 체크해서 성장의 발판으로 삼는 전략이 필요하다. 특허청 산하기관 주요사업을 살펴보면 다음과 같다. 특허는 창출과 보호 그리고 활용으로 나눌 수 있다. 지식재산권 보호는 지식재산보호원에서 수행한다. 지식재산보호원은 지식재산권 분쟁, 지식재산권 분쟁대비 지식재산 보험관련 지원사업을 지원하고 있다.

창출과 활용은 주로 한국발명진흥회에서 지원되는데 창출부분은 한국발명

진흥회의 지역지식재산실에서 담당하고 있으며, 기업은 지역지식재산센터RIPC로 신청하면 된다. 지역지식재산센터는 광역 및 지자체 단위로 전국에 23개의 센터가 위치하고 있어 기업의 인근 지역을 통해 지원받을 수 있다. 예를 들면 서울의 경우, 서울산업진흥원SBA 내 서울지식재산센터로 신청을 하면 되고, 경기도의 경우 경기테크노파크 내 경기지식재산센터 등이 있으니 지역별 동일 사업을 지원하고 있다고 이해하면 된다.

지역 지식재산센터의 경우 지식재산 창출사업이 주요 업무다. 사업을 간단히 살펴보면 다음과 같다. 우선 기업에서 관심을 많이 가지고 있는 창출 지원 사업으로 IP나래사업과 IP디딤돌사업이 있다. 그리고 성장기업을 글로벌 기업으로 육성하기 위한 글로벌 IP기업 육성사업과 지식재산 경영인증 등이 있다.

IP디딤돌사업은 예비 창업자 대상이므로 기존 기업은 관련성이 없으며, IP나래사업은 7년 이내 기업이면 누구나 신청할 수 있다. 또한 지식재산경영인증은 지식재산경영을 영위하는 기업에 인증서를 수여하는 사업이다. 지식재산경영인증을 받으면 특허청의 다양한 사업 지원 시 가점 혜택이 있다. 이와 더불어 중소벤처기업부 개발사업 참여 시 가점 및 융자 시 혜택 등이 있으므로 다양하게 활용하는 전략이 필요하다.

그리고 지식재산 이전을 계획 중인 기업이나, 향후 신규사업, 애로기술 해결 등이 필요한 기업의 경우 한국발명진흥회 지식재산거래소의 특허거래전문관 제도를 이해해두면 많은 도움을 받을 수 있다. 지식재산거래소는 지식재산을 도입하기를 희망하는 기업이 신청 가능한데, 다른 진흥기관의 경우 컨설팅 기관에 자금을 지원한 후 컨설팅 기관이 기업을 지원하는 형태다. 반면 지식재산거래소의 특허거래전문관제도는 신청 후 특허거래전문관이 기업의 수요기술을 분석한 후 수요기술 관련 공급기술 매칭, 기술 이전 조건 협상, 기술이전 계약을 일괄적으로 진행하므로 기술 도입을 희망하는 기업은 많은 도움을 받을 수 있다. 그리고 기술이전으로 끝나지 않고 기업이 지속 성장할 수 있도록 기술사업화 관련 기술 금융 설계, 기술사업화 과제 설계, 양산 컨설팅 등 다양한 지원을 받을 수 있는 특징이 있다.

마지막으로 한국발명진흥회의 제품혁신 컨설팅 사업을 이해할 필요가 있다. 제품혁신 컨설팅 사업은 특허권 사업화와 특허권 제품혁신사업으로 나누

<표 1-4> **특허 지원 사업 프로그램**

기관명	아이디어컨설팅	출원비지원	특허컨설팅	디자인컨설팅	상표컨설팅	특허조사	IP활용	IP매입투자	시제품제작	기술임치	영업비밀	분쟁대응	IP보험
한국특허전략개발원	○	○	○	○		○							
한국발명진흥회		○	○	○	○		○	○	○				
한국지식재산보호원					○						○	○	○
영업비밀보호 센터											○		
I-PAC 특허지원센터			○			○						○	
인터렉추얼디스커버리	○	○						○					
미래글로벌창업지원센터		○	○	○	○	○							
창조경제타운	○	○							○				
대중소기업농어업협력재단										○			
무역위원회												○	
관세청												○	

어져 있는데 특허권 사업화는 보유 특허권 및 관련 산업 내의 특허권에 대한 심층 진단·분석을 통해 특허·기술·경영 협업컨설팅을 지원함으로써, 신사업 발굴, 제품서비스 융합전략, 해외시장 진출 전략, M&A 대상 기업 발굴 등 특허중심의 기업 맞춤형 컨설팅을 선택적으로 지원하는 사업이다.

특허제품혁신사업은 이종異種 분야 특허정보 검색, 검색된 특허정보와 창의적 문제해결 방법론을 활용한 제품혁신 솔루션 도출, 제품혁신 로드맵 수립, 솔루션에 기초한 특허자산구축 전략수립을 지원하는 사업으로 제품의 혁신에 고민이 있는 기업은 지원하면 도움을 받을 수 있는 사업이다.

"여러분이 지금까지 들었던 설명은 어디에서도 들을 수 없는 내용입니다. 따라서 지금까지 제가 장시간 설명한 이유를 이해하시길 바랍니다."

김 대표는 박 대표의 의중을 읽을 수 있었다. 한국전자의 성장 디딤돌이 될 수 있는 시간임을 이해한다. 하지만 박 대표의 장시간 설명은 김 대표의 해결과제로 돌아올 것이기에 김 대표는 굳은 다짐을 한다.

"이상 4개 주요 부처 및 산하기관에 대하여 이야기했습니다. 언급한 4개 부처 이외에도 환경부, 건설교통부, 문화체육관광부, 보건복지부등 특화된 영역에 지원사업이 있으므로 이를 적극적으로 활용할 필요성이 있습니다."

또 다시 박정수 대표는 화이트보드에 무언가를 작성하며 말을 이어간다.

"다음으로 지자체의 지원사업도 눈여겨 볼 필요성이 있습니다. 주로 광역시 산하의 진흥원으로 서울시의 경우 서울산업진흥원, 경기도의 경우 경기과학기술진흥원과 경기중소기업지원센터가 통합하여 출범한 경기경제과학기술원과 경기테크노파크 등이 있고, 인천시의 경우 인천테크노파크 등이 있으므로 이를 적극적으로 활용하는 전략을 통해 성장을 모색해야 될 듯합니다."

김한수 대표는 박정수 대표의 설명에 감탄을 한다. 박정수 대표의 설명이 머릿속에 쏙쏙 박히는 느낌이다. 정부 부처와 산하기관의 특징을 이해하고 나니 이를 한국전자가 비즈니스에 어떻게 활용해야 할지 머릿속에서 정리되는 느낌이다. 오늘의 이 자리는 한국전자에 있어서 매우 뜻 깊은 자리가 될 것이라는 직감으로 느낀다.

"김 대표, 이렇게 많은 지원사업이 있다는 걸 알고 있었나요?"

"아니요. 정부과제는 중소벤처기업부에서 지원해준다는 정도만 알고 있습니다."

"앞으로 저와 함께 일하면서 위에서 열거한 다양한 사업을 통해 한국전자의 성장 전략을 그릴 계획입니다. 또한 기술 획득 전략을 곰곰이 생각해주시기 바랍니다. 기술 획득 전략의 밑그림을 그린 후 다음 미팅 때 심도 있는 논의를 진행할 예정입니다."

"감사합니다. 저도 심도 있게 고민하도록 하겠습니다."

"오늘은 너무 많은 주제에 대해 이야기했는데, 머릿속으로 정리하면서 한국전자의 방향을 잘 잡았으면 합니다."

한국전자는 설립 초기에 박정수 대표로부터 많은 이야기를 들으며 성장에 한 발짝 다가서고 있었다. 오늘의 많은 이야기는 한국전자의 성장에 있어 어떠한 기여를 할 것인가. 김한수 대표는 지금까지 들은 이야기를 정리하면서 앞으로 사업을 진행하면서 다양한 기관을 만나리라는 직감을 한다. 한국전자호에게 오늘의 시간은 의미 있는 시간이 될 것이다. 한국전자호는 성장을 위한 발판을 다지고 있었다. 과연 한국전자호는 순항을 지속할 것인가? 아니면 위기를 만나 난파선이 될 것인가?

한국전자의 기술획득 전략 수립

중소기업에서 기술획득전략을 수립하는 것은 기업성장전략에 있어 필수요건이다. 하지만 중소기업뿐만 아니라 전문가 조차도 기술획득전략을 기업 상황에 맞는 맞춤형 전략으로 설정하는 데 어려움을 느낀다. 박정수 대표는 한국전자의 기술획득전략을 수립하기 위해 고심한다. 박정수 대표는 마침내 침묵을 깨고 이야기를 시작한다.

"기술 획득 전략을 알아보기 전에 산업혁명 이야기로 들어가봅시다. 산업혁명이 기술이전으로 촉발된 사실을 여러분은 알고 있습니까?"

산업혁명은 영국으로부터 시작되어 유럽 전역에 전파되며 말 그대로 '혁명'이라 불린 사건이다. 영국은 세계 최초로 특허제도를 도입한다. 또한 유럽에서 가장 개방적인 문화로 산업혁명이 일어나기 좋은 문화적 토대를 갖추고 있었다. 영국은 다른 유럽 국가와는 달리 일찍이 산업화에 발을 들여놓으면서 중산층이 급격하게 형성되었고, 이는 사회 분위기가 개방적인 분위기로 전환되는 계기가 되었다. 따라서 영국에서 현대적인 특허권 제도가 도입될 수 있는 사회적 분위기가 이루어지면서 자연스럽게 기술이 장려되었고, 기술에 대한 독점권이 주어지는 특허권에 대한 법제화가 이루어졌다고 볼 수 있다.

영국의 특허제도를 보면 영국의회에서 '전매조례'라는 제도가 제정되었는데 이는 선발명주의, 독점권(14년)에 대한 내용의 근간이 되어 이후 영국에서 산업혁명의 근원이 되는 방적기, 증기기관 등이 탄생되는 기폭제가 되었다고 할 수 있다. 사실 증기기관은 1705년 영국의 발명가 토머스 뉴커먼Thomas Newcomen이 발명했고, 1769년에 제임스 와트James Watt가 개량했는데, 와트가 최초의 증기기관을 발명했다고 잘못 알고 있는 사람이 많다. 사실 뉴커먼이 최초의 증기기관 발명자는 맞지만 최초의 특허권자는 아니다. 증기기관 최초의 특허권자는 제임스 와트인데 이런 이유로 '최초의 증기기관 발명자'가 제임스 와트라고 잘못 알려진 것이다.

제임스 와트는 특허권을 출원한 후 사업화를 진행하기 위해 존 로벅John Roebuck의 재정적 지원을 받아 상품화를 진행하였다. 하지만 생각보다는 많은 시간이 필요했다. 또한 존 로벅의 재정 상황이 악화되어 사업을 진행하기 어려운 지경에 이르렀을 때 매튜 볼튼Matthew Boulton이라는 동업자를 만나게 된다. 이때 볼튼이 와트의 빚을 대신 갚아주고 특허권의 3분의 2를 확보하면서 동업을 시작하게 된다.

이후 사업화는 천천히 진행된다. 특허권 만료 시점이 다가왔는데, 볼튼은 의회를 설득하여 특허권 기간을 1800년까지 연장시킨다. 그리고 기업 '볼튼앤와트Boulton & Watt'를 설립하면서 사업화에 성공하게 된다.

이는 전형적인 투자자와 기술 보유자의 결합을 통한 기술사업화 사례라고 볼 수 있다. 즉, 제임스 와트는 생산과 기술을 결합하는 과학 전문가로서의 역할을 했고, 매튜 볼튼은 투자와 기획의 역할을 한 전형적인 사업가의 역할을 했다고 할 수 있는 것이다. 본 사례는 전형적인 자본과 기술의 결합이다.

또한 사업화의 형태는 볼튼앤와트가 보유한 특허권을 활용하여 산업 분야별 특허권 실시계약을 체결한다. 산업별 특허권 실시계약을 통해 이익을 나누는 방식이다. 이러한 형태로 인해 전 산업분야에 특허가 활용되게 된다. 볼튼앤와트는 보유 특허권을 활용하여 다양한 산업 분야에 특허권 실시계약을 체결한다. 특허권 실시계약을 통해 막대한 수익을 거둔다. 7만 8천 파운드의 수익을 거두는 것이다. 이는 현재 가치로 환산하면 약 350억 원 수준의 어마어마한 금액이다.

여기까지 이야기를 들은 한국전자의 임직원은 깜짝 놀란다. 산업혁명이 기술이전으로 촉발된 사실도 놀랍지만, 당시에 특허권을 통해 천문학적인 금액의 수익을 얻었다는 사실이 놀라울 따름이다. 최근에 특허권을 기반으로 수많은 수익화 사례가 나오고 있지만, 산업혁명의 주역으로 기술이전이 있다는 사실은 신기하게 느껴진다.

박정수 대표는 이야기를 마치며 한국전자의 기술 도입 전략을 꺼낸다.

"제가 앞에서 기술이전과 사업화의 사례를 장황하게 설명한 이유는 한국전자에 기술도입을 통한 성장전략을 제안하기 위해서입니다."

한국전자 대표와 이사진은 눈이 휘둥그레졌다. 김한수 대표는 "왜 기술 도입이죠?"라며 약간 놀라는 표정을 짓는다. "한국전자는 잘해오고 있고 앞으로도 잘할 자신이 있습니다"라고 임창용 CTO도 김한수 대표의 편을 들었다. 박정수 대표는 분위기를 가라앉히며 고심한다. 아직까지 국내 기업에서 기술 도입은 기술 담당자의 무능으로 치부하는 분위기가 있음을 알고 있기 때문이다.

"한국전자가 능력이 없다고 이야기하는 것이 아니라, 기술획득 전략에 대한 이야기를 하고자 하는 것입니다. 효율적인 기술획득 전략에 대한 고민을 하자고 화두를 제가 제안한 것이지요. 지난번에 이야기했듯이, 한국전자 개발 방향을 두 가지 방향으로 진행하자고 제안하고 있는 것입니다. 그리고 현재 개발 방향도 함께 논의했으면 합니다. 우선, 시장에서 원하는 제품과 한국전자가 진입이 가능한 아이템을 발굴해야 합니다."

박정수 대표는 기술획득 전략과 개방형 혁신을 통한 한국전자의 성장 동력 창출에 대해 이야기한다. 임창용 CTO와 이민우 팀장은 긴장을 감추지 못한다. 내부의 적극적인 참여 없이는 개방형 혁신을 달성할 수 없다. 김한수 대표의 적극적인 지원이 필요하다.

"현재 스피커 분야에서 일부 부품은 대기업에 B2B(기업 간 거래)로 납품하고 있으니, 한국전자의 메인 제품이 나오기 전까지는 현금 창출이 가능한 분야로 남겨놓고 타깃팅 가능한 제품기획이 필요할 것으로 판단되니, 잘 생각해보시길 바랍니다."

김 대표는 박정수 대표에게 질문을 던진다.

"그럼, 어떤 분야를 추천하십니까?"

"제가 분석한 바로는 초지향성 스피커 분야가 유망해보입니다. 추천 이유는 한국전자의 임직원은 대부분 한국전자 출신으로 스피커 분야에서 전문성을 확보하고 있으니 스피커 분야로 선정하는 것이 당연합니다. 스피커 분야 중 향후 성장성을 담보할 수 있는 신 시장을 지목한다면 개인화를 위한 초지향성 스피커 분야를 추천하겠습니다."

사실 김한수 대표도 스피커의 개인화를 위한 아이템을 한국전자의 비즈니스 영역으로 지목했다. 하지만 현재의 인력으로 개인화 스피커를 개발하기에는 어려움이 있어 본격적으로 진행하지 못하고 있는 상태였다. 박정수 대표는 이야기를 이어가고 있었다.

"여러분도 잘 아시다시피 지향성 스피커의 작동 방식에는 세 가지 방식이 있습니다. 첫째, 반구형 반사판 방식 둘째, 위상 어레이 방식, 마지막으로 초음파를 이용한 방식으로 구분합니다. 각 방식별로 장단점이 존재하며, 시장 진입이 가능한 분야를 발굴해야 합니다. 또한 가격과 성능을 만족시키는 방식으로 검토를 진행해야 합니다. 그리고 기술이전 경험이 전무하니 기술도입의 테마 검토를 진행하기에 앞서 기술이전의 절차, 개념, 계약 방식 등을 이야기하도록 하겠습니다."

박정수 대표가 질문을 던졌다.

"혹시, 기술이전 시 전용실시권과 통상실시권의 개념을 알고 계신 분 있나요?"

한국전자의 임원들은 묵묵부답이다. 박정수 대표가 다시 장황한 설명을 시작한다. 한국전자 임직원은 박정수 대표의 설명에 이골이 난 표정이다. 김한수 대표는 눈이 더욱 초롱초롱해진다. 박정수 대표의 레시피가 궁금하기까지 하다.

지식재산권의 기본적인 이해를 위해서는 물권과 채권의 권리 구분을 이해해야 한다. 사실 지식재산권의 전문가인 변리사도 명확히 물권과 채권의 권리를 이해하지 못하는 경우가 흔하다. 부동산에서 물권의 대표적인 권리가 소유권과 근저당권이고, 채권은 거래상의 부채가 흔하다. 물권은 부동산 등기부등

본에 등록돼야만 비로소 권리가 발생하고, 채권은 그렇지 않다.

이와 같이 권리의 특성에 차별적인 특성이 있고 또한 처분 시에도 다른 특성이 있다. 예를 들어 부동산을 경매에 부쳐서 1억 원에 낙찰이 되었다고 가정해보자. 낙찰 부동산의 근저당권은 8천만 원, 채권자는 네 명이고 각각 채권최고액이 5천만 원씩 존재한다고 하자. 배당은 근저당권자 8천만 원, 채권자 각각 500만 원씩으로 돌아간다. 이유인 즉, 근저당권은 물권의 권리이므로 배당 시 시간 순서에 의해 우선배당권이 있는 것이다. 하지만, 채권은 권리자 4명이 시간 순서에 관계없이 안분배당을 받는 것이 원칙이므로 동일하게 500만 원씩 배당을 받는다. 즉, 2천만 원을 네 명이 안분배당하면 500만 원이 되는 것이다.

여기서 다시 특허권으로 돌아가보자. 특허에서 물권은 특허의 소유권(특허권)과 전용실시권이다. 특허에서 채권은 통상실시권이다. 우선, 기술이전 시 검토되는 권리는 특허권이다. 기술이전의 대상이 도면, S/W, 연구 노트 등 다양하지만, 법적인 권리는 특허권을 통해 발생하므로 계약의 종류 또한 특허권에 기반한 계약이 일반적이다.

우선, 특허권 계약으로는 매매와 실시권 계약으로 구분되며 매매의 경우 특허권의 소유자가 변경되는 계약으로 상대적으로 간단한 형태로 볼 수 있다. 실시계약은 전용실시권과 통상실시권으로 구분된다. 전용실시권의 경우 권리자가 유일한 1인 또는 1개 기업에게만 줄 수 있는 권리다. 전용실시권 계약이 체결된 경우에 특허권자도 실시를 할 수 없기 때문에 유의해야 한다. 그리고 전용실시권자는 특허권자의 동의를 얻어 통상실시권 계약을 할 수 있는 권리를 갖고 있기에 강력한 권리라 볼 수 있다.

전용실시권의 효력 발생 요건은 계약이 아니다. 특허 원부에 등록되어야만 비로소 효력이 발생한다. 따라서 특허 원부에 등록되지 않은 전용실시권 계약은 효력 측면에서 통상실시권 계약과 동일하다고 볼 수 있다. 반면에 통상실시권 계약은 특허권자가 여러 사람 또는 여러 기업과 다발적으로 계약을 체결할 수 있다. 통상실시권의 효력발생요건은 계약이므로 계약과 동시에 효력이 발생한다.

이와 같이 기술이전 시 발생되는 계약의 범위에 대한 이해를 가지고 있어야 한다. 권리의 특성을 이해해야만 기술이전 시 검토되는 특허권이전, 전용실시권허여, 통상실시권 허여許與 등을 이해할 수 있다.

한국전자 임직원은 비로소 박정수 대표의 이야기가 귀에 들어온다. 아무 준비 없는 기술도입전략은 기업에 더 많은 리스크를 줄 수 있다. 박정수 대표는 장시간 설명을 마치며 다시 한 번 이야기를 시작한다.

"제가 드린 보고서를 보시면 기술 획득 전략과 기술이전 종류에 대해 상세히 설명해놓았으므로 틈틈이 숙지하시기 바랍니다."

이민우 팀장은 꼼꼼히 자료를 살펴본다. 기술이전에는 다양한 법률적인 지식이 필요함을 알았다.

"박 대표님, 기술이전 또한 리스크가 상당한 것으로 알고 있습니다. 좋은 사례가 있으면 소개해 주시기 바랍니다."

이민우 팀장은 궁금한 듯 마지막 질문을 던진다.

"네, 좋은 질문입니다. 기술이전을 통한 성공 전략을 제가 기술이전을 진행한 두 개 회사의 사례를 들어 말하겠습니다. 첫 번째 사례는 현재 서울디지털

산업단지에 위치한 C 사의 이야기입니다. C 사는 원래 컴퓨터 유통, 조립 등이 주업종이었으나 이는 사양산업인지라 매출액이 겨우 5억 정도되어 적자를 겨우 면하고 있었습니다. C 사의 이수형 대표는 자체 기술력을 확보와 신규 비즈니스에 진출하기 위해 기술도입 상담을 진행하였습니다. PC 분야에서 보안기술 관련 기술이전을 통해 신규비지니스를 희망하여 E 연구원의 망분리기술을 추천하였고 기술이전을 추진하였습니다.

자체 기술력이 취약한 C 사는 E 연구원과 밤낮을 가리지 않고 연구 개발에 매진한 결과 1년 만에 망분리 PC 개발에 성공하였습니다. 이를 기반으로 C 사는 조달우수제품에 등록되어 현재는 공공기관을 중심으로 성공적으로 안착하였으며 현재 매출 200억 원 수준의 유망한 중소기업으로 성장하였습니다. 최근에는 신규 비지니스를 창출하기 위해 추가 기술개발을 추진 중에 있습니다.

C 사의 이수형 대표는 기술이전에 모든 것을 걸고 온 힘을 다해 추진하였기에 사업이 성공적으로 안착했다고 볼 수 있습니다. 기술이전의 경우 기술과 노하우를 전수받으며 내재화하는 과정이 결코 쉽지만은 않습니다.

두 번째로 F 사의 이야기를 할까합니다. F 사는 이동통신 중계기 사업을 주력으로 하고 있습니다. 이동통신 중계기 산업은 전형적인 B2B 시장으로 이동통신 사업자의 투자가 시장의 규모를 결정하는 슈퍼갑과 을의 시장이라 할 수 있습니다.

F 사의 대표는 이동통신사 출신이기에 시장의 성격을 너무나 잘 알고 있었죠. F 사 대표는 성장의 모멘텀에 의구심을 갖고 신규 비지니스를 창출하기 위해 신규 비지니스 기회를 엿보고 있었습니다. F 사는 내비게이션 시장의 성장

가능성에 확신을 갖고 K 연구원의 음성인식기술을 이전받아 사업화를 진행했습니다.

하지만 내비게이션 기술의 경우 워낙 다양한 기술이 접목되어 사업화가 가능하기에 사업화 기간이 약 5년 걸렸으며 사업화를 추진하면서 막대한 자금이 투입되어 F 사는 부도 위기에 몰렸습니다. 하지만 F사의 대표는 뚝심 있게 밀어붙여 제품화에 성공하며 시장점유율 2위업체로 성장하고 상장까지 이뤄낸 스토리를 만들었습니다. 현재 수천억 원의 매출을 달성하며 승승장구 하고 있죠.

F사의 경우 기술이전과 제품화가 결코 쉽지 않은 과정이었지만 대표가 끝까지 믿고 진행하며 좋은 결과를 만든 사례라 볼 수 있습니다. 이와 같이 기술이전을 통해 사업화 안착까지는 결코 만만하지 않은 과정이 숨어 있습니다. 기술이전을 통한 사업화 과정은 기업대표의 역량에 따라 성공하기도 하고 실패하기도 하지만, 상대적으로 적은 비용과 'time to market(적기에 시장 출시함)'이 가능하다는 장점이 있어 최근 많은 기업이 선호하고 있습니다."

김한수 대표는 기술사업화 과정이 쉽지 않은 과정임을 직감으로 느낄 수 있었다.

'바로 이것이 기술사업화의 비밀이었군.'

기술사업화의 비밀을 깨달은 김한수 대표는 자신감이 붙는다. 김 대표는 기술이전과 기술사업화를 통해 한국전자의 성장 전략을 그린다. 개방형 혁신과 기술사업화와의 관계 그리고 기술사업화를 성공적으로 안착하기 위한 비밀…. 이 모든 것은 대표와 임직원이 모든 것을 걸고 올인전략을 세워 집중하지 않으면 달성하기 어려운 숙제였던 것이다. 기술사업화의 퍼즐이 맞추어 지는 순간이다.

'기술사업화를 통한 성장전략이라.'

주변에서 기술사업화에 성공한 기업으로부터 많은 이야기를 들었지만, 정작 기술사업화 성공을 위한 핵심원리는 지금까지 들어보지 못했다.

'기술사업화는 기업에서 전력을 다하지 않으면 결코 성공시킬 수 없다. 비단 기술사업화뿐만 아니라 기업의 다양한 비즈니스가 그럴 것이다.'

김한수 대표는 확신에 찬 목소리로 일갈한다.

"그래, 우리 한국전자도 성공의 사다리로 올라탑시다."

드디어 한국전자의 기술획득 전략과 기술이전 전략에 시동을 걸었다. 한국전자는 기술획득 전략의 단초를 마련한다. 또한 기술이전 전략은 한국전자에 어떻게 다가올 것인가?

한국전자, 기술이전을 통한 성장의 발판을 마련하다

한국전자는 기술도입을 위한 돛을 올렸다. 한국전자는 박정수 대표의 도움으로 한국대학교 김익순 교수의 기술을 내부에서 검토 중이었다. 김익순 교수는 대학 교수임에도 불구하고 상용화 기술을 기반으로 다수의 기술이전과 사업화를 통해 기업의 성장 드라마를 쓰고 있었다. 하지만 한국전자 내부에서는 한국대학교 김익순 교수의 기술에 대해 반신반의半信半疑하고 있었다.

"대표님, 한국대 김익순 교수님 기술을 검증해보았으나, 구현성 등에 문제가 있어 한국전자가 수용하기에는 어려움이 있을 듯합니다."

이민우 팀장은 김한수 대표의 지시로 한국대학교 김익순 교수의 기술 검토를 주도하고 있다. 하지만 한국전자의 기존 시스템과 접목하는 데 있어 문제점을 드러내고 있다. 박정수 대표와 한국대학교의 김익순 교수 그리고 김한수 대표가 김익순 교수의 연구실에서 모였다.

"교수님, 김한수 대표와 인사하시죠?"라고 박정수 대표가 서로를 소개하였다.

"네, 김 대표 반갑습니다."

"교수님, 만나 뵙게 되어 영광입니다."

한국전자 김한수 대표는 기술이전을 통해 김익순 교수와 관계를 맺고 싶었다. 기술이전 협상이 타결되지 않더라도, 김익순 교수와 같은 오디오 시스템 분야의 권위자를 소개받은 것이 한국전자에는 의미가 있는 일이다.

"제가 교수님과 김 대표님을 모신 이유는 이렇습니다. 김익순 교수님은 국내 초지향성 스피커의 권위자이시고 업계의 동향을 잘 알고 계시니 오늘 미팅을 통해 한국전자의 방향성을 잡는 자리가 되었으면 합니다."

본 미팅은 박정수 대표가 김익순 교수의 초지향성 스피커 관련 기술 자료를 사전에 배포한 후, 한국전자 내부에서 기술 검토를 끝내고 나서 진행하게 되었다. 하지만 한국전자 내부 검증 시 부정적인 의견이 많아 이에 대한 해결책을 모색하고자 기술 미팅을 연 것이다.

"교수님 특허는 일반적으로 사용하지 않는 'S' 회로가 사용되고 있는데 특별한 사유가 있나요?"

"일반 스피커와 초지향성 스피커의 음량에는 차이가 있습니다. 따라서 이를 커버하기 위한 특별한 회로가 필요합니다. 따라서 제 특허에는 특별한 회로가 있습니다. 다만, 특허에 표시된 회로와 실제로 상용화하기 위한 회로에는 역시 차이가 있습니다. 특허가 특허로 가치를 가지기 위해서 모든 모듈을 표현할 필요는 없습니다. 따라서 특허의 가치를 높이기 위해 추상화 작업을 진행했습니다. 원래 구현하기 위해 10개의 모듈이 필요한데, 특허에는 4개의 모듈로 표현했습니다. 이러한 특허를 '강한 특허'라 표현하기도 합니다. 아마도 내부 검토를 하셨을 텐데 헛수고를 하셨습니다."

김익순 교수는 알 수 없는 미소를 짓는다. 한국전자 임직원은 깜짝 놀란다. 김익순 교수가 장난을 쳤을 리는 없을 텐데 왜 저런 말을 하는지 이해가 가지 않았다.

"하하, 놀라셨다면 미안하다는 사과의 말씀을 드립니다. 강한 특허를 어떻게 출원하는지 말씀드리고자 한 말입니다. 제 특허에 표현된 회로를 그대로 구현한다면 기대하는 성능의 70%밖에 구현되지 않습니다."

그제야 한국전자 임직원은 성능이 구현되지 않는 이유를 이해할 수 있었다. 특허전략도 전략적 접근이 필요함을 교수님의 입을 통해 생생하게 느낄 수 있었다.

"아, 그래서 성능이 나오지 않았군요?"라고 임창용 CTO가 대답했다. 임창용 CTO는 이제야 문제점의 해결책을 찾은 느낌이다. 사실 한국전자에서는 여전히 기술 도입에 대해 반신반의하고 있던 상태에서, 박정수 대표가 추천한 김익순 교수의 기술을 구현해보고 '별 것 없네'라고 내부에서 결론을 내릴 준비를 하고 있었다. 김익순 교수는 만면에 미소를 띠고 설명을 시작한다.

"박정수 대표는 제 기술을 여러 건 도입하는 컨설팅을 진행했고, 제 기술을 기반으로 IPO까지 진입한 회사가 여럿 있지요."

"아, 그래요."

임창용 CTO는 놀라움을 감추지 못하는 기색이었다. 박정수 대표가 이야기를 이어갔다.

"사실 김 교수님 기술은 바로 상용화가 가능한 기술이라 기술료가 상당히 고가여서 중소기업에서 도입하기 어려운 면이 있습니다. 그래서 중소기업 중

성장한 기업이 주로 기술도입을 했습니다."

김한수 대표는 한국전자와 같은 초기기업이 기술이전을 통해 성장전략을 구사할 역량을 확보할 수 있을지 의구심이 들었다. 물론 박정수 대표는 기술이전을 통해 상용화까지 완성한 사례를 충분히 가지고 있었기에 김한수 대표는 기술사업화의 리스크에 대해 크게 우려하지는 않았다.

"교수님, 한국전자는 초기기업이고 이제 막 젖을 뗀 기업이므로 초기 선급금이 높지 않은 선에서 계약을 진행했으며 하는 것이 저의 생각입니다."

사실 김익순 교수는 박정수 대표의 추천을 통해 큰 기술이전 계약과 성장기업의 성장을 공유함으로써 기술이전을 통해 상당한 금전적인 소득을 얻었다.

"그렇다면 오늘 이 자리는 없었던 것으로 합시다."

갑자기 분위기가 싸늘하다. 김한수 대표는 박정수 대표가 원망스럽다. 이렇게 될 것이었다면 왜 어렵게 시간을 보냈는지….

'시간이 아깝다, 아까워….'

갑자기 김익순 교수가 웃음을 터트린다.

"본 프로젝트에 한국전자가 얼마나 사활을 걸고 있는지 확인해보려고 했습니다. 너무 무례했다면 너그럽게 용서해주시기 바랍니다. 당연히 박 대표의 부탁이니 한국전자를 팍팍 밀어달라는 의미로 알고 적극적으로 검토하겠습니다."

김익순 교수는 의외로 호의적인 반응을 보인다. 김 교수는 만면에 미소를 띠며 협상을 이어간다.

"박 대표의 부탁도 있고, 교수로서 기술이전을 통해 상당한 수준의 경제적

기술이전시 조건은 통상적으로 양도 시 정액기술료를 기반으로 합의하는 것이 일반적인 방식이다. 실시권(전용실시권/통상실시권)계약의 경우에는 선급금과 경상로열티로 구성된다.

선급금

실시권 계약 시 구성되는 총 금액중 계약금조로 지급되는 형태의 정액료를 말한다. 협상 시 전체 기술료 중 선급금의 비율이 주요 이슈가 될 수 있다. 이는 협상에 의해 결정된다.

경상로열티

실시권 허여에 따라 실시권 계약기간 동안 실시에 따른 사용료 형태의 계약으로 통상적으로 매출액 기준, 순이익 기준, 수량 기준등 다양한 형태로 협상에 의해 결정된다.

이득도 얻었으므로 특별히 한국전자에는 다음과 같이 계약조건을 제안하겠습니다. 선급금 없이, 경상로열티로 매출액의 2.5% 조건입니다."

기술 이전을 검토하고 있는 기술은 최근 이슈가 많아 언론에서도 심심찮게 보도되고 있고, 기술 도입을 희망하는 기업도 여럿 있는 것으로 알고 있다. 김익순 교수와 박정수 대표는 수차례 프로젝트를 같이 진행한 경험이 있다. 김익순 교수의 기술은 대기업에서도 필요로 하는 기술이 많아 대기업과 중소기업을 가리지 않고 많은 실시계약이 이루어진 상태에 있다.

한국전자와 협상하고 있는 기술은 김익순 교수가 정부 R&D와 관계없이 본인이 흥미 있는 분야를 개인적으로 연구해서 개발한 기술이었기에 더욱 애착이 가는 부분도 있었다. 또한 김익순 교수가 한국전자에 실시권 허여를 진행하고자 하는 기술은 대기업이 진입하지 않고 중소기업이 사업화하는 것이 타당하다고 생각하고 있었다. 김한수 대표는 의아한 표정으로 박정수 대표를 쳐다본다.

"왜 그렇게 좋은 조건으로 주시는 거죠?"

"교수님은 한국전자야 말로 교수님의 기술을 상품화할 수 있는 최적의 기업이고 스타트업 기업과 함께 교수님의 기술을 사업화하며 시장을 창출하기를 희망하셨지요. 특히, 김익순 교수는 기술상용화를 위한 기술 지원은 물론이고 시장 진입을 위한 다각도의 지원을 하기에 기업에는 많은 힘이 되고 있습니다. 또한 업계에는 교수님의 제자들이 대기업, 중견기업, 벤처기업 등에 포진하고 있어 다양한 루트를 통한 지원이 가능할 뿐만 아니라 관련 업계의 네트워크를 형성하는 데 있어 교수님의 역할이 매우 필요한 상황입니다."

김익순 교수의 또 다른 기술인 대출력 스피커 기술은 이미 국내 대기업인 대양조선으로부터 제품에 적용하기 위한 샘플 테스트를 완료한 상태였다. 한국전자에 특허권 실시계약을 위한 초지향성 스피커 기술은 대출력 스피커 기술과 기술 카테고리가 다르고 시장도 달라 김 교수 쪽에서 적당한 기업을 찾아달라고 박정수 대표에게 요청한 상태였다. 김한수 대표는 김익순 교수의 생각을 읽고 본인의 사명을 생각해본다.

"교수님, 감사합니다. 한국전자는 교수님의 기술을 활용해 소리를 통해 세상 사람들에게 행복을 전하는 역할을 충실히 할 것을 약속드립니다."

김한수 대표와 김익순 교수는 두 손을 꼭 잡고 서로 미래를 그려갈 수 있으리라는 믿음으로 가슴이 벅찼다. 한국전자는 기술이전의 돛을 올렸다. 지금의 기술이전이 미래에 어떠한 모습으로 다가설 것인가? 기술이전은 다양한 효과를 가져오기도 한다. 긍정적인 효과는 기술 확보를 통해 기업 성장의 단초가 되는 것이다. 하지만 완성도가 낮은 기술의 도입은 기업을 더욱 어렵게 만들기도 한다. 과연 한국전자는 어디를 향해 가고 있는 것일까?

세계음향, 창업의 깃발을 꽂다

한국전자는 한국음향의 창업 1호 기업이다. 한국음향에는 우수한 인재가 넘쳐났다. 따라서 다양한 형태의 창업 기업이 출현하는 것은 당연한 결과이기도 했다. 한편 한국음향에서 김한수 소장과 경쟁관계를 형성하고 있던 또 다른 이도 창업의 출사표를 던진다. 바로 한국음향의 장정윤 부사장과 문익주 상무다. 장정윤 부사장은 변칙을 통해 지금까지 성장해왔다. 문익주 상무는 한국음향 시절부터 장정윤 부사장의 오른팔 역할을 하였다. 문익주 상무는 탁월한 기획능력과 시장을 보는 안목을 보유하고 있었다. 문익주 상무는 매사 꼼꼼한 업무 스타일로 장정윤 부사장이 승승장구할 수 있었던 이유이기도 하다.

세계음향이라는 신설 법인 설립의 기틀도 역시 문익주 상무의 작품으로 탄생한다. 세계음향의 출발은 한국전자와 한 치 양보 없는 경쟁을 예고하고 있었다. 필연적으로 음향기기 시장에서 경쟁자로 만날 수밖에 없는 운명을 가지고 태어났다. 과연 한국전자와 세계음향의 경쟁에서 누가 최후에 웃을 것인가?

장정윤 부사장과 문익주 상무는 회심의 미소를 지으며 강남 테헤란로의 대형 빌딩을 바라보았다. 드디어 한국음향 출신으로는 두 번째 창업의 깃발이 오르고 있었다. 문익주 상무가 장정윤 대표를 바라보며 이야기를 이어간다.

"대표님 감축드립니다. 세계음향의 첫 출발입니다."

"하하하, 고맙네. 자네 도움이 아니었으면 우리도 힘든 시간을 보낼 수밖에 없었는데, 자네의 빅 아이디어 덕분에 우리에게는 한국음향의 파산이 전화위복이 되었네."

장정윤 대표는 담배를 물고 저물어가는 석양을 바라보며 회한에 젖어 있었다. 한국음향의 장정윤 부사장과 문익주 상무에게 그동안 무슨 일이 벌어진 걸까? 한국음향이 파산하면서 법원에서 절차를 진행하고 있었으며, 파산 진행 과정 중 법원은 한국음향의 자산을 경매를 통해 현금화하고 있었다. 이 와중에 문익주 상무는 장정윤 부사장에게 거래를 제안하였다.

"부사장님, 우리도 창업하여 대박 한 번 터트릴 생각이 없으신지요?"

"무슨 좋은 아이디어라도 있는가?"

"부사장님, 한국음향의 특허권이 조만간 법원 경매를 통해 입찰에 부쳐질 예정입니다. 현금 5억이 있으신가요?"

"5억 정도는 금방 마련할 수 있는데, 왜?"

"법원경매를 진행하면 한국음향의 특허권 등 지식재산권이 경매를 통해 입찰에 부쳐질 것인데, 통상 파산기업의 특허권은 거의 원가 수준에서 경매가가 결정됩니다. 한국음향의 특허권은 부사장님도 아시다시피 가치 있는 양질의 특허권입니다. 따라서 경매로 낙찰받은 후 시장에서 거래를 진행하면 좋은 거래가 될 듯합니다."

"하하하, 좋았어…."

"본 거래가 잘되면, 새로 창업하는 기업의 부사장 자리는 자네 것이야."

"하하하, 감사합니다."

한국음향의 국내외 특허권 50건이 원가 수준에도 못 미치는 1억 원에 낙찰되었다. 장정윤 부사장은 확보한 특허권의 매각을 통해 자금을 확보할 계획이었다. 그런데 운명의 장난은 또 다시 한국음향의 앙숙인 현대시스템을 만나고 만다.

"부사장님, 우리가 확보한 특허권을 하필 현대시스템에서 관심을 가지고 협상을 요청했습니다. 어떻게 할까요?"

"문 상무는 아직도 아마추어적인 생각을 가지고 있구먼."

"네?"

"우리 목표는 수익극대화를 통해 창업기업의 자본을 튼튼히 하는 것이라는 것을 자네도 명심했으면 좋겠네."

결국 장정윤 부사장은 확보한 특허권 중 주요 특허권을 현대시스템에 넘긴다. '현대시스템'과의 거래를 통해 100억 원에 특허이전을 성사시켰다. 결코 쉽지 않은 특허권 매각 협상이었으나 문익주 상무가 커다란 역할과 기여를 한다.

또한 장정윤 부사장에게 운명의 여신이 미소를 보내며, 현대시스템과 경쟁사인 글로벌 기업인 G사가 특허권 매입 의사를 타진해온 터라 현대시스템에 불리한 상황이 전개되었다. 현대시스템은 신속하게 특허권 매입을 타결하기 위해 장정윤 부사장의 요구 조건을 모두 수용하는 선에서 협상이 마무리되었다.

현대시스템과의 특허권 거래는 최종 100억 원에 마무리되었다. 장정윤 부사장은 100억 원의 자본을 확보한 후 세계음향을 창업하였다. 세계음향 역시 스피커 제품을 주력으로 하는 기업으로 한국전자와 양보 없는 싸움을 예고하고 있었다. 드디어 세계음향도 창업의 깃발을 올린다. 세계음향과 한국전자는 치열한 경쟁을 통해 성장할 것이다. 세계음향과 한국전자는 태생적으로 같이 성장할 수밖에 없었다. 시장에서의 경쟁은 두 기업에 상승 작용을 하며 때로는 성장의 견인차가 되기도 한다. 하지만 운명의 여신은 두 기업의 존재를 반가워하지 않는 듯하다. 과연 두 기업의 운명은 어떻게 전개될 것인가?

PART
2

죽음의 계곡을 넘다

절체절명絶體絶命의 위기

한국전자에 첫 번째 위기가 급습했다. 흔히 초기기업이 만날 수 있는 '죽음의 계곡'에 맞닥뜨린 것이다. 한국전자호는 난파선이 될 것인가? 아니면 타이탁닉호와 같은 호화유람선으로 재탄생할 것인가? 초기기업의 경우 본격적인 매출 성장에 앞서 기술 개발, 시제품 생산, 양산이라는 제품 생산 프로세스로 인해 많은 자금이 투입된다. 본격적인 매출 성장에 앞서 다양한 자금이 투입되는 것이다. 이러한 다양한 자금의 소요를 예측하고 준비해야 하지만, 창업자의 현실은 이와 달리 자금 조달에 어려움을 겪고는 한다. 초기기업의 자금 조달 전략을 살펴보고 이를 극복하는 여정을 따라가보자.

김한수 대표는 급하게 스마트폰을 들고 통화를 시도한다.

"박 대표님, 곧장 회사로 내방해주실 수 있나요?"

"무슨 급한 일이 있었나?"

김한수 대표는 당황한 기색이 역력하다. 한국전자는 현재 자금 사정이 급박

하게 돌아가고 있다.

"네, 자금 경색으로 회사가 위태롭습니다. 도움이 필요합니다."

"한국전자가 풍전등화風前燈火 같은 처지에 놓였군요. 네, 회사로 가겠습니다."

박정수 대표는 한국전자에 도착하자마자 김한수 대표와 마주앉아 심각한 얼굴로 이야기를 시작한다. 김한수 대표는 착잡한 얼굴로 박정수 대표에게 그동안의 경위와 현재의 위기 상황에 대해서 털어놓는다.

"초기기업에 흔히 있는 '죽음의 계곡'을 만났구먼."

박정수 대표의 얼굴이 굳어진다. 통상적으로 스타트업의 경우 92%가 3년 이내에 폐업을 할 만큼 초기 자금 관리에 신경을 쓰지 않으면 속절없이 사라지는 것이 신생 기업의 현실이다. 한국전자는 죽음의 계곡에서 벗어날 수 있는 방안을 찾아야 한다.

"박 대표님, 한국전자와 같은 초기기업은 자금 관리를 위한 전문가가 없는 것이 사실입니다. 창업기업이 자금 관리를 어떻게 해야 할지 답답합니다."

창업기업 대표는 많은 부분 엔지니어 출신으로 자금관리까지 도맡아야 하는 것이 현실이다. 하지만 엔지니어 출신 대표이사의 경우 자금 관련 지식이 전무하다.

"우선 중소기업은 자금 관련 준비가 소홀한 것이 사실입니다만, 초기기업의 경우 가장 중요한 부분 역시 자금 관리입니다. 그런데 우리나라 기술 기업의 대부분은 대표가 엔지니어출신인 경우가 다반사라서 대표가 자금 관리의 기본적인 사항도 이해하지 못하고 있는 일이 흔하고, 자금 관리를 못해 사라지는 운명에 처합니다. 따라서 자금을 시설자금, 운영자금 등 용도별로 세부 관리해야 합니다. 자금을 연 단위, 분기 단위, 월 단위로 관리해야만 자금의 흐름을 파악하고 적시에 자금을 준비할 수 있습니다."

조인호 CFO는 본인의 역량에 자괴감을 느끼고 있다. CFO로서 철저히 자금을 관리해 한국전자가 안정적으로 성장할 수 있는 견인차 역할을 충실히 할 수 있다고 생각했다. 하지만 초기기업인 한국전자에 자금 관리 프로세스가 없는 상황에서 CFO로 충분한 역할을 할 수 없음을 답답해하고 있다. 한국음향과 같이 안정적인 프로세스를 구축한 회사와 창업기업의 재무관리는 차원이 다른 이야기였다. 조인호 CFO는 막막한 현실을 타개해야만 했다.

"그럼, 중소기업은 보통 자금 예측을 어떻게 하면 되나요?"

"중소기업의 경우 자금 소진 시점에서 1년 전 또는 아무리 늦어도 6개월 전에 자금 준비 작업을 진행해야 어느 정도 원하는 시점에 자금을 조달 받을 수 있습니다."

6개월 내지 1년 전부터 자금 수급 계획을 수립해야 한다니…. 그렇다. 자금이 필요한 시점에 자금 조달을 진행하면 이미 늦은 것이다. 조인호 CFO는 무언가 준비가 필요함을 직감으로 느낀다.

"그렇게나 빨리 자금을 준비해야 하나요?"

조인호 CFO는 지금까지 회사의 중요한 자금 상황을 통제하지 못하고 있었음을 느낀다. 그렇다면 초기 기업의 효율적인 자본관리 방안은 과연 존재하는 것인가?

"그래야 쫓기지 않고 기업에 불리한 계약을 맺지 않을 수 있는 것입니다."

'아…! 그래서 한국전자가 은행과의 협상에서 불리한 상황에 처하고 있었구나.'

조인호 CFO는 최근 은행과 협상하면서 초기 스타트업이 은행 문턱을 넘어서는 것이 너무나 어렵다는 것을 실감하고 있다. 하지만 스타트업이 전략적 접근 방식을 구사한다면 은행 문턱을 쉽게 넘을 수도 있을 것이라는 것을 깨달았다. 시간 여유를 확보한 상황에서 협상의 주도권을 갖는 전략. 협상의 주도권을 빼앗긴 이유가 바로 '시간'에 있었던 것이다.

"아, 그렇군요. 박 대표님, 초기기업이 자금 운용에 있어서 주의해야 할 사항에는 어떤 것이 있나요?"

"우선 김 대표에게 질문하겠습니다. 초기기업의 경우 자금 성격을 잘 파악해야 합니다. 자금은 성격별로 지원자금, 출연자금, 융자자금, 투자자금으로 구분할 수 있죠. 이를 종류별로 설명할 수 있겠습니까?"

김 대표는 흠칫 놀라는 표정이다. 자금의 종류가 다양하게 있음을 처음 알았다.

"음, 융자자금은 대출을 의미하며 주로 금융기관을 이용하는 자금입니다. 투자자금은 지분 투자를 말하며 주로 벤처캐피털과 엔젤투자자금을 말합니다. 그런데 지원자금과 출연자금의 차이점은 모르겠는데요."

"정부정책자금은 정부가 정책적으로 정부 재정이나 지자체 및 기타 방법으로 조성된 자금을 중소기업을 대상으로 다양하게 지원하고 있습니다. 무료 지원되기도 하고, 금융기관 자금에 비하여 금리나 담보 조건, 기간 등에서 유리한 방식으로 제공되기도 하죠. 융자 및 펀드 출자의 형태를 통한 투자 형식을 취하며, 형태는 크게 네 가지, 즉 지원자금, 출연자금, 융자자금, 투자자금으로 구분할 수 있습니다. 우선 다양한 자금의 성격에 대해서 알아보도록 하겠습니다."

김한수 대표는 귀를 기울인다. 자금에는 다양한 성격의 자금이 존재한다.

우선, 기업에서 필요한 자금의 성격에 대한 정의가 필요하다. 창업자뿐만 아니라 업력이 상당한 기업의 대표조차도 자금의 성격을 구분하지 못하는 경우가 허다하다. 자금의 종류를 크게 구분하여 확인하면 다음과 같이 구분할 수 있다.

창업자를 기준으로 보면 지원자금*은 예비 창업자 또는 창업 후 일정 기간 이내의 창업자(통상적으로 창업 후 3년 이내를 의미한다)를 대상으로 한 자금이며, 출연자금은 (예비) 창업자 및 중소기업을 대상으로 하는 자금이고, 융자자금은 (예비) 창업자 및 중소기업 대상의 자금이다. 마지막으로 투자자금은 창업자 및 창업 후 7년 이내 중소기업을 대상으로 한 자금이라 할 수 있다.

상세한 내용을 살펴보면 지원자금은 예비 창업자 및 창업기업의 제품화 과정에 소요되는 자금을 일부(70%) 또는 전부를 무상으로 지원하는 사업이다. 자금지원은 기업이나 예비 창업자가 직접적으로 자금을 운영하는 형태가 아니라 주관 기관이 위탁하여 집행하는 것이 특징이다. 통상 신청 이후 1~2개월의 선정 작업이 소요된다.

다음으로 출연자금은 창업기업 및 중소기업의 초기 기술개발에 필요한 개발자금을 최고 90%까지 출연하여 지원하는 자금으로 주로 중소벤처기업부나 과학기술정보통신부 등 정부기관이 시행하고 중소기업기술정보진흥원과 정보통신기획평가원 등이 주관한다. 출연자금은 과제 종료 후, 중소기업의 경우 지원받은 출연자금의 10% 정도를 3년 이내에 기술료 명목으로 납부해야 하는 규정이 있다.

---

* 본문에서는 창업자 중심으로 이야기했으나, 통상적인 지원자금은 일부 또는 전부를 무상으로 지원받은 후 정부에 추가적으로 납부할 의무가 없는 자금을 의미한다.

다음으로 융자자금은 정부의 정책적 필요에 의하여 정부 재정이나 지자체 및 기타 다른 방법으로 조성된 자금을 기업 또는 산업을 대상으로 지원사업을 시행하는 데 사용되는 자금이다. 기업이 보유하고 있는 네 가지 담보(부동산, 기술, 신용, 매출)를 근거로 중소벤처기업진흥공단 직접 대출 또는 금융기관에서 기술보증기금, 신용보증기금 또는 지역신용보증재단의 보증서를 활용한 간접대출방식으로 지원된다.

마지막으로 투자자금은 개인, 법인 및 기관 등으로부터 대개는 법인의 주식을 대가로 조달하는 자금으로 대표적인 투자 주체로는 개인엔젤투자, 벤처캐피탈, 금융기관, 투자희망기업 등이 있다. 최근에는 3년 이내 중소기업을 대상으로 하는 엔젤의 출자나 마이크로VC의 출자 등의 형태로 투자활동 및 기술개발 지원을 위한 투자연계 멘토링 과제 등이 활성화되어 가고 있는 상황이다.

"자금의 종류도 다양하게 있고, 기업의 현황에 따라서 다양하게 자금을 활용해야겠네요. 제 생각으로는 가능하면 지원자금과 출연자금을 활용하고 여기에 부족한 자금을 추가적으로 융자자금과 투자자금을 활용하는 방향으로 진행하는 것이 맞을 듯합니다."

김한수 대표는 이제야 얼굴이 환하게 펴진다. 김한수 대표는 비로소 다양한 자금의 실체를 이해할 수 있었다. 이러한 자금의 성격을 통해 최적의 자금 조달 전략을 어렴풋하게나마 수립할 수 있다는 희망을 가져본다.

"맞습니다. 중소기업 입장에서 가장 부담이 적은 자금이 지원자금입니다. 지원자금은 정부에 납부해야 할 기술료 등이 전혀 없으므로 기업 입장에서 부담을 지지 않는 자금입니다. 다음으로 출연자금이 있는데, 주로 정부과제에 활용되는 자금이라 보면 됩니다. 출연자금은 과제 성공 시 정부에 납부하는 기술료가 있는 성격의 자금이라 보면 됩니다. 따라서 가능하면 지원자금과 출연자금을 적극적으로 활용한다면 초기 중소기업은 자금의 부담을 줄일 수 있습니다."

김한수 대표는 창업기업의 자금 조달에 전략이 필요함을 이해할 수 있었다. 우선 지원자금과 출연자금은 적극적으로 활용하고 기타 자금은 기업 상황에 맞게 적절히 활용하면 기업의 리스크를 줄일 수 있는 것이다. 조인호 CFO는 자금 관리 담당으로서 자금의 다양한 루트가 있음을 몰랐다는 사실에 자괴감을 갖는 듯하다. 대부분의 중소기업의 임직원은 자금의 다양한 성격에 대해서 이해하고 있지 못한 측면이 있다. 소위 전문가라고 칭하는 사람들조차 다양한 자금이 존재함을 알지 못하는 경우가 대부분이다.

"초기 중소기업의 경우 예측 없이 무계획으로 자금을 운용하는 측면이 많이 있습니다. 우리 같은 중소기업의 경우 자금 소요 계획을 어떻게 운용해야 할까요?"

초기 중소기업의 가장 중요한 업무 중 하나가 자금 조달 전략을 세우는 것이다. 자금 조달 전략이 유효적절하게 수립된다면 초기기업도 죽음의 계곡의 충분히 극복할 수 있다.

"우선 초기 창업자의 경우 자금 조달과 자금 운영 원칙 없이 주먹구구로 운영합니다. 특히 자금 관련 업무를 대표 혼자서 결정하는 경우가 많습니다. 중소기업 대표는 내부에 자금 담당 직원이 없을 경우 외부 전문가의 도움을 통해 자금 관리에 만전을 기해야만 기업이 위기에 처하는 것을 사전에 차단할 수 있습니다. 자금 관리의 기본 원칙은 다음과 같이 세 가지가 있습니다. 첫째, 창업 초기기업일수록 세밀한 자금 관리가 필요하다. 둘째, 자금 관리 능력은 사업이 흥하느냐 망하느냐를 결정짓는 가장 중요한 요소다. 셋째, 기업의 성장 단계에 따른 여건과 자금 지출 용도에 맞는 자금을 조달하는 것이 가장 효율적인 자금 관리 방법이다."

"박 대표님이 말씀하신 것은 기본 원칙이고, 저 같은 CFO가 중점적으로 관리해야 할 기준이 따로 있을까요?"

"당연히 기업을 운영하는 데 있어 운영자금 관리에 관한 기준이 있습니다. 흔히 운영자금은 있어도 그만 없어도 그만이라는 인식이 있지만, 이는 매우 잘못된 생각입니다. 우리가 흔히 이야기 하는 '흑자 도산'이 바로 '예비자금을 확보하지 못하는 것' 때문에 발생합니다. 창업기업의 경우 다음과 같이 예비자금을 확보하고 있어야 합니다."

박정수 대표는 화이트보드에 무언가를 쓰기 시작했다.

창업자가 반드시 고려해야 할 예비자금(출처: 신용보증기금)

A+(B×D)−(C×E)

A: 매출이 발생하지 않을 것으로 예상되는 기간의 지출 예상 비용
B: 매출 발생 후 현금화될 수 있는 기간(개월)
C: 매입 발생 후 현금으로 지급해야 하는 기간(개월)
D: 월 평균 예상 매출액
E: 월 평균 예상 매입액

"제가 화이트보드에 적은 공식을 봐주십시오. 특히 초기기업의 경우 이를 기반으로 자금을 확보해야 합니다."

초기기업의 경우 매출이 발생하지 않는 기간이 있기 때문에 매출이 발생하

지 않을 것으로 예상되는 기간의 지출 예상 비용이 반드시 필요하다. 그리고 매출 채권 회수 기간과 매입 채권 지급 기간 등을 반영한 자금 회전을 고려해야 한다. 월 평균 매출액과 월 평균 매입액을 통해 자금이 들어오고 나가는 경우를 반영하면 전체적인 자금 규모가 결정되는 구조인 것이다. 이러한 예비자금 구조를 이해하게 된다면 적절한 시점에 자금 조달이 가능하게 되니 죽음의 계곡을 넘어설 힘이 생긴다.

"아…. 예비자금을 확보해야만 초기기업이 위기에 처하지 않고 지혜롭게 자금 운영을 할 수 있다는 것이군요."

조인호 CFO는 머리가 맑아지는 느낌을 받는다. 비로소 CFO의 역할에 소임을 다할 수 있다는 자신감이 생긴다.

"그리고 기업이 지속성장함에 따른 현금흐름 관리가 매우 중요합니다. 그림을 보면서 설명하도록 하지요. 기업은 창업준비단계, 창업단계, 성장단계, 성숙단계로 나눌 수 있습니다. 창업준비단계와 창업단계에서는 현금흐름이 당연히도 적자 상태를 벗어날 수 없습니다. 그리고 성장단계와 성숙단계에 이르러서야 비로소 현금흐름이 흑자로 전환되면서 현금이 쌓입니다."

"그럼 단계별 자금 지원 전략이 필요할 듯합니다. 이에 대한 자금 지원 전략에 대해 말씀해주시기 바랍니다."

"물론입니다. 단계별로 자금 지원 전략은 당연히 달라져야 합니다."

박 대표는 설명을 이어갔다. 우선 창업준비단계에서는 기업 창업을 위한 시드seed자금이 필요하다. 이는 주로 창업자 본인과 가족 그리고 친지, 지인 등의 자금으로 이루어지는 것이 일반적이다. 창업을 한 이후에 비로소 초기투자를 받는데 주로 엔젤투자를 이용하며 창업자를 위한 정책자금을 활용하는 단

<도표 2-1> **성장 단계별 현금흐름**

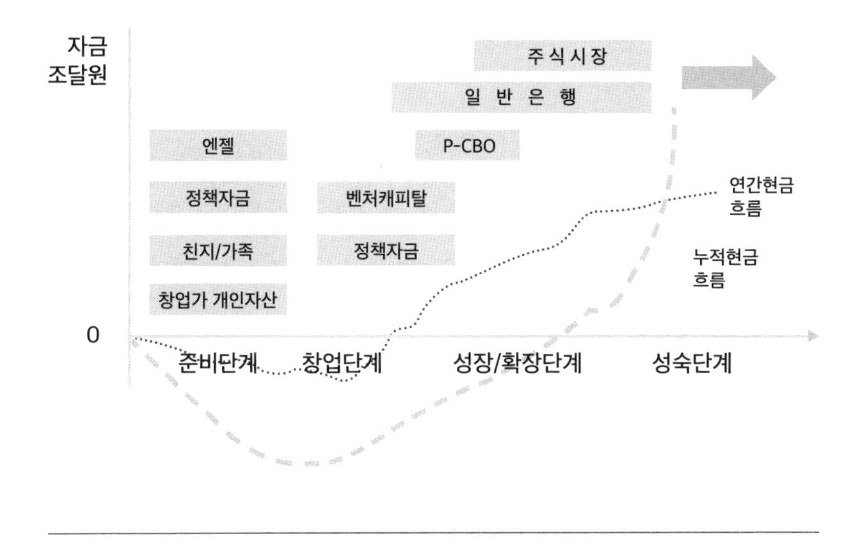

계라고 볼 수 있다. 창업자를 대상으로 한 정책자금은 다양하게 있으므로 이를 활용하기 위한 전략이 필요하다. 또한 기술 개발을 위한 정책자금도 적극적으로 활용해야 한다.

그리고 창업 후에도 창업 초기기업을 대상으로 하는 펀드들이 있으며 기업 성장 단계에 따라 마이크로VC, 지주회사, 정책투자자금(기술보증기금, 신용보증기금, 중소벤처기업진흥공단) 등이 활용 가능하다. 하지만 이때는 아직 본격적인 매출이 발생하지 않은 가장 위험한 단계다. 바로 '죽음의 계곡'인 것이다.

창업기를 지나면 본격적으로 매출이 발생하는 성장·확장단계에 들어선다. 이때는 당기실적이 흑자로 전환되지만, 누적된 수치는 적자 또는 흑자일 수 있다. 본격적으로 은행권에서 자금을 융통할 수 있는 수준에 오르는 때로, 이 단계부터는 기업의 채권과 주식 등을 거래할 수 있을 정도로 신용등급이 안정적으로 확보되는 시기. 또한 충분히 성장했다면 P-CBOcollateralized bond obligations*와 같은 회사채 프로그램도 적극적으로 활용하는 방안을 검토할 수 있다.

김한수 대표는 박정수 대표의 설명을 듣고는 자금 관리의 중요성을 실감했다. 중소기업의 경우 창업준비단계-창업단계-성장·확장단계-성숙단계로 나누어 단계별 자금 전략이 달라야 함을 이해하게 되었다. 중소기업별로 맞춤형 자금 전략이 필요한 것이다.

"박 대표님 설명 감사합니다. 한국전자의 현재 보유자금은…. 이번 달까지의 예비자금만을 확보하고 있는 상황입니다. 그래서 자금경색이 왔고요. 이 위기를 극복할 수 있는 방안이 필요합니다."

그렇다. 한국전자는 바로 '죽음의 계곡'을 만나 위기가 엄습한 상태다. 죽음의 계곡을 극복할 방안을 찾아 성장의 단계로 들어서야 한다.

"김 대표님, 창업 시 자금 구성 내역을 설명해주시고 향후 자금 계획도 상세하게 설명해주시기 바랍니다."

"창업 시 설립자본금은 1억 원이었으며 설립자본금의 100%를 제가 조달하였습니다. 설립 후 박정수 대표님을 만나 추가 투자 1억, 그리고 친인척 등 지인을 통해 1억을 투자 받아 총 3억 원의 자본을 확보하고 현재에 이르렀죠. 시중 은행의 문도 노크하였으나, 초기기업이다보니 대출이 불가하다는 응답을

* CBO는 채권을 기초자산으로 발행되는 자산담보부증권(ABS)을 말하는데 신규 발행 채권을 기초자산으로 발행하는 CBO를 P-CBO라고 하고, 이미 발행된 채권을 기초로 하는 유통시장 CBO를 S-CBO(secondary CBO)라고 한다. P-CBO는 신용도가 낮아 채권시장에서 회사채를 직접 발행하기 어려운 기업의 회사채 차환 발행 또는 신규 발행을 지원하기 위해 2000년 도입됐다. 현재 신용보증기금과 중소벤처기업진흥공단에서 운영 중이다.

받았습니다."

한국전자는 확보된 자금을 모두 소진하고 있었지만 구체적인 자금 조달 계획 없이 은행만 노크하며 발을 동동 구르고 있는 상태였던 것이다.

"현재의 위기는 한국전자가 문을 닫을 수도 있는 사건입니다. 혹시 지인과 친척들을 통해 자금을 더 조달할 수 있습니까?"

김한수 대표가 손사래를 친다.

"전혀 가능성이 없습니다. 이미 친인척을 통해 자금을 조달한 상태라 친인척이 의심의 눈초리를 보내고 있습니다."

"그럼, 내가 엔젤을 추천할 테니 엔절투자자를 통해 급한 자금을 융통하고 이 위기를 극복하도록 합시다."

그렇다. 조인호 CFO는 백방으로 은행 지점장을 찾아다녔지만, 한국전자에 자금을 대출해주겠다는 금융기관은 존재하지 않았다.

박정수 대표의 추천으로 엔젤투자 1억과 정부 매칭 1억, 총 2억의 자금이 수혈되었다. 한국전자는 2억 원의 자금 확보를 통해 급한 불을 껐지만, 지속성장을 위한 자금 조달 전략이 필요한 상황이다. 한국전자는 과연 자금 조달 전략을 통해 지속성장의 모멘텀을 확보할 것인가? 한국전자는 현재 확보한 자금만으로는 성장 동력을 창출하기에 턱없이 부족하다. 따라서 세부 일정별 자금 조달 전략을 마련해야 한다.

지금부터가 한국전자의 운명을 좌우할 중요한 시간이 될 전망이다. 한국전자는 날개를 활짝 펴고 날아오를 것인가, 아니면 난파선이 될 것인가. 운명의 장난은 어디로 흘러갈 것인가. 중요한 기로에 선 한국전자의 운명을 따라가 보자.

투자 이야기

한국전자는 투자 유치를 통한 자금조달전략을 수립해야 한다. 투자 유치는 다양한 변수가 존재한다. 투자 유치를 통한 성장전략 수립에 앞서 투자 이야기 속으로 들어가보자.

투자에 앞서 투자의 역사에 대한 이야기로부터 시작해보자. 투자 이야기를 통해 중소기업이 알아야 하는 다양한 기술 금융에 관해 살펴보자. '투자의 역사' 속으로 들어가보는 것이다. 최초의 엔젤투자는 언제 일어났을까? 이와 관련해서 크리스토퍼 콜럼버스Christopher Columbus와 에스파냐 여왕 이사벨 1세Isabel I의 스토리가 유명하다.

스타트업이라는 관점에서 보자면 콜럼버스는 '창업자'라고 할 수 있고, 이사벨 1세는 '엔젤투자자'라고 볼 수 있다. 콜럼버스는 서쪽으로 계속 항해하면 인도에 도달할 수 있다고 확신했다. 그래서 포르투갈 왕에게 대서양 횡단 계획을 설명하며 지원을 요청했지만, 거절을 당하고 만다. 하지만 포기를 모르는 콜럼버스는 다시 에스파냐로 건너가 이사벨 1세를 만난다. 그리고 자신을 계획을 설명한다. 그러나 이사벨 1세 역시 확신하지 못한다. 끈질긴 설득 끝에 콜럼버스는 마침내 이사벨 1세의 지원을 받아낸다. 이 과정에서 콜럼버스와 여왕은 매우 흥미로운 계약서를 작성하는데, 그 내용은 다음과 같다.

'콜럼버스가 항해를 통해 발견한 토지에 대해서는 콜럼버스가의 후손에 이르기까지 제독의 신분으로 관리할 수 있도록 하고, 그 지역에서 난 산물의 10분의 1과 함께 새로운 지역에 투자할 경우 8분의 1까지 투자할 권리를 부여하되, 나머지 모든 권리는 여왕에 귀속된다.'

당시로서는 이러한 계약이 매우 이례적이고 파격적인 조건이었다. 콜럼버스는 항해를 통해 신대륙을 발견하고 이사벨 1세는 콜럼버스가 가져온 많은 황금 제품과 향신료를 통해 막대한 수익을 올렸다. 이는 에스파냐가 부국으로 성장할 수 있는 토대가 된다. 에스파냐의 이사벨 1세는 엔젤투자에 성공한 것이다.

여왕이 초기 항해 비용을 지원한 것은 일종의 투자며, 이후 수익 발생을 통해 투자를 회수한 형태라 할 수 있다. 이와 같이 투자는 흔히 위험을 수반하지만, 성공한다면 커다란 수익이 발생되는 원리, 즉 '하이 리스크 하이 리턴high risk high return'의 원리를 보인다.

중소기업은 스타트업-시제품 생산-매출 발생-시장 확장이라는 단계별로 투자가 필요하다. 이를 위해 자금 전략이 요구된다. 자금 전략을 이해하기 위해서는 국내 투자생태계를 알아야 한다. 투자에는 비가역성이 존재한다. 투자의 비가역성이란 투자를 받을 때 '엔젤-마이크로VC-VC' 등의 순서로 거쳐야

<도표 2-2> **국내 투자생태계**

SI 투자	(VC)	PEF/ 증권사/ 은행등			수백억~수천억
		LLC	창투자	신기사	00억~000억
		Micro VC	정책자금 (기보/신보/중진공)	지분형	5억이하
		개인투자조합	지주회사 (에트리홀딩스.KST.미래기술지주등)	클라우드 펀딩	3억이하
		엔젤(전문엔젤, 엔젤클럽, 개인등)		리워드	0.5억

IT동아(www.donga.com) '스타트업 투자유치 마스터링' 재구성

함을 의미한다. 즉, VC* 투자를 먼저 받은 후에 엔젤투자를 받고자 한다면, 이는 불가능하다는 것이다.

〈도표 2-2〉는 국내 투자생태계를 그림으로 표현한 것이다. 기업이 창업을 하면 단계별 투자 전략을 수립하여 시드 단계에서 크라우드펀딩, 엔젤, 개인투자조합 등을 통한 펀딩을 진행한 후 프리시리즈 단계에서 마이크로 VC, 정책자금(기보/신보/중진공)을 통한 투자 전략을 구사한다. 이후 시리즈 단계에서 기업 성장 단계별 VC 투자를 진행한다.

또한 기업이 성장함에 따라 기업 가치가 지속적으로 상승한다. 따라서 초기 단계에서는 1억 투자 유치에 20%의 지분도 흔한지만, 기업이 성장함에 따라 기

* 벤처 캐피털(venture capital, VC)이란 잠재력이 있는 벤처 기업에 자금을 대고 경영과 기술 지도 등을 종합적으로 지원하여 높은 자본이득을 추구하는 금융자본을 말한다. 주로 기술력은 뛰어나지만 경영이나 영업의 노하우 등이 없는 초창기의 벤처 기업을 대상으로 한다.

업 가치가 500억 원이 되었다면 100억 원을 투자해야 20% 지분을 획득 가능하다.

그럼 단계별 이슈를 확인해보자. 기업을 창업하게 되면 소위 3Ffamily, friends, foolish라는 자금을 받는다. 우선 가족과 친구로부터 창업 설립 자금을 조달한다. 창업 초기는 제품기획 단계이므로 아무도 투자를 하지 않으려고 하기 때문에 우선 엔젤과 크라우드펀딩의 투자 대상이 된다.

엔젤은 순수개인과 전문엔젤, 엔젤클럽 등으로 구분하여 투자 유치를 진행한다. 엔젤로부터 투자 유치를 진행하면 한국벤처투자의 매칭펀드를 연계해서 투자유치를 진행할 수 있다. 즉, 수도권 창업자의 경우 1배수 매칭펀드, 비수도권 창업자는 2배수 매칭펀드를 진행할 수 있다. 예를 들어 1억 원의 엔젤투자를 유치했다면 수도권 창업자의 경우 1억 원, 비수도권 창업자의 경우 2억 원을 추가로 투자 유치 가능하다는 것이다.

크라우드펀딩의 경우 리워드형과 지분형으로 구분된다. 리워드형은 제품 제작을 목적으로 자금을 유치하고 제품 생산이 완료되면 제품을 제공하는 형태로 많이 진행된다. 최근에는 지분형 형태의 크라우드펀딩도 많이 진행된다. 지분형은 최대 7억 원까지 진행이 가능하도록 규정이 개정되었다. 또한 크라우드펀딩 중 지분형 투자가 성공한 경우 코넥스 특례 상장이 가능하다. 하지만 크라우드펀딩의 경우 수수료가 생각보다 상당히 높은 수준이므로 진행 시 세밀한 검토가 필요하다.

개인투자조합은 조합원 수 49명 이하, 출자총액 1억 원 이상 등의 조건을 만족하면 설립할 수 있는데 최근에는 엔젤 등 투자자가 다양화됨에 따라 개인투자조합도 증가 추세에 있다. 또한 최근 정부에서 기술사업화를 위한 지주회사를 다양한 형태로 지원하고 있다. 〈도표 2-2〉에서는 대표적인 지주회사인 에트리홀딩스, 한국과학기술지주, 미래과학기술지주 등을 예를 들어 설명했다. 즉, 기술이전을 통한 연구소 기업을 설립할 경우 지분 투자를 받을 수 있으며, 연구소 기업 설립 시 기술 투자 또는 현금 출자를 받을 수 있다. 금액은 보통 3억 원 이하로 제한되어 있다.

다음으로 마이크로 VC다. 마이크로 VC의 경우 통상적으로 3년 이하의 기업에 5억 원 이하의 금액을 투자한다. 마이크로펀드를 운영하는 VC 현황이 궁금하면 한국벤처투자㈜ 홈페이지에서 확인 가능하다.

정책자금인 신용보증기금, 기술보증기금, 중소벤처기업진흥공단을 알아보자. 우선 정책자금인 신용보증기금/기술보증기금/중소벤처진흥공단은 보증 등 융자기관으로 이해하고 있지만, 동 기관은 투자센터를 별도로 운영하고 있다. 다만, 신용보증기금과 기술보증기금은 피투자기업이 이미 VC 등으로부터 투자를 받은 이력이 있다면 투자 유치를 진행할 수 없으므로 유의해야 한다. 신보/기보 투자의 특징은 복합금융이라는 점이다. 즉, 신보/기보는 보증기관으로 보증과 투자*를 동시에 진행한다. 만약 신용보증기금 또는 기술보증기금의 투자 유치를 진행할 경우 이미 보증기관을 사용하고 있는 기업은 해당 보증기금의 투자 유치를 진행해야 함을 의미한다. 즉, 기술보증기금의 보증사용기업은 기술보증기금 투자센터를 활용해야 하고, 신용보증기금의 보증을 활용하고 있는 기업은 신용보증기금의 투자센터를 활용해야 함을 의미한다.

통상적으로 보증금액의 2배까지 투자 유치가 가능하고 투자 유치 금액은

---

* 여기에서 투자는 보통 상환전환우선주를 의미한다.

5억~30억 원까지 가능하지만 실제 투자는 5억~15억 원 수준으로 이해하면 된다. 즉, 15억 원 이상의 금액을 집행하는 사례는 거의 없다.

중소벤처기업진흥공단의 경우 투자형태는 CB이며 기투자 이력이 있는 기업도 투자대상이 되므로 기보/신보의 경우 보다는 조금 더 유연한 형태의 투자라고 이해하면 된다. 즉, 정책자금 투자의 경우 기보/신보 투자유치를 진행한 이후에 중진공 투자유치를 진행하면 단계별 투자유치를 진행할 수 있다.

정책 자금까지 투자 유치를 진행하면 다음 단계가 우리가 흔히 이야기하는 VC다. VC는 LLC**, 신기사, 창투사로 구분하는데 투자 유치를 진행하는 기업의 입장에서는 굳이 세 가지 형태의 VC를 구분할 필요는 없다. 모두 VC라고 이해하면 된다. 다만 VC의 경우 대부분 모태펀드 형태의 펀드가 대부분이므로 모태펀드의 운영 형태를 이해할 필요가 있다.

간략하게 VC의 세 가지 형태를 살펴보자. 우선 신기사와 창투사를 살펴보자. 신기사와 창투사는 관련 법령이 상이하다. 창투사는 〈중소기업창업 지원법〉과 〈벤처기업육성에 관한 특별조치법〉에 의해 설립이 가능하며 신기사는 〈여신전문금융업법〉에 의해 설립 가능하다.

우선 창투사의 특징을 살펴보자. 창업투자회사는 소관부처가 중소벤처기업부다. 창투사는 벤처조합(창업투자조합, 한국벤처투자조합) 운용 시 까다로운 제한

** 유한책임회사(有限責任會社, limited liability company)는 2012년 개정된 상법에 도입된 회사의 형태다. 유한책임회사의 내부관계에 관한 것은 정관이나 상법에 다른 규정이 없으면 합명회사에 관한 규정을 준용한다. 주식회사의 경직된 지배구조보다 신속하고 유연하며 탄력적인 지배구조를 가지고 있고, 출자자가 직접 경영에 참여할 수 있으며 각 사원이 출자금액만을 한도로 책임을 지므로, 고도의 기술을 보유하고 있으며 초기 상용화에 어려움을 겪는 청년 벤처 창업에 적합하다. 이는 회사 형태의 사모투자펀드에 적합하여 미국의 벤처캐피털 산업에서 많은 회사 형태를 띄며, 한국에서도 VC의 한 형태로 인정받고 있다.

조건이 있으며 정부에서 다양한 방법으로 개입이 가능하다. 또한 사업 개시일 7년 이내의 중소기업에 출자만 가능하며 투자집행 시 금융 및 보험업, 부동산업, 숙박과 음식점업 등 투자금지 업종이 있다.

신기사는 금융위원회의 〈여신전문금융업법〉에 의해 설립근거가 마련되어 있으며, 따라서 창투사보다는 유연하게 운영할 수 있다. 운영 시 투자뿐만 아니라 융자까지 포함되어 있으며, 융자한도는 소요자금의 90~100%까지 가능하다. 상환기간은 8~10년으로 장기간 자금 대출이 가능하며 투자 제약은 금융기관 및 부동산만 제한이 있다. 또한 코넥스기업 등 비상장 벤처기업에 직접투자 또는 펀드를 통해 투자한 지분의 양도차익에 대해 비과세 혜택이 있는 등 유연하게 자금을 운용할 수 있는 것이 신기술사업금융업자다.

창투사는 7년 이내의 기업에 투자하며, 펀드 규모는 신기사에 비해 상대적으로 적은 규모이다. 하지만 한국투자파트너스와 같이 1조 원 이상의 대규모 창투사도 속속 등장하고 있다. 신기사는 모태펀드뿐만 아니라 사모펀드PEF, 국민연금공단, 사학연금공단 등 자금의 출처가 다양하고 자금 규모도 대규모이다. 또한 신기사는 국내 M&A와 IPO시장을 주도하고 있다. 대표적인 신기사로는 IMM인베스트먼트, 포스코기술투자 등으로 1조 원 이상의 자금을 운영한다.

VC 이후에는 대규모 자금이 동원되어 투자되는 형태가 있다. 즉, 사모펀드PEF, private equity fund, 은행, 증권사 등이 투자하는 형태로 수백억에서 수천억 원이 동원되는 형태이다. 예를 들어 아시아나항공이 M&A 매물로 시장에 나온 경우 수조 원의 인수금액이 예상되므로 컨소시엄 형태로 M&A에 참여하게 되는데, 이런 경우 사모펀드, 은행, 증권 등이 참여하는 형태라 볼 수 있다.

이상과 같이 국내 투자생태계에 대한 개괄적인 내용을 살펴보았다. 다음으로 자금 조달 비용에 대해서 알아보자. 우선 자금 조달에는 투자와 융자가 있다. 융자의 경우 자금 조달 비용은 은행의 이자율을 생각하면 된다. 사실상 자금 조달 비용이 가장 저렴한 방식이므로 투자에 앞서 보증 등 가능한 융자방식을 충분히 검토한 후 활용해야 한다. 단, 스타트업이 융자할 수 있는 수준의 금액은 소액이므로 융자와 더불어 다른 방식의 투자 전략이 필요하다.

두 번째 메자닌mezzanine 투자 방식이다. 메자닌 투자 방식이란 회사채와 주식의 형태가 결합된 투자 방식을 의미한다. 즉, 상환전환우선주, 전환사채, 신주인수권부사채 등의 투자 형태다. 메자닌 투자의 기대 수익률은 9~15% 수준이므로 이에 맞는 투자 전략을 수립하면 된다.

세 번째, 회사채 투자 방식이다. 회사채 투자 유치는 사실상 비상장 기업의 경우 거의 불가능하므로 정책기관인 신용보증기금과 중소벤처진흥공단의 P-CBO를 활용한 전략이 유효하다. 단, P-CBO를 활용하기 위해서는 매출액이 100억 원 이상일 경우에 신청 가능하므로, 성장한 이후에 검토 가능한 시나리오다.

마지막으로 순수 보통주 투자가 있다. 보통주 투자의 경우 통상적인 기대수익률은 15% 이상이다. 여기서 이야기하는 기대수익률은 상장사 투자 시 기대수익률이다. 비상장사 투자 시 기대수익률은 15% 이상인 경우도 흔하다. 다만, 비상장 기업인 경우 IPO 또는 M&A 전략 등을 통한 시나리오 설정이 필요하다.

비상장사의 입장에서 보통주 투자 유치는 별도의 이자가 발생하지 않고 장기간 자금을 활용할 수 있는 장점을 가지고 있기 때문에 보통주 투자 유치의 기회가 생기면 가능한 긍정적으로 진행하는 자세가 중요하다. 다만, 비상장사의 보통주 투자는 연 단위 수익률보다는 M&A나 상장 등의 시나리오가 훨씬 중요하다. 따라서 시나리오 달성의 구체성 등이 중요하게 작용한다.

다음으로 투자 관련 다양한 용어를 이해해보자.* 투자 관련 용어는 필수적으로 이해해야 하며, 이는 투자계약서 검토 시 리스크를 최소화할 수 있다. 기업에서 투자 검토 시 투자 용어 중 가장 흔한 용어로는 보통주, 전환사채, 신주인수권부사채, 상환전환우선주가 있다. 이는 VC 또는 마이크로 VC로부터 투자 유치 시 검토되는 투자 조건이다. 또한 콜옵션call option과 풋옵션put option이라는 용어도 흔히 접하게 되므로 이에 대한 이해를 먼저 한 후 다양한 용어를 알아보자.

첫 번째로 전환사채CB, convertible bond다. 전환사채는 조건에 따라서 주식으로 전환될 수 있는 권리가 부여되는 채권을 말한다. 주식으로 전환되기 전에는 사채로서 확정 이자를 받을 수 있고, 전환 후에는 주식으로서 이익을 얻을 수 있는 '사채와 주식의 중간 형태의 투자'라고 할 수 있다.

채권을 주식으로 전환하게 될 경우에는 최초 전환사채 발행 시 작성한 투자계약서를 참고해야 한다. 채권금액과 주식을 얼마의 비율로 교환할 것인가에 대한 '전환 가격'을 정하여 계약서에 명시하게 되어 있다. 전환사채의 보통주 전환은 통상 발행일로부터 3개월 이후부터 가능하다. 투자자가 이와 같은 형태로 투자하게 되는 이유는 무엇일까? 주식시장이 안 좋을 때는 채권으로 이자를 받아서 이익을 취할 수 있고, 주식시장이 좋을 때는 주식으로 전환해서 시세 차익을 누릴 수 있기 때문이다.

전환사채의 경우에는 투자 계약 시 일정 기간 후 투자자가 일정 가격에 팔

---

* 해당 부분의 투자 관련 기본 자료는 플랫텀 홈페이지(www.platum.kr) 자료를 참고하여 가공하였음을 밝혀둔다.

<도표 2-3> **투자 옵션의 형태**

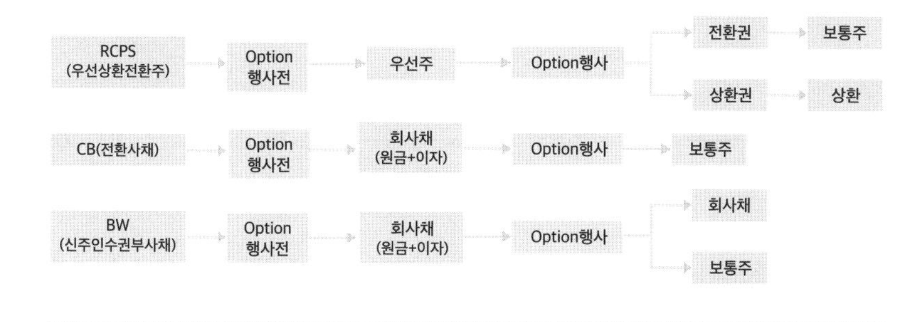

수 있는 풋옵션과 발행회사가 전환사채를 되살 수 있는 콜옵션이 붙기도 한다. 기업 입장에서 콜옵션과 풋옵션 계약에는 많은 신경을 써야 한다. 미래 시점에서의 매출 목표 등을 부과하면서 콜옵션과 풋옵션을 설정하기 때문이다.

두 번째는 신주인수권부사채BW, bond with warrant다. 신주인수권부사채란 채권자에게 채권 발행 이후에 채무를 진 회사가 신주를 발행하는 경우 미리 약정된 가격에 따라 일정한 수의 신주 인수를 청구할 수 있는 권한이 부여된 채권이다. BW의 경우 투자자가 보통 사채와 마찬가지로 일정 이자를 받으면서 만

풋옵션과 콜옵션

대부분의 전환사채, 상환전환우선주 등의 계약에는 조기 상환을 요구할 수 있는 옵션 계약이 붙어 있다. 콜옵션, 풋옵션이 모두 있거나 풋옵션 하나만 있는 경우가 많다. 콜옵션은 기업이 채권자에게 조기 상환할 수 있는 권리로, 발행했던 전환사채를 다시 사오는 것이다. 풋옵션은 콜옵션과 반대로 채권자가 기업에 전환사채를 다시 사달라고 요구할 수 있는 권리다. 즉, 조기상환을 요구하는 주체가 기업 쪽이면 콜옵션이고, 채권자 쪽이면 풋옵션이다. 따라서 풋옵션과 콜옵션은 계약서에 명기되어 있으므로 투자 계약 시 전문가와 상의해서 독소조항이 있는지 검토가 필요하다.

기에 일시 상환을 받을 수 있고, 동시에 자기에게 부여된 신주 인수권을 갖고 주식의 시장 가격이 BW 발행 가격보다 높을 경우 회사 측에 신주 발행권을 청구할 수 있다.

세 번째는 상환전환우선주RCPS, redeemable convertible preference shares다. 최근 투자는 대부분 이 방식을 통해서 투자한다고 보아도 무방할 정도로 흔하게 사용된다. 상환전환우선주는 일정 기간 동안에는 상환우선주로 작용하다가 기간 만료 시 혹은 M&A나 IPO 시 보통주로 전환할 수 있는 권한을 갖도록 투자계약서가 작성되는 경우가 많다. 또한 우선주 1개가 보통주 1개의 의결권을 갖는다고 명시를 하면서 우선주에 적용되지 않는 의결권 역시도 함께 갖는 형태로 계약되는 경우가 많다. 따라서 기업 대표는 투자를 상환전환우선주 방식으로 받을 경우 투자계약서에 기술되어 있는 내용들에 대해서 꼼꼼히 체크해야 한다. 실적이 좋아 기업 대표가 투자자를 선택할 수 있는 경우, 기업 대표에게 불리하게 작용할 수 있는 독소조항을 빼는 것이 좋다.

기업 입장에서는 CB, BW, RCPS 등 옵션이 붙은 투자 계약보다는 순수 보통주 투자가 가장 좋다. 왜냐하면 보통주 투자는 순수 지분 투자며 상환의무가 없는 투자다. 통상적으로 보통주 투자는 엔젤투자 또는 상장사로부터의 전략적 투자에서 가능한 투자 방식이다. VC를 통한 투자 방식에서는 보통주 투자는 없다고 보아도 무방하다.

또한 기업 입장에서 CB보다는 RCPS가 유리하다고 볼 수 있다. 그 이유를 살펴보자. CB는 채권자가 주식으로 전환하지 않기로 하면 채권자에게 확정 이자와 함께 만기 시 원금을 상환해야 하는 부채의 성격이 있다. 투자를 받았지만, 재무제표에 '부채'로 잡히기 때문에 부채 비율이 상승한다. 과거에는 회사 재무제표에서 CB는 부채로, RCPS는 자본으로 인식이 되었다. 현재는 회계 기준이 바뀌면서 둘 다 부채로 구분한다. 다만, 초기 스타트업의 경우 RCPS는 부채로 잡히지 않는다. 즉 RCPS가 부채로 잡히는 회사는 상장회사다.* 따라서 비상장사의 경우 RCPS 투자를 받더라도 부채로 잡히지 않기 때문에 재무제표상 불이익이 발생하지 않는 것이다.

RCPS 투자계약서도 투자기관에 따라 조건이 상이하다. 기술보증기금, 신용보증기금, 한국과학기술지주의 투자 계약 조건을 간략하게 살펴보자. 투자 형태는 세 기관의 RCPS로 동일한 경우에 한한다. 우선주의 내용은 의결권과 배당, 청산잔여재산 분배 조항을 살펴보면 다음과 같다. 우선주의 존속기간이 신보와 기보는 10년이다. 한국과학기술지주는 8년으로 상대적으로 짧다.

전환권과 상환권을 살펴보자. 전환권에서 전환비율은 3개사 모두 1대 1 비율로 동일하다. 전환비율 조정 규정은 3사가 소폭의 차이는 존재한다. 상환권은 상환 시 연 복리 이율이 상이한데, 한국과학기술지주가 상대적으로 높다.

기타 지분 처분 조항을 보면, 콜옵션, 풋옵션은 대동소이大同小異하다. 다만 신용보증기금만 동반매도권tag along** 조항이 있는 것이 특이하다. 전반적으로 기보와 신보는 정책금융으로서의 역할을 하는 것으로 판단된다. 다만, 한국과학기술지주는 민간의 성격을 가지고 있어 민간의 영역에서 최선을 다하고 있

* 정확하게는 회계기준이 IFRS인 경우에는 부채, K-GAPP인 경우에는 자본으로 구분한다.

** 동반매도권이란 이해관계인이 보유 주식을 제3자에게 처분하고자 할 때, 투자자의 보유 주식 또한 같은 조건으로 제3자에게 매도해야 하는 것을 말한다. 제3자가 이해관계인의 주식뿐 아니라 투자자의 주식까지 같이 매수할 때 비로소 이해관계인이 보유 주식을 처분할 수 있다는 뜻이다. 이해관계인이 투자자를 제외하고 주식을 처분하는 것을 방지하기 위한 장치다.

는 것으로 판단한다.

초기 스타트업의 가장 중요한 핵심 업무가 기술개발이다. 기술개발을 하기 위해서는 반드시 자금 확보가 병행되어야 한다. 따라서 스타트업 단계에서 자금 확보 관련 검토 사항을 중심으로 살펴보자.

초기 스타트업 단계에는 엔젤투자, 두 번째는 얼리스테이지early stage 단계의 투자인 마이크로 VC, 그리고 성장 단계에서의 투자인 시리즈 A, B, C 등으로 나누어볼 수 있다. 통상 투자 단계는 이렇게 세 단계로 나누어서 진행되는데 초기기업의 경우 투자 유치 시 배수 등에 이견이 있어 진행이 불발되는 경우가 흔하다. 따라서 스타트업의 경우 본인의 기술 수준과 비즈니스모델의 가능성 검증에 집중하면서 투자 유치를 진행해야 한다. 현실적으로 본인의 기술과 비즈니스모델이 시장에서 통할 수 있는 것인지 검증 절차를 거쳐 일반화하는 과정이 반드시 필요한 것이다.

금액 기준으로 보면 통상적으로 첫 번째 단계인 엔젤투자는 1억 원 이하의 투자 규모다. 두 번째 단계인 얼리스테이지 단계의 투자도 3억 원 이하의 규모가 통상적이다. 흔치 않게 5억 원 수준까지 진행되기도 한다. 세 번째 단계인 시리즈 투자는 금액이 대폭 상승한 규모에서 진행되는데 시리즈 투자를 받기 위해서는 기술이 시장에서 어느 정도 검증된 단계여야 한다고 생각하면 된다.

따라서 시리즈 투자는 시리즈 A, B, C 등으로 단계별 진행되며, 금액은 2~3배 증액되면서 투자되지만 지분율은 오히려 더 적은 것이 특징이다. 왜냐하면 이미 시장에서 검증된 기술이므로 이 단계에서는 투자자가 우위에 있지 않기 때문이다. 통상적으로 시리즈 A 투자는 10억~50억 수준의 투자라고 보면 무방하다.

그럼 지금부터 스타트업의 창업에서 엑시트*까지의 과정을 투자의 관점에서 살펴보자. 스타트업 단계에서 법인을 설립하기 위해서는 설립 자본금이 필요하다. 창업자의 자본 능력에 따라 100만 원, 500만 원, 5천만 원, 1억 원 등 다양한 수준의 설립 자본금 규모가 있다. 설립 자본금은 스타트업의 사무실 임대비용, 직원 인건비 등 스타트업 초기에 필요한 비용이다.

또한 설립 자본금은 투자 검토 시 오너십을 판단하는 기준이 되기도 한다. 예를 들어 1억 원을 설립 자본금으로 스타트업을 창업한 경우를 보자. 설립자본금 1억 원 중 외부지인 등 투자자의 부담이 8천만 원, 창업자의 부담이 2천만 원인 자본 구조라면 오너십에 문제가 있는 것으로 판단할 수 있다. 따라서 초기 자본금에 있어서 창업자의 비중이 상당히 높은 수준을 유지할 수 있어야 회사 운영에 있어서도 창업자 중심의 운영이 될 수 있기에 주의를 요한다.

자본금 규모가 너무 작은 경우 자본금 규모를 키운 후에 투자 유치를 진행하는 것이 오히려 유리할 수 있다. 스타트업이 법인 설립 등 준비 과정을 거친 후 기업 경영에 돌입한다. 스타트업의 경우 기업 경영과 동시에 투자 유치를 진행한다. 투자 유치를 진행하기 위해 다양한 네트워크를 통한다. 투자자 네트워크가 형성되어 있지 않은 스타트업은 데모데이 또는 콜드메일called mail을 통해 투자 유치를 진행한다. 최근에는 스타트업을 위한 창업교육 프로그램 또는 액셀러레이터를 통한 교육이 다양하게 진행된다. 스타트업은 다양한 교육프로그

* 엑시트는 흔히 투자회수라고 하며, 투자회수의 수단은 두 가지를 의미한다. 첫 번째는 인수합병이고, 두 번째는 기업공개다. 기업공개, 즉 IPO는 국내에서 코스닥 상장을 의미한다.

램을 통해 투자유치 준비 과정을 거친다.

스타트업이 가장 많은 투자 유치를 진행하는 것은 '데모데이'에서다. 데모데이를 통해 스타트업은 세상에 회사의 출발을 알리는 출발점이 되기도 한다. 또한 데모데이를 통해 투자 유치를 진행하는 것이다. 하지만 스타트업 입장에서는 데모데이를 통해 투자 유치에 성공하는 확률이 높은 것이 아니기 때문에 다양한 데모데이를 통해 지속적인 활동이 중요하다.

콜드메일은 투자자에게 메일로 투자 유치를 희망한다는 사실을 알리는 활동이다. 이때 주의해야 할 사항이 있다. 멀티메일로 투자자에게 메일을 발송하는 일은 자제해야 한다. 또한 콜드메일을 통해 투자 유치가 성공된 사례는 매우 드물기 때문에 콜드메일에 매달리는 우를 범하지 말자.

콜드메일 또는 데모데이를 통해 성공한다면 투자 유치 계약 단계에 진입하게 되고, 다양한 검토가 필요해진다. 이때 검토해야 할 사항은 앞에서 논의한 '투자 조건'이다. 배수 결정, 투자 형태 결정CB, BW, RCPS, 옵션 결정(콜옵션, 풋옵션 등) 등 상당히 전문적인 분야를 포함하고 있으므로 관련 전문가의 자문을 받아 최종 의사결정을 진행해야 한다.

투자단계별 투자 전략에 대해 살펴보자. 스타트업의 경우 엔젤투자자로부터 초기 시드머니를 투자 받는 것은 제품개발 단계에서이다. 제품이 시제품 단계에 올라온 상태에서의 투자 유치는 초기시장 검증 단계에서 베타 버전을 시장에 내놓는 시점에 받는 투자라고 할 수 있다. 즉 시리즈 A 투자금의 주 사용처는 제품의 양산, 서비스 출시, 고객 모니터링 및 마케팅 비용이다.

시리즈 A 단계에서부터는 제품의 출시 여부, 매출 발생 여부 등을 검토하여 투자를 결정한다. 시리즈 A 단계에서의 투자에 성공한다면, 시리즈 A 이후의 투자 유치는 더욱 수월하게 진행할 수 있다. (혹은 시리즈 A 투자사는 이후 단계의 투자 유치에 본인의 네트워크를 활용하여 스타트업을 지원하기 때문에 가능성이 훨씬 더 높아진다고 할 수 있다.)

시리즈 A 이후 B 라운드 투자(시리즈 B)는 본격적으로 매출 확대 및 시장 확대 등을 위해 인력 확보, 마케팅, 신규 비즈니스 개발 등 비즈니스 확장이 필요할 때를 위한 투자다. 따라서 비즈니스 모델이 시장에서 인정되는 시점이라고 볼 수 있다. 시리즈 B 단계의 투자는 시장 점유율 확대를 위한 투자라고 이해하면 된다.

시리즈 투자가 완료되는 시점에서 엑시트를 고려한 전략이 검토된다. 엑시트에는 M&A와 IPO가 있는데 엑시트에서 가장 중요한 항목이 '기업 가치 산정'이다. 기업 가치 산정을 위한 밸류에이션 작업이 필요하다. 엑시트를 위한 밸류에이션은 협상에 의해 최종 결정된다. 밸류에이션(기업가치)으로 인해 엑시트가 중단되기도 한다. 따라서 밸류에이션을 위한 다양한 준비가 필요하다. 유형자산보다는 무형자산, 즉 기술, 인력, 영업망 등이 중요한 평가지표로 작용하니 이에 대한 준비가 필요하다.

엑시트 단계에서는 시리즈 투자자들이 적극적으로 개입하게 된다. 시리즈 단계에서 주당 1만 원으로 투자했는데 엑시트 단계에서 주당 8천 원으로 논의된다면 시리즈 투자자는 오히려 손해를 보는 것이므로 이러한 엑시트는 성사되기가 어렵다. 따라서 엑시트 단계에서는 기존 투자자와 엑시트 전략을 세밀하게 구상해야 한다.

엑시트에서 검토되는 M&A와 IPO를 알아보자. 기업별로 M&A가 적합한 기업이 있는가 하면, 때로는 IPO가 오히려 적합할 수 있다. M&A는 '인수acquisition'와 '합병merger'이 결합된 용어다. 인수란 한 기업이 다른 기업의 주식이나 자산을 취득하면서 경영권을 획득하는 것이고, 합병은 두 개 이상의 기업들이 법적 또는 사실적으로 하나의 기업이 되는 것을 말한다. 일반적으로 M&A는 기존의 내적 성장한계 극복, 신규 사업 참여에 소요되는 시간과 비용의 절감, 경영상의 노하우 습득, 숙련된 전문인력 및 기업의 대외적 신용 확보, 경쟁사 인수를 통한 시장점유율 확대, 경쟁기업의 M&A 대비, 자산가치가 높은 기업을 인수한 뒤 매각을 통한 차익 획득 등 여러 이유에서 진행된다. 방식으로는 흡수합병, 신설합병, 역합병이 있는데, 흡수합병은 인수기업이 대상 기업을 흡수한 것으로, 최근 다음과 카카오의 M&A 경우다. 신설합병은 양 기업이 합병해 새로운 회사를 설립한 것, 역합병은 실질적인 인수기업이 소멸하고 피인수기업이 존속하는 것을 말한다.

IPO란 흔히 기업공개라고 이야기하는데 국내에서는 코스닥 등록을 의미한다. 국내에서 창업부터 코스닥 등록까지 평균 기간은 12년이 소요되는 것으로 알려져 있다. 기업공개의 방법은 이미 발행한 구주를 매출하는 경우와 신주를 모집하는 두 가지 방법이 있다. 전자는 자본금이 증가하지 않는데 후자는 자본금이 증가한다. 성공적인 IPO를 위해서는 적정 수준에서 기업을 공개하는 것이 중요하며 투자자들의 관심을 끄는 것이 필요하다. 때문에 시장상황에 따른 IPO 시기, 파트너의 선택에 신중해야 한다.

최근에는 성장분야(바이오, ICT 등)를 중심으로 기술 특례상장이 많이 진행되고 있다. 이는 시장에서 충분한 매출을 올리지 못한 상태에서 미래가치를 반영해 일반 상장요건을 완화하고 기술 중심으로 평가해서 상장하는 방법이다. 또한 최근에는 스펙상장이 주류를 이루고 있는데, 스펙상장은 일반기업의 상장을 위해 일종의 페이퍼컴퍼니를 통해 상장한 후 일반기업을 인수합병해 본 상장을 하는, 일종의 상장을 목적으로 하는 전략이다.

다음으로 투자 시 중요사항 중 하나를 살펴보자. 펀드 결성 시 투자자와 운영사는 분리되어 있는데, 투자의 자본주체와 운용주체를 분리하여 LP, GP라 한다. 펀드를 운용하는 VCventure capital는 보통 GPgeneral partner라 부르고, 출자자는 LPlimited partner라고 부른다. GP, LP의 개념은 벤처 펀드뿐 아니라 다른 종류의 펀드나 회사 등에서도 많이 쓰이는 개념이고, 벤처투자펀드의 경우 국내법상 표현은 각각 업무집행조합원GP, 유한책임조합원LP이라고 쓰이지만 중요하지는 않다.

국내 VC 펀드를 조성하는 데 있어 순수 민간 자본만으로는 LP를 구성하기 어려운 것이 현실이다. 그러다 보니 주로 정부 관련 기관에서 주요 LP 역할을 하게 된다. 주요LP로는 중소벤처기업부, 문화체육관광부, 특허청등이 있다. 이러한 공적자금으로 조성한 펀드는 한국벤처투자(모태펀드), 성장사다리펀드등이 있다. 산업은행, 국민연금 등 여러 기관이나 연기금 등도 출자사업을 하고 있지만, 초기 형태의 스타트업에 주로 투자하도록 하는 펀드는 거의 모태펀드와 성장사다리펀드에서 출자되는 경우가 많다. 이런 주요 LP들이 펀드 출자 공고를 내고, VC들이 운용에 대해서 제안서를 제출하면 심사하여 VC를 선정하는 방식이다.

이때 출자하는 펀드마다 목적을 명시하여 해당 목적으로 투자하는 특정 성격의 펀드를 만들게 된다. 예를 들면, 초기기업에 투자하는 펀드, 청년창업기업에 투자하는 펀드, 여성 CEO에 투자하는 펀드, 구주매입을 주로 해야 하는 펀드, M&A를 주목적으로 하는 펀드, 공공기술사업화를 목적으로 하는 펀드 등이 있다. 그럼 몇 가지 펀드를 알아보자.

1) 초기기업 펀드

예전에는 통상 설립 3년 이내 기업이면 해당이 되었다. 최근 조건이 조금 완화되어서 '설립 3년 이내' 또는 '설립 7년 이내이면서 매출액이 10억 원 이하인 기업'이 주로 해당이 되며, 경우에 따라서 설립 7년 이내이면 무조건 해당되는 경우도 있다.

2) 기술사업화펀드

기술사업화펀드는 주로 과학기술정보통신부, 특허청, 산업통상자원부등이 결성한 펀드로 공공기술 즉, 출연연구소 또는 대학 등의 공공기술을 활용한 기업에 투자하는 펀드로 기술사업화를 활성화하기 위해 조성한 정부의 목적펀드다.

한국모태펀드란 매년 예산배정에 따라 투자금액이 결정되는 등 공급자 위주 투자정책에서 탈피하여 시장 수요를 반영한 회수 재원의 재순환 방식으로 안정적 벤처투자재원 공급체계를 마련하기 위해 〈벤처기업육성에 관한 특별조치법〉에 근거하여 2005년에 결성되어 운영 중에 있다. 정책 효율성 제고를 위해 투자 재원 공급은 정부가 하되, 모태펀드의 운영은 전문기관인 한국벤처투자(주)가 담당하고 있다.

한국모태펀드의 구성을 살펴보면 출자자는 정부부처가 담당하는데 중소벤처기업부(중소벤처기업진흥공단), 문화체육관광부, 특허청, 보건복지부, 교육부 등이 출자한다. 펀드성격에 따라 공공기술사업화펀드, 영화펀드 등으로 펀드의 성격이 규정되며 펀드 결성은 정부부처의 예산과 운영사VC가 매칭하여 운영한다. 즉, 특허청에서 특수목적펀드로 500억을 출자하면 VC가 200억을 매칭하여 700억 원의 규모로 펀드가 운영된다. 또한 펀드결성 시 한국벤처투자는 VC모집공고를 하며 운영사 선정심의를 통과한 VC가 운영사가 되어 운영되는 구조다.

<도표 2-4> **한국모태펀드의 구조**

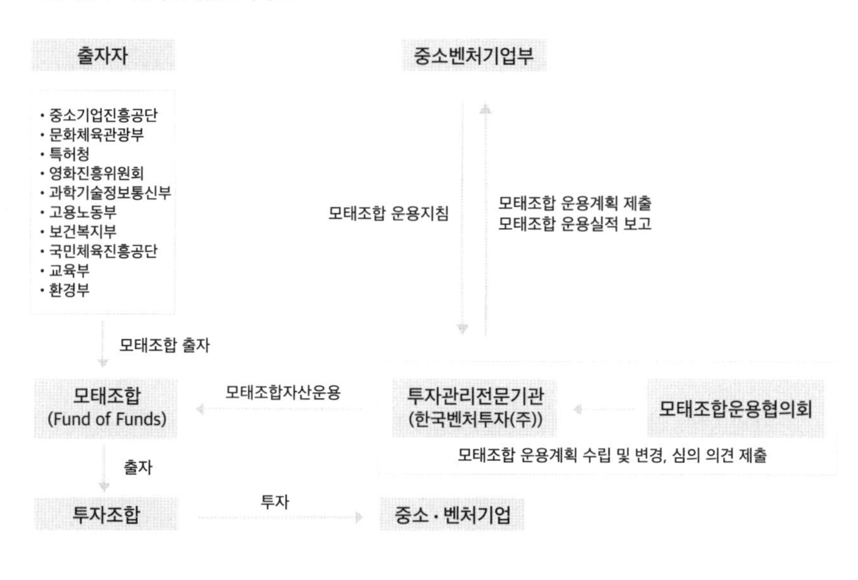

또한 펀드를 통한 투자 유치 시 유의해야 할 점이 있다. 펀드 운영 기간이 정해져 있다는 점이다. 즉, 7년짜리 펀드의 경우 3~4년차까지 투자를 집행하고 그 이후에는 투자회수를 진행한다. 즉, 기업 입장에서는 7년이 되는 시점을 엑시트 시점이라고 본다면 낭패를 볼 수 있다.

마지막으로 흔하지 않은 IPintellectual property rights, 지식 재산권펀드와 세일 앤드 라이센스 백sale and license back에 대한 이야기로 마무리하자. IP펀드는 기업은

행과 산업은행이 각 500억 원씩 출자하여 총 1천억 원 규모로 운영되는 펀드다. 기존의 IP펀드는 대부분 IP사업화 관련 기업의 지분에 투자하는 구조였다면 신설되는 IP펀드는 IP직접투자와 IP사업화투자를 병행하는 형태라고 보면 된다. 즉, IP직접투자는 특허권 자체에 투자하는 형태고, IP사업화투자는 IP를 보유한 기업에 투자하는 형태다.

IP펀드는 펀드자금의 출자자인 산업은행과 기업은행은 펀드의 LP다. 즉, 펀드의 출자자인 동시에 펀드의 수익자로서 지위를 갖는다. IP펀드의 운영은 KDB인프라자산운용에서 담당한다. 즉, KDB인프라자산운용이 GP의 역할을 한다. IP펀드는 IP를 활용한 펀드이므로 당연히 우수한 IP가 있어야 하므로 IP 발굴을 위한 다양한 파트너가 존재한다. 이러한 파트너에는 대학, 출연연구소, 기업 등이 있으며 이러한 IP를 발굴하기 위한 특허전문회사등과 협업을 하는 구조를 가지고 있다.

세일 앤드 라이센스 백은 기술사업화를 목적으로 유동성 확보를 위한 단기금융 메커니즘이다. 세일 앤드 라이센스 백은 부동산의 유동화를 위한 세일 앤드 리스 백sales and lease back*을 응용한 형태라고 이해하면 된다. IP 소유자는 특수회사로부터 일시불lump sum 금액을 받고 IP 자산소유권을 이전한다. 이때 특수회사SPC, 특수목적법인는 이전 소유자로부터 라이센스 금액을 지불받는 계약을 체결함과 동시에 특허 실시권을 계약한다. 라이센스 계약기간 만료 시점에 원 IP 소유자는 구매 옵션에 따라 자산 소유권을 고정가에 재구매할 선택권

* 세일 앤드 리스 백은 매각 후 재임대라고도 불린다. 기업이 보유한 부동산 자산을 자산유동화회사, 리스회사 등에 매각하여 자금을 확보한 후 해당 기업은 임차 비용을 자산유동화 회사에 지불하는 형태를 말한다. 즉, 유동성 위기에 빠진 기업이 흔히 사용하는 자산 유동화 기법이다.

<도표 2-5> **IP펀드의 구조**

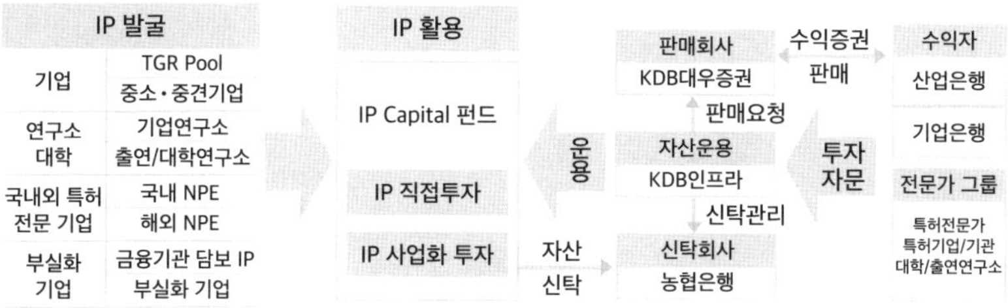

IP 발굴	
기업	TGR Pool 중소·중견기업
연구소 대학	기업연구소 출연/대학연구소
국내외 특허 전문 기업	국내 NPE 해외 NPE
부실화 기업	금융기관 담보 IP 부실화 기업

IP 활용

IP Capital 펀드

IP 직접투자

IP 사업화 투자

운용

자산 신탁

판매회사
KDB대우증권

수익증권 판매

판매요청

자산운용
KDB인프라

신탁관리

신탁회사
농협은행

투자 자문

수익자
산업은행
기업은행

전문가 그룹
특허전문가
특허기업/기관
대학/출연연구소

을 지니는 것이다.

IP 세일즈 앤드 라이센스 백의 장점은 특허 매각을 통해 기업의 유동성을 크게 제고하여 부채 부담 없이 기업의 자금 조달을 가능케 한다는 것이다. 이때 기초 자산에 대한 적정한 평가는 거래 안정성에 결정적인 역할을 한다. 또한 사업화펀드를 보유한 실시권자licensee의 채무불이행 가능성, 특허권 침해 가능성, 리스 거래를 위한 적절한 특허권 선택 등 모두 거래안정성을 확보할 수 있다. 아이디어 브릿지에서 운영 중인 세일 앤드 라이센스 백 펀드의 특징을 살펴보면 다음과 같다. 기업 A가 보유한 특허를 펀드가 매입하고, 기업은 특허 매각대금을 활용하여 연구개발투자, 시설투자, 운영비용투자 등에 활용한다.

즉, IP를 활용한 기업의 자금 조달 전략인 것이다. 기업 A는 실시권을 확보, 펀드는 매입한 특허를 통해 기업 A로부터 매년 실시료 발생, 펀드의 만기 시 기업은 펀드에 매도한 금액으로 특허를 재매입한다.

펀드로 인한 효과는 다음과 같다. 첫째, IP를 활용하여 자금을 조달할 수 있다. 둘째, 보유 IP를 활용하여 추가 수익 창출이 가능하다. 이를 통해 기업 경쟁력 강화에 활용할 수 있다. 기업의 단순자산이 아닌 금융상품으로 재구성

<도표 2-6> **세일 앤드 라이선스 백 구조**

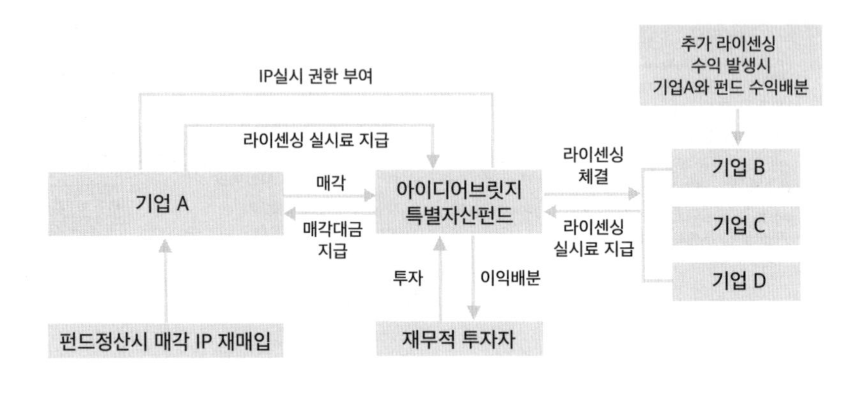

하여 자본시장에 공급하고, 지식재산 활용 사례 조성을 통해 지식기반 산업 경쟁력을 제고한다. IP가 가진 고유 특성인 전용실시권 제도의 강점을 살려 기업은 특허에 대한 독점권은 그대로 유지하면서 통상실시권 제도를 통해 추가 수익 창출 가능하다(전용실시권자인 기업 A의 동의하에 펀드는 IP 필요기업 B, C, D와 통상실시권 계약을 맺어 추가 라이센싱 진행).

김한수 대표는 본인이 지금까지 알지 못했던 다양한 자금 조달 전략을 통해 한국전자호의 방향성을 잡을 수 있다는 확신을 갖는다. 한국전자와 같은 작은 중소기업은 자금 조달 전략 없이는 성장을 만들 수 없다. 자금 조달 전략이 결합되어야만 한국전자호는 비로소 순항을 할 수 있다. 김한수 대표는 박수를 치며 만족한 표정을 짓는다.

"박 대표님의 깊은 지식과 혜안이 놀랍습니다."

"김 대표님, 저도 엔지니어 출신으로 전문가는 아니지만 다양한 기업을 컨설팅하면서 지식을 차곡차곡 쌓아왔습니다. 김 대표님도 엔지니어 출신이지만 지금부터 신경 쓰시면 전문가의 반열에 올라서리라고 확신합니다."

김한수 대표는 다양한 자금 조달 전략이 창업기업의 성장에 필수적인 사항이라는 사실을 이해했다. 한국전자는 죽음의 계곡에서 성장통을 앓고 있다. 한국전자가 죽음의 계곡을 넘어설지 아니면 죽음의 계곡에서 속절없이 무너질지…. 앞으로 운명을 개척해나갈 한국전자 임직원의 임무가 무거울 수밖에 없다. 김한수 대표와 조인호 부사장이 품고 있던 수많은 고민의 흔적이 묻어난다. 한국전자의 자금 조달 전략은 최적화 그림을 찾아갈 것인가. 김 대표가 조 부사장에게 질문한다.

"조 부사장, 한국전자와 같은 스타트업의 경우 투자 유치 확률을 높일 수 있는 투자 전략이 필요한데 어떠한 접근 방식이 유효할까?"

모든 기업이 동일한 확률로 투자 유치를 진행하는 것은 아니다. 또한 약간 부족한 기업이 투자 유치를 받기도 하고, 한눈에 봐도 우수한 기술을 가진 기업이 투자 유치에 실패하기도 한다. 이것이 투자 생태계인 것이다.

"네, 일반적으로 스타트업의 경우 관련 네트워크가 없기에 보통 콜드메일로 투자 유치를 진행합니다. 콜드메일이란 투자회사의 대표메일 또는 투자심사역 개인메일로 투자 유치를 희망한다는 내용을 여기저기 다량으로 송부하는 것을 말합니다. 통상적으로 투자심사역은 이런 메일을 엄청나게 많이 받으므로 검토하지 않습니다. 좋은 방법은 아닙니다."

무조건 VC에 접근하는 방식은 효율이 높은 접근 방식이 아니다. 따라서 효과적인 투자 유치 전략이 필요하다.

"그럼, 투자 유치를 어떻게 진행해야 합니까?"

"업력이 있는 기업의 경우 주변 네트워크가 형성되어 지인을 통해 진행하는 경우가 많습니다. 우리 같은 스타트업의 경우 데모데이 또는 초기 투자를 진행한 엔젤 등을 통해 진행합니다. 통상적으로 초기기업 대상 벤처캐피털의 경우 데모데이를 통한 투자가 70%, 지인을 통한 추천을 통해 30% 정도 비율로 진행된다고 보시면 됩니다."

"그럼, 한국전자의 경우 박정수 대표를 통해 추천을 받는 경우와 조 부사장의 주변 인맥을 활용하는 방법이 있겠네."

"네, 맞습니다. 투자에도 단계가 있는데 스타트업의 경우 엔젤투자, 시드투자, 그리고 시리즈투자(시리즈 A, B, C 등)로 나누어 단계별 접근 전략이 필요합니다. 또한 벤처캐피털 회사별로 좋아하는 산업군이 존재하므로 이를 잘 활용하는 전략도 필요합니다."

"벤처캐피털별로 좋아하는 섹터라."

벤처캐피털을 접근하더라도 업종별, 섹터별로 접근하는 전략이 필요하다. 즉, A라는 VC는 모바일 등 ICT에 집중투자하고, B라는 VC는 바이오에 집중투자하고, C라는 VC는 게임 및 콘텐츠에 집중투자하는 형태로 특화가 되어 있다. 또한 VC끼리는 내용을 공유하고 있고 서로 잘 알고 있기에 하나의 회사에 두세 개의 VC가 동시 투자하는 경우도 있다. 그렇다. 무조건 열심히 VC를 쫓아다니는 전략이 우수하다고 할 수 없는 것이다.

"그럼, VC 접촉 후 VC 내부에서는 어떤 절차로 투자 결정을 하지? 어떻게 해야 투자를 잘 받을 수 있겠는가?"

"보통 투자심사역, 파트너 등이 회사 선별을 하고 투자심사위원회의 심의를 통해 결정합니다. 투자심사위원회는 회사별로 차이가 있는데 통상 1차, 2차로 나누어 진행하며 이를 한 번에 결정하는 벤처캐피털사도 있습니다. 내부 절차는…. A사의 경우 전원합의체를 운영하는데 한 명이라도 반대하면 부결되는 시스템입니다. 이런 경우 추천을 한 투자심사역이 심의위원들을 설득하며 진행한다고 보시면 됩니다. 두 번째는 점수제를 활용하는 시스템이 있습니다. 찬성 3점, 보통 2점, 반대 1점 등 '3-2-1 시스템'을 운영하며 세 명이 점수를 주고 6점 이상이면 통과입니다. 그런데 6점이더라도 단 한 명조차 3점을 주지 않았다면, 즉 '2-2-2'가 나왔다면 이는 부결입니다. 왜냐하면 적극적으로 추천하는 사람이 없다는 것은 매력적인 포인트가 없다는 이야기고, 이는 투자가 필요 없다는 뜻으로 판단되니까요. 그리고 점수제 외에도 '3분의 2 시스템'을 운용하는 회사도 있는데 전체의 67% 이상이 찬성해야만 통과하는 시스템입니다."

VC별로 다양한 의사결정 시스템을 가지고 있다. 이러한 의사결정 시스템을 이해해야 투자 유치 확률을 높일 수 있는 것이다. 투자심사위원회에서는 투자심사역이 작성한 자료를 토대로 발표해야 하므로 피투자기업은 가능하면 많은 자료를 제공해야 한다. 그래야 투자심사역이 투심위에서 다양한 질의응답에 대응이 가능하다.

"투자 결정 시에도 다양한 시스템으로 운영되고 있는데, 투자사와 만났을 때 투자 가능성을 높이는 방법은?"

"투자사마다 포인트가 다르긴 하지만 통상적으로 가장 중요한 역할을 하는 것이 '사람'입니다. 즉, 창업회사의 CEO와 창업팀의 구성 등을 봅니다. 이때 주안점을 두는 것이 기업가 정신입니다. 대표님, 기업가 정신이란 무엇일까요?"

"기업가 정신이란 외부환경 변화에 민감하게 대응하면서 항상 기회를 추구하고, 그 기회를 잡기 위해 혁신적인 사고와 행동을 하고, 그로 인해 시장에 새로운 가치를 창조하고자하는 생각과 의지를 말하지."

김한수 대표는 엄숙한 표정을 짓는다.

"하하, 대표님도 너무 교과서적으로 말씀하시네요. 벤처캐피털리스트들이 바라보는 기업가 정신은 집요한 실행력이 중심입니다. 그리고 '과연 이 회사가 어떤 어려운 문제에 봉착했을 때 그것을 해결할 능력이 있는가' 하는 점이 핵심 포인트죠. 이 기업가 정신의 중심에는 CEO가 있는 것이고 창업팀이 있는 것입니다."

"아, 내가 너무 교과서처럼 답했네."

김한수 대표는 머쓱한 표정을 짓는다.

"벤처캐피털은 투자에 앞서 기업과 사랑에 빠져야 됩니다."

"기업과 사랑에 빠진다?"

"네, 벤처개피탈에 있어서 투자는 마치 사랑과 같습니다. 사랑도 이혼을 전제로 하는 사랑입니다."

"하하하, 이혼을 전제한 사랑이 어디 있나?"

"비유적으로 그렇다는 말입니다. 투자는 결국 회수를 전제로 하는 것이니까요. 그러므로 벤처캐피털의 투자심사역을 만났을 때 투자심사역이 우리 회사를 보고 황홀한 사랑에 빠질 수 있는 무언가가 있어야 됩니다. 그 무언가는 회사의 CEO처럼 '사람'이 될 수 있고, '아이템'도 될 수 있습니다."

"그렇다면 벤처캐피털 입장에서는 회수 시 투자 수익률을 결정할 수 있을 텐데, 회수 확률은 어떤 편인가?"

"회수 확률에 대한 정확한 국내 통계는 없습니다. 미국 통계를 인용하면 다음과 같습니다. VC가 투자한 돈을 1배 이하로 회수할 확률, 즉 손해 볼 확률은 64.8%, 그리고 소위 대박칠 확률 즉 10배 이상 수익으로 회수할 확률은

2.5%에 불과합니다. 마지막으로 중박을 칠 확률, 즉 5~10배의 수익으로 회수할 확률은 5.9%입니다. 확률적으로 손해 볼 확률이 높지만 수익의 배수가 워낙 높아 전체적으로는 꽤 높은 수익률을 유지하고 있습니다."

"국내의 경우 수익률이 기대만큼 높지 않다고 하던데?"

"미국의 경우 M&A가 활성화된 시장이어서 90% 이상이 M&A를 통해 회수합니다. 국내의 경우 회수할 방법이 IPO 밖에 없는 상황이라 현재는 수익률이 들쭉날쭉한 편인데 최근에는 M&A가 꾸준히 증가하는 추세이므로 앞으로 개선될 여지는 충분하다고 봅니다."

"투자 단계별로 엔젤 또는 VC가 가져가는 지분율이 다를 텐데, 지분율 구조는 어떻게 형성되나요?"

"보통 초기투자의 경우 5천만 원 투자에 지분율 20%도 흔한데, 성장기업의 경우 30억 투자에 5%도 많습니다. 이유가 있습니다. 흔히 투자는 포커 게임이라고 합니다. 포커 게임에서 7장의 카드를 받기 전에는 최종 그림이 확정되지 않는 경우가 대부분입니다. 즉, 카드 1장을 보고 투자하는 경우는 커다란 리스크를 안고 투자하는 경우라 할 수 있죠. 따라서 적은 금액조차도 투자를 꺼리므로 초기 스타트업 단계의 엔젤투자는 적은 금액으로 큰 지분을 가져가는 것이 당연한 원리입니다. 시드단계를 통과한 후 시리즈 A단계에서 투자 유치를 성공했다면, 이는 비즈니스모델, 기술력 등이 검증된 상태이므로 이후의 투자 유치는 비교적 무난히 진행되는 경우가 많습니다. 다만, 이 단계의 투자는 투자자 입장에서 대박 수준은 아니어도 일정 부분 수익이 날 확률이 높기 때문에 많은 금액을 투자하고도 적은 지분을 가져간다고 볼 수 있습니다."

창업자는 투자의 지분 희석 효과를 이해해야 한다. 창업 시 설립자본금 1억 원으로 법인을 설립한 경우를 보자. 1차 투자 시 20%의 지분율로 1억 원 투자 유치를 하고(기업가치 5억 원), 2차 투자 유치 시 10억 원에 10%(기업가치 100억 원), 3차 투자 유치 시 50억 원에 5%(기업가치 1천억 원) 투자 유치를 한 경우(전체 기업가치는 1억 원에서 1천억 원으로 상승), 이 경우 대표자의 100% 지분은 65% 수준으로 감소한다. 초기 설립시 대표자는 100%의 지분으로 1억 원을 출자했으므로 1억 원의 지분가치로 출발한다. 대표자의 지분은 100%에서 65%로 지분율이 대폭 감소하지만 65%의 지분가치는 650억원으로 급증한 것을 알 수 있다(기업의 가치가 1억 원에서 1천억 원으로 증가). 즉, 지분율은 점차적으로 감소하지만 이와 반대로 지분의 가치는 급증하므로 지분율의 감소를 두려워할 필요는 없는 것이다.

"그럼, 마지막으로 투자 유치 시 투자 포인트는 무엇이라고 생각하는가?"

"투자의 핵심 포인트는 앞에서도 말씀드렸듯이 실행력과 시장의 크기입니다. 시장의 크기는 무조건 크다고 선호하지는 않습니다. 틈새시장 성격의 시장에서 투자하고자 하는 회사가 진입할 확률을 본다는 점입니다. 투자 포인트를 요약하면 다음과 같습니다. 첫째, 남들과 다른 사업계획서를 선호합니다. 최근에는 사업계획서를 교육받은 상태에서 작성하므로 비슷한 사업계획서가 너무 많다고 합니다. 둘째, 철저한 시장과 고객 니즈에 대한 관찰 그리고 분석입니다. 이때 타깃이 넓은 서비스보다는 굉장히 집중적인 서비스를 선호합니다. 마지막으로 벤처캐피털별로 좋아하는 산업군이 다르므로 VC가 좋아하는 산업군을 정해서 타깃팅하는 전략이 필요합니다."

투자자가 좋아하는 형태는 사업모델을 보고 직관적으로 비지니스가 가능한 모델을 선호한다. 이럴 경우 투자자는 짝사랑에 빠지고 가슴이 뛴다고 한다. 또한 최초의 사업모델도 선호한다. 하지만 이러한 경우는 흔하지 않다. 예를 들어

레드오션 시장이라도 리딩하고 있는 선도기업이라면 투자할 가능성이 있다. 하지만 블루오션 시장이라도 시장 진입 가능성이 낮다면 이는 오히려 투자받을 가능성이 떨어지는 것이다. 따라서 교과서적으로 정해진 룰은 없다. 다만, 피투자회사의 성공가능성을 잣대로 다양한 변수를 보고 투자한다고 이해하면 된다.

"VC선정 시에도 VC가 좋아하는 업종에 우리 회사가 포함되는지 확인이 필요하겠군. 마지막으로 투자 유치 시 전략적 투자SI와 재무적 투자FI가 있다고들 이야기하는데, 차이점이 있나?"

조인호 부사장은 장시간 미팅에 목이 마른 듯 찬물을 들이켰다.

"네, 대표님. 중요한 포인트를 말씀하셨습니다. 통상적으로 VC를 통한 투자는 재무적 투자라고 보시면 됩니다. 재무적 투자는 투자한 자본에 대한 자본이익을 추구한다고 보시면 됩니다. 즉, 기업에 투자를 통해 자금을 지원해주고 그에 따른 투자 수익을 추구하는 수준의 투자를 의미합니다. 단순 투자 차익을 노리므로 기존 은행 대출이나 기존 금융 회사들의 전통적 투자와 크게 다르지 않습니다. 전략적 투자는 충분한 지분을 확보해 경영권을 획득하거나 일정 지분을 획득한 후 양사 간 시너지를 창출하는 기법을 의미합니다. 즉, 전략적 투자자는 통상적으로 기업 간 투자 형태가 많으며, 재무적 투자자 보다는 검토 과정이 단순할 수 있습니다."

김한수 대표는 골똘히 생각에 잠긴다.

"그렇다면, 보통주 형태로 투자를 진행하면서 사업의 시너지를 추구하는 투자 형태도 있지 않나?"

"네, 위에 말씀드린 투자는 전형적인 금융 기법이며 대표님이 말씀하신 형태는 보통 기업에서 투자하는 형태를 말합니다. 즉, 비상장사와 상장사가 결합되면 시너지 효과가 극대화되는 케이스에서 많이 발생합니다. 비상장사는 기술력이 우수한데 시장 개척이 미흡하고 상장사는 시장 개척 능력이 우수한데 기술력이 취약하다면 상장사가 비상장사에 투자를 통해 비즈니스 파트너로서 양사 간의 시너지가 극대화되는 케이스입니다."

최근에는 상장사와 비상장사간에 M&A가 흔하게 진행된다. 상장사의 부족한 부분을 비상장사가 커버할 수 있다면, 이는 시너지를 창출할 수 있는 포인트가 될 수 있다.

"설명한 내용을 들어보면 M&A의 한 형태로 보이는데?"

"네, M&A도 시너지를 추구하면서 기업이 결합되는 형태인데 비상장사의 대표가 회사의 매각에는 관심이 없다면 위와 같이 투자 형태로 진행된다는 말입니다."

"조 부사장, 이야기 잘 들었습니다. 우리도 투자 관련 세밀한 검토를 통해 한국전자의 성장 전략을 고민해야겠군요."

"네, 대표님. 투자는 융자와 달리 확률이 높은 게임이 아닙니다. 따라서 철저한 준비만이 투자 유치를 결정지을 수 있습니다."

김한수 대표는 이제야 자금 조달 전략의 밑그림을 완성하고 있다는 느낌이 들었다. 한국전자의 방향에 맞는 자금 조달 전략의 최적화 모델을 찾은 느낌이다. 한국전자는 비로소 죽음의 계곡을 탈출할 방안을 찾아가고 있었다. 죽음의 계곡은 더 이상 극복하지 못할 난공불락難攻不落이 아니었다. 한국전자는 스스로 기술금융을 이해하게 된다. 스타트업이 겪는 시행착오를 통해 한국전자는 한 단계 성숙한다.

기술금융을 통해 위기를 극복하다

한국전자는 국내 다양한 기술금융의 제도를 확인하며 한국전자에 맞는 최적화 모델을 도출했다. 우선 국내 기술금융의 양대 산맥인 신용보증기금과 기술보증기금의 스타트업 프로그램을 활용하기로 결정한다. 기술보증기금과 신용보증기금의 대표적인 금융프로그램이 있다.

신보, 기보 양 기관의 스타트업 프로그램을 살펴보자. 신용보증기금은 퍼스트펭귄이라는 프로그램과 투자 프로그램의 일종인 복합투자금융을 가지고 있다. 신용보증기금은 스타트업 지점을 신설했는데, 이는 창업 활성화를 위한 신보의 대표적인 실행 조직이다. 2014년 7월부터 시작해 전국 광역단위(서울서부, 서울동부, 경기, 인천, 부산, 대구, 광주, 대전)에 신용보증기금 스타트업 지점이 마련되어 있다. 스타트업 지점은 기술력과 성장잠재력이 우수한 유망 예비 창업, 지식기반, 유망 서비스업 등에 대해 우대보증 집중지원 및 맞춤형 컨설팅 등 비금융 부문을 지원하는 조직이라고 이해하면 된다.

기업에서 이해하는 신용보증기금은 유통, 비제조업, 소상공인 등만을 지원하는 조직으로 알고 있는데 기술창업이 확산되면서 다양한 기술금융 프로그램을 운영하는 조직으로 현재는 기술보증기금과 커다란 차이는 존재하지 않는다고 볼 수 있다. 예전에는 '기술기업은 기술보증기금, 비기술기업은 신용보증기금'이라는 공식에 맞춰 이용했으나, 현재는 명확한 구분이 없어졌다. 우선 신용보증기금 스타트업 지점은 지식재산우대보증 프로그램을 운영하고 있다.

<표 2-1> **신용보증기금 스타트업 지점 특화 금융 업무**

구분	업무 개요
예비 창업자 보증	기술 전문가 등 예비 창업자에 대한 지원
퍼스트펭귄형 창업기업 보증	성장가능성 높은 창업기업 집중 지원
지식재산 보증	IP 개발자금, 이전자금, 사업화자금, 활용자금 지원
Best-Value 서비스기업 보증	의료, 관광, S/W 등 고부가가치 유망 서비스업에 대한 지원

〈표 2-1〉을 보면 스타트업 지점의 대표적인 금융 프로그램을 확인할 수 있다. 스타트업 지점의 프로그램은 예비 창업자 보증, 퍼스트펭귄 창업기업 보증, 지식재산보증 그리고 Best-Value 서비스기업 보증으로 구분되어 있다.

우선 스타트업 지점의 대표적인 프로그램인 지식재산 우대보증 프로그램을 (〈표 1-3〉 참조) 알아보도록 하자. 이 프로그램은 한국발명진흥회와 신용보증기금이 공동으로 설계해 탄생했으며 기술 중심의 중소기업을 위한 파격적인 보증 프로그램이다. 우수 지식재산 창출기업에 대해 연구개발, 기술거래, 기술사업화 및 활용 촉진을 위한 보증 지원을 한다.

지식재산 우대보증 프로그램은 전체를 패키지로 보증 지원을 받을 수 있으며, 최대 15억까지 보증이 가능하다. 즉, 개발자금-이전자금-사업화자금-지식재산활용(가치평가보증, 우대보증)으로 구분하여 보증을 '패키지'로 지원받을 수 있다.

세부 내역별로 살펴보면 개발자금보증은 자체 R&D 과제 또는 정부 R&D 과제 단독 수행 기업이 대상이다. 이전자금은 특허, 실용신안 등을 이전받거나 이전 후 추가 개발 예정 기업이 대상이다. 사업화 자금은 R&D 성공과제, 산업재산권 등을 사업화하고자 하는 기업이 대상이다. 마지막으로 지식재산활용보증프로그램은 우수 지식재산 보유, 활용하고 있는 기업을 대상으로 기술가치평가 또는 SMART 평가*를 통한 보증프로그램이라고 이해하면 된다.

지식재산 우대보증 프로그램의 전제조건을 살펴보자. 기술기업을 지원하는 프로그램이므로 연구개발 전담부서 또는 기업부설연구소 보유가 필수 사항이나 창업 후 7년 이내 유망창업기업은 연구개발 전담부서 설치와 관계없이 신청 가능하다. 단, 연구개발 전담부서를 설치한 후 신청하면 보증의 확률을 높일 수 있다. 그리고 개발자금의 경우 2년 이내에 개발을 완료할 수 있는 과제에 한해 보증이 가능하며 사업화자금은 본격적인 매출 발생 전 과제에 한해 지원이 가능하다.

지식재산 우대보증만의 특징을 살펴보자. 영업점의 경우 보증비율이 85% 기준인데, 지식재산 우대보증의 경우 보증비율이 90~100%로 우대해주며 보증료는 0.2%p 차감하여 운영한다. 그리고 지식재산 우대보증 프로그램은 기업 단계별 지원이 가능하며 단계별 보증금액 한도가 있고 이를 전체 묶어서 지식재산보증 합산 한도를 운영하고 있다. 이를 구체적으로 이야기하면, 개발

* 한국발명진흥회에서 운영하는 특허가치평가시스템으로 총 9단계로 특허를 계량화한 특허등급평가시스템(AAA~C등급)을 말한다.

자금은 5억 원 보증한도, 이전자금도 5억 원 보증한도로 운영하고 있다. 그리고 사업화 자금은 10억 원, 가치평가보증은 10억 원, 우대보증은 5억 원 한도로 운영하고 있으며 다른 프로그램과 달리 우대보증은 일반 영업점에서 취급하고 있다. 따라서 우대보증이 필요한 기업은 일반영업점을 방문하여 상담을 진행하면 된다.

다음으로 퍼스트펭귄은 신보의 대표적인 스타트업 금융 프로그램이다. 퍼스트펭귄이란 펭귄의 특성에 기인한 이름으로, 무리 중에서 처음 바다에 뛰어드는 펭귄의 모습에 빗대어 '현재의 불확실성을 감수하고 과감하게 도전하는 기업'을 의미한다고 한다. 퍼스트펭귄 프로그램은 혁신적인 기술개발을 영위하기 위해 창업한 스타트업을 집중 지원하는 보증프로그램이라고 이해하면 된다.

지원대상은 프로그램 출범 당시만 해도 창업 후 2년 이내였으나 현재는 창업 후 3년 이내로 완화되었다. 퍼스트펭귄 지원조건은 유망 창업기업에 해당되어야 하며, 제조업, 신성장동력산업 영위, 또는 창조형 서비스산업 중 하나에 속해야 한다. 또한 창업유형별 경쟁력 평가점수 80점 이상이어야 지원을 받을 수 있으므로 생각보다 진입장벽이 높다고 할 수 있다. 신보 심의위원회에서 기술력과 성장잠재력 평가를 통해 최종 지원여부를 결정하는 것이다.

지원한도는 30억 원이며 30억 원은 운영자금의 성격이고 시설자금은 별도 보증이 가능한 프로그램이다. 연차별 한도는 〈표 2-2〉를 보면 알 수 있다. 즉, 최대 30억 원 보증이 가능하지만 1년차 20억 원, 2년차 25억 원, 3년차 30억 원이 보증되는 것이다.

<표 2-2> **신용보증기금 퍼스트펭귄 한도 및 우대 사항**

구분	1년차	2년차	3년차
한도(min)	① 20억 원 ② 1차년도 추정 매출액 ③ 향후 6개월간 소요 자금	① 25억 원(누적) ② 2차년도 추정 매출액	① 30억(누적) ② 3차년도 추정 매출액 1/2
보증료 (보증 비율)	0.5%p 차감(100%)	0.5%p 차감(95%)	0.5%p 차감(90%)

퍼스트펭귄 프로그램에 지원하고자 한다면, 우선 내가 영위하고 있는 업종의 특성이 퍼스트펭귄에서 지원하는 업종인지 확인하는 작업이 필수적이다. 즉, 제조업, 신성장동력산업, 창조형 서비스 산업에 해당되며 창업 유형별 경쟁력 평가점수가 80점 이상이어야 한다. 80점 이상을 받으려면 기본적으로 현재 보유기술에 대해서 객관적으로 우수성을 입증해야 하므로 특허권이 반드시 있어야 한다. 특허권이 SMART 등급으로 최소 B등급 이상이어야 하고, 대표자의 동종업계 경력이 현재 업종과 일치하는지도 중요하다. 그리고 기본적인 인증도 필수적이므로 관련 인증을 미리 받아놓아야 한다.

마지막으로 가장 중요한 지표인데, 기술력과 성장잠재력을 입증받을 수 있도록 구체적인 수치화 작업이 필요하다. 한국전자와 같은 스타트업은 신보의 복합금융을 적극 검토할 필요가 있다. 즉, 퍼스트펭귄 또는 신보의 보증을 받은 경우 신용보증기금 투자센터를 통한 투자 유치에 노크해야 한다. 신용보증기금은 투자센터에서 초기업의 자금공급을 보증하고 더불어 투자RCPS하는 형태로 운영하고 있으므로 초기기업의 경우 적극적으로 검토하도록 하자.

기술보증기금의 경우 전국에 기술혁신센터라는 조직을 운영하고 있다. 기술혁신센터는 기술사업화 전문조직으로 기술이전과 기술금융이 결합된 형태의 복합금융을 지원하는 조직이라 이해하면 된다. 즉, 기업에서 대학교, 출연연 등 공공기술의 이전을 받으며 기술인수자금과 사업화자금을 원스톱으로 제공하는 시스템이다. 또한 기술보증기금은 인증업무도 수행하므로 벤처인증과 이노비즈인증이 필요하면 기보의 영업점에서 상담을 통해 인증을 받을 수 있다.

기보의 기술혁신센터는 기보의 종합 R&D 지원센터로, 중소기업의 기술혁신과 성장을 견인하기 위한 전문기술평가를 수행하고 있다. 기술융합센터는 대학, 연구소 등과 협업을 통해 국가 R&D 성과 정보를 제공하고 기술중개와 기술금융을 지원하는 등 중소기업의 기술이전과 사업화를 위해 노력하고 있다.

특히, 기보의 기술매칭시스템Tech-Bridge을 활용하여 기술이전 원스톱 지원 서비스와 M&A 중개 지원업무를 제공하는 등 기술사업화를 지원한다. 'Tech-Bridge'를 통한 기술이전의 경우 기존 보증 프로그램뿐만 아니라 중소벤처기업부의 연구개발 과제(2년/8억)에 지원할 수 있다*. 이를 적절히 활용한다면 중소기업은 성장을 배가할 수 있다.

다음으로 중앙기술평가원을 살펴보자. 중앙기술평가원은 기술평가를 지원하는 조직으로 기술가치평가를 통해 보증 규모를 산정하는 작업을 진행한다. 지식재산 인수보증 프로그램은 지식재산이전을 위한 것으로, 지식재산을 인수·사업화하는 기업을 지원한다. 대상은 지식재산의 사업화를 위하여, 매매, 실시권 허락 등의 방법으로 지식재산의 인수를 추진 중인 기업이다. 대상자금은 지식재산 인수 대상기업이 금융기관 등으로부터 융통하는 지식재산 인수

---

* 중소벤처기업부 2020년 R&D 정책 방향 발표(2019.8.14.)

자금부터 사업화까지 전 단계에 소요되는 자금을 보증한다. 신보의 경우 지식재산 양수도 및 전용실시권에 한해 보증 취급이 가능한데, 기보의 경우 지식재산양수도, 전용실시권, 통상실시권 등 모든 형태의 지식재산 이전에 대하여 보증이 가능하다. 통상적으로 정부 출연연구소로부터의 기술이전 형태는 통상실시권이 대부분이므로 신보에서도 통상실시권의 취급이 가능하도록 내부 규정 변경을 검토 중이다.

지식재산 평가보증을 살펴보자. 지식재산 평가보증은 지식재산의 가치를 평가한 후, 가치금액 범위 내에서 보증 지원해주는 상품이다. 지식재산의 대상은 산업재산권(특허권, 실용신안권, 디자인권, 상표권), 저작권(저작권, 저작인접권), 신지식재산권(산업저작권, 첨단산업재산권, 정보재산권, 신상표권) 등이다. 본 프로그램은 발명진흥회에서 운영하는 '특허기술가치평가보증' 프로그램을 활용하면 기술평가료 500만 원 중 특허청이 보증금액에 따라 350만~450만 원까지 차등 지원한다. 따라서 기업입장에서 저렴한 비용으로 평가를 통해 보증을 받을 수 있다. 본 프로그램은 기존에 신용등급이 낮은 기업도 활용할 수 있는 특징이 있다.

기술보증기금의 스타트업 프로그램인 프런티어보증 프로그램이 있는데 이는 신보의 퍼스트펭귄과 유사한 제도다. 즉, 창업 후 3년 이내인 벤처기업으로 신성장사업 등을 영위하고, 기술사업평가등급 BBB 이상인 기업이나 BB 등급 중 기술성 부문 득점이 70점 이상이면 받을 수 있다. 신보와 같이 최대 30억 원을 보증받을 수 있으며, 프런티어보증을 받은 경우 신보와 같이 투융자복합금융프로그램을 지원할 경우 유리하다. 즉 기술보증기금의 경우도 보증과 투자RCPS를 함께 받을 수 있는 투융자복합금융 프로그램을 운영 중이다.

마지막으로 TIPS(민간투자 주도형 기술창업 지원 프로그램)에 대해 살펴보자. TIPS는 중소벤처기업부에서 설계한 창업지원 프로그램이다. TIPS와 같이 창업을 지원하는 강력한 프로그램의 도입으로 최근에 창업의 열기가 뜨거워지고 있다. TIPS 프로그램은 성공한 벤처기업인 등 민간 주도로 유망창업팀을 선별하고 엔젤투자에 연계한 정부 R&D지원 등을 통해 기술창업 성공률 제고하기 위해 운영된다. 고급인력의 기술창업 도전을 근본적으로 활성화하기 위한 정부의 고민이 묻어 있는 실질적인 창업지원 프로그램으로, 많은 창업기업이 지원하는 프로그램 중 하나다.

TIPS의 전체적인 절차를 보면 〈표 2-3〉과 같다. 우선 TIPS 프로그램 운영을 위한 인큐베이터 선정과 입주할 창업팀 선정 그리고 보육/멘토링과 졸업 및 후속투자로 구분되어 있다. TIPS는 가벼운 창업이 가능한 프로그램이라는 것이다. 즉, 창업팀이 TIPS에 선정되면 TIPS에서 창업자본금 1억을 엔젤투자자로부터 매칭작업을 하며, 1억 매칭 후 기본적으로 5억 원의 중소벤처기업부 R&D 프로그램이 연계가 된다. 여기에 추가 연계를 포함하면 최대 9억까지 가능하므로 3년간 10억의 자금을 운용하여 사업모델을 만들 수 있다. 또한, 창업팀은 자기자본 없이 지분율 60% 이상 확보할 수 있다. 최종적으로 3년 후 졸업 시 성공 여부를 판정하는데 성공판정 시 정부지원금을 일부 상환만하면 된다.*

TIPS의 절차를 살펴보자. 첫 번째, 중소벤처기업부에서 매년 모집공고 및 공개경쟁 입찰을 통해 운영사를 선정한다. 정부는 선정된 운영사에 매년 창업

* 여기에서 정부지원금은 정부 R&D 정책자금으로 성공 판정 시 10%를 상환해야 하는 프로그램을 의미한다.

<표 2-3> TIPS 절차

운영사 선정	창업팀 선정	보육/멘토링	졸업/후속투자
•공개경쟁 입찰방식 •사업자선정: 5~10개 (매년) •엑셀러레이터 주도 (법인엔젤, 재단, 초기VC 등) •운영기간: 6년 (3년 + 3년)	•기술창업팀 선정 – 1차: 운영사(인큐베이터) 자체심사(최대 1.5배수) – 2차: 정부심사 * 심사위원: 관련분야 전문가 pool * 격월 단위 계속 선정	•보육기간: 2+1년 •투자 지원 – 운영사 : 1억원 내외 (창업팀 지분 60% 이상, 운영사 지분 30% 이하) – 정부 : R&D 지원(5억원) (사업화 등 추가 연계) •마일스톤 관리, 적극적 멘토링, 엔젤투자	•후속 VC투자, M&A연계, IPO(코넥스 포함), 연 매출 10억원 이상 수출액 50만 불 이상 상시근로자 20인 이상 •성공 시 정부지원금 상환 – 기술료 10%(분할납부 가능)

1. 정부가 TIPS 운영사를 선정하고 각 운영사에 연간 창업팀 추천권(최대 1.5배수 이내)을 배분
2. 운영사는 유망한 창업팀을 발굴, 先투자(1억원 내외)하여, 정부 심사에 추천하면 정부가 최종 선정
3. 선정 창업팀은 운영사의 BI 입주 후 밀착보육 및 멘토링과 함께 정부 R&D(5억원), 사업화(1억원), 해외마케팅(1억원)등 지원

팀 추천권 T/O(1.5배수)를 부여하고, 이후 매년 단위로 실적 점검을 통해 T/O를 차등 배정하는 형태로 운영한다.

두 번째, 가장 중요한 창업팀 선정이다. 운영사가 추천한 창업팀을 정부가 최종 선정하며, 선정은 외부전문가로 평가위원회를 구성하여 서면·대면평가를 통해 실시한다. TIPS 초기에는 TIPS 프로그램 인지도가 낮아 경쟁률이 낮았으나 최근에는 많이 알려져 있어 선정되기 위해 세밀한 준비가 필요하다.

특히, 최근에는 ICT 융복합기술 등 신기술, 바이오, 헬스케어 등을 중심으로 선정되고 있어 테마선정에도 신경을 써야 하며, 사업성 부분이 매우 중요하게 여겨지니 이에 대한 전략 선정에 각별히 신경을 써야 한다.

세 번째, 보육 및 멘토링이다. 민간은 스타트업 기업에 엔젤투자 1억 원을 진

행하면 정부가 정부정책자금을 매칭하는 구조다. 즉, 엔젤투자 1억 원이 집행된 후 정부 매칭으로 R&D자금을 최대 5억 원을 지원한다. 동 프로그램을 통해 투자받은 기업이 성공 판정을 받은 경우 추가 지원이 있다. 성공 판정 기업은 최대 4억 원의 추가 지원이 가능하다. 즉, 창업자금 1억 원, 엔젤투자 매칭펀드 2억 원, 해외 마케팅 1억 원을 추가 연계한다.

마지막으로 졸업 및 후속투자 단계가 있다. 성공 기준* 만족 시 졸업, 성공 시 정부 R&D 지원금 10% 상환, 실패 시 창업팀 제재 면제로 창업자에게 가벼운 창업을 지원하는 프로그램이다.

칼바람이 부는 겨울. 전통을 고집하는 한식당 운암정에서 박정수 대표와 김 한수 대표가 마주 앉았다. 김한수 대표를 만날수록 박정수 대표는 그를 아끼는 후배처럼 느끼게 되었다. 그의 열정과 태도가 마음을 움직인 것이다. 박정수 대표는 마치 선배가 말을 건네듯 친근한 말투로 김한수 대표에게 물었다.

"김 대표, 혹시 매생이국 먹어보았어?"

"매생이국이요?"

"서울에서 태어난 사람은 매생이국을 많이 먹어보지 않았을 거야."

"네, 저도 아직 먹어보지 못했습니다. 어떤 맛인지 궁금하군요."

"매생이는 정약전의 《자산어보》에 나와 있는데, 다음과 같이 설명하고 있지. '누에실보다 가늘고 쇠털보다 촘촘하며 길이가 수척에 이른다. 빛깔은 검푸

* ① 후속 VC 투자 20억 원 이상 유치, ② M&A, ③ 기업공개(코넥스 포함) ④ 연매출 6억 원 초과. 이상의 네 가지 기준 중 한 가지 이상 충족.

르며 국을 끓이면 연하고 부드러워 서로 엉키면 풀어지지 않는다. 맛은 매우 달고 향기롭다.' 그런데 매생이도 중국산이 있으니, 조심해야 할 걸?"

"아, 그래요? 그럼 우리나라 매생이는 특징이 있나요?"

"매생이는 짙푸르며 약간 검은색을 띤 것이 좋지. 보통 검푸르다고 보면 돼. 그리고 굵기가 일정하고 윤기가 나는 게 좋은데, 중국산 매생이는 굵으면서도 질긴 게 특징이야."

"최근에 매생이가 서울까지 진출한 이유가 있나요?"

"당연히 있지. 웰빙이라고 들어봤지? 이 웰빙 열풍으로 음식을 찾을 때도 친환경 음식을 많이 찾게 되었다고. 특히 매생이는 오염도가 매우 낮은 깨끗한 지역에서 자라며, 오염된 지역에서는 자라지 않기 때문에 친환경 식품으로 널리 알려지면서 서울에까지 전파된 거야."

"아, 그렇군요. 매생이는 특히 겨울에 많이 먹는다고 알고 있는데 왜 그렇죠?"

"매생이가 출현하는 시기는 10월 중순경인데 겨울 동안 번성하다가 4월경부터 수가 줄어들지. 채취는 11~2월 사이에 가능하지만 보통은 1월경에 하고. 양식하지 않고 자연적으로 채취하기 때문에 생산량이 일정하지 않으니 겨울에만 먹을 수 있는 음식이 된 거야."

"그럼 오늘 음식은 매생이국인가요?"

"당연히 매생이국이지. 특히 매생이와 굴은 궁합이 잘 맞아 굴매생이국이 인기가 좋은데, 오늘 그 메뉴가 나올 거야."

"매생이국은 오늘같이 살이 에이는 한겨울에 잘 어울리는군요?"

"그렇고말고."

드디어 운암정의 굴매생이국이 한상 차려져나오고 있었다. 김한수 대표는 기대에 가득 차 한술 입에 물었다.

"앗, 뜨거워!"

김 대표는 어쩔 줄 몰라 하며 수저를 떨어뜨렸다.

"하하, 김 대표 미안. 내가 미처 매생이의 특징을 설명하지 않았네. 끓여낸 매생이는 김이 잘 나지 않으며 가는 섬유가 촘촘히 뭉쳐 있어서 열이 잘 식지 않아. 그래서 충분히 식히지 않고 그냥 먹다가 입을 데는 경우가 많아. 남도 지방에서는 '미운 사위에게 매생이국 준다'는 속담도 있어."

김 대표는 눈을 흘기며 박 대표를 쳐다본다. 박 대표는 멋쩍은 미소를 띠며 이야기를 이어간다.

"그럼, 본론으로 들어가 볼까? 지난번에 기술금융의 전반적인 생태계에 대해 이야기했는데, 한국전자의 현재 자금위기를 어떻게 극복할 생각인가?"

"네, 박 대표님. 우선 유동성 위기는 박 대표님 추천으로 엔젤투자를 받아 간신히 넘겼습니다만, 1년 후를 기약하지 못할 듯합니다."

"자금운영에 대한 전략은 어떻게 구상하고 있지?"

"네, 지난번에 말씀하신 기술금융을 전반적으로 검토했습니다. 우선, 신보의 퍼스트펭귄과 TIPS를 검토하고 있습니다. 한국전자는 두 프로그램의 장단점을 분석한 후 한국전자의 추진 전략을 결정하고자 합니다."

"김 대표, 핵심 내용을 잘 파악한 것 같아. 한국전자와 같이 유망한 창업기업의 경우 신용보증기금의 퍼스트펭귄 같은 프로그램을 통해 보증을 받으면 도움이 많이 될 걸세. 또한 중소벤처기업부의 TIPS 프로그램도 추천할 만하지. 하지만 TIPS의 조건 중 창업팀은 무조건 지분 60% 이상을 보유해야만 하는 조건이 있으니 현재 한국전자의 지분구조로 볼 때 힘들지 않을까?"

"네, 그렇군요. 그럼 한국전자와 같은 초기 스타트업이 전략적으로 방향을 결정할 때 중요한 포인트로 고려할 사항과 보증대출과 투자를 진행함에 있어서의 자금 전략에 대한 박정수 대표님의 고견高見을 듣고 싶습니다."

"우선 신용보증기금과 기술보증기금 등을 다양하게 살펴보았는데, 우선 신용보증기금과 기술보증기금의 복합금융을 추천하지. 신용보증기금과 기술보증기금의 복합금융은 유사한데, 두 기관 모두 보증기관으로서 복합금융을 운영하고 있네. 복합금융의 핵심은 보증과 투자를 패키지로 운영하고 있다는 것인데…. 내가 추천하고자 하는 프로그램은 일반보증인 아닌 양 기관 모두 운영하고 있는 스타트업 특화보증이야."

김한수 대표는 이야기를 골똘히 듣고 있다가 갑자기 박수를 치며 웃는다.

"그럼, 신보의 경우 퍼스트펭귄(스타트업 보증 프로그램)과 투자를 함께 받거나, 기보의 프런티어벤처(스타트업 보증 프로그램)와 투자를 함께 받는 복합금융 프로그램을 활용하라는 말씀이군요."

박정수 대표의 표정이 밝아온다.

"김 대표, 이젠 내가 없어도 자금 조달에 문제없겠는걸."

"과찬의 말씀입니다. 한국전자는 우선 신용보증기금의 퍼스트펭귄과 투자센터를 통해 20억 이상 자금 조달을 진행하는 것으로 전략을 결정하였습니다."

"김 대표, 최적의 자금 조달 전략을 수립한 것으로 보이네. 또한 신용보증기금 투자센터는 신보 투자 이후에 VC로부터 추가 투자 유치를 확정할 경우 신용보증기금에선 투자유치 금액의 3배 금액까지 매칭보증을 하는 유커넥트

U-CONNECT*라는 프로그램도 활용할 수 있으니, 미래에 발생할 수 있는 리스크를 상당부분 완화할 수 있어. 좋은 결정을 했다고 판단되는데."

김한수 대표는 깜짝 놀라며 말을 이어간다.

"유커넥트라는 프로그램은 오늘 처음 듣습니다. 유커넥트는 초기 스타트업을 위한 실질적인 자금 지원전략으로 매우 유용할 것으로 생각됩니다."

김한수 대표는 비로소 한국전자의 자금 조달 전략이 완성되었다는 생각에 그동안 있었던 수많은 사건들이 머리를 스치고 지나간다. 김한수 대표와 박정수 대표는 두 손을 꽉 쥐며 미래의 청사진을 떠올리고는 흐뭇한 미소를 짓는다.

한국전자 김한수 대표는 퍼스트펭귄에 지원하였다. 지원 시 중요 포인트인 대표의 동일 업종 종사 기간, 특허 유무, 기술력 확보 및 시장 창출 능력 등이 중요하게 작용하였다. 박정수 대표와 다양한 접근 방식을 통해 논리적으로 설득력 있는 자료를 작성하여 신용보증기금 서울 스타트업 지점에서 지점장과의 상담을 했고, 완성도 높은 자료 작성과 더불어 가장 중요한 '사람'에 대한 신뢰도를 높이는 노력을 하였다.

드디어 한국전자는 신용보증기금 서울 스타트업 지점을 통해 퍼스트펭귄에 선정되어 1년 차에 10억이라는 거금을 받아 성장을 위한 디딤돌을 마련하였다. 또한 신용보증기금의 퍼스트펭귄은 투자와 연계한 프로그램으로 추후 예상 매출을 달성할 경우 투자까지 지원하는 패키지 형태로 진행될 예정이다.

---

* 신용보증기금에서 2019년 하반기부터 운영 중인 초기 스타트업 지원프로그램. 초기 스타트업이 민간 VC를 통해 투자 유치를 할 경우 투자 유치 금액의 3배까지 연계보증이 가능한 프로그램으로 보증과 투자를 통해 기업의 성장을 지원하는 프로그램.

이를 통해 한국전자는 안정적인 자금을 확보했다.

김한수 대표는 기술금융을 활용하여 한국전자의 성장을 위한 밑그림을 완성한다. 김한수 대표는 소위 죽음의 계곡에 빠져 허우적거릴 때 박정수 대표의 시의적절한 지원으로 그곳을 빠져나올 수 있었다. 중소기업이 필연적으로 만날 수밖에 없는 죽음의 계곡. 그곳을 탈출할 수 있는 솔루션을 확보하는 것은 중소기업의 숙명이다.

'자, 이제부터 다시 시작이다. 나는 기나긴 마라톤의 출발점에 섰다. 그럼 레이스를 시작해 볼까?'

김한수 대표의 표정은 자신감으로 넘쳐난다. 한국전자의 미래를 그리며 희망에 가득 찬 그의 표정은 생생하게 살아 있다. 그는 지난 시간을 되새기며 희망찬 미래를 바라보고 있었다.

PART
3

R&D 역량 확보를 통해 성장의 발판을 마련하다

정부 R&D 지원제도를 활용한 기업성장 전략

한국전자는 R&D 지원제도를 활용하여 기업 성장 전략을 모색하기로 한다. 한국전자 사인방과 박정수 대표가 한자리에 모였다. 박정수 대표가 김한수 대표에게 말문을 연다.

"김 대표는 오랫동안 연구개발을 수행한 것으로 알고 있습니다. 그럼 연구개발의 약자인 R&D를 구분하여 설명할 수 있나요?"

김한수 대표는 머리를 얻어맞은 듯하다. 평소에 거의 인식하지 못한 R&D를 주제로 한 첫 질문. 과연 R&D의 정의에 대해 평상시 고민한 사람이 몇이나 될까?

"대표님, 당황스럽습니다. 평생 R&D를 업으로 살아온 저이지만 R&D를 구분하여 생각한 적은 한 번도 없습니다."

박 대표의 질문에는 정곡을 찌르는 날카로운 맛이 있다. 그래서 박정수 대표와의 미팅에는 항상 팽팽한 긴장감이 돌고, 살아 있는 대화가 가능한 것이다.

"사실 중소기업은 리서치research, 연구가 없고 디벨롭먼트development, 개발만 있다고 보아야 하지."

"그게 무슨 말이죠?"

이민우 팀장이 대화에 끼어든다.

"R&D는 연구와 개발이란 뜻으로 'research and development'의 머릿글자를 딴 것입니다. 이 정도는 상식이니 대부분의 사람이 알고 있죠. 그런데 연구와 개발을 구분해서 살펴보면 'research'는 기초연구와 그 응용연구를 말하고, 'development'는 이러한 연구성과를 기초로 제품화까지 진행하는 개발업무를 말합니다."

김한수 대표는 연구와 개발을 구분해보지는 않았지만, 박 대표의 말을 이해할 듯하다.

"내가 R&D의 화두를 던진 이유는 R&D를 전략적으로 접근하라는 의미에서 화두를 던졌습니다."

김한수 대표는 고민에 빠진다. 한국전자의 연구와 개발을 어떻게 구성해야만 하는 것인가?

"김 대표, 그렇게 고심할 필요는 없습니다. 국내에서 대기업 이외에는 실제로 리서치를 수행하는 중소기업은 없다고 해도 과언이 아닙니다. 다만, 한국전자가 성장하기 위해서는 리서치의 기능이 필요하다는 화두를 던지는 것입니다. 또한 R&D는 밀접한 관계에 있어 양자의 역할을 확실히 구별하기는 어렵습니다. 이는 경제학적인 관점에서의 분류라고도 볼 수 있습니다. 다만, 정부지원과제 중 연구재단의 상당 부분이 '연구'에 집중된 과제고, 대부분 대학에서 과제를 수행한다고 볼 수 있습니다. 또한 나머지 대부분의 과제는 '개발'과제라고 이해하면 됩니다."

김한수 대표는 박정수 대표의 의중을 읽는다.

"그럼 우리같은 중소기업이 제품을 개발하기 위해서는 대학교와 출연연에서 '연구'한 것을 가져다가 '개발'하라는 말씀이네요. 결국 이를 통해 제품을 생산하는 것은 기업의 몫이라는 말이고요."

"김 대표가 이제는 전문가의 반열에 올라 내가 할 이야기가 없습니다."

김 대표는 이제야 경영에 눈을 뜨고 있다.

"오늘은 한국전자가 어떻게 R&D 지원사업을 활용할지 다양한 사업에 대한 주제로 이야기를 진행할까 합니다."

"대표님, 오늘의 이야기는 한국전자의 장기성장의 디딤돌이 되리라 생각됩니다."

김한수 대표는 한국전자 사인방과 보내는 오늘의 시간이 미래의 그 어느 순간보다도 중요한 한국전자의 성장 단초가 될 것이라는 믿음을 갖는다.

중소기업은 성장과정에서 필수적으로 R&D를 진행해야 한다. R&D는 기업 자체 예산으로 수행할 수도 있고, 정부지원을 받아 수행할 수도 있다. 하지만 중소기업 현실에서 모든 R&D를 자체 예산으로 수행하기에는 비용이 과다한 측면이 있다. 따라서 정부 R&D 지원사업을 활용하는 전략이 필요하다.

정부 R&D 지원사업을 활용하는 방안을 살펴보자. 2020년 R&D지원예산은 24.2조 원으로 전년 대비 대폭 증액되었다. 일본의 수출규제 등 대외여건 변화에 따라 국내산업경쟁력을 강화하기 위한 포석이라 할 수 있다. 중소벤처기업부과제와 산업통상자원부 일반과제의 경우 출연금 기준선이 65%이고, 기업자부담 규모도 35%이므로 주의를 요한다. 기업자부담은 현금과 현물의 비중이 60%(현금), 40%(현물)이므로 과제 지원 시 확인이 필요하다. 한편 중기벤처부 과제는 과제졸업제를 운영하고 있다. 2019년에는 창업성장과제, 공정품질, 제품서비스, 기술전문기업협력R&D 등 4개 과제에 적용되었으나 2020년 과제는 기술혁신과제와 창업성장과제만 적용되는 것으로 기준이 변경되었다. 졸업제는 위의 과제를 총 4회 수혜를 받으면 더 이상 과제를 수행할 수 없음을 의미한다. 중기벤처부의 과제 개편으로 기업은 다음과 같은 전략을 가지고 접근해야 한다. '혁신역량 초기단계 → 혁신역량 도약단계 → 혁신역량 단계'로 구분해서 과제를 진행해야 한다.

우선 과제를 경험하지 않은 중소기업의 경우 R&D 기획지원과제를 이해할 필요가 있다. R&D 기획지원과제는 R&D 사업에 경험이 없는 기업을 위해서 만들어진 과제다. 즉, R&D 기획 역량이 부족한 중소기업은 R&D 기획지원과제를 통해 R&D 과제가 어떠한 방식으로 기획되고 과제 작성 시 중요 포인트가 무엇인지를 이해해야 한다.

R&D 기획지원 과제는 우선 신청서를 작성해서 제출하면 되는데, 상반기에 두 차례 접수 기간이 있으며, 통상 2월과 6월에 진행된다. 2월 기획과제의 경우 하반기 본 과제를 진행하기 위한 기획지원 과제이고 6월 기획과제의 경우 차년도 과제를 지원하기 위한 기획과제라고 이해하면 된다. 신청서는 일반 정부 R&D 과제보다는 상당히 단순화 되어 있어 개발하고자 하는 과제의 테마가 선정되어 있으면 간단하게 신청할 수 있으므로 R&D 과제 신청서 경험이 없는 기업도 손쉽게 지원할 수 있다.

<도표 3-1> **중소벤처기업부 기술개발 지원사업**

현행 R&D 사업 구조(2018년)

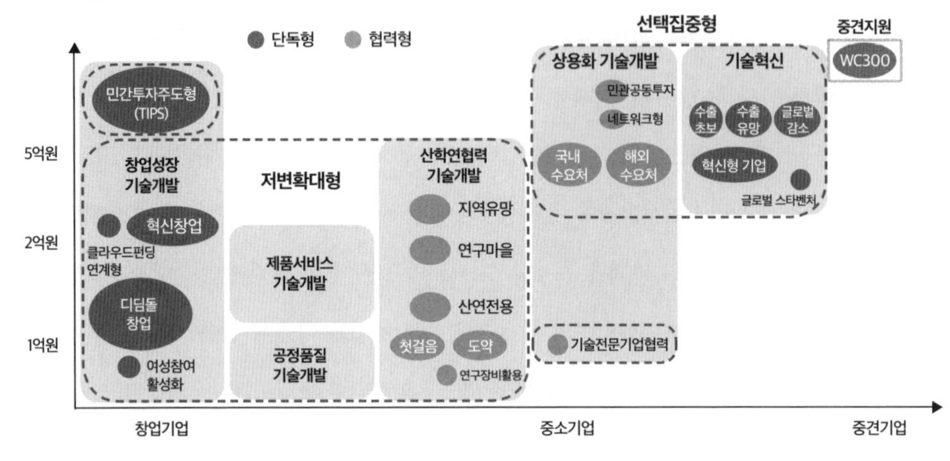

R&D 사업 구조 개편 방향

기업혁신 (단독형)

민간매칭 투자형
- 투자방식 R&D(신규 기획)
- TIPS

Scale-up형 (기술혁신)

수출지향형
- 글로벌 강소기업

시장확대형
- 투자연계 · 민간선별
- 전략서비스

시장대응형
- 일반(혁신지원)
- 재도전, 사업전환

일반기업

Start-up형 (창업기술)

시장확대형
- 투자연계 · 민간선별
- 기술이전기업
- 스핀오프

시장대응형
- 디딤돌 창업 (저변확대)

창업기업

혁신역량

성숙 / 도약 / 초기

개방형혁신 (협력형)

기술혁신선도형 (신규 기획영역)
- 글로벌 협력형 기술개발
- 분야 · 업종별 공동활용 기술개발

혁신주체간 협력형
- 중소기업 · 대학 · 출연연의 공동 기술개발
- 시장 구매기반 등 협력형 기술개발
- 산 · 학 · 연 보류 기술의 이전 · 사업화 지원(신규 기획)

혁신기반지원형 (신규 기획영역)
- 대학 · 출연연을 통한 중소기업 기술애로 해소, 공정개선
- 대학 · 출연연의 연구기반 · 연구인력 제공

산학연 협력 기술개발

지역산업육성 지원	지역특화산업 육성 / 지역스타기업 육성 / 지역규제특구 R&D지원
기술혁신 인프라	연구인력지원 / 연구장비활용 / R&D역량제고 / 기술교류 네트워크

R&D 기획지원과제는 기업에서 원하는 R&D 과제에 지원할 수 있도록 신청 과제 테마에 대한 분석을 진행한다. 즉, 과제 경험이 없는 기업이 R&D 과제 테마에 대한 분석을 통해 과제 기획을 용이하기 위한 기업지원 프로그램이라 이해하면 된다. 통상 기획기관은 KISTI(한국과학기술정보연구원), 기술보증기금 등 2개 공공기관과 3~4개의 민간 기획기관으로 구성된다. 기획기관별 기획의 완성도 편차가 있고 실제 과제로 연계되는 비율도 차이가 있어 기획기관을 잘 선택해야 한다.

기획기관이 정해지면 기획기관에서 기획테마별 외부 전문가 섭외가 진행된다. 통상, 선행기술분석은 특허사무소에서 일괄적으로 진행되는 경우가 많다. 선행기술분석은 주요 분석테마라기보다는 과제 중복 또는 특허 중복의 가능성 검토 수준으로 진행된다. 과제 기획은 분석보고서의 세 테마를 중심으로 진행되는데 세 가지 테마는 기술성, 시장성, 사업성으로 구분되며 관련 외부전문가가 참여하는 형태다.

여기서 중요한 포인트는 외부전문가의 전문성도 중요하지만, 기업에서 충분한 자료를 제공해야 좋은 기획과제가 도출된다는 점이다. 외부 전문가가 참여한다고 기업은 손을 놓고 있으면 곤란하므로 과제기획 시 과제 지원 회사는 과제 전담인력을 지정해서 충분히 대응할 수 있도록 준비해야 된다.

사업이 완료되면 보고서가 완료되었다는 의미로, R&D 지원을 위한 별도의 과정이 필요하다. 보고서는 참고 자료로 활용되며, 이를 통해 과제 요약서와 발표 자료를 작성하는 과정이 필요하다. 이때 기획기관과 과제기획 PM이 적극적으로 참여해서 완성도를 높이기 위한 추가 작업이 필요하다. 작업 결과물의 완성도가 과제 연계성의 성패를 좌우하므로 매우 중요한 작업이다. 이때 적극적인 참여와 더불어 다양한 아이디어를 개진開陳하여 과제의 완성도를 높일 수 있도록 집중해야 한다.

과제기획 후 대면 평가 또는 발표 평가를 통해서 최종 과제선정절차를 진행하게 된다. 대면 평가 시 중요 포인트는 다음과 같다. 첫째, 기술개발 사업의 취지와 부합성. 둘째, 기술개발 내용의 타당성. 셋째, 기술개발능력. 넷째, 검증 방법의 타당성. 다섯째, 사업비 항목 구성의 합리성. 마지막으로 사업성 유무로 구분하여 체크할 수 있다.

각 항목별 내용을 구분하여 확인해 보면 다음과 같다. 첫째, 기술개발 사업의 취지와 부합성은 지원사업의 취지 이해도를 평가한다고 생각하면 된다. 예를 들어 기술개발사업과 사업화 과제의 경우 과제의 핵심이 기술개발사업은 연구개발이고 사업화과제는 사업화이므로 서로 다른 질문이 나올 수 있다. 이에 대한 예상 질의를 준비해야 한다.

둘째, 기술개발 내용의 타당성이다. 여기에서는 기술개발의 시급성, 국내외 환경 분석, 정부지원의 필요성, 기술개발의 독창성, 모방가능성, 개발 결과물의 구체성, 개발목표 수준 등에 대해서 준비를 해야 한다. 예를 들어 제품개발에 성공한다면 수출 대체 효과가 있는 제품, 새로운 신 시장을 창출할 수 있는 기술 등은 좋은 테마가 될 수 있다. 하지만 기존에 존재하는 이미 오래전에 제품화가 완료된 제품관련 테마, 즉 프린터, 일반 PC 등은 좋은 평가를 받기 힘들다. 그러니 과제 테마 발굴을 위한 노력이 필요하다. 즉, PC를 주제로 개발과제를 잡는 경우 보안을 강화한 망분리 PC, 클라우드 컴퓨터 등은 좋은 과제로 선정될 수 있다는 말이다.

셋째, 기술개발 능력부분은 다음과 같은 사항을 준비해야 한다. 최근의 관련 기술 개발 내용을 특허를 포함해서 준비해야 한다. 그리고 기술개발 추진 체계, 참여 기관과의 업무 분장 및 협력 방안을 그림으로 표현해 한눈에 알아볼 수 있으면 좋은 평가를 받을 가능성이 높아진다. 또한 기술개발 인력과 장비의 확보 현황 등을 보기 쉽게 정리하면 평가에 도움이 된다.

넷째, 검증 방법의 타당성 부분이다. 여기에서는 평가 방법 및 지표 제시 그리고 가장 중요한 항목 중의 하나인 정량定量 목표치 항목의 적정성에 대한 질문은 반드시 나오므로 사전에 반드시 준비해야 된다. 정량 목표치의 세밀한 검토가 필요하고, R&D 제안서 작성 시 가장 신경 써야 하는 부분이다. 그리고 공인성적서, 세계적 수준 달성도, 정량적 목표치의 측정 및 평가 가능성 등이 있다. 예를 들어 평가지표 모두가 정성지표로 채워져 있다면, 심사위원들에게 좋은 평가를 받기 힘들다. 그리고 공인성적서 없이 자체 평가성적서로 대체한다든지 객관성이 결여된 평가지표를 내면 과제 신청 시 통과가 어렵다.

다섯째, 사업비 항목 구성의 합리성부분이다. 이 부분에서는 불필요하게 과제비를 집행할 부분이 없는지 체크해야 된다. 체크 포인트는 다음과 같다. 고가 장비의 구입은 자제하고, 사업과 관련된 재료 항목을 확인한다. 사업계획서의 흐름과 사업비 항목이 연동되고 일관성을 유지하는지 확인하며, 사업비 구성의 포트폴리오가 편중되지 않게 배분하고, 적정한 수량으로 재료비 구성한다. 연차별 사업비 집행규모의 적정성 검토하는 것 등도 포함된다.

마지막으로 사업성 유무에 대한 검토 부분이다. 사업성 유무에 대한 검토에서는 제품화 가능성 또는 용이성, 사업 구조 및 진입장벽과 제품 경쟁력에 대한 검토, 제품항목의 중소기업 적합성 검토 등이 이뤄진다.

다음 과정으로 대면 평가가 있다. 대면 평가는 과제의 마지막 관문이다. 대면평가 시 중요 항목에 대해 각 항목별로 확인해보자. 우선 과제신청 시 과제명을 확정해야 한다. 과제명은 개발 내용의 전체적인 내용을 한 줄로 요약한 것이다. 따라서 지나치게 화려하거나 거창한 제목보다는 핵심적인 개발 내용과 목표를 포함하는 것이 좋다.

기술현황 및 개발 방법의 구체성을 살펴보자. 기술개발 내용 및 연구 내용을 명확하고 구체적으로 기술해야 한다. 또한 과제를 수행하기 전에 많은 연구를 진행했음을 증명하는 것이 중요하다. 이를 위해 기술개발 관련 보유 특허 내용과 현황 그리고 선행연구를 요약하여 제시하는 방법이 중요하다.

결과 활용 및 사업화 방안을 세워야 한다. 막연한 방안 제시보다는 구체적이고 객관적인 과제 제시가 중요하다. 중소벤처기업부 과제의 경우 원천기술, 학술적인 기술개발보다는 제품화와 사업화를 전제로 한 과제를 우선 지원하므로 이에 대한 대응 전략을 포함하여 기술하면 성공 가능성을 높일 수 있다.

또한 심사위원과 논쟁하기보다는 설득하는 자세가 중요하다. 내가 최고의 기술을 보유하고 있다는 자만심을 가지고 발표에 임하면 낭패를 볼 수 있으므로 유의해야 한다. 자부심보다는 평가위원들에게 인정을 받는 것이 무엇보다 중요하다는 점을 명심하자. 예상 질문에 대한 철저한 준비도 필요하다. 보통 대면 평가는 발표와 질의응답으로 구성되므로 이에 대비하도록 해야 한다.

평가하는 측에서 '좋은 과제'를 평가한다기보다는 '이상한 과제' 또는 '좋지 않은 과제'를 탈락시키는 접근방식을 쓴다고 이해하면 훨씬 쉽다. 예상 질문에 대한 철저한 준비와 준비된 답변은 자신감을 갖고 간략하고 명확하게 하는 것이 포인트이다.

과제 발표시 발표자 선정시 유의사항이다. 발표자는 과제책임자가 발표한다는 원칙을 갖고 진행한다. 과제책임자는 반드시 대면 평가 시 필참必參하여 과제 수행에 대한 의지를 보여주는 것이 중요하다. 다수의 협력기관으로 구성된 과제의 경우 대면 평가에 모든 기관의 과제책임자가 참석하는 것이 유리하므로 사전에 일정을 조율해 모든 과제 책임자가 참석하도록 하자.

마지막으로 명확한 역할 분담이 중요하다. 다수의 기관이 참여하는 과제의 경우, 역할 분담을 명확히 하되, 주관기관은 주요 핵심기술개발을 담당해야 한다. 즉, 주관기관의 역할이 너무 적으면 과제에 선정될 확률이 떨어지므로 전체 과제의 역할 분담 시 주관기관의 역할에 대한 검토가 반드시 필요하다. 따라서 사업비의 경우도 역할분담 내용을 고려해서 책정하고 세부 사업비도 이에 맞춰 작성해야 한다.

이번에는 중소벤처기업부의 중소기업 기술혁신 개발과제와 시장창출형 창조기술개발에 대해 알아보자. 최근 정부과제의 기조를 보면 특히, 중소기업이 수행하는 과제의 경우 상품화, 사업화를 중점적으로 평가하고 있다. 따라서 과제수행 후 매출발생 가능성에 중점을 두고 평가하는 경향이 있다. 이러한 경향을 반영한 과제가 중소기업 기술혁신 개발과제라고 볼 수 있다.

중소기업 기술혁신 개발과제는 글로벌 전략기술개발과 혁신기업 기술개발로 구분할 수 있다. 과제비는 최대 2년 6억 원이다. 중소벤처기업부 과제 중에는 상당히 큰 과제로 볼 수 있다.(2020년 과제의 경우 글로벌 전략기술개발은 기존 2년/6억원에서 3년/20억원으로 과제의 규모가 대폭 증액되었다)

글로벌 전략기술 개발과제는 수출 중심의 중소기업에 지원되는 과제다. 글로벌 전략기술 개발과제는 수출 실적이 100만 달러 이상 500만 달러 미만인 동시에 이노비즈, 벤처기업 또는 기업부설연구소 보유 기업이면 신청대상이 된다. 특히, 중소기업의 경우 인증이 중요하다. 왜냐하면 정부과제 시 가점 등이 부여되므로 당락에 영향을 주기 때문이다.

기업부설연구소와 벤처기업, 이노비즈 등의 인증은 미리 준비해야 한다. 벤처기업과 이노비즈인증은 가능하면 기업에서 자체적으로 진행하는 것이 효율적이다. 특정 자격조건만 만족하면 인증을 받을 수 있으므로 다른 편법 또는 노하우로 취득할 수 있는 인증이 아니기 때문이다. 최근에는 대부분 온라인으로 신청할 수 있다.

기업부설연구소는 한국산업기술진흥협회 홈페이지를 통해 신청하면 된다. 신청 절차는 간단하므로 중소기업에서 직접 신청을 진행하면 된다. 그리고 벤처기업은 벤처인www.venturein.or.kr을 통해 접속해서 쉽게 진행할 수 있다. 또한 자가 진단을 통해 신청기업의 가능성을 검증한 후 진행하면 되므로 크게 걱정할 필요가 없다.

이노비즈인증은 기술보증기금을 통해 신청하면 되는데 이노비즈인증도 벤처기업인증과 마찬가지로 온라인 자가진단을 통해 650점 이상이면 통과된다. 자가진단 통과 후 기술보증기금 현장평가가 진행되는데 현장평가는 700점 이상이면 된다. 현장평가이후에 등급별 업체 선정을 진행하고* 이노비즈기업 확인서 발급이 진행된다. 이와 같이 벤처인증과 이노비즈인증은 신청절차가 간단하므로 컨설팅 없이 기업 자체적으로 신청하면 오히려 도움이 되는 측면이 있다.

즉, 신청서를 작성하다 보면 현재 기업의 현황을 정리할 수 있고 보완해야

* 등급 기준은 다음과 같다. 900점 이상: AAA, 800~899점: AA, 700~799점: A

할 사항도 일목요연하게 정리가 되므로 가능하면 직접 신청서를 작성하는 수고가 필요하다. 이를 통해 기업의 내부 역량 진단도 간접적으로 진행할 수 있으므로 도움이 되는 과정이 될 수 있다.

다음으로 혁신기업 기술개발사업에 대해 알아보자. 혁신기업 기술개발사업은 혁신기업만 신청이 가능한 과제다. 즉, 중소기업이면서 벤처기업 또는 기술혁신형 중소기업Inno-Biz이면 신청이 가능한데 매년 업종별 제한을 두고 있다. 2019년의 경우 중소기업 기술로드맵에 기반한 미래 성장유망 전략분야 중 신성장동력 해당분야인 12개 전략분야 140개 전략제품에 대해 자유공모 방식으로 지원이 가능하다. 12개 전략분야를 보면 다음과 같다.

- 녹색 제조 분야: 에너지 생산/저장, 에너지자원활용, 수송기기, 우주항공, 산업용기계
- 첨단 응용 분야: ICT 융합, 로봇응용, 바이오, 의료기기, 디스플레이, 반도체, 나노

시장창출형 창조기술개발과제에 대해 알아보자. 시장창출형 창조기술개발과제는 중소벤처기업부 과제 중 가장 규모가 큰 과제라 할 수 있다. 과제 규모가 2년 8억인데, 과제가 단계별로 나뉘어져 있다. 우선 1단계 기술개발과제로 1년 최대 4억 원까지 지원되며, 2단계는 제품개발과제로 1년 최대 4억 원까지 지원된다.

시장창출형 창조기술개발과제의 경우 자유과제**이며 신청자격은 중소기업

** 기업이 기술개발 과제의 주제를 자율적으로 선정하여 진행하는 과제를 의미한다.

기본법 제2조의 규정에 의한 중소기업으로 기업부설연구소를 보유하고, 매출액 대비 R&D 투자비율 3% 이상인 기업으로 제한하고 있다.

마지막으로 중소벤처기업부의 R&D 개편 방향을 살펴보자.* 중소벤처기업부는 2020년부터 과제의 방향이 대폭 수정될 예정이다. 첫째, 4차 산업혁명의 새로운 비즈니스 창출 지원에 집중한다. 세부항목별 내용은 다음과 같다.

① 아이디어 구현에서 Scale-up까지 단계별로 R&D를 지원한다.

② 4차 산업혁명 유망 기술 분야를 중점 지원한다.

③ 미래 신新 산업의 기반인 소재·부품·장비 분야의 기술독립에 대한 지원을 강화한다.

④ 소재·부품·장비 분야 지원을 전략품목 중심으로 개편하여 시급한 요소기술 개발에 R&D 자금을 우선 지원한다.

둘째, 다양한 방식으로 R&D 수요를 충족시킨다. 세부 항목별 내용은 다음과 같다.

① (투자형) 보조금 방식에서 벗어나 벤처투자형 R&D를 도입하여 도전성이 높은 하이테크 기술의 개발 및 상용화를 유도한다.

② (규제해결형) 사업화의 걸림돌이 되는 규제에 미리 대비한 기술개발이 되도록 사전 규제컨설팅과 R&D 등을 패키지로 지원한다.

③ (소셜벤처형) 사회적 가치평가를 반영한 R&D 과제 선정기준으로 구분

* 2019년 8월 14일 중소벤처기업부 발표.

<표 3-1> **중소기업 R&D 지원체계 개편안**

지원단계 (혁신 역량)	1단계 (역량 초기)	2단계 (역량 도약)	3단계 (역량 성숙)
R&D 수요	기술아이디어 구현 및 시장 테스트	시장경쟁력 확보	글로벌 시장 개척 시장 선도기술 확보
지원 대상	R&D 첫걸음 기업 Start-up	기술아이디어의 시장 검증 기업	R&D 사업화 성공기업 R&D 수행역량 우수기업
지원 규모	1년 1억 원 내외	2, 3년 2~10억 내외	3년 이상, 최대 20억 내외

공모하여 사회적 가치창출에 도전하는 소셜벤처를 지원한다.

④ (재도전형) 미래유망 업종으로의 전환유도를 위한 사업전환과 재창업기업의 재기지원을 위한 R&D를 확대한다.

셋째, 산·학·연 간 연결과 협업을 강화한다. 세부 항목은 다음과 같다.

① 산·학·연 협력 R&D를 장기적으로 50%까지 확대(2018년 39%)하여 기업 단독의 R&D 수행에 따른 폐쇄적 기술혁신을 개방형으로 전환한다.

② 프라운호퍼형**의 대학·출연연 위탁개발 R&D를 도입하여 R&D 직접 수행에 따른 기업의 실패위험을 덜고, 축적된 국가 R&D 자산을 활용한 기술혁신을 촉진한다.

③ 대학·연구기관의 보유기술을 중소기업에게 이전하고 상용화할 수 있도록 기술개발을 지원하는 Tech-Bridge R&D를 신설한다.

④ Startup 등의 부족한 혁신역량을 보완한다. 중소벤처기업부의 2020년

** 위탁주문형 과제를 의미하며, 기업에서 원하는 주제를 대학·출연연이 대신 개발하는 과제를 말함

R&D 정책방향이 대폭 수정되었다. 기업은 다음과 같은 사항을 중점적으로 체크하면 도움이 된다. 2020년 중소벤처기업부 과제의 큰 특징은 다음과 같다. 기업 수준별 과제 지원전략이 필요하다. 중소벤처기업부과제는 단독형R&D, 협력형R&D, 정책목적형R&D로 구분할 수 있다. 중소벤처기업부의 주요 R&D과제는 다음과 같다. 단독형 과제는 창업성장기술개발과제(매출액 20억 원 이내 기업 지원)와 중소기업기술혁신 기술개발과제(매출액 20억 원 이상 기업 지원)가 있다. 협력형R&D는 상용화R&D와 산학연 Collabo R&D가 있다. 단독형R&D를 살펴보면 다음과 같다. 창업성장R&D는 창업단계별 지원이 가능하다. 디딤돌R&D(1년/1.5억 원), 전략형R&D(2년/2억 원, TIPS(2년/5억 원)의 순으로 기업 성장 단계별 지원이 가능한 창업과제이다. 기술혁신R&D는 시장대응형, 시장확대형, 수출지향형으로 기업 규모별, 성장 단계별 지원이 가능한 구조로 구성되어 있다. 협력형R&D를 살펴보면 다음과 같다. 상용화R&D는 네트워크R&D와 구매조건부R&D로 구성되어 있다. 산학연 Collabo R&D는 산학협력기술개발(대학협력기술개발), 산연협력기술개발(연구기관협력기술개발)로 중소기업의 혁신역량을 강화하기 위해 대학교와 연구기관과 협력개발이 가능한 과제이다.

기업을 운영함에 있어 기본인증을 획득하는 것은 중요하다. 기본 인증은 기업을 평가하는데 있어 기업의 기술력 등을 간접적으로 판단하는 기준이 된다. 또한 정책자금, 정부 R&D 신청 등에 가점이 있어 유리하다.

기본인증인 기업부설연구소, 벤처인증, 이노비즈인증 등에 대해 확인해보자.

기업부설연구소 인증은 한국산업기술진흥협회에서 진행하며 인증요건은 물적요건과 인적요건으로 구분되어 있다. 물적요건은 별도의 연구개발공간을 요구하는 조건이다. 인적요건은 연구개발인력에 대한 조건으로 벤처기업과 연구원 창업 중소기업은 연구원 2명 이상, 소기업은 3명 이상, 일반중소기업은 5명 이상의 인적요건이 있다. 여기서도 벤처기업의 경우 인적요건이 완화되어 적용된다. 기업부설연구소 인증은 이와 같이 명확한 지정요건이 있으므로 지정요건만 갖추면 누구나 쉽게 신청할 수 있으니 기업에서 직접 신청하는 것이 유리하다.

인증을 통한 세제 혜택 부분을 확인해보자. 기업부설연구소의 세제혜택은 다음과 같다. 우선 기업부설연구소가 직접 사용하기 위해 취득하는 부동산에 대해 취득세, 등록세를 면제하고 과세기준일 현재 기업부설연구소에 사용하는 부동산에 대해 재산세를 면제(지방세법 제282조)해준다. 또한, 연구개발에 활용하기 위해 수입하는 물품에 부과되는 관세를 일부를 감면해 주는 제도와 부설연구소에 근무 중인 연구원이 받는 연구활동비를 과세 대상 소득에서 제외하는 혜택이 있다.

벤처기업 인증과 이노비즈 인증 시 세제 혜택을 확인해보자. 벤처기업인증을 통한 세제 혜택을 살펴보면, 법인세/소득세 50% 감면, 재산세 50% 감면, 취득세 75% 감면 제도가 있으며 특허관련 지원제도도 있다. 벤처기업이 특허/실용신안 출원 시 우선심사 대상으로 빠른 특허등록이 가능하다. 또한 벤처기업에 대한 현물출자 대상에는 특허권, 실용신안권, 디자인권 등의 지식재산권이 포함되어 있어 현물출자를 통한 증자가 용이하도록 지원하고 있다.

<표 3-2> **산업단지공단 클러스터 지원사업 프로그램**

<table>
<tr><th>구분</th><th colspan="2">지원프로그램</th><th>지원내용</th><th>지원금액 (연간)</th><th>지원비율
(총사업비의)</th><th>기타</th></tr>
<tr><td rowspan="16">산학연
협의체
운영사업
(산학연 네트
워크 활동 및
R&BD
촉진과제)</td><td colspan="2">시제품제작</td><td>시제품제작</td><td>20백만 원
이내</td><td>60%이내</td><td></td></tr>
<tr><td rowspan="4">산업
재산권
출원</td><td>국내특허</td><td rowspan="4">해당
산업재산권
출원비용 지원</td><td rowspan="2">건당 2백만 원
이내</td><td rowspan="4">70% 이내</td><td rowspan="4"></td></tr>
<tr><td>실용신안</td></tr>
<tr><td>해외특허</td><td rowspan="2">건당 7백만 원
이내</td></tr>
<tr><td>PCT</td></tr>
<tr><td rowspan="6">토털
마케팅</td><td>광고홍보</td><td>기업홍보물</td><td>10백만 원 이내</td><td rowspan="6">70% 이내</td><td>2개사 이상</td></tr>
<tr><td>국내전시회</td><td rowspan="2">부스임차료 등</td><td>3백만 원 이내</td><td rowspan="4">3개사 이상</td></tr>
<tr><td>해외전시회</td><td>8백만 원 이내</td></tr>
<tr><td>해외시장개척</td><td>바이어발굴</td><td>5백만 원 이내</td></tr>
<tr><td>해외마케팅</td><td>전문기관 활용</td><td>8백만 원 이내</td></tr>
<tr><td>해외규격</td><td>제품규격 인증</td><td>7백만 원 이내</td><td></td></tr>
<tr><td colspan="2">현장맞춤교육훈련</td><td>임직원
교육지원 (단순
교육제외)</td><td>50백만 원
이내</td><td>80% 이내</td><td>2개사 이상</td></tr>
<tr><td rowspan="2">기술 이전
활성화</td><td>기술맛보기</td><td>기술실시권
비용</td><td rowspan="2">7백만 원 이내</td><td rowspan="2">70% 이내</td><td rowspan="2"></td></tr>
<tr><td>기술료유예</td><td>기술료성격의
경비</td></tr>
<tr><td colspan="2">R&BD기획컨설팅</td><td>R&BD과제
기획비용</td><td rowspan="2">3백만 원 이내</td><td rowspan="2">70% 이내</td><td>2개사 이상</td></tr>
<tr><td colspan="2">창의혁신IDEA지원</td><td>장기사업 외
맞춤형 지원</td><td>5개사 이상</td></tr>
<tr><td rowspan="3">R&BD 역량
강화사업</td><td rowspan="2">생산기술
사업화</td><td>현장
맞춤형
기술
개발</td><td>신제품,
신기술의
사업화 지원</td><td rowspan="2">200백만 원
이내</td><td rowspan="3">중소:75%이내
중견:66%이내
대기업:33%
이내</td><td rowspan="3">2개사 이상</td></tr>
<tr><td>이전
기술
사업화</td><td>개발기술의
이전 사업화 및
상용화</td></tr>
<tr><td colspan="2">매버릭기업육성</td><td>독자제품 및
브랜드 개발</td><td>300백만 원
이내</td></tr>
<tr><td>현장맞춤형
특성화사업</td><td colspan="3">상기 R&BD사업 이외 산단별,
지역별 여건과 특성에 따른 특화클러스터
형성 촉진을 위한 사업</td><td>300백만 원
이내</td><td>70% 이내</td><td>2개사 이상</td></tr>
</table>

이노비즈 인증 시 혜택은 기술보증기금 심사 시 보증우대가 있다. 이노비즈

인증은 벤처기업인증과 마찬가지로 특허출원 시 우선심사대상이다. 코스닥 심사 시 코스닥 상장조건 중 업력 3년 이상, 자본금 30억 이상이나 이노비즈 기업은 자본금 15억 이상으로 완화된 조건에 따라 코스닥 진입이 가능하다.

산업단지공단에 대해 살펴보자. 산업단지공단은 1960년대 우리나라 수출 드라이브정책에 의해 한국수출산업공단이 설립되면서 우리나라 산업단지공단의 역사가 시작됐다. 한국산업단지공단의 주요업무는 공단의 개발, 조성, 분양, 임대 및 매각에 관한 사업이다. 조성이 완료된 공단의 경우 입주기업의 관리 업무가 주요 업무다. 산업단지공단의 주요업무는 공단조성 및 분양이 주요한 미션이었다. 중소기업의 육성과 지원이 정부의 중요한 정책으로 대두됨에 따라 산업단지 내 중소기업의 육성 등이 이슈로 부각되어 산업단지공단 클러스터사업이 시작되었다.

클러스터사업은 산업단지의 경쟁력 향상을 위해 산업집적지 경쟁력 강화사업을 추진하고 있다. 이는 산업단지 중심의 클러스터 구성을 통해 산·학·연 네트워킹을 활성화하고 산업 현장의 사업화 연구개발로 입주기업의 성장과 산업단지의 고부부가치화를 지원하는 취지다.

또한 최근에 기업성장을 지원하기 위한 수단의 하나로 기술이전이 주요 이슈로 떠오름에 따라 산업단지공단도 기술이전관련 지원사업이 확대되었다. 산업단지공단 클러스터 사업은 〈표 3-2〉와 같다. 사업은 크게 산학연 협의체 운영사업과 R&BD 역량 강화 사업으로 크게 구분할 수 있으며 클러스터 사업의 특성을 반영한 네트워크 사업이다. 클러스터사업은 네트워크 사업이므로 대부분 공동사업으로 구성되어 있어 2개사 이상이 공동 참여하는 구조다.

산학연 협의체 운영사업을 살펴보면 시제품 제작, 산업재산권출원 지원사업, 토털마케팅 지원사업 등이 있다. 최근에 강화된 산업단지공단 사업으로는 기술이전 활성화 지원사업이 있다. 기술이전 활성화 지원사업은 기술 맛보기와 기술료 유예사업으로 나눠진다.

R&BD 역량 강화 사업을 살펴보면, 생산기술사업화지원사업과 매버릭 기업 육성 지원사업으로 구분되며 생산기술사업화 지원사업은 현장맞춤형 기술개발사업화 이전기술 사업화 지원사업으로 구분된다.

매버릭 기업 육성 지원사업의 경우 수출기업을 육성하기 위한 사업으로 이해하면 된다. 산업단지공단 클러스터사업의 수혜를 받기 위해서는 산업단지공단 입주기업으로 미니클러스터에 가입하여 네트워크 활동에 참여하면서 클러스터 사업의 다양한 사업에 지원하면 된다. 클러스터 사업의 특징은 오픈형 사업이 아닌 폐쇄형 사업으로 미니클러스터 회원사에 한정하여 지원하므로 역량이 취약한 중소기업은 클러스터 사업을 통해 성장의 발판을 마련할 수 있는 특징이 있다.

중소벤처기업부 지원사업과 산업단지공단 클러스터 사업은 성장 초기기업이 활용할 수 있는 중소기업 특화사업이다. 중소기업이 성장하면 과학기술정보통신부, 산업통상자원부의 대형과제에도 지원할 수 있다. 기업의 성장단계별 과제 지원전략이 필요한 이유이기도 하다.

● ● ●

박정수 대표와 김한수 대표는 수원의 신라갈비에서 만남을 이어가고 있었다. 수원은 갈비로 유명한 고장이다.

"김 대표, 요즘 회사는 어떠한가?"

"네, 이런 말이 있지요. '한가위만 같아라.' 요즘 우리 회사를 두고 한 말이 아닐까요, 하하하."

김 대표의 말처럼 요즘 한국전자는 안정을 찾아 지속적인 성장을 통해 순항 중이다. 박 대표는 오늘 왠지 김 대표가 낯설다. 너무나 자신감 넘치는 자세는 때로 중소기업 대표가 경계해야 할 태도다. 자신감 넘치는 자세는 물론 중요하다. 하지만 자칫 아집으로 흐를 수 있어 이에 대한 경계가 필요한 것이다. 기업이 성장함에 따라 더욱 성숙된 기업 대표의 모습이 요구된다.

"김 대표, 기업의 숙명은 지속성장을 끊임없이 추구해야 한다는 것 알고 있지요?"

"네, 그렇지만 한 템포 쉬어가는 전략도 전략이지 않나요?"

김한수 대표의 여유와 자신감을 보니 박정수 대표는 또 다시 한국음향이 떠오른다. 박정수 대표는 한국전자의 지속성장을 위해 김 대표에게 따끔한 조언이 필요함을 느낀다.

"한때 세계를 호령하던 노키아 같은 글로벌 기업도 존재감 없는 회사로 전락했고, 모토로라 휴대폰은 이제 흔적도 보이지 않습니다."

그렇다. 글로벌 시장경쟁이 격화되면서 세계적 선도기업마저도 한순간 몰락의 길을 걷기 시작하면 다시는 일어설 수 없는 상황으로 내몰리고 있는 것이 현실이다. 기업이 지속성장을 하기 위해서는 다양한 사업 아이템 발굴과 지속적인 R&D가 필요한 상황인데, 이는 모두 자금이 투입되어야 한다. 그러기 위해서는 지속적인 캐시 카우cash cow를 키우는 전략이 필요하다. 한국전자와 같은 중소기업의 경우는 통상 한두 개의 사업아이템을 통해 성장전략을 구사하지만, 시장 상황이 악화된다면 기업 전체에 리스크로 작용해 한순간 무너질 수 있는 상황이 발생한다.

"한국전자도 아직 갈 길이 멀기에 지속적인 R&D 전략을 통해 기술혁신을 추구해야 할 때라고 보이는데, 김 대표 생각은 어떤가?"

"네, 그렇습니다. 한국전자는 현재 개인화 음향분야에 집중하고 있고 이 분야에서는 경쟁력이 있다고 생각됩니다. 하지만 지속성장을 위해 다양한 제품 라인업이 필요합니다."

김 대표는 최근 한국전자의 성장을 위해 새로운 아이템 발굴에 집중하고 있다. 하지만 한국전자와 같은 중소기업이 제2의 아이템을 발굴하고 사업화하기까지는 다양한 위협 요인이 있어 선뜻 결정하기가 어렵다.

"중소기업이 성장하기 위해서는 자체 R&D는 물론이고 정부에서 지원하는 다양한 R&D 정책을 활용하여야 합니다. 자원 활용의 극대화 전략이죠."

"한국전자는 지금까지 정부 R&D 지원 없이 자체 R&D를 통해 제품 개발에 집중하여 탁월한 제품을 개발할 수 있었습니다. 하지만 상대적으로 금융비용 부담이 커서 힘든 시간을 보내기도 했습니다."

김한수 대표는 박 대표의 도움으로 효율적인 R&D 전략을 수립하려고 한다. 또한 새로운 아이템 발굴에도 박 대표의 숨은 공로가 크다.

"김 대표, 수원갈비가 왜 유명한지 아시나?"

"글쎄요. 제가 알기로는 박정희 대통령께서 수원 시찰 중 갈비집에서 식사를 하고는 '수원갈비가 제일이야'라고 이야기해서 입소문이 났다고 알고 있습니다."

"하하하, 김 대표도 수원갈비에 대해 잘 알고 있었네. 우리나라가 먹고살기 어려운 시절에도 수원 영화동은 전국에서 가장 큰 우시장이 있어 하루에 1천 마리 이상 소가 거래되고는 했었지."

"그럼, 수원은 수원갈비가 유명세를 타기 전부터 우시장 덕분에 자연스럽게 소牛 관련 음식이 발달할 토양을 갖추고 있었던 거네요."

"맞았어. 수원은 우시장을 통해 수많은 소가 공급되었고 동시에 소를 이용한 음식이 발달할 수 있는 구조를 가지고 있었지. 따라서 이를 통해 다양한 소 관련 음식점이 경쟁하면서 서로의 장점을 접목하고 꽃을 피웠다네."

"아, 그렇군요. 이를 기업에 비유하면 실리콘벨리에 다양한 IT 기업이 밀집하는 것과 비슷하겠군요. 경쟁적으로 기술개발을 하기도 하고, 경쟁기업의 기술을 도입하기도 하면서 서로의 저력이 높아지는 선순환 구조를 통해 세계적인 역량을 갖춘 것과 같은 원리네요."

박정수 대표는 박수를 치며 말을 이어갔다.

"이제 김 대표는 내 컨설팅이 필요 없을 정도의 안목을 갖추어가고 있는 것 같은데."

김한수 대표는 한국전자를 통해 자신도 모르게 성장하고 있었다. 김한수 대표의 통찰력은 한국전자 성장의 견인차가 되리라. 김한수 대표는 손사래를 치며 "아, 그렇지 않습니다. 대표님 덕으로 안목을 키워가고 있지만, 아직 멀었습니다"라고 말했다. 박정수 대표와 김한수 대표는 서로 얼굴을 마주보며 웃음꽃을 피우고 있었다. 박정수 대표는 음식이 나오자 본론으로 들어간다.

"김 대표, 요즘 최대 고민은 무엇인가요?"

"네, 요즘 R&D 효율이 떨어지는 징후가 곳곳에서 감지되고 있습니다. 따라서 연구개발의 효율성을 개선시키기 위해 자체 R&D와 정부 R&D를 효과적으로 병행하는 전략이 필요할 것으로 생각됩니다."

박정수 대표는 갈비를 맛있게 먹으며 김한수 대표에게 질문을 던졌다.

"김 대표, 자체 R&D 이외에 외부 R&D는 어떤 방식으로 설계를 하고 있는가?"

"음…. 지금까지 자체 R&D만을 통해 제품개발을 진행하고 있습니다. 제품개발에 투입된 자금이 많다보니 자금 소진의 속도가 빨라지고 있습니다."

"김 대표, 아마 기억할거야. 내가 김 대표가 창업할 때 우리나라 정부 구조에 대해서 설명했던 것을."

"아, 예. 기억납니다."

"내가 정부 구조를 설명한 이유는 R&D를 한국전자 자체 비용으로 조달할 수도 있지만, 정부의 다양한 R&D 지원제도를 이용해서 진행할 수도 있다는 것을 알리는 취지였지."

"예, 그렇게 말씀하셨죠. 하지만 막상 정부 R&D를 지원하려고 보니 만만치 않습니다."

김한수 대표는 이론적인 내용을 실무에 접목하는 데 애를 먹고 있다. 하지만 중소기업 경영은 실전이다. 따라서 중소기업의 대표는 이를 하나하나 해결하는 역량을 갖추어야 하는 것 또한 현실이다.

"우선, 한국전자의 R&D 전략에 대한 방향성을 잡는 것이 중요합니다. 그러고 나서 정부 R&D를 활용하는 것이 중요하고요. 따라서 전반적인 R&D 제도에 대해 이해하는 것이 필요해요. 우선 중소기업의 경우 지자체 R&D, 예를 들어 서울시나 경기도 같은 곳에서 진행하는 지자체 R&D를 활용할 수 있어요. 또한 중소벤처기업부의 R&D 지원제도를 적극적으로 이용하는 것도 좋지 요. 동시에 기업이 성장함에 따라 관련 업종을 관장하는 부처의 R&D를 적극적으로 활용하는 전략이 필요해요. 한국전자는 아직 스타트업으로 과학기술정보통신부와 산업부의 R&D 프로그램보다는 중소벤처기업부 등 소기업을 지원하는 프로그램을 눈여겨보고 기술 개발전략을 수립해야 합니다."

김 대표는 이제야 그림이 눈에 들어왔다. 박정수 대표가 정부 부처와 산하기관의 역할을 왜 그렇게 오랫동안 정성 들여 설명했던가. 바로 한눈에 정부 구조와 전문기관의 역할을 이해해야만 한국전자와 같은 중소기업이 상황에 맞춰 전략을 짤 수 있기 때문이다.

"R&D에 대해 본격적으로 논의하기 전에 살펴볼 것이 있습니다. 한국전자는 R&D 방향성 결정 시 어떻게 의사결정을 하나요?"

"한국전자는 한국음향의 전철을 밟지 않으려고 합니다. 한국전자의 경우 연구소 중심의 개발전략을 수립해왔으나, 시장성이 없는 제품을 개발하고는 제품이 우수하다고 개발자들이 흡족해하는 모습을 보였습니다. 여기에 문제점이 있다는 것을 한국전자의 임직원들은 잘 이해하고 있습니다. 그래서 한국전자는 박 대표님의 조언에 따라 오픈이노베이션을 실천하고 있습니다."

한국전자의 의사결정 구조가 점차 개방형으로 변화하고 있음을 박 대표는 감지한다. 개방형 혁신 역시 의사결정이 수평적 구조로 변화해야만 시행할 수 있는 원리다.

"김 대표께 당부하고 싶은 말은, 개발전략의 틀은 연구소에서 작성하겠지만, 김 대표는 나름대로 끊임없이 고민하고 또 고민해야 한다는 것입니다. 이 제품을 개발했을 때 과연 시장에서 안착할 수 있을까? 개발 비용이 너무 과하지 않을까? 제품 개발 시 외부의 혁신기술을 접목할 가능성은 있는가? 이처럼 다양한 각도에서 개발전략을 수립하지 않으면 한국전자와 같은 중소기업은 제품을 개발하다가 부도가 날 수도 있으니 끊임없는 혁신을 고민해야만 합니다."

한국전자는 혁신의 항해를 시작한다. 박정수 대표의 한마디, 한마디가 뼈에 사무친다. 진정한 혁신기업으로의 변모가 바로 김 대표가 기대하는 한국전자의 본 모습이다.

"시장과 대항해서 승리한 기업은 없다는 말이 있습니다. 시장에 원하지 않는 제품을 내놓아 실패한 대표적인 사례가 있나요?"

사례를 통한 전략 수립은 경영 방침을 세우는 데 다양하게 적용된다.

"물론 수많은 사례가 있습니다. 그중 하나의 사례를 이야기해볼까 합니다. N사의 신라면블랙입니다. N사는 신라면으로 국내 시장의 80%를 장악했습니다. 그래서 N사는 기술만 믿고 소비자의 눈높이를 무시한 전략을 썼지요."

이어지는 설명은 다음과 같았다. N사는 오랫동안 준비한 야심작 신라면블랙을 출시했다. 경쟁업체들이 하얀 국물 등 새로운 스타일의 라면으로 공세를 취하기 직전이었다. N사는 신라면블랙에 대해 '장기간 연구개발 끝에 탄생한 프리미엄급 라면'이라는 내용의 광고와 홍보를 대대적으로 펼쳤다. '설렁탕 한 그릇의 영양을 그대로 담았다'거나 '완전식품에 가깝다' '우골 보양식이다' 등 기존 라면과 다른 '건강식'이라는 내용을 강조했다.

기존 신라면의 빨간색 포장을 검은색 포장으로 바꾸면서 고급스러운 이미지를 전달하려고 했다. 프리미엄 라면이라 소비자 가격도 기존 신라면의 두 배 이상인 1천 600원으로 책정했다. 라면의 고급화를 시도한 전략이었다. 박 대표는 이어서 말했다.

"소비 심리를 보면 이렇습니다. 내가 1천 500원을 지불해야 한다? 그렇다면 소비자가 느끼는 가치는 2천 원 이상이 되어야 합니다. 그래야 소비자가 지갑을 엽니다. 그런데 신라면블랙의 가격은 1천 600원, 소비자가 느끼는 가치는 1천 원 이하였던 것입니다. 소비자의 눈높이와 라면시장의 전형적인 특성을 무시한 오만에서 비롯한 대표적인 실패 사례지요. 즉, 소비자를 이길 수 있는 기업은 이 세상에 존재하지 않는 것입니다."

김한수 대표는 한참을 듣고 눈을 지그시 감는다. 소비자를 무시하고 시장에서 살아남는 기업은 없다는 교훈이다. 한국전자도 시장을 무시하고 있지는 않은지 확인이 필요한 시점이다. 한국전자가 정상궤도에 올라서면서 내부는 자신감으로 분위기기 좋다. 하지만 이때가 위험한 시기인 것이다. 급속 성장하고 있는 한국전자는 고객의 목소리에 귀 기울여야 한다는 메시지를 박정수 대표가 전달하고 있다. 김 대표는 박 대표가 보내는 무언의 조언에 가슴이 시리다. 한국전자는 성장통을 지나 새로운 문화를 만들어야 한다. 변화를 이끄는 역할은 김 대표가 맡아야 한다.

"그럼, 본론으로 들어가 봅시다. 우선 중소벤처기업부의 R&D 정책에 대해서 알아볼까요?"

김한수 대표는 이제는 정부 지원사업 등에 대해서 자신감이 붙는 듯하다. 기업을 운영하기 위해서는 누구보다 상세히 내용을 숙지해야 한다. 정부 R&D의 변화된 내용을 확인하고, 한국전자의 전략을 결정하는 과정을 따라가보자.

"중소벤처기업부의 과제 중 일반과제는 출연금 비중이 65%로 낮아졌다고 말씀드렸습니다. 따라서 아직은 일반과제보다는 창업과제에 집중하는 것이 좋습니다. 창업과제는 출연금 비중이 80%고, 20%는 자부담으로 구성되어 있으니까요. 예를 들어 총 2억 원의 과제를 진행하다고 한다면 1억 6천만 원의 정부출연금과 4천만 원의 자부담금으로 과제비가 구성되는 구조라고 할 수 있습니다. 자부담금 4천만 원 중 현금이 2천만 원, 현물이 2천만 원으로 구성되어 있으므로 2억 원의 과제를 현금 2천만 원으로 진행할 수 있다는 의미입니다."

정부지원과제를 지원함으로서 기업의 리스크를 상당 부분 상쇄할 수 있는 원리인 것이다. 이것이 정부지원과제를 통한 기술개발과 성장 전략의 핵심이다.

"한국전자와 같은 중소기업이 과제 지원 시 고려해야 할 사항이 있나요?"

박 대표는 잠시 생각에 잠긴다. 중소기업만의 핵심 원리를 찾아서 알려주어야 함을 알기에 고심이 깊어진다.

"우선, 과제를 위한 과제는 지양해야 합니다. 그리고 우리 기업의 실정에 맞는 최적의 과제를 통해 기업 성장의 토대로 삼아야 합니다."

아직도 김한수 대표는 무언가가 손에 잡힐 듯, 잡힐 듯하면서도 감이 오지 않는다.

'그럼 한국전자에 맞는 과제는 무엇인가?'

기업별 맞춤형 전략이 필요함을 느낀다.

"한국대학교 김 교수님 기술 이전 시 이전기술 사업화 과제에 지원한 예처럼 맞춤형 과제를 지원하라는 논리는 이해할 듯합니다. 또한 한국전자가 최근 공정기술에 애로 사항이 있어 공정기술 개발사업 과제를 검토 중인데, 이것도 과제를 위한 과제는 아닌 것이죠?"

박정수 대표는 한국전자가 제자리를 찾아가고 있다는 확신이 든다. 기업별 맞춤형 전략에 맞는 개발 과제 이슈를 해결하고 있는 것이다. 김한수 대표는 정부지원 과제는 정리되고 있다는 생각이 든다. 하지만 정부지원 과제 이외에도 다양한 제도가 있어 제도 전반에 대한 이해도를 높일 필요성이 있음을 깨달았다.

"박 대표님, 벤처기업 혜택 중 현물출자 부분이 잘 이해가 가지 않습니다. 자세한 부연 설명 부탁드립니다."

"기업이 성장함에 따라 자본금 증자 이슈가 있습니다. 기업이 성장하다보면 부채가 늘어나고, 자본금 증자의 필요성이 생기며, 투자를 진행함에 따라 적정 자본금 증자 이슈가 발생하는 것입니다. 자본금 증자 이슈에서 중소기업 임직원이 현금으로 출자하기란 어려운 일이지요. 중소기업의 성장과정에서 특허권을 법인이 아닌 중소기업 대표 또는 임직원이 보유한 경우, 〈벤처기업육성에 관한 특별조치법〉에 따라 벤처기업은 산업재산권을 현물출자할 수 있습니다."

"잘 이해가 가지 않네요. 구체적으로 설명해주세요."

"보통 기업에서 출자하는 경우 현금출자만을 생각하는데, 김 대표도 한국전자에서 출원한 특허권 등 중에서 김 대표가 아이디어를 제안해서 진행된 사례가 종종 있지요?"

"네, 그럼요. 제가 아이디어를 내서 출원한 특허가 꽤 있는걸요."

"김 대표가 특허권자가 되는 경우 현물출자를 진행할 수 있습니다. 개인이 특허권자인 경우 특허권을 활용해 현물출자를 진행할 수 있다는 의미입니다. 현물출자는 〈벤처기업육성에 관한 특별조치법〉에 따라 진행되는 절차입니다. 따라서 공인평가기관을 통해 기술가치평가를 진행하고 평가결과를 기반으로 법원에 현물출자 인가 신청을 합니다. 이후 법원에서 인가가 결정되면 이사회 결의를 통해 현물출자를 진행하면 됩니다. 즉, 현금 없이 특허권만으로 자본금을 증자하는 효과가 있습니다.

이때, 주의해야 할 사항이 세금문제입니다. 당연히 김 대표는 현물출자를 통해 수익을 얻었으므로 세금을 납부해야 합니다. 이 경우에는 우선 한국전자에서 원천징수로 세금을 납부해야 합니다. 세금은 현물출자의 경우 기타 소득으로 구분되어 총 소득의 60%는 공제가 되고 나머지 금액 40%에 대해 22%의 세금을 납부하면 됩니다. 즉, 1억 원의 현물출자를 진행한 경우 세금은 4천만 원의 22%이므로 880만 원이 됩니다. 이 금액을 납부하면 모든 절차가 완료되는 겁니다."*

한 기업의 대표는 다양한 제도에 대해 이해해야 한다. 다양한 제도를 통한 성장전략은 기업 입장에서 성장 비타민과 같다.

"와우! 벤처기업에는 엄청난 혜택이 있군요. 박 대표님이 컨설팅 진행 과정에서 기술사업화와 오픈이노베이션을 특히 강조하셨는데 기술사업화 과제를 정부과제로 지원할 수도 있나요?"

"중소기업에서 기술사업화 과제라고 하면 와 닿지 않을 수도 있으니, 우선 자격 조건을 중심으로 살펴보죠."

"네, 과제의 종류가 너무 다양해서 기업 입장에서 어떤 과제에 지원해야 할지 어려움이 있었습니다."

"기술사업화 과제는 주로 산업통상자원부에서 진행하는 R&D재발견프로

* 쉽게 설명하면, 총 소득의 8.8%가 세금으로 발생한다는 의미다. (2019년 세법 개정으로 기존 세율 4.4%에서 8.8%로 세율이 변경되었다.)

젝트가 대표적입니다. R&D재발견프로젝트는 기술 이전을 전제로 상품화 기술개발을 지원하기 위한 과제를 말하는 것입니다."

"그럼, 기술 이전을 받지 않은 기업은 지원 대상에서 제외되나요?"

"기본적으로 기술 이전을 전제로 진행되므로 기술 이전이 아닌 경우는 대상에서 제외됩니다. 하지만 사업 공고 시 기술 이전이 완료되지 않은 경우 기술 이전 확약서(기술 이전 의향서)를 제출하면 사업에 지원할 수 있으며, 협약 체결 전 기술 이전 계약서를 제출하면 사업을 수행할 수 있습니다."

"추가적인 자격 조건은 없나요?"

"기업 간 기술 이전은 지원 대상이 아니고 기본적으로 대학교나 출연연 등 공공기술을 기업이 이전받은 경우가 지원 대상입니다."

"과학기술정보통신부와 산업통상자원부의 주요 지원 사업은 전에 설명했던 자료를 참고해서 세부 내역을 꼼꼼히 챙겨야 될 거야(부록 참조). 대신 염두에 두어야 할 것이 있네. 과학기술정보통신부와 산업통상자원부 과제의 경우 과제 기획에 심혈을 기울여야 하므로 한국전자가 역량을 갖추고 조금 더 성장한 후에 지원해야 될 거야."

"박 대표님, 오늘 많은 도움이 됐습니다. 앞으로 자체 R&D뿐만 아니라, 정부 R&D도 적극 활용하면 한국전자의 성장에 큰 도움이 되리라는 희망을 찾았습니다."

한국전자는 이제야 R&D 전반의 그림을 완성해간다. 한국전자는 김익순 교수의 기술 이전을 받아 기술 지도와 함께 한국산업단지공단의 이전기술사업화과제에 선정되어 기술을 완성도를 높여 상품화를 진행하게 되었다. 또한 내부 R&D 인력의 역할 강화를 위해 산업단지공단의 현장 맞춤형 교육훈련을 이용했다.

김한수 대표는 한국전자의 R&D 전략의 틀을 마련하며 '오픈이노베이션'을 성장의 발판으로 삼는다. 드디어 한국전자는 정부 지원사업을 맞춤형 전략으로 승화했다. 이는 김 대표가 고민한 흔적이기도 하다. 이를 통해 한국전자의 경쟁력이 배가될 것이다. 한국전자호는 비바람을 헤치고 태양이 내리쬐는 잔잔한 바다로 진입하고 있었다.

인재 확보의 틀을 마련하다

김한수 대표는 최근 회사가 성장하면서 분위기 쇄신의 필요성과 우수 인재의 영입의 필요성을 느꼈다. 한국전자의 미래를 이끌어갈 인재 확보 방안에 대한 고민이 깊어가고 있다. 김한수 대표는 진시황과 인재 경영에 대한 이야기를 생각하고 있다. 사실 진시황은 '분서갱유'와 '만리장성' 때문에 폭군이라는 이미지로 강하게 각인되어 있다. 하지만 그가 세운 많은 업적 중 하나는 바로 인재 등용이지 않을까 하는 생각이 든다. 인재 등용으로 인하여 진나라가 경제적 부흥을 이뤘고 통일이라는 위업도 이룰 수 있었다는 것이다.

능력만 있으면 신분과 출신지를 따지지 않고 인재를 등용하는 포용 정책을 펼친 진시황. 그는 법률가인 이사李斯와 무사인 왕전王翦, 그리고 한나라 출신의 토목 전문가인 정국鄭國을 등용한다. 운하 건설을 맡은 정국은 건설 사업을 통해 진나라의 땅을 비옥한 옥토로 재구축한다. 이를 통해 진나라를 가장 부유한 나라로 만든다.

이렇게 중용된 외국 출신 고관들을 객경客卿이라고 한다. 당연히 진나라 출신 왕족이나 귀족들은 객경들을 질시했다. 한나라 출신인 정국의 간첩 사건과 한나라 출신 재상 여불위呂不韋의 숙청 이후, 진나라의 기득권 세력들은 "객경들은 궁극적으로 본국에 충성하는 자들이니 쫓아내야 한다"고 진언했다. 진시황은 이를 받아들여 '객을 모두 쫓아내라'는 축객령逐客令을 내린다.

진나라의 재상에 오른 인물 이사는 이 대목에서 등장한다. 초나라 출신인 그는 당시 진 조정의 젊은 벼슬아치에 불과했지만 진시황에게 축객령을 거두라는 '간축객서諫逐客書'를 올린다. 그리고 묻는다. "진 나라 왕궁을 장식하는 곤산의 옥玉을 비롯한 수많은 보물과 후궁에 있는 숱한 미녀들 모두 원래부터 진 나라의 것이었느냐"고. 그 간언의 말미는 이렇게 맺어진다.

"태산이 큰 것은 모든 흙을 뿌리치지 않았음이요. 강과 바다가 깊은 것은 작은 물줄기라도 가리지 않았기 때문이다泰山不讓土壤, 故能成其大. 河海不擇細流, 故能就其深."

진시황은 결국 그의 간언을 받아들여 축객령을 거둔다. 그리고 찬란한 중국 최초 통일 왕조의 설립자가 된다. 객客이란 결국 나와 다른 남, 즉 이기異己다. 지도자가 이를 어떻게 받아들이느냐에 따라 나라는 흥성과 쇠망의 길로 나뉜다. 나와 다른 것을 모두 배척한다면 용렬함이다. 국가를 융성으로 이끌 수 없다. 이와 같은 인재등용으로 말미암아 진시황은 다양한 출신의 인재를 적재적소에 배치함으로써 진나라를 부강하게 만들며 통일의 초석을 다졌다.

한국전자도 인재 등용의 기틀을 다져야만 기업 경쟁력을 확보할 수 있다. 김한수 대표는 고민에 고민을 거듭하며 인재 등용의 기반 구축에 고심하고 있었다.

김한수 대표가 고민하는 사이 장정윤 대표는 또 다른 음모를 꾸미고 있었다. 서울 르네상스 호텔 커피숍. 장정윤 대표가 먼저 와서 좋아하는 카페라테를 마시고 있다. 오늘따라 장정윤 대표는 한껏 멋을 부렸다. 마치 모델과 같은 자태를 자랑하며 세계음향이 글로벌 기업으로 성장했다는 증표를 나타내는 듯하다. 진한 파랑색 정장과 붉은색 스카프가 요술을 부리듯 한 몸이 되어 요염한 포즈를 취하고 있다. 호텔 커피숍 주변의 손님들이 장정윤 대표를 흘끗흘끗 쳐다보며 이야기를 나누고 있다.

한국전자 이민우 팀장이 장정윤 대표 앞으로 다가선다. 이민우 팀장은 장정윤 대표를 보고 숨 막힐 듯한 표정을 짓는다. 장정윤 대표가 이민우 팀장에게 손을 내민다. 이민우 팀장은 어정쩡한 자세로 악수를 한다.

"이 팀장, 오랜만이야."

"장 대표님은 그동안 좋은 일이 많았나봅니다. 이 자리에서 장 대표님을 뵈니 제가 기절할 정도로 눈부시게 아름답습니다."

"하하, 칭찬을 들으니 기분이 나쁘진 않은데."

장 대표는 담뱃불을 댕기며 본격적인 제안을 시작했다.

"이 팀장, 자네에게 제안하나 하겠네. 우리 세계음향에 합류해주지 않겠나?"

이민우 팀장은 의아하다는 표정을 짓는다.

"장 대표님께서 제안하시는 의도를 듣고 싶군요."

장정윤 대표는 음흉한 미소를 머금은 채 이민우 팀장을 뚫어지게 쳐다본다.

"이 팀장은 한국전자 지분이 전혀 없는 것으로 알고 있는데, 사실인가?"

"지분이 전혀 없는 것은 맞습니다."

"우리 세계음향에는 우리사주 제도가 있으며, 이 팀장이 합류해준다면, 당장 회사 지분의 10%를 매입할 수 있는 스톡옵션을 제안하겠네. 자네가 세계음향으로 와준다면 연구소장 겸 상무 자리를 받게 될 거야."

이민우 팀장은 순간적으로 갈등한다. 인간이기에 매순간 갈등할 수밖에 없는 것이다. 하지만 이민우 팀장은 한국전자와 함께하며 자신이 성장하고 있음을 느낀다.

"저는 한국전자야말로 제 꿈을 이룰 회사로 알고 지금까지 불철주야 연구개발에 매달리고 있습니다. 그리고 한국전자는 저에게 전권을 주고 기술개발의 주도권을 쥐게 해주었습니다. 조만간 세상을 깜짝 놀라게 할 일이 벌어질 것입니다."

장 대표는 담배 연기를 이 소장의 얼굴에 뿜으면서 그의 얼굴에 바짝 붙었다. 그리고는 표독스런 표정을 짓자 이민우 팀장은 긴장을 감추지 못하며 쩔쩔맸다.

"장 대표님, 세계음향은 문익주 부사장이 있으므로 개발에는 전혀 문제가 없을 것으로 생각되는데요?"

사실 이민우 팀장은 문익주 부사장을 잘 안다. 사업을 이끌어가는 수완에는 탁월하지만, 세부적인 업무 처리에는 문제가 있음을 누구보다 잘 알고 있다. 따라서 이민우 팀장은 세계음향의 마지막이 어떻게 흘러갈지를 알고 있는 듯하다.

"이 팀장도 알다시피, 문익주 부사장은 개발보다는 정치에 관심이 많잖아."

이민우 팀장의 얼굴에 회심의 미소가 퍼져나갔다.

'역시, 예측한 대로 세계음향이 정상 궤도에서 벗어나고 있어.'

"세계음향에서 1인 가구용 음향기기를 개발하고 있는데 생각처럼 쉽지가 않네. 또한 지금까지 음향 관련 기술력은 누구보다 우수하다고 자신했는데 1인 가구의 특성을 반영하여 블루투스 기능 등을 추가하는 데 하울링* 같은 문제점이 지속적으로 발생하고 있어. 해결 방안을 찾지 못하고 있지."

"장 대표님은 한국음향 시절에도 누구보다 뛰어난 수완을 발휘하여 한국음향을 여러 번 위기에서 구하지 않으셨나요?"

"그땐 그랬지…. 하지만 지금은 아니야."

"제가 보기에는 그때보다도 훨씬 원숙미가 묻어나고 있으며, 대표님의 큰 그림을 수용할 수 있는 사람과 함께 하셔야 훨씬 더 효과가 좋을 듯합니다."

이민우 팀장은 자리에서 일어난다. 이민우 팀장은 장 대표와의 만남을 통해 인재 확보의 중요성을 깨닫는다.

"장 대표님, 오늘 만남은 없었던 것으로 하겠습니다. 장 대표님께 한마디만 드리겠습니다. 장 대표님은 세계음향의 대표이십니다. 세계음향의 직원들이 장 대표님을 믿고 따르도록 항상 신뢰를 줄 수 있는 CEO가 되시길 부탁드립니다."

장정윤 대표는 얼굴이 붉으락푸르락하며 담배를 연거푸 문다. 장정윤 대표는 표정을 고치고 웃음을 머금은 채 이민우 팀장의 귀에 속삭인다.

"당신이 세계음향에 온다면, 문익주 부사장을 밀어내고 그 자리를 주겠네."

이민우 팀장은 흠칫 놀란다. 장 대표는 상종 못할 사람이라 느낀다. 언제든지 자기 수족을 잘라낼 수 있는 무서운 발톱을 숨기고 있는 여자다. 오늘의 만남을 통해 세계음향이 정상 궤도를 찾지 못하고 있음을 다시 한 번 확인할 수

* 출력된 신호가 입력 쪽으로 돌아오면서 소음이 발생하는 현상.

있었다.

"하하, 장 대표님. 농담이 지나치십니다. 오늘의 만남은 없었던 것으로 하겠습니다."

장정윤 대표는 당황하며 얼굴이 흙빛으로 변한다.

'김한수 대표, 당신은 이민우 팀장 같은 사람과 함께하다니 복을 타고 났구나.'

장정윤 대표는 마음속으로 독백을 이어나갔고, 이민우 팀장은 자리에서 일어나 나간다.

한국전자 대표이사 집무실. 이민우 팀장과 김한수 대표가 마주앉았다. 이민우 팀장은 오늘 벌어진 일을 김한수 대표께 구두로 보고했다. 김한수 대표의 미간이 일그러졌다.

"장 대표, 이 사람 안 되겠구먼."

이민우 팀장은 심각한 표정으로 김한수 대표에게 말을 이어가고 있었다.

"대표님, 장 대표만 나무랄 일이 아닙니다."

"무슨 뜻인가?"

"장 대표가 던진 화두는 인재전쟁의 서막序幕이 올랐다는 뜻입니다."

"음, 인재전쟁이라…. 이 팀장 자네 생각은?"

"대표님, 우리 연구소도 직원들의 불만이 점차 증가되고 있는 상황이며 우수 인재를 유치하기 위한 다양한 제도를 시행해야 합니다."

김한수 대표는 조용히 이민우 팀장의 이야기에 귀를 기울인다. 사실 김한수 대표도 인재의 필요성을 절감하고 있는 차에 인재전쟁의 서막이 올랐음을 상징적으로 깨닫게 되었다.

"그럼 이 팀장, 인재 유치를 위한 복안은 있는가?"

"우선 대표님께서 우수 직원 채용을 위해 국가과학기술연구회가 시행 중인 기술혁신형 중소기업 연구인력지원사업을 검토하실 필요가 있을 것으로 사료됩니다. 또한 기존 직원의 의욕을 고취하기 위해 우리사주 제도를 도입하고 우수인재 채용을 위한 스톡옵션제도 마련해야 합니다."

이민우 팀장은 목에 힘주어 이야기를 이어갔다. 김한수 대표도 무언가 생각하는 듯 잠시 눈을 감는다.

"이 팀장, 좋은 제도라고 판단됩니다. 당장 관련 규정을 검토해서 도입 방안을 보고하도록 하세요."

이민우 팀장은 자료를 준비한 후 다시 김한수 대표 앞에 앉았다.

"우선 첫 번째로 연구인력 지원사업에 대해 말씀드리겠습니다. 연구인력 지원사업은 중소기업이 구조적으로 애로를 겪고 있는 고급 인재 유치에 정부가 지원하는 사업입니다. 사업의 개요는 이렇습니다. '이공계 석·박사급 우수 연구인력 및 경력 연구인력의 공급·활용을 통해 중소기업의 기술개발 역량 및 기술경쟁력을 제고한다.' 중소기업에서 고급인력을 채용하고자 할 경우 마땅한 고급인력이 없고, 설사 있다 하더라도 인건비 부담이 너무 크니, 인력을 기반으로 하는 기술혁신형 중소기업의 애로 사항을 해결하기 위해 추진된 사업입니다."

중소기업에서 핵심인력 확보는 중소기업의 명운을 좌우한다. 하지만 핵심인력을 확보하기 위한 수단이 많지는 않다. 이러한 중소기업의 어려움을 해소하기 위해 연구인력 지원사업이 등장한다. 하지만 아직도 많은 중소기업에서 연구인력 지원사업을 모르고 있다. 기술혁신형 중소기업은 이를 적극적으로 활용하는 전략이 필요하다.

"우리 같은 중소기업에는 단비와 같은 제도인걸."

"네, 맞습니다. 세부적으로 살펴보면 세 트랙으로 구분되어 진행됩니다. 트랙1은 공공연구기관 연구인력 파견사업, 트랙2는 선진 석박사 연구인력 채용사업, 트랙3은 고경력 연구인력 채용사업입니다. 예를 들어 정부출연연구소 등과 연구개발 및 기술 이전 등을 진행하는 기업의 경우 트랙1 과제를 통해 연구개발 역량을 높일 수 있습니다. 해외 석박사 유치를 희망하는 기업의 경우는 트랙2를 활용하면 기업의 경쟁력을 높일 수 있고요. 또한 고경력 연구인력은 관련 분야 네트워크가 풍부하므로 연구개발뿐만 아니라 사업화에 도움을 주기도 합니다. 결국 기업의 경쟁력을 배가시킬 수 있는 사업입니다."

"본 사업을 통한 인건비 부담 수준은 어떤가?"

"네, 기준 급여의 50%만 부담하는 사업이므로 기업 입장에서 우수인력을 저렴한 비용으로 활용할 수 있습니다. 적극적으로 활용하면 한국전자의 경쟁력에 날개를 달아줄 것으로 보입니다."

"이 팀장, 인력 수급 계획을 검토하고 당장 신청하도록 하지."

"네, 알겠습니다. 대표님, 두 번째로 스톡옵션과 우리사주 제도의 도입에 대해서 말씀드리겠습니다."

김한수 대표는 잠시 표정이 어두워졌다. 2000년대 초반에 스톡옵션 대박 광풍이 불어 벤처붐이 일었다가 사그라져간 경험 때문이었을까.

"대표님, 기업은 성장함에 따라 기업가치가 증가합니다. 그러니 지분을 보유하고 있는 임직원은 자본이득을 취할 수 있습니다. 하지만 회사주식을 보유하지 못한 임직원은 회사의 성장에 따른 과실을 공유할 수 없습니다. 따라서 회사 내에서 상대적 박탈감이 존재할 수 있으므로 우리 회사에서 제도 도입을 적극 검토해야 할 때라 생각됩니다."

우리사주 제도와 스톡옵션은 흔히 접하던 용어다. 2000년대 초반 스톡옵션으로 대박이 난 회사 직원들 기사가 심심찮게 회자되곤 했었다. 이를 통해 우수인력을 유치하며 벤처기업은 기업성장의 신화를 쓰기도 했다. 이러한 분위기는 우수인력의 공급이 원활하게 만들어 벤처기업 중 우수한 기업이 넘쳐나도록 하는 계기가 되었으며 선순환의 생태계가 만들어지기도 했다.

"좋아. 한국전자는 임직원의 역량을 통해 꿈을 실현하는 조직이어야 하지. 적극적으로 검토하도록 하겠네."

벤처기업 성장의 가장 큰 걸림돌 중 하나가 바로 우수인재 유치다. 벤처붐이 일었던 2000년대 초반에는 우수인재가 넘쳐났었다. 최근 창업자와 근로자의 동업자적 성장 촉진을 위해 정부는 우리사주에 대한 세제지원을 확대하기로 하였다. 핵심 인재 유입을 촉진하고 성장 과실이 공유될 수 있도록 벤처기업 스톡옵션 비과세를 10년 만에 재도입하기로 한 것이다.

"마지막으로 연구소 직원에 특화된 퇴직연금제도를 말씀드리겠습니다. 바로 과학기술인공제회를 통한 퇴직연금 가입입니다. 과학기술인공제회는 과학기술정보통신부의 과학기술인공제회법에 따라 설립된 기관으로 출연연, 과학기술지원기관, 한국기술사회 등 한정된 자격만 가입할 수 있는 제도였으나, 최근 문호가 대폭 확대되어 중소기업 부설연구소 직원도 가입할 수 있도록 제도가 개선되었습니다."

과학기술인공제회(출처: www.sema.or.kr)

과학기술인공제회법에 의해 설립된 기관으로 과학기술인에 대한 효율적인 공제제도를 확립함으로써 과학기술인의 생활안정과 복지증진을 도모하고 아울러 과학기술활동을 활성화하며 과학기술 분야의 국가경쟁력 제고에 이바지함을 목적으로 하며, 과학기술인연금, 적립형공제급여, 목돈급여, 복지제도 운영 등을 지원한다. 회원자격은 다음과 같다.

1. 〈과학기술분야 정부출연연구기관 등의 설립·운영 및 육성에 관한 법률〉 제8조에 따라 설립된 연구기관, 같은 법 제18조에 따라 설립된 연구회 및 같은 법 제33조에 따라 설립된 대학원대학의 임직원

2. 〈특정연구기관 육성법〉 제2조에 따른 특정연구기관의 임직원

3. 〈기초연구진흥 및 기술개발지원에 관한 법률〉 제14조의2제1항에 따라 인정받은 기업부설연구소의 임원·연구원 및 그 소속 직원

4. 〈엔지니어링산업 진흥법〉 제21조제1항에 따라 신고한 엔지니어링사업자의 임직원

5. 〈기술사법〉 제6조에 따라 개설된 기술사사무소의 기술사 및 그 소속 직원과 같은 법 제14조에 따라 설립된 기술사회의 회원 및 임직원

6. 〈산업기술연구조합 육성법〉 제8조제1항에 따라 설립인가를 받은 산업기술연구조합의 임직원

7. 〈국가정보화 기본법〉 제14조에 따른 한국정보화진흥원 및 〈정보통신망 이용촉진 및 정보보호 등에 관한 법률〉 제52조제1항에 따라 설립된 한국인터넷진흥원의 임직원

8. 〈민법〉 또는 다른 법률에 따라 설립된 과학기술 분야 비영리법인의 임직원

— 〈과학기술공제회법〉 제6조 회원의 자격

김한수 대표는 과학기술인공제회라는 명칭을 처음 들어 생소하게 느껴졌다.

"과학기술인공제회에 가입하면 우리 직원들은 어떤 혜택을 받을 수 있나?"

"중소기업의 복지는 대기업에 비해 취약한 것이 현실입니다. 과학기술인공제회의 연금은 복리로 4.5% 이상을 보장하는 제도로 시중 금융기관과 비교할 수 없는 우월적인 퇴직연금제도입니다. 이를 통해 연구소 직원들의 미래 안정성을 확보할 수 있습니다. 또한 가입 회원은 과학기술인공제회의 다양한 복지 혜택을 받을 수 있습니다. 즉, 과학기술인공제회가 보유한 콘도 사용과 각종 복지 서비스 혜택을 받을 수 있어 한국전자의 차별화된 복지제도를 수립할 수 있다고 하겠습니다."

중소기업에서 핵심인재를 확보하기 위한 수단으로 과학기술인공제회를 적극 활용할 필요성이 있다. 과학기술인공제회의 퇴직연금, 적립금 제도를 활용하면 우수인재 유치에 도움이 된다.

"과학기술인공제회와 같은 좋은 제도를 활용하면 중소기업이 대기업 이상의 복지제도를 운영할 수 있는 원리인 것이야. 이를 통해 인재 유치 전쟁에서 유리한 고지를 선점한다면, 한국전자는 인재전쟁의 승리자가 되겠군."

한국전자는 우수인재 유치를 통해 성장을 발판을 마련하기로 하고 내부 제도화를 위해 한걸음 다가선다. 인재전쟁을 통해 한국전자는 오히려 내부 역량 강화를 위한 전략을 보완한다. 내실이 튼튼한 기업으로의 성장. 기업의 성과를 직원과 공유함으로써 파이를 키워 오히려 성과가 증대되는 전략이다. 뿌리가 튼튼한 기업이 되는 성장전략이라 할 수 있다. 우수인재 유치를 통한 성장전략은 중소기업의 숙원이기도 하다.

특허권을 통한 기술 보호와 기업 성장 전략

기업이 성장함에 따라 지식재산권 리스크가 사업의 위협 요소로 작용한다. 또한 특허권을 활용한 전략을 통해 기업의 지속성장을 위한 전략을 수립해야 한다. 이러한 지식재산경영전략에 대한 이해를 기반으로 기업의 방향성을 수립해야 한다. 따라서 중소기업에는 특허권의 창출과 보호 그리고 특허권을 활용하는 전략이 필요하다. 중소기업에는 특허권을 기반으로 한 기술 보호 전략이 필요한 셈이다.

또한 특허권을 활용한 다양한 인증전략은 기업 성장을 배가할 수 있다는 점을 이해해야 한다. 보통 중소기업에서 특허를 출원하는 과정을 살펴보면 R&D를 완료한 이후에 특허권을 출원하고는 한다. 그런데 이 프로세스로는 중요한 특허권 출원의 기회를 상실할 수 있으므로 R&D를 수행하기 전에 특허 전략을 수립해야 마땅하다. 이를 IP-R&D라고 한다. 즉, IP-R&D 사업을 통해 R&D의 방향성을 확보하고 진행하고자 하는 R&D 분야에서 '강한 특허권'을 확보하는 것이 특허의 포트폴리오를 구축해 지식재산경영이라는 목표를 달성할 수 있는 것이다.

<도표 3-2> IP R&D 프로세스

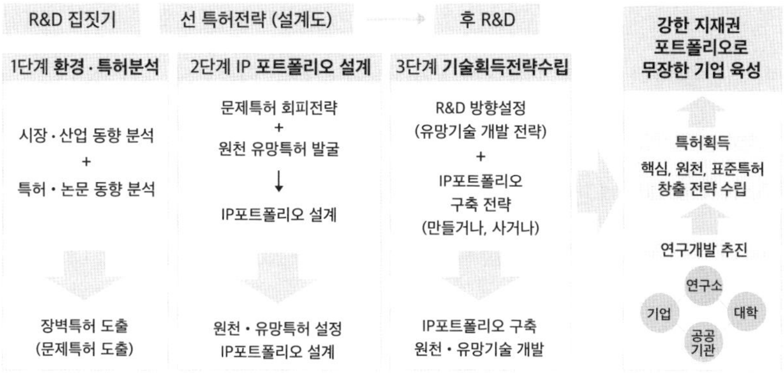

R&D 집짓기	선 특허전략 (설계도)	후 R&D	강한 지재권 포트폴리오로 무장한 기업 육성
1단계 **환경 · 특허분석**	2단계 IP **포트폴리오 설계**	3단계 **기술획득전략수립**	
시장 · 산업 동향 분석 + 특허 · 논문 동향 분석	문제특허 회피전략 + 원천 유망특허 발굴 ↓ IP포트폴리오 설계	R&D 방향설정 (유망기술 개발 전략) + IP포트폴리오 구축 전략 (만들거나, 사거나)	특허획득 핵심, 원천, 표준특허 창출 전략 수립
장벽특허 도출 (문제특허 도출)	원천 · 유망특허 설정 IP포트폴리오 설계	IP포트폴리오 구축 원천 · 유망기술 개발	연구개발 추진 연구소, 기업, 대학, 공공기관

IP-R&D란 무엇인가? IP-R&D는 네 가지 세부 전략이 있다. 첫 번째로 핵심특허 대응 전략, 두 번째로 강한 특허 확보 전략, 세 번째로 제품 개발 난제 극복을 위한 신규 아이디어 창출 전략, 마지막으로 R&D 방향 제시다. 각 기업별로 처한 상황이 상이하므로 이에 맞는 맞춤형 전략으로 진행해야 한다.

단, IP-R&D는 특허전문가와 내부 담당자가 유기적인 협조 하에 진행해야 한다. 기업 내부 엔지니어, 특허담당자 그리고 외부 전문가가 집중해서 진행하지 않으면 좋지 않은 결과가 창출될 수 있다. 이러한 이유로 IP-R&D 사업 추진 시 기업 대표가 사업 추진 담당직원들에게 힘을 실어주어야 한다.

제품을 보호하기 위한 제도로 특허권과 함께 기술임치제도를 운영하고 있다. 기술임치제도를 활용함으로써 중소기업의 제품을 보호할 수 있으므로 이에 대한 이해가 필요하다. 기술임치제도는 대·중소기업·농어업협력재단에서 운영하고 있다. 기술임치제도의 도입 계기는 대기업이 우월적 지위를 남용해 중소기업에 핵심 기술을 요구하는 일이 빈번히 발생하자 중소기업이 지속적인 사업을 영위하는 것에 어려움이 발생하는 데 있다. 중소기업의 기술 유출로 인한 기술적, 경제적 손실이 우려되고, 이는 국가적 손실로 이어질 개연성이 커짐에 따라 기술임치제도는 국가경쟁력 강화의 일환으로 도입되었다.

즉, 중소기업은 핵심 기술정보를 제3의 신뢰성 있는 기관인 대·중소기업·농어업협력재단에 보관하여 두고, 중소기업의 기술유출이 발생하였을 경우 임치물을 이용하여 기술개발 사실을 입증할 수 있도록 한다. 또한 대기업은 중소기업이 파산·폐업 등을 한 경우 해당 임치물을 이용하여 지속적인 유지보수 및 기술사용이 가능하게 하는 제도가 기술임치제도다. 특허를 출원, 등록하였을 경우에는 특허를 통해 보호를 받지만 그렇지 않은 경우 기술 보호를 위해 기술임치제도가 필요하다.

기술임치제도는 다음과 같은 경우에 유용하다. 첫째, 특허를 출원하지 않는 경우. 둘째, 내외부 관계자에 의한 기술유출이 우려되는 기업. 셋째, 대기업 등 사용기업에게 핵심 기술의 제공을 요구받고 있는 기업. 넷째, 영업단계에서 사용기업에게 해당 기술에 대한 신뢰성을 보장하고 싶은 기업. 다섯째, 개발 기술 자료들을 안전하게 백업하고자 하는 IT/SW 기업 등. 이상과 같이 다양한 경우에 유용한 제도로 활용할 수 있다. 기술보증기금의 특허공제사업도 기업의 특허위협으로부터 보호를 받을 수 있다. 중소 중견기업의 IP 리스크를 완화, 해소하고 해외진출을 뒷받침하여 공제가입 기업의 안정적인 경영기반을 제공하기 위해 정부에서 지원하는 사업이다.

특허공제사업은 공제가입 기업이 해외특허 출원이나 특허분쟁 발생시 정부 지원을 받을 수 없거나 지원이 불충분할 경우를 대비한 유용한 대안으로, 정부의 중소, 중견기업 IP보호 지원의 사각지대에 놓인 기업들의 애로를 해소할 수 있다.

특허권을 활용한 인증제도에 대해서 알아보자. 중소기업이 공공조달시장에 진입하기 위해서는 다양한 인증제도를 활용해야 한다. 인증제도의 출발점은 특허권이다. 인증에는 조달우수제품과 NET New Excellent Technology, 신기술 인증, NEP New Excellent Product, 신제품인증, GS Good Software, 소프트웨어 인증 등이 핵심이다.

이러한 인증 절차를 진행 시 필수적으로 진행해야 하는 관문이 한국발명진흥회의 우수발명품 우선구매 추천제도다. 즉, 우수발명품 우선구매 추천제도는 NEP 인증 시 가점, 조달우수제품인증 시 가점이 있어 필수적으로 사전에 진행해야 하는 프로그램으로 이해해야 한다.

우수발명품 우선구매 추천제도는 한국발명진흥회를 통해 인증을 획득할 수 있다. 신청기업은 산업재산권(특허권, 실용신안권, 디자인권) 권리자, 전용실시권자 또는 통상 실시권자로 중소기업 또는 사업자등록을 필한 개인사업자이면 신청 가능하다.

우수발명품 우선구매 추천제도는 국가기관, 지방자치단체, 공공기관 등에 추천하여 중소기업의 판로를 확대하는 제도인 만큼 관련 제품의 매출이 있으면 선정될 확률이 높다. 우수발명품 우선구매추천제도 신청 절차는 다음과 같다. 한국발명진흥회 홈페이지에 우선구매 신청을 하면 신청절차는 마무리 되고 이후 절차는 한국발명진흥회에서 진행한다. 이후 절차는 우선구매 추천대상 심사→우선구매 추천대상 선정→우선구매 추천의뢰(한국발명진흥회)→우선구매추천(특허청)순으로 진행된다. 추천심사기준은 기술 및 제품의 우수성(30점), 구매 효과성(30점), 품질 보증 및 물품공급능력(40점)으로 구성되어 있어 관련 시험결과물과 매출근거가 있으면 선정될 확률이 높으므로 사전에 관련 요건을 맞추어 준비하는 것이 중요하다.

우수조달물품 지정제도에 대해 알아보자. 우수조달물품 지정제도는 조달물자의 품질향상과 중소, 벤처기업의 판로를 지원하기우해 성능·기술 또는 품질이 뛰어나 물품을 우수조달물품으로 지정하여 수의계약 등을 통해 각 수요기관에 우선 공급하는 제도이다. 우수조달물품 인증을 잘 활용하면 중소기업의 판로개척에 많은 도움을 받을 수 있다.

우수조달물품 인증제도에 지원할 수 있는 자격조건은 NEP 또는 신제품 인증(NEP)을 포함한 제품, NET가 적용된 제품, 특허 또는 실용신안이 적용된 제품, GS 인증제품이다. 우수조달물품 인증대상을 자세히 살펴보면 '제품'이 대상이라는 사실을 알 수 있다. 따라서 NET, 특허 또는 실용신안의 경우 제품에 대한 성능인증이 추가적으로 요구된다.

우수조달물품 인증제도는 일반적으로 특허/실용신안 제품으로 출발한다. 따라서 특허/실용신안 제품의 경우 추가 인증이 필요하다. 추가 인증에는 다양한 인증이 있다. 성능인증EPC, 우수재활용GR, 환경표지환경마크, K마크, 우수품질 소프트웨어GS, 고효율에너지기자재, 자가품질보증제품, 지능형 로봇 품질인증R마크, 보건제품 품질인증GH 등이 있어 종류가 상당히 많은데 이중 가장 중요한 부분이 성능인증이라고 할 수 있다.

성능인증 규정은 '중소기업기술개발제품 우선구매제도 운영 등에 관한 시행세칙'에 규정되어 있다. 동법 제6조에 따르면 성능인증 대상 제품은 신기술의 인증을 받은 제품, 신뢰성인증을 받은 제품, 신제품의 인증을 받은 제품 그리고 중소벤처기업부장관이 정하여 고시한 제품이라고 대상 제품을 정의하고 있다.

그리고 신청 시 유효기간을 확인해야 하는데 유효기간이 정해져 있는 신청제품에 관한 규정을 살펴보면 다음과 같다. 첫 번째, 국가기관이 법률에 근거하여 인증한 제품의 경우에는 인증획득일로부터 3년 이내. 두 번째, 특허제품은 7년 이내, 실용신안제품은 3년 이내. 세 번째, 기술개발사업에 의하여 개발된 제품은 성공 고지된 날로부터 3년 이내. 이상과 같이 규정되어 있으므로 규정에 맞는지 사전에 검토한 후 진행하는 전략이 필요하다.

성능인증제품에 관한 혜택은 '중소기업제품 구매촉진 및 판로지원에 관한 법률' 제3장 기술개발제품 우선구매 지원의 제13조에 '기술개발제품 등에 대한 우선구매조항'을 확인하면 된다. 즉, '기술개발제품의 구매목표비율은 중소기업물품 구매액의 10% 이상으로 구매해야 한다'라고 규정하고 있다. 그리고 국가를 당사자로 하는 계약에 관한 법률 시행령에 의하면 성능인증을 받은 제품은 수의계약에 의할 수 있는 경우로 명시하고 있다.

조달우수제품 심사절차는 다음과 같다. 조달우수제품은 1차 심사와 2차 심사로 구분하여 진행한다. 1차 심사는 우수조달물품 지정기술심의회에서 심사하며 가구제품, 일반제품, 소프트웨어제품 등으로 구분하여 진행한다. 심사위원은 대학교수, 변리사, 출연연구소 연구원, 시험연구원 소속의 연구원 등으로 5인에서 10인으로 구성된다.

1차심사시 중요한 부분 중 하나가 신인도 검사의 결과다. 1차 심사의 점수와 신인도 검사의 점수를 합산하여 70점 이상이면 합격이다. 신인도 검사를 통해 최대 5점의 가점을 확보할 수 있는데 이때 우수발명품 우선구매 추천제도를 통과한 업체는 2점의 가점을 확보할 수 있으므로 지혜롭게 활용하는 전략이 필요하다. 특이사항으로, 저작권 등록된 우수품질 S/W인증GS 제품은 심사특례가 적용되어 심사위원 3분의 2 이상이 '적절'로 평가한 경우 1차 심사가 통과되는 특례제도를 운용하고 있다.

2차 심사는 1차 심사를 통과한 제품을 대상으로 하는 심사로 생산현장 실태조사와 신기술 서비스업무 심의회에서 대상제품에 대한 종합검토를 통해 조달품목으로서의 타당성, 계약관리에 예상되는 문제점 등을 종합적으로 심사하여 우수조달물품 지정 여부를 결정한다. 조달우수제품의 자격조건은 NET, NEP, GS 인증 등이 있는데 이러한 인증에 대해 살펴보자.

신기술인증인 NET는 신청 시 유념해야 할 사항이 있다. 최초 기술이어야 하므로 선행기술 조사 등을 꼼꼼히 진행해야 한다는 점이다. NET는 산업기술혁신촉진법을 근거법령으로 환경부, 건설교통부, 보건복지부, 산업통상자원부등으로 구분하여 진행하며 가장 많이 신청하는 산업통상자원부의 경우 한국산업기술진흥협회에서 대행하고 있다.

NET 자격조건에 대해 살펴보면 다음과 같다. 첫 번째, 이론으로 정립된 기술을 시작품 등으로 제작하여 시험 또는 운영(이하 실증화 시험)함으로써 정량적 평가 지표를 확보한 개발완료기술로서 향후 2년 이내에 상용화가 가능한 기술이어야 한다. 두 번째, 실증화 시험을 통하여 정량적 평가지표를 확보한 개발완료 기술로서 향후 기존 제품 성능을 현저히 개선시킬 수 있는 기술이어야 한다. 마지막으로, 제품의 생산성이나 품질을 향후 현저히 향상시킬 수 있는 공정기술이어야 한다. 또한 NET는 인증유효기관이 3년 이내이며, 1회에 한하여 3년 이내 연장이 가능한 구조로 되어 있다.

마지막으로 인증 시 혜택을 보면, 다음과 같이 일곱 가지 혜택이 있다. 첫째, 신기술적용제품의 국가기관, 지자체 등에 우선구매추천(산업통상자원부). 둘째, 우수조달 제품 선정우대(조달청). 셋째, 중소기업 기술개발제품 우선구매대상 기술개발제품 성능인증 대상 및 심사 시 가점(중소벤처기업부). 넷째, 개발기술 사업화자금(중소벤처기업부) 우대. 다섯째, 혁신형 중소기업 기술금융 자원사업(기술보증기금) 우대. 여섯째, 국가 연구개발사업 신청 시 가점(산업통상자원부, 중소벤처기업부). 일곱째, 신기술실용화 유공 정부포상 대상.

NET는 규정상 의무구매 규정이 없다. 따라서 NET 인증 후 공공조달 시장에 진입하기 위해서는 우수제품인증을 받아야 한다. NET 인증은 우리나라 최고의 인증으로 NET 인증을 받으면 공공조달과 관계없이 민수시장에서도 기술력을 인정해 주고 있어 시장개척에 상당히 많은 도움을 받을 수 있다.

신제품 인증에 대해 살펴보자. 신제품 인증, 즉 NEP 인증은 최초의 제품에 한해 인증을 해주는 제도이기에 통과하기가 어려운 제도다. NEP는 제도 개선을 통해 각 부처에 흩어져 있는 인증기능을 산업통상자원부 기술표준원으로 인증기능이 통합됐으며 최근 인증심사기관이 사단법인 신제품인증센터에서 한국산업기술진흥협회로 업무가 이관되어 제도가 운영되고 있다.

우선 신제품 인증대상은 신제품 인증 및 구매촉진 등에 관한 운영요령에 명기되어 있다. 사용자에게 판매되기 시작한 이후 3년 이내의 제품으로 한정되며, 아래 여섯 가지 조건을 만족해야 한다. 첫 번째, 핵심기술이 국내에서 최초로 개발된 기술 또는 이에 준하는 대체기술로서 기존의 기술을 혁신적으로 개선 또는 개량한 기술. 둘째, 신청제품의 성능과 품질이 같은 종류의 다른 제품과 비교하여 뛰어나게 우수 할 것. 세 번째, ISO 인증 확보. 네 번째, 타인의 지식재산권을 침해하지 아니할 것. 다섯 번째, 기술적 파급 효과가 클 것. 여섯 번째, 수출 증대 및 관련 산업에 미치는 영향 등 경제적 파급 효과가 클 것.

따라서 신제품 인증의 대상에서 제외하는 항목은 다음과 같다. 첫째, 이미 국내에서 일반화된 기술을 적용한 제품. 둘째, 제품을 구성하는 핵심 부품 일체가 수입품인 제품. 셋째, 적용한 신기술이 신제품 고유기능과 목적을 구현하는 데에 필요하지 아니한 제품. 넷째, 엔지니어링 기술이 주된 시설인 경우. 다섯째, 식품, 의약품 및 의료기기법에 따른 의료기기. 여섯째, 누구나 쉽게 간단하게 모방할 수 있는 아이디어 제품. 일곱째, 과학적으로 증명되지 아니한 이론을 적용한 제품. 여덟째, 그 밖에 선량한 풍속에 반하거나 공공의 질서를 해칠 우려가 있는 제품 등이다. 요약해보면 신제품 인증을 받기 위해서는 혁신성이 구비되어야 통과가 가능할 수 있다는 의미다.

NEP 인증 시 혜택은 다음과 같다. 첫째, 공공기관 20% 의무구매(산업기술혁신촉진법, 산업통상자원부). 둘째, 우수제품 등록시 가점(조달청). 셋째, 공공기관 우선구매 대상(중소벤처기업부). 넷째, 산업기술혁신촉진법에 따라 산업기반자금 융자사업자 선정시 우대. 다섯째, 기술우대보증제도 지원대상(기술심사 면제). 여섯째, 혁신형 중소기업 기술금융지원(국민은행, 기업은행, 산업은행, 우리은행). 일곱째, 중소기업기술혁신개발사업에 가점(중소벤처기업부). 여덟째, 자본재공제조합의 입찰보증, 계약보증, 차액보증, 지급보증, 하자보증 우대 지원. 아홉째, 신기술실용화 정부포상 대상.

NEP는 수의계약조건이 가장 큰 특징이다. 즉, 공공기관 20% 의무구매 조항이 있어 기업의 입장에서 공공조달시장에 진입할 수 있는 인증이라 할 수 있다. 그리고 NEP 인증을 획득한 후 우수제품 등록을 진행하는 것이 일반적이다. NEP 인증심사는 모두 4단계의 절차를 통과해야만 인증을 취득할 수 있다. 절차를 살펴보면 다음과 같다.

우선 기업에서 관련 서류를 준비해서 신청을 하면 심사 절차에 돌입한다. 첫 번째 관문이 서류심사인데 이때도 기업에서는 발표자료를 준비해서 진행해야 한다. 또한 제품의 혁신성 등을 서류상으로 객관적으로 입증할 수 있어야 한다. 통상 1차 서류심사가 가장 중요한 관문이므로 많은 준비가 필요하다.

1차 서류심사가 통과되면 2차 현장심사가 진행된다. 현장심사는 실제로 제품을 생산하는 데 있어서 품질관리시스템이 있는지 등을 확인하는 절차다. 통상 제품평가와 품질경영체계 그리고 기타 사항으로 구분하여 평가한다. 세부 내용을 살펴보면 제품평가부문은 연구개발현황 및 기술개발방법(자체개발 내용, 비중등)과 제품의 국산화 및 부품 수입정도 그리고 제품개발의 문제점과 한계성 극복정도를 확인한다.

여기서 품질경영체계는 품질경영 및 자재의 관리정도, 공정관리의 상태(품질인증시스템) 및 제품의 품질관리 정도 그리고 시험 검사상태 및 부품 재료 완제품 관리상태 등을 말한다. 따라서 품질경영체계에서 좋은 점수를 받으려면 사전에 ISO 인증을 필수적으로 받아두어야 한다.

마지막 기타 사항은 서류심사 제출자료 진위여부, 제품의 시장성 및 지원 필요

내용, 부품, 재료 등의 국산화 정도, 제품설계 정도(독자설계, 외국 기술 도입 등)이다.

이어지는 단계가 제품심사다. 제품심사의 항목은 다음과 같다. 첫째, 신기술 적용제품에 대한 성능 및 품질 우위정도. 둘째, 제품시험 성능에 대한 객관화 및 평가방법 인증기준의 적정성. 셋째, 제품의 구조 및 성능. 넷째, 시험성적서 제출. 다섯째, 추가확인 필요자료 등이다.

마지막 최종 관문이 종합심사다. 종합심사는 인증기준의 적합여부, 서류 현장 제품심사 결과 적정 및 인증의 필요성 등을 검토하여 인증여부를 결정한다. NEP 인증은 준비해야 할 서류가 방대하기 때문에 준비에 많은 시간이 소요된다. 물론 인증 시 혜택은 커다란 매출로 돌아오는 효과가 있다.

신제품 인증 시 신청 구비서류는 다음과 같다. 첫째, 신제품 인증 신청서. 둘째, 신청제품 설명서. 셋째, 신기술성을 증명하는 자료. 넷째, 품질경영 및 공산품 안전관리법 제2조 제2호에 따른 품질경영체계를 갖추고 있는지에 대한 설명자료 또는 국제표준화기구ISO의 인증서. 다섯째, 다른 법률에서 해당 제품에 대한 사용 전 검사, 검증 등을 필요로 하는 경우에는 그 절차를 거쳤음을 증명하는 자료. 여섯째, 신청제품 관련 공인시험기관 시험성적서. 일곱째, 신청제품 관련 실용화 자료(납품실적증명서, 계약서, 거래명세표, 세금계산서 등). 여덟째, 신제품인증 자기진단 문항 작성 자료. 아홉째, 인증 심사 자료의 사전공개 동의서 및 사업자등록증 사본 등이다.

GS 인증에 대해 살펴보자. GS 인증은 소프트웨어를 대상으로 인증하는 제도다. 국내 소프트웨어 개발 업체의 대부분이 중소, 벤처기업으로 규모가 영세한 상태에서 소프트웨어 개발 이후에 마케팅 등에 어려움을 겪고 있어

과학기술정보통신부에서 한국정보통신기술협회TTA에 위임하여 GS인증제도를 운영하고 있다.

GS 인증대상은 SW 제품으로 다음과 같다. 패키지, 모바일, 임베디드, 컴포넌트, 게임, GIS, e-Biz, e-Learning, 주문형SI SW, 운영체제, 디지털콘텐츠, 보안용SW, 웹관리 도구, SW개발도구, 유틸리티, 홈네트워크, 스토리지, 바이오메트릭스, 교육용SW 등 소프트웨어 전 분야를 대상으로 한다.

시험방법은 다음과 같다. ISO/IEC 25023, 25041, 25051 국제표준을 기반으로 기능적합성, 성능효율성, 사용성, 신뢰성, 보안성 등에 대한 시험 수행한다. SW 유형별 테스트케이스를 개발·적용하고, 결함 발견 시 결함리포트 및 보완 기회 제공 후 회귀시험 수행한다. 제품의 품질을 종합적으로 평가한 후 인증심의위원회를 통해 인증 여부를 결정한다. 인증 통과 시 시험성적서 및 품질인증서 제공한다.

또한 최근에는 정부에서 제도개선을 통해 중소벤처기업이 조달시장 진입이 용이하도록 패스트 트랙을 신설하였다. 패스트 트랙은 두 가지 종류가 있다. 첫 번째는 정부R&D를 통해 개발된 제품, 서비스 등을 각 부처(과학기술정보통신부, 산업부, 중기벤처부 등 R&D 시행부처)에서 추천을 하면 제품의 혁신성을 검토하여 수의계약 허용대상으로 지정함으로써 별도 성능인증 등을 받기전이라도 공공조달 시장에 쉽게 진출할 수 있도록 했다. 두 번째는 조달청이 국가 R&D 제품 여부와 관계없이 상용화 전 시제품의 혁신성을 평가하여 수의계약 허용대상으로 지정한다는 내용이다. 조달청은 지정 제품 중 정책적 지원이 필요한 경우에는 조달청 예산으로 구매, 희망 수요기관에 제공한다.

● ● ●

한국전자의 회의실. 회의실에는 김한수 대표와 CTO, CFO, 연구팀장 등 주요 임직원이 모두 모였다. 임창용 CTO는 흥분한 어조로 말했다.

"세계음향이 우리의 신제품인 A-380과 유사한 제품을 시장에 출시했습니다. 세계음향이 리버스 엔지니어링을 통해 우리제품과 유사한 제품을 출시한 듯합니다."

"장 대표는 한국음향 시절이나 별반 차이가 없군."

김한수 대표가 혀를 끌끌 찼다. 김 대표는 잠시 생각에 잠겼다. 한국음향이 어려움에 처했을 당시 김 대표는 연구소장, 장정윤 대표는 한국음향의 CFO였다. 한국음향의 부도 처리과정에 석연찮은 구석이 많았다. 그리고 장정윤 대표는 당시 김한수 대표에게 이런 제안을 했다.

"우리 뒤를 봐주기로 한 회사가 있으니, 어음을 적당히 돌리고 부도 처리가 되도록 내버려두면 되는 거야."

"부사장님, 잘 이해가 가지 않네요. 일부러 부도 처리라니요."

"김 소장, 머리가 그렇게 안 돌아가나?"

"제가 머리가 돌아가지 않는 것이 아니고 장 부사장님께 꿍꿍이가 있으신 듯합니다."

장 부사장은 김 소장의 뒤통수에 대고 소리쳤다.

"김 소장, 나중에 후회해도 소용없어. 지금이 마지막이야!"

한국음향 시절 장정윤 부사장의 석연찮은 행동. 그것은 계획된 부도였던 것이다. 김한수 대표는 감았던 눈을 뜨며 직원들과 회의를 이어갔다. 박정수 대표가 이민우 팀장을 바라보며 질문을 한다.

"A-380 관련 한국전자의 준비 상태는 어떻습니까?"

"네, 한국전자의 A-380은 한국전자에서 특허등록을 받아놓았습니다. 세계음향에서 오판을 한 것으로 판단합니다. 그럼에도 불구하고 특허전략이 매우 중요합니다. 따라서 강한 특허를 발굴하기 위한 IP-R&D와 기술보호를 위한 기술임치제도가 기술보호장치로 유효적절할 것으로 보입니다."

김한수 대표가 조용히 듣고 있다가 일어선다. 김 대표는 기업이 성장함에 따라 특허의 중요성이 커짐을 통감한다. 한국전자는 완벽한 준비를 하였는가? 지금까지 시스템을 갖추지 못하고 있는 것이 마음에 걸린다. 개개인의 능력으로 지금까지 지식재산권을 관리함에 따라 김 대표가 파악하지 못하는 문제점이 발생할 개연성이 있음을 느낌으로 안다. 김 대표가 말했다.

"네, 맞습니다. 세계음향의 리버스 엔지니어링을 통한 전략을 무력화하기 위해서는 특허권과 기술임치제도의 중요성을 통감하고 있습니다. 우선, 특허출원 시 유의사항은 어떤 것이 있나요?"

박정수 대표가 중간에 끼어들며 말했다.

"본론에 들어가기 전에, 한국전자의 특허들을 볼 수 있나요?"

임창용 CTO는 한국전자 보유특허의 목록을 출력해 박정수 대표에게 가져다주었다.

"우선, 한국전자와 같은 중소기업의 경우 특허권이 왜 중요한지를 간과하는 경우가 많습니다. 그러니 우선 특허의 중요성에 대해 말씀드리고 진행하도록 하겠습니다."

이어지는 설명은 다음과 같다.

첫째, 특허권은 기술보호의 측면에서 중요성이 있다. 지금처럼 세계음향이 침해 공격을 해오면 우리 기술을 보호할 수 있는 유효적절한 수단이 될 수 있다.

둘째, 특허는 단순한 기술보호 및 경쟁의 수단일 뿐 아니라, 기술 협상 및 기술협력의 수단 등 다양한 용도를 가지고 있다. (이를 위해서는 중소기업이 특허 문서와 특허제도를 활용할 수 있는 손쉽고 편리한 방법이 개발되어야 한다.)

셋째, 특허 활동 차원에서 중소기업이 대기업에 비해 뒤쳐져 있는 것은 중소기업 R&D의 성격 자체가 신제품보다는 기존 제품이나 공정의 개선에 보다 많이 집중된다는 점에서 기인한다는 이해가 필요하다. 이런 맥락에서 볼 때, 전반적인 지식재산권 출원과정의 비용을 낮추는 것과 함께, 꼭 특허를 고집할 것이 아니라 상표나 실용신안 등을 보다 많이 활용하고 출원하도록 유도하는 정책도 유효하다.

넷째, 후발기업의 특허출원의 성공률을 높이는 정책 조치가 필요하다. 동시에 사전에 특허의 획득 가능성을 미리 파악할 수 있게 해주는 건전하고 효과적인 사전 예비심사과정이 효과적으로 정착된다면, 불필요한 특허출원과 관련된 비용을 절감할 수 있다. 이것은 국제특허협력조약*에서 부분적으로는 이루어지고 있다. 하지만 중소기업은 대기업에 비해 PCT에 대한 인지도가 낮은 형편이므로, PCT 활용을 촉진하고 관련 제도에 대한 정보를 확산시키는 일이 필요하다.

다섯째, 기술 보호 수단으로서의 특허의 결정적 한계는 우회적인 발명을 방

---

* 특허협력조약(PCT, patent cooperation treaty)은 1970년에 체결된 국제적인 특허 법률 조약이다. 출원인들은 특허협력조약에 따라 국제특허출원서를 제출함으로써 전 세계 매우 많은 수의 국가에서 동시에 발명에 대한 보호를 추구할 수 있게 된다.

지하기 어렵다는 점이다. 따라서 특허의 범위를 넓혀 우회발명 가능성을 줄이는 것이 중요해진다.

설명을 듣던 김한수 대표가 거든다.

"특허를 통해 기술 보호뿐만 아니라 타사의 진입을 방지할 수 있는 유효적절한 수단이라는 말씀이네요."

"네, 맞습니다. 본론으로 들어가겠습니다. 한국전자 특허를 보니 보유 특허권이 20건이며, 이중 1건은 연구원이 직접 출원했고…. 나머지 19건은 전담변리사 사무소에서 출원한 특허로 구성되어 있네요."

"네, 맞습니다."

임창용 CTO가 대답했다.

"특허는 청구항이 가장 중요한데 우선 연구원이 직접 출원한 특허는 전문가가 아니다 보니, 청구 범위 작업이 엉망으로 작성되어 가치가 없는 특허로 보입니다. 그리고 나머지 19건의 특허도 청구 범위 작성이 전략적 설계를 통해 이뤄진 것은 아닌 것으로 판단됩니다."

김한수 대표는 박정수 대표의 이야기를 듣고 깜짝 놀란다. 김 대표의 우려가 현실로 나타난다. 지금까지 특허 전담 부서를 보유하고 있지 않았기에 당연한 결과다. 한국전자는 지금까지 좋은 특허를 만들기 위해 최선을 다했다고 생각했지만, 특허 개수를 늘리기 위해 달려오지 않았나 하는 생각이 머리를 스친다.

"청구항 설계는 어떻게 하는 것이 전략적입니까?"

"예를 들어 특허의 청구 범위 중 제품의 구성요소가 A, B, C, D로 구성되어 있다고 해봅시다. 그렇다면 추상화 작업을 통해 청구항을 'E와 F' 두 개의 구

특허 청구 범위의 의미

특허 명세서의 제일 마지막 부분에는 출원된 기술 내용 중, 법적으로 보호받고자 하는 특허 청구 범위(CLAIM)가 기재된다(실용신안의 경우에는 실용신안등록청구의 범위). 이 특허 청구 범위는 출원 기술의 가장 핵심적인 기술 부분으로, 특허권의 범위를 결정하는 대단히 중요한 부분이다. 즉, 발명의 상세한 설명 부분에서 아무리 구체적으로 설명을 하더라도 이 특허 청구 범위에 기재가 되지 않으면 그 부분은 해당 특허권의 권리가 아니게 된다. 또한 특허권 침해 시에도 법원과 검찰에서 이 특허 청구 범위에 기재가 되어 있는 기술인가를 중심으로 판단하게 된다. 따라서 특허 출원 시에는 이 특허 청구 범위를 면밀히 검토하여야 한다. 중요한 사항을 다시 정리하자면 다음과 같다.

1. 특허 청구 범위는 특허권을 파악하는 기준이 된다.

2. 발명의 상세한 설명은 특허 청구 범위를 파악하기 위한 참고 자료에 지나지 않는다.

3. 특허 청구 범위는 발명의 상세한 설명 중, 가장 핵심적인 내용만을 기재하게 된다.

4. 특허 청구항이 많다는 것은 권리 범위가 넓다는 의미이며, 이에 따라 특허청에 납부하는 출원비용, 등록비용, 권리유지비용이 항의 수만큼 증가하게 된다.

5. 특허청구범위는 가급적 광범위하게 작성하는 것이 바람직하지만 너무 넓게 잡으면 먼저 등록된 다른 특허와 저촉되어 거절될 수 있으므로 적정한 기술 내용을 포함하게 하는 것이 좋다.

성 요소로 압축하는 것이 필요합니다.* 그러면 타사가 특허 출원 시 본 특허의 청구항을 피해서 출원하기 어렵겠지요."

김 대표는 특허 청구항을 '단순히 구성 요소를 나열하는 것'으로 이해했다.

---

* 특허 청구항은 특허의 권리 범위를 의미한다. 특허의 권리 범위는 가능한 구성 요소가 단순할수록 넓어진다. 이러한 '넓은 청구항'은 추상화 작업과 일반화 작업을 통해 작성할 수 있다.

하지만 특허의 구성 요소를 추상화 작업을 통해 간략화해야 강한 특허가 창출될 수 있다는 것을 깨달았다. 김 대표는 머리가 맑아지는 느낌을 받는다. 바로 이러한 원리를 적용한다면 한국전자도 글로벌 기업으로의 성장을 꿈으로 남겨두지 않아도 될 것이다.

"한국전자는 특허출원 전담직원이 없지요?"

"네, 현재 전담직원은 없습니다."

임창용 CTO가 대답했다.

"당연합니다. 한국전자와 같은 중소기업에서는 전담직원까지는 필요 없지만 연구인력이 특허출원 시 어떻게 대응해야 하는지를 내부 교육을 통해 프로세스화하는 것이 중요합니다."

지식재산권의 관리는 직원 한 사람만의 역량이 중요한 것이 아니다. 내부 프로세스 정립을 통해 강한 특허를 출원할 수 있는 역량을 강화해야 하는 것이다.

"그럼, 내부 시스템을 구축하는 것이 중요하겠는데요?"

"그렇지요. 우선, 전담 특허사무소 선정이 중요합니다. 전담 특허사무소는 자주 교체하는 것보다는 지속적인 관계를 쌓아서 우수특허 출원전략을 함께 세우는 것이 좋습니다. 특히 오랫동안 거래를 하다보면 특허사무소에서 좋은 아이디어를 제공하기도 하고 특허 전략을 컨설팅해주기도 합니다. 동반자적인 관계 정립을 통해 지속적으로 성장전략을 세우는 것이 중요하지요."

특허사무소는 바로 한국전자의 동반자인 것이다. 특허사무소를 마치 하청업체 다루듯이 하는 행태는 올바른 자세가 아니다. 동반자로서 한국전자와 특허사무소의 동반성장이 필요하다.

"아, 그렇군요. 하지만 요즘 특허사무소도 경쟁이 매우 치열한 상황으로 알고 있습니다. 또한 경쟁 사무소에서 보다 저렴한 금액으로 특허출원을 해주겠다고 한다면 특허사무소를 교체하는 것이 좋지 않을까요?"

"그렇지 않습니다. 특허출원은 앞서 말씀드렸듯이 청구 범위 작성이 중요한데 적정한 금액이 지급되지 않으면 청구 범위에 대한 설계 없이 청구항 작성을 진행하므로 좋은 특허가 나올 수 없습니다. 따라서 장기적인 관점에서는 특허출원 비용보다는 양질의 특허를 노리는 것이 더욱 중요합니다."

지금까지 국내 중소기업은 특허의 질보다는 양적인 측면에 집중했다. 이제 양에서 질로의 전환이 필요한 시점이다. 단순히 특허비용을 절감하는 전략이 아닌 양질의 특허를 만들기 위한 전략이 필요한 시점인 것이다.

"네, 그렇군요. 그럼 한국전자는 어떤 준비가 필요한가요?"

"우선 전담 특허사무소를 통해 연구원 기본 교육을 시행하세요. 그리고 중소기업의 경우 특허사무소에 두세 줄 요약본을 주며 특허출원을 요청하는 경우가 있는데, 이는 절대 금해야 할 사항입니다. 우선 내부적으로 특허출원 관련 양식 및 프로세스를 정립해야 합니다. 특허출원 시 기본 포맷을 통해 특허사무소에 특허출원을 요청하는 프로세스가 필요합니다. 또한, 특허출원 시 연구원과 특허사무소 변리사 간 커뮤니케이션이 중요합니다. 변리사 단독으로 특허출원을 진행하다 보면 좋은 특허가 나오지 않습니다. 충분한 대화와 토의를 통해야만 좋은 특허, 강력한 특허가 만들어집니다. 전략적으로 우수한 특허를 만들고자 한다면 한국특허전략개발원의 IP-R&D를 신청하시면 됩니다."

김한수 대표는 한국전자의 지식재산경영을 위한 내부 시스템 정비가 필요함을 절감했다. 지식재산경영을 기반으로 성장전략의 밑그림을 구상한다.

"김 대표, 특허권은 창출을 통한 활용 전략이 중요합니다."

"네, 특허권은 최근 기업 운영에 있어 필수적인 사항이 된 듯합니다."

"우선 기업의 기술력을 판단함에 있어서 특허권은 기업 기술력의 바로미터 역할을 한다는 점을 명심하세요. 즉, 한 기업의 기술력을 판단하는 객관적인 잣대로서의 역할입니다. 또한 특허권은 다양한 형태로 활용할 수 있는데, 한국전자와 같은 중소기업은 융자 시 담보물이 없으므로 특허권을 활용한 전략이 더욱 중요합니다. 특히 기술보증기금과 신용보증기금, 중소벤처기업진흥공단 등의 보증, 융자 프로그램 활용 시 특허권의 보유 유무가 중요한 판단기준이 됩니다. 또한 투자유치 시에도 특허권의 가치에 따라 투자의사결정에 많은 영향을 미치는 것이 사실입니다."

특허권은 기술력을 확인할 수 있는 강력한 수단이 될 뿐만 아니라, 기업이 성장함에 따라 다양한 자금 조달에 힘을 보태기도 한다. 중소기업의 경우 담보로 사용할 유형자산이 부족한 것이 현실이다. 이러한 때에 특허권이 담보 역할을 하기도 한다. 따라서 특허담보대출(IP담보대출)을 적절히 활용한다면 기업의 자금 조달 전략이 풍성해지는 것이다.

"특허는 기업의 성장전략에 필수적인 거군요. 또한 시장지배력 확대를 위한 특허의 역할도 있지만 다양한 기술금융 전략에 활용할 수 있군요."

"맞아, 바로 그거야. 인증 관련해서도 특허권은 필수적입니다."

정부에서 다양한 인증제도를 운영하고 있다. 특히 공공조달시장에 진입하기 위해서는 우수발명품우선구매추천, NEP, NET, 조달우수제품인증 등을 고려해야 한다. 인증을 받기 위해서 필수적인 것이 특허권의 보유다.

"조달에 진입하기 위해서 MAS*라는 제도도 있는 것으로 알고 있는데요. MAS를 먼저 등록하고 진행해야 하나요?"

"보통 MAS와 조달우수물품 지정제도의 차이는… 시장에서 파는 제품이 MAS라면 백화점과 같이 고급상점에서 파는 제품이 조달우수물품이라고 볼 수 있습니다. 따라서 이왕 인증 등을 진행할 거면 조달우수물품 지정제도를 이용하는 것이 향후 기업의 성장과 역량 제고 측면에서 유리하겠지요."

김한수 대표는 머쓱해진다. 얼마 전 MAS 등록을 한 후 다른 기업 대표들에게 자랑하고 다닌 자신을 떠올리니 얼굴이 붉게 달아오른다.

"네, 기술보호나 인증 등의 기본은 특허권이라는 생각이 듭니다. 특허권을 통해 우리 제품을 보호하고 특허권을 기반으로 인증을 획득하면 시장 개척이 배가 될 듯합니다. 또한 기술경영에 있어 필수적인 사항이 특허권이라 생각됩니다."

"맞았습니다. 최근 애플과 삼성의 사례에서 보듯이 특허권은 기업의 성패를 좌우하는 핵심 역량 중의 하나로 판단됩니다. 대기업뿐만 아니라 중소기업의 경우도 특허권을 통해 다양한 전략을 구사함으로써 시장 지배력을 강화함과 동시에 다양한 지원 혜택도 누릴 수 있죠. 그러니 중소기업의 대표라면 특허경영에 눈을 떠야만 하는 시대가 되었습니다."

특허권은 대기업의 전유물인 시대가 저물고 있다. 또한 중소기업의 매출 성장에 필수적인 특허권을 활용한 다양한 전략이 시장에서 작동하고 있음을 깨

* 다수공급자계약제도(multiple award schedule). 각 수요 기관에서 공통적으로 필요로 하는 수요 물자를 구매할 때 각 기관의 다양한 수요를 충족하기 위하여 필요하다고 인정되는 경우, 품질·성능 또는 효율 등이 같거나 비슷한 종류의 수요 물자를 수요 기관이 선택할 수 있도록 2인 이상을 계약 상대자로 하는 공급 계약을 체결하는 것.

닫는다.

“박 대표님, 기업별로 NEP, 조달우수 등 진행 시 전략이 달라져야 할 듯합니다. 전략적인 접근 방법에 대해 말씀해주시기 바랍니다.”

“통상적으로 시공, 엔지니어링 기술 등 무형의 기술은 NET로 진행합니다. 제품이 있는 경우 NEP→조달우수로 진행하며 소프트웨어의 경우 GS 인증→조달우수로 진행합니다. 또한 기본적으로 NEP, 조달우수를 희망하는 기업은 해당 제품에 해당되는 특허가 두세 건 정도 확보되어야 인증을 통과할 확률이 높아집니다. 그리고 인증 시 특허출원전략도 달라져야 합니다.”

“그럼 인증용 특허출원전략은 어떤 방향으로 진행해야 하나요?”

“인증 시 특허는 권리범위보다는 제품의 구성요소와의 일치성이 더 중요합니다. 따라서 다음과 같은 전략이 필요합니다. 첫째, 아이디어 단계부터 좋은 아이디어를 선별해야 한다(또는 좋은 특허 구매). 둘째, 특허등록 단계에서 명칭을 잘 정해야 한다. 셋째, 특허의 효과를 잘 정해야 한다. 넷째, 시험을 다양하게 하고, 시험비를 아끼지 말아야 한다. 다섯째, 성능인증은 말 그대로 성능에 관한 것이라는 것을 명심해야 한다. 여섯째, 특허를 두 개 이상 준비해야 한다(7년 이내 등록 특허). 일곱째, 심사위원들이 처음에 규격서만 보고, 이후 다음 자료를 본다는 것을 명심해야 한다.”

“그럼, 제품이 있다면 NEP→조달우수로 진행하나요?”

임창용 CTO는 감을 잡았다는 표정이다. 제품이 있는 경우 당연히 NEP→조달우수 트랙으로 생각할 수 있다. 하지만 인증 시 난이도 등 다양한 검토 사항이 존재한다.

“모든 제품이 NEP에 적합하다고 말할 수 없으며 NEP 채점 기준 및 심사위원의 성향 등을 검토해야 합니다. 보통 NEP 심사위원의 경우 현직교수 6명, 기타 출연연, 시험연구원, 변리사 등 4명으로 구성되어 있습니다. 따라서 중점적으로 검토하는 항목을 통과할 수 있는지 살펴보는 전략이 필요합니다."

"NEP 심사기준이 궁금합니다."

또다시 임창용 CTO의 질문이 쏟아진다.

"NEP 심사기준을 보면, 100점 만점에 핵심기술평가 40점, 제품평가 40점, 경제성 20점으로 구성되어 있습니다. 세부 항목을 살펴보면 핵심기술평가는 혁신성 20점, 적응성 10점, 파급효과 10점으로 구성되고 제품평가는 향상도 20점, 난이도 10점, 발전성 10점으로 구성됩니다. 마지막으로 경제성은 가격 10점, 경제적 파급효과 10점으로 구성됩니다."

"그럼 NEP 심사 시 주안점을 어디에 두면 되나요?"

"NEP 심사는 심사위원 10인으로 구성되며 6~7명이 현직 교수이므로 제품의 혁신성에 탁월한 차별성이 없으면 인증을 받기 어려운 구조로 되어 있습니다. 또한 처음 신청하는 경우 신청기회가 3회 주어지므로 3회 안에 합격하지 못하면 동일 제품으로는 다시 신청하지 못합니다. 그러니 완성도를 높인 후 신청하는 전략이 유효합니다. NEP 인증용 성적서는 1년 이내 인증서면 인정됩니다. 인증서는 공인인증기관, 사설인증기관 모두 인정되고요. 하지만 심사위원에 따라 호불호好不好가 갈릴 수 있으므로 공인인증기관의 인증서를 준비하는 것이 안전합니다. 중소기업의 경우 70점 이상의 점수를 획득해야만 인증이 가능합니다."

"NEP 인증 합격률은 어느 정도인가요?"

"합격률은 정확한 통계가 없지만, 20% 이하로 그렇게 높지는 않습니다. 최근 까다롭게 평가되고 있어 일부 개선 정도로는 NEP 인증을 받기 어려우므로 다른 전략을 구사해야 합니다."

"어떤 전략을 구사해야 하나요?"

"NEP 인증이 어렵다면 특허기반으로 우수발명품 우선구매추천제도→조달우수 트랙을 통해 조달우수제품 인증전략을 진행하는 것이 오히려 확률을 높이는 전략이라 판단됩니다."

"네, 우수발명품 우선구매추천제도를 받은 후 조달우수제품을 진행하면 기술성 가점 2점을 받을 수 있죠?"

"그래, 바로 그겁니다! 김 대표는 전문가 수준이 되었는걸!"

박 대표가 기뻐하며 말을 이었다.

"마지막으로 내가 컨설팅한 기업 중 조달우수제품 등록에 성공한 케이스를 설명하겠습니다. 이 기업은 성남에 위친한 E 기업인데, 한국발명진흥회 특허거래컨설팅 지원사업을 받은 기업입니다.

E 기업은 스마트발전기를 개발한 업체로 특허이전 및 자체 보유기술을 통해 조달우수제품등록을 시도했습니다. 동 기업은 자체 생산설비를 갖추지 않아 조달우수제품 등록이 불투명한 상태에서 진행했습니다. 우선 조달우수제품 선정확률을 높이기 위해 한국발명진흥회에서 주관하는 우수발명품 우선구매 추천제도를 통해 조달우수제품 가점을 확보한 후 ISO인증, 성능인증 등을 사전에 준비를 마치고 나서 조달우수제품 신청을 진행하였습니다. 또한 최근의 트렌드를 반영하여 생산설비를 갖추지 않고 조달우수제품에 등록하는 신기원을 세웠지요. 제조설비를 갖추지 않은 기업의 제품이 조달우수제품에 등록된 사례 1호로 기록되어 조달청장님이 E 기업에 현장방문하기도 하였고,

1호 기업이라는 특수성이 있어 조달청의 관심 속에서 현재 매출액이 급증하고 있습니다."

"박 대표님, 다양한 형태의 조달우수제품 등록 전략이 존재하네요. 박 대표님의 도움으로 한국전자도 조달우수제품 인증에 도전해야겠습니다."

한국전자는 박정수 대표의 도움을 받아 이민우 팀장이 인증을 진행하기로 했다. 우선 한국전자의 특허권을 기반으로 한국발명진흥회 우수발명품 우선구매 추천제도에 도전하였다. 우수발명품 우선구매 추천제도는 생각보다 난이도가 있어 세 번의 도전 끝에 통과할 수 있었다. 이는 한국전자에서 도전한 최초의 인증으로 다양한 시행착오를 겪으며 어렵사리 인증을 획득하였다.

한국발명진흥회의 우수발명품 우선구매 추천제도를 통과한 이후에 신제품 인증 그리고 조달우수제품까지 일사천리로 진행되었다. 진행과정에서 시험데이터, 성능인증, 품질인증 등 요구 조건이 까다로워 진행하는 데 많은 어려움이 있었다. 위기마다 박정수 대표의 도움이 컸다.

기업마다 성장 단계별로 다양한 위험과 도전이 기다린다. 한국전자는 한 걸음, 한 걸음 전진하고 있다. 한국전자의 도전은 큰 폭의 성장을 위한 디딤돌이 된다. 드디어 조달시장 진출을 통해 큰 폭의 매출 성장이 기다리고 있었다.

PART

4

제품혁신전략을 통해 성장하다

제품혁신을 위한 전략을 수립하다

한국전자 2016년 송년회. 한국전자는 폭풍성장 중이다. 김한수 대표는 감회에 젖는다. 4명이 창업하였으나 지금은 임직원이 50여 명으로 인원 수가 10배 이상 불어났다. 직원들이 늘어남에 따라 조직 체계도 많이 변모한 상태였다. 한국전자호는 조인호 부사장과 임창용 부사장이 쌍두마차로 이끌고 이민우 팀장은 연구소장으로 승진하며 한국전자호는 승승장구乘勝長驅를 지속했다. 지금까지 수많은 시행착오도 있었지만, 2016년은 매출액 200억을 돌파한 기념비적 한해가 되었다. 맨주먹으로 창업하여 전 임직원이 합심하여 지금까지 잘해왔고, 앞으로가 더 기대되는 한국전자. 김한수 대표는 연단에 서서 건배를 제의했다.

"한국전자 임직원 여러분 건배를 제의합니다. 오늘은 한국전자의 승리를 축하하며 축배를 듭시다! 한국전자 임직원 여러분의 노고를 치하합니다. 우리는 지금까지 앞만 보며 달려왔습니다. 우리의 승리를 자축합시다! 모두 지금까지의 힘든 여정을 잘 견디어 냈습니다. 오늘은 마음껏 즐기시길 바랍니다. 오늘이 있기까지 힘겨운 나날들을 이겨준 한국전자 임직원 여러분이 승리자입니다. 한국전자의 영원한 발전을 위하여!"

"한국전자의 영원한 발전을 위하여!"

한국전자 송년회는 말 그대로 축제 분위기다. 직원들은 들뜬 분위기에 송년회를 즐겼다. 지금까지 달려온 당신, 오늘은 즐겨라. 바로 한국전자 직원들에게 하는 말과 같았다. 이러한 분위기는 한국전자의 상승세를 더욱 배가할 것이다.

한국전자 삼인방은 송년회가 끝난 후 회사 앞 선술집에서 소주 한잔을 기울이고 있었다. 조인호 부사장이 감회에 찬 얼굴로 말을 했다.

"임 부사장, 기억나는가? 우리 창업하던 날을…."

임창용 부사장은 눈을 지그시 감으며 말을 이어갔다.

"그래, 그때 김한수 대표, 조 부사장 그리고 이민우 소장까지 네 명이 모였었지. 그날 김한수 대표의 눈동자를 보았는가? 태산도 부술 수 있는 눈동자였어. 난, 대표님의 말에 매료됐었지."

한국전자 성장의 견인차가 모두 모여 오랜만에 이야기를 나눈다. 지금까지 쉼 없이 달려오면서 모두 최선을 다했다. 하지만 아직은 배가 고프다. 한국전자의 성장의 엔진이 식지 않았기 때문이리라.

"한국전자가 이렇게 빨리 성장하리라 예측하지 못했지. 하지만 여기 참석한 우리 모두의 피와 땀으로 현재의 한국전자를 일구어냈어."

지금까지의 일이 주마등走馬燈과 같이 스쳐 지나가고 있었다. 한국전자 삼인방은 늦은 시각까지 추억에 젖어 있었다. 한국전자의 창업, 그리고 찾아온 위기. 위기 극복 후 성장…. 지금은 도전을 이겨낸 자들의 여유가 묻어나는 자리였다.

삼인방은 늦은 밤까지 술잔을 기울인다. 한국전자의 성장 견인차 역할은 박정수 대표라고 모두 한 목소리로 칭찬을 아끼지 않고 있다. 송년회에 초대했지만 끝내 송년회에서 모습을 보이지는 않았다. 하지만 보이지 않는 주인공을 향한 한국전자 삼인방의 마음은 한결 같았다. 한국전자 삼인방은 새벽녘에서야 헤어지며 내일을 기약했다.

한국전자 대표이사실. 지난 12월 송년회와 1월 시무식까지 김한수 대표는 축제 분위기를 느꼈다. 하지만 기업은 혁신 없이 성장할 수 없다는 생각에 가슴이 답답하다. 지금까지 지향성 스피커를 통해 다양한 응용분야에 적용하며 매출액을 지속적으로 늘려올 수 있었다. 그런데 최근 고객사에서 '개인용 기기의 저전력低電力 이슈'가 지속적으로 제기되고 있는 상황이었다.

현재 우리의 기술 수준은 어떠한가? 국내에서는 독보적인 기술력을 확보하고 있는 상황이며, 글로벌 기업과 견주어도 뒤지지 않는 상황이다. 지향성 스피커 관련 하드웨어 기술과 소프트웨어 기술을 개발하여 라인업을 완성한 상황이다. 하지만 글로벌 기업과 경쟁하기 위해서는 압도적인 경쟁력을 확보해야 한다. 지금의 상황은 살얼음판을 걷는 기분이다. 현재의 경쟁력을 대폭 확대하여 압도적인 경쟁력을 확보하기 위한 방안은 무엇인가? 김한수 대표는 임창용 부사장을 호출했다.

"임 부사장, 현재 지향성 스피커의 제품 개선 전략과 별도의 신제품 발굴전략을 고민해주게."

"네, 연구소 임직원과 신규사업 관련 별도의 워크숍을 진행하려고 합니다. 대표님 생각은 어떠신지요?"

"좋아. 제품 로드맵 전략 수립은 우리 회사의 운명을 좌우할 정도로 중요하니 나도 참석하도록 하지."

"혹시, 세계음향 관련 소송 내용은 들으셨는지요?"

"아직 듣지 못했는데 무슨 소리지?"

"네, 세계음향 장정윤 대표가 한국음향 파산을 정리하면서 한국음향의 특허권을 고가에 매각했던 일 기억나시죠?"

"그래, 알고 있지. 그래서?"

"당시 현대시스템에 특허권을 전량 매각했었죠. 그런데 최근 세계음향의 매출액 증가하자 현대시스템에서 세계음향에 특허권 침해 관련 소송을 제기했다고 합니다."

"현대시스템이 하필 세계음향을 공격하다니, 기업의 세계는 냉혹하군. 현대시스템은 세계음향으로부터 매입한 특허를 활용해 세계음향을 다시 공격했으니 장정윤 대표는 허를 찔렸다고 봐야겠군!"

"네, 맞습니다. 현대시스템도 기존 한국음향의 특허권 기반으로 제품 개발을 완료한 후, 해외시장에 진출하는 과정에서 세계음향과 시장에서 치열한 경쟁의 관계에 놓이게 된 거죠. 우리도 내부 전략 점검을 통해 미래의 리스크에 대비해야겠습니다."

김한수 대표는 특허전략에 대한 준비가 되어 있지 않으면 현대시스템으로부터 다시 한 번 힘든 시간이 다가올 수 있음을 직감한다.

한국전자 워크숍. 김한수 대표가 먼저 포문을 연다.

"한국전자의 미래는 여러분의 손에 달렸습니다. 공기도 맑고 날도 좋은데 오늘은 일을 잊어버리고 한국전자의 미래를 이야기하는 자리가 되기를 바랍니다."

다시 임창용 CTO가 자리에서 일어나 이야기를 이어간다.

"한국전자는 최근 매출액 200억을 돌파하면서, 외부의 다양한 협업 제안도 받고 있는 상황이고 지향성 스피커도 안정적인 매출을 이어가고 있습니다. 하지만 제2의, 제3의 제품이 지속적으로 발굴되지 않으면 한국전자의 미래도 밝지 않습니다. 또한 한국전자의 미래 로드맵을 위한 검토사항으로 중국의 JVjoint venture제안으로 인한 해외진출전략에 대해 기술출자 전략이 필요한 시점입니다. 이에 여러분들의 의견을 듣고자 모였습니다."

이민우 소장이 의견을 피력한다.

"우리 한국전자는 지금까지 연구개발에 집중한 덕택에 안정적인 매출을 올리고 있지만, 현재의 기술은 한계점에 봉착해 있습니다. 따라서 현재 기술을 한 단계 업그레이드 하는 전략이 필요한데 쉽지가 않습니다. 최근 지향성 스피커관련기술을 업그레이드하기 위한 다양한 기술을 검토했습니다만, 만만치 않은 상황입니다."

김한수 대표가 나서서 이야기를 이어간다.

"지향성 스피커가 아닌 전혀 다른 기술에 대한 신제품 기획도 검토해주시기 바랍니다."

시간이 상당히 흘렀음에도 제품 업그레이드와 신제품 기획에 대한 단초가 잡히지 않고 밤은 깊어만 갔다. 박정수 대표가 숙소로 찾아왔다.

"분위기가 왜 이러나? 한국전자에 좋은 일만 있는 것 같은데?"

"박 대표님, 잘 오셨습니다."

"김 대표님, 오늘 워크숍은 잘 진행되었나요?"

"신규사업을 진행하는 것이 말처럼 쉽지는 않습니다."

"워크숍 한번으로 신규사업 아이템을 잡을 수 있다면 사업하기가 쉽겠지요."

"그래도 가닥은 잡아야 하는데, 쉽지 않네요."

한국전자도 성장통을 앓으면서 저속 성장으로 갈지 지속적인 고속성장으로 갈지 알 수 없는 미래가 기다리고 있었다.

"김 대표님, 한국전자 창업 시 김익순 교수로부터 기술을 도입하면서 성장의 발판을 마련했던 거 기억하고 있지요?"

"그럼요. 기술 도입뿐만 아니라, 김 교수님이 졸업한 제자들을 추천해서 좋은 인재를 영입하면서 한국전자가 날개를 달았죠."

"한국전자에 제안하고 싶은 것이 있습니다. 외부의 다양한 사업 기회를 통해 신규사업의 물꼬를 트는 것이 어떻습니까?"

기업의 숙명은 지속성장이다. 기업은 성장함에 따라 다양한 사업기회가 존재한다. 중소기업의 경우 핵심역량은 보유한 채 신규비지니스의 모델을 전략적으로 추진할 필요성이 있다.

"좋은 생각입니다만, 현재 한국전자에 맞는 사업이 마땅하지 않은 듯합니다."

"그렇지 않습니다. 우선 지향성 스피커의 업그레이드 부분입니다. 현재 성능 업그레이드 등에 문제가 생겼는데, 제가 보기에는 비슷한 기술을 접목해서는 해결방안 도출이 어려울 듯하니 전혀 다른 분야의 기술을 접목하는 방법 중

하나인 '이기종 특허'와의 결합을 통한 제품혁신을 제안합니다."

제품혁신을 위한 다양한 방법론이 있다. 이기종 특허와의 결합을 통한 방법론을 살펴보자. 이는 아직은 중소기업에서 생소한 방법론일 것이다. 하지만 지속적인 제품 개발을 위한 과제를 완수해야 한다. 이를 위한 다양한 도구들을 살펴보고 적용해보자.

"이기종 특허와의 결합이라…."

"대표님, 우리는 전문가가 아니니 좋은 방법을 찾을 수 있도록 가이드해주시기 바랍니다."

"한국발명진흥회에서 진행하는 제품혁신 컨설팅 사업을 활용하면 좋은 결과가 있을 수 있으니, 검토해보시지요."

제품혁신컨설팅 사업은 한국발명진흥회에서 주관하는 사업이다. 아직 많은 기업이 사업을 인지하지 못하는 것이 사실이다.

"제품혁신컨설팅 사업은 어떤 기업이 신청하면 효과를 볼 수 있나요?"

"제품혁신 컨설팅 사업은 제품 문제해결과 신제품 발굴로 구성되어 있는데, 한국전자에서 고민하고 있는 제품 업그레이드와 신제품 기획 모두 진행이 가능하니 꼭 검토해보시기를 바랍니다."

"그럼, 제품 문제해결과 신제품 발굴은 어떻게 진행해야 할까요?"

"최근에 진행된 사례를 중심으로 살펴보겠습니다. 우선 제품혁신컨설팅 사례를 살펴보면 생맥주 배관 세척 장치를 주업으로 하고 있는 C사의 사례가 있습니다. C사는 생맥주 공급배관 내부에 협착된 이물질을 제거하기 위한 무동력 세척 장치를 개발하려고 하였으나, 50㎛ 이하 미세버블 생성률 및 세척력이 현저히 낮은 상황이었어요. 이에 이종분야 특허검색 및 트리즈 방법론을

이종 분야 특허 검색 방법론(OPIS, open patent intelligence search)

이종 분야 특허 검색 방법론은 이미 다른 영역의 기술분야에 존재하는 문제해결 원리를 벤치마킹함으로써 빠른 속도, 적은 비용의 제품혁신을 추구하는 신개념 특허검색 방법론이다.

트리즈(TRIZ, 창의적 문제해결 방법론)

TRIZ란 문제가 발생된 근본 모순을 찾아내 이를 해결할 수 있는 방안을 모색하는 방법론. 1940년대 구 소련 과학자 겐리흐 알트슐레르(Genrich Altshuller) 박사가 20여 만 건에 이르는 전 세계 창의적인 특허를 뽑아 분석한 결과로 얻은 40가지 원리를 응용한 것이다.

활용하여 맥동 및 다공성 소결체 등 다른 분야에 존재하는 특허기술을 벤치마킹함으로써 미세버블 생성률 및 세척력을 획기적으로 향상한 해결책을 도출하고 해당 제품을 출시하여 고민이 해결되었습니다."

박 대표가 말을 이었다.

"다음으로 신제품 발굴과제를 성공적으로 완료한 D사의 사례를 살펴봅시다. D사는 힌지 및 댐퍼 기술을 보유하고 있는데, 이는 주로 대기업의 냉장고, 복사기, 노트북 등 제품에 적용되는 기술입니다. 그런데 최근 고객사들이 원가절감을 위해 힌지 등 기능성 부품을 제거하고 해외 사업장으로 생산을 이관하여 관련 부품을 현지 개발하면서 전사적으로 위기감이 고조됐습니다. D사는 기존의 생활 가전제품 이외에 가구, 건축, 항공기, 자동차, 통신장비, 의료장비 등 새로운 시장에 진출하고자 검토 중이었으나, 내부 개발 역량을 통한 신제품 개발에 한계가 봉착되어 신제품개발 사업에 신청을 진행했습니다. D사는 동 사업의 지원을 통해 기업이 보유한 힌지와 댐퍼 기술의 고유 기능, 확장

가능한 신규 용도 등을 키워드로 추출하여 이종분야 특허검색을 통해 새로운 제품군을 도출했습니다. 적용 가능한 50개의 후보 신제품군 중 시장성 및 사업성을 검증하여 최종적으로 3개의 신제품을 선정하였습니다. 그러고 나서 기존 제품과의 차별화를 위한 핵심 기능을 구현할 수 있는 개선안을 도출 완료함으로써 새로운 제품군을 발굴한 사례입니다."

김한수 대표는 얼굴에 만면의 미소를 지으며 이야기를 이어갔다.

"한국전자에 딱 맞는 사업인데요. 그럼 어떤 기업들이 제품혁신 컨설팅 기업에 신청하면 되나요?"

"제품 문제해결은 제품에 문제점이 있거나, 성능 업그레이드 등에 한계에 봉착한 경우 신청할 수 있습니다. 보통 기업 내에서 제품 문제해결을 위해 동종업종에 대한 경쟁제품 분석, 선행특허 분석 등을 통해 제품의 문제점을 해결하는 것이 일반적입니다. 하지만 혁신적인 제품 개선을 위해서는 동종제품이 아닌 다른 제품의 기술을 적용하면 새로운 혁신적인 제품이 탄생하기도 합니다. 여기에서 착안한 과제가 제품혁신 컨설팅으로 제품 문제해결 방법이 이종분야 특허검색 및 창의적 문제 해결방법론을 활용하여, 기업의 내부역량으로 해결하지 못한 기존 제품 대비 제품 및 공정상의 기술적 문제에 대한 혁신적 해결을 지원하는 과제입니다."

"그렇군요. 우리가 찾던 과제로 보입니다."

김한수 대표는 서광의 빛을 찾았다. 한국전자는 최근 몇 달간 기존 제품의 문제 해결의 단초를 찾지 못해 내부 분위기가 무거웠다. 드디어 해결의 실마리를 찾아냈다.

"그리고 신제품 발굴은 이종분야 특허검색과 기업의 보유기술을 응용한 다른 분야의 잠재적인 아이디어를 활용하여 신제품 아이템 발굴 및 신제품 개발 시 요구되는 기술적 문제해결을 지원하는 과제로, 현재 한국전자는 아이템이 결정되지 않은 상황에서 지원하기에는 애매한 상황으로 보이는데요?"

"네, 맞습니다. 우선 제품 문제해결 과제를 진행하면서 현재의 성능을 업그레이드하는 방안을 찾아보아야겠습니다."

한국전자는 다시 한 번 새로운 전기를 마련하고 있었다. 얼마가 지났을까. 김한수 대표는 절로 기대가 되었다. 오늘은 다시 찾아온 박정수 대표와의 만남. 아직도 한겨울 추위가 기승을 부리고 있었다. 살이 에이는 바람에 절로 몸이 떨려왔다. 김 대표가 삼청각에 들어서자마자 박정수 대표가 반갑게 맞는다.

"김 대표님이 얼마 전에 호되게 속병을 앓았다고 이야기를 듣고 오늘은 삼청각으로 우리 식사 장소를 잡았습니다."

김 대표는 미소를 지으며 대답한다.

"이렇게 신경써주셔서 감사합니다."

박정수 대표가 김 대표에게 질문한다.

"우리나라 대표적인 발효식품에는 어떤 것이 있는지 아시는가?"

"네, 우리나라는 많은 발효식품이 있지요. 대표적인 발효식품으로는 고추장, 간장, 된장 등이 있습니다."

"그래, 맞았어. 우리나라는 많은 발효식품을 보유하고 있지. 김 대표가 이야기한 김치, 고추장, 된장이 대표적인 음식이야. 이외에도 메주, 청국장 그리고 막걸리 등이 있고."

오늘은 왜 발효식품으로 말문을 열고 있는지 김 대표는 궁금했다.

"오늘 우리가 식사하기로 한 청국장도 대표적인 발효식품이라 할 수 있지요.

청국장은 냄새 때문인지 최근에 많이 사라져 가는 느낌인데, 다른 나라에 없는 우리고유의 음식이기 때문에 이를 세계화하는 전략이 필요하다고 생각지 않나?"

"네, 최근에 한류 등의 열풍을 타고 한국고유의 음식에 대한 관심이 높아지고 있는 것은 사실입니다. 다만 글로벌화를 위한 전략이 부족하다는 느낌은 듭니다."

박정수 대표는 대한민국의 대표 음식을 글로벌화하기 위해 우리 고유의 특성과 세계 음식의 특성을 결합해 브랜드화하는 것이 필요함을 설명하며 한국전자의 제품의 성능 업그레이드 부분에 대한 암시를 주고 있었다.

"김 대표님, 한국발명진흥회 사업을 통해 제품 업그레이드의 전기를 마련했나?"

"이기종 특허를 통해 단초를 찾기는 했습니다."

"하하, 잘됐습니다. 그럼 후속조치는 어떻게 진행할 생각인가?"

"그래서 박 대표님 만나기를 학수고대했죠."

"아, 그런가?"

"이기종 특허를 통해 가능성만 확인했습니다. 앞으로 기술이전 작업을 통해 성능 확인 등의 절차가 필요합니다."

"그럼 기술이전은 어떻게 진행할 예정인가요?"

"그것 역시 박 대표님과의 만남을 목이 빠지게 기다렸습니다."

국내에서 기술이전을 지원하는 조직은 다양하게 포진되어 있다. 우선 기술이전의 생태계를 이해하기 위해서는 기술공급자를 이해해야 한다. 기술공급자, 즉 기술 판매자는 대학과 출연연구소, 전문연구소가 대표적이다. 때로는 대기업, 중견, 중소기업이 기술판매자가 될 수 있다. 기술이 필요로 하는 기업의 입장에서 내가 필요로 하는 기술이 어디에 있는지 직접 찾아보는 것은 다소 전문적인 일이므로 이를 지원하는 지원기관에 노크하면 된다.

기술이전은 '기술이전 수요자(주로 기업이 해당된다)-기술이전 중개기관(기술이전 지원기관, 기술이전회사, 기술사업화회사 등이 해당된다)-기술공급자(주로 대학교, 출연연구소 등 공공기술이 해당된다. 때로는 기업의 기술이 해당되기도 한다)'로 이루어져 있어, 기술이전 중개기관의 선정이 중요하다. 기술이전 중개기관을 알아보기 위해 기술이전 지원기관을 알아보자.

기술이전을 지원하는 기관에는 다양한 곳이 존재한다. 첫 번째로 특허청 산하기관인 한국발명진흥회의 지식재산거래소가 있다. 지식재산거래소는 특허거래전문관이 기업과 대면 접촉을 통해 기업의 신제품 기획, 애로기술 해결 등을 기술이전이라는 방법으로 풀 수 있도록 지원한다. 특허거래전문관은 기술사, 공학박사, 변리사 등 전문가 그룹으로 구성되어 있다. 따라서 고품질의 서비스를 받을 수 있다.

두 번째로 기술보증기금의 기술혁신센터가 있다. 기술보증기금은 고유업무가 '보증'이기 때문에 보증을 전제로 기술이전을 진행하는 형태라고 생각하면 된다. 즉, 기술이전과 기술사업화를 위한 융자가 필요하다면 기술보증기금의 기술혁신센터에 노크를 하면 된다.

세 번째로는 다양한 지원기관 그룹이 있다. 즉, 한국산업기술진흥원, 과학기술일자리진흥원 등이 있다. 다만, 세 번째 지원기관은 기업이 간접지원을 받는 형태로 사업을 운영 중이다. 중소기업 입장에서 실질적인 도움을 받을 수 있는 지원기관이 필요하다.

"많은 지원 기관이 있지만 한국전자는 박 대표님께 컨설팅을 받고 있으니 기술이전도 적극적으로 지원해주시리라 믿습니다."

"하하하, 김 대표가 그렇게 나올 줄 알았지. 내가 특허거래전문관* 생활을 한지 벌써 10여 년이 지났군. 지금 진행하는 기업 컨설팅은 특허거래에 한정하지 않고 있으니 그것 역시 내 업무 중의 하나라고 보면 됩니다. 중소기업의 기술전략을 보면 지식재산권 전략(지식재산권 출원 및 전략), 연구개발 전략(연구개발 로드맵수립 및 연구개발 추진 전략), 기술도입 전략(기술도입테마선정, 도입방향 및 전략 수립), 기술사업화 전략(R&BD, 투융자, 양산전략), 기술활용 전략(인증, 해외 진출 등) 등으로 나눌 수 있습니다. 중소기업 대표들이 항상 고민하는 부분들을 모두 포괄하고 있지요. 기술전략의 방향성이 매우 중요하며, 그 방향성에 따라 기업이 성장하기도 하지만 나락으로 떨어질 때도 있으니 세밀한 관리가 필요합니다."

김한수 대표는 한국대학교 김익순 교수의 기술이전을 통해 한국전자를 성장시키는 단초가 되었던 사례를 머릿속에 떠올린다. 추가 성장을 위한 아이템 발굴에 기술이전 사업을 접목할 수 있다면 한국전자는 제2의 성장 동력을 찾을 수 있으리라 확신한다. 김한수 대표는 두 주먹을 불끈 쥐며 이야기를 이어갔다.

"박 대표님 고민이 있습니다. 우선 첫 번째로 우리 제품은 완성도가 높아 현재 수준으로도 세계적이니 이 점은 만족할 수 있습니다. 하지만 지속적으로 기술을 업그레이드하지 않는다면 경쟁에서 언제든지 탈락할 수 있다고 생각됩니다. 따라서 기술이전 전반의 검토를 요청드립니다. 두 번째는 '펀펀'이라는 회

---

* 한국발명진흥회 지식재산거래소 소속으로 중소기업의 기술이전 전 과정을 컨설팅하는 역할을 하고 있음.

사로부터 기술 도입 제안을 받았습니다. 현재 검토 중인데, 약간의 추가기술 개발을 하면 시장을 장악할 수 있는 좋은 기술로 판단됩니다만, 현재 한국전자의 주력 아이템과 상이하므로 어떤 방식으로 사업을 이끌어갈지 고민됩니다."

"김 대표님, 최근 고민이 많아졌습니다. 내가 보기에 한국전자가 한 단계 성장하기위한 성장통이라 생각하세요. 두 가지 고민을 이야기 했는데 우선 첫 번째 고민은, 현재 스피커의 하드웨어와 소프트웨어 기술을 통해 압도적인 기술력 우위를 보일지 고민해야겠습니다. 두 번째의 경우 한국전자와 상이한 아이템에 대한 신규사업 검토인데, 이는 조인트벤처 설립을 통한 성장전략을 검토하는 것이 한국전자의 기업가치를 훼손하지 않으면서 한국전자의 리스크를 최소화할 수 있는 방법이지 않을까 판단합니다."

"그렇군요. 그럼 세부적인 전략을 어떻게 마련할지도 박 대표님의 도움이 필요할 듯합니다."

"우선 첫 번째 케이스는, 현재의 하드웨어 기술과 소프트웨어 기술의 성능 업그레이드도 중요하지만, 제품 전체의 성능 업그레이드를 위한 제품 혁신전략에 대해 고민이 필요할 것으로 생각이 됩니다. 따라서 한국전자의 현재 고민은 경쟁사와 제품 경쟁력이 약간의 우위에 있어 불안한 정도라는 것입니다. 저는 김 대표에게 현재 제품의 경쟁력을 획기적으로 끌어올리기 위한 전략으로 '제품 소재 혁신'을 주문합니다."

"제품 소재 혁신이라…."

그렇다. 현재 한국전자는 하드웨어 기술과 소프트웨어 기술의 한계로 제품의 혁신에 한계에 봉착한 상태였다. 바로 정곡을 찌르는 박 대표의 지적에 김 대표는 가슴이 쓰려왔다.

"박 대표님, 맞습니다. 소재 혁신이야말로 한국전자가 돌파해야만 하는 제품혁신의 변곡점이 될 듯합니다. 얼마 전 한국발명진흥회의 제품혁신컨설팅에서도 다양한 각도로 이기종 특허를 검토하며 결론에 도달한 것이 '현재의 하드웨어, 소프트웨어 기술은 현 상태를 유지하고 소재기술을 도입하라'는 결론이었습니다. 검토 대상이 된 소재기술로는 여러 연구기관의 기술이 추천되었습니다. 우선 전기연구원, 재료연구원, 한국소재연구원, 고등기술연구원 등이 추천되었으며 현재 관련 기관의 자료를 검토 중에 있습니다."

"한국전자는 내가 없어도 이제는 잘 굴러 가겠는걸요. 어쨌든 현재의 기술도입 전략이 중요하므로 제가 적극적으로 도움을 주도록 하겠습니다."

"두 번째 이슈인 편편의 기술 제안 건은 어떻게 생각하시는지요?"

"두 번째 기술 아이템은 실시간 영상 검출 기술로 매력적인 비즈니스를 시도할 수 있는 기술로 판단합니다. 다만, 다른 보완 기술과 결합하여 기술 완성도를 높인 후 비즈니스 전략을 수립하는 방향으로 사업을 진행하는 것이 어떨지요?"

"네, 맞습니다. 비즈니스 모델은 좋습니다. 하지만 실제 구현상 어려움이 있어 보입니다. 상용화를 위한 기술을 접목한 후 사업화를 진행하면 되겠네요. 그럼, 향후 진행절차는 어떻게 하면 되죠?"

"한국전자 창업 시 연구소 기업 설립 등 관련 사업을 설명해주었는데, 이번에 제대로 그 건을 진행해야겠습니다. 연구소 기업 설립 시 다양한 혜택이 있으니까요. 가능하면 특구 지역에 설립하는 것을 통해 추가적인 지원을 받아 신설법인의 성장에 도움이 되면 더욱 좋겠습니다."

연구소 기업에는 다양한 지원사업이 있다. 다만 연구소 기업 설립 요건 중 하나가 연구개발특구(대덕, 광주, 부산, 대구 등)에 본사 소재지가 있어야 한다는 제약 조건이 있다. 따라서 사업을 펼쳐가는 데 있어 특구 지역의 제한성이 문제가 되지 않는지 검토가 필요하다.

"네, 한국전자 창업 시 간단히 설명해주셨던 내용 기억이 납니다. 그러나 이렇게 실제로 연구소 기업 설립이 진행되리라곤 생각하지 못했습니다."

"최근 기술혁신이 화두가 되면서 전국 특구 지역에서 연구소 기업 설립 붐이 일고 있는 것은 사실이나, 연구소 기업은 중소, 중견기업의 사업 리스크 회피전략 또는 성장전략의 일환으로 추진해야만 효과적으로 진행할 수 있다는 것을 명심하고 성장그림을 그려보는 노력이 필요합니다."

"리스크 회피전략은 무엇이고 성장전략은 또 뭐죠?"

"연구소 기업은 별도 법인을 설립하는 것이고 이를 통해 리스크 회피 수단으로 활용할 수 있다는 말입니다. 즉, 신규 서비스를 기업 내부에서 진행할 경우 그 서비스로 인한 여파가 기존 사업 부분에까지 영향을 미쳐 타격을 받을 수 있습니다. 따라서 신규 사업 부분을 별도의 법인으로 분리하여 운영한다면 리스크 회피가 가능해지죠. 신규법인을 통해 신규 사업 아이템의 가능성을 보고, 실제 사업화까지 가능하다고 판단이 서면 그 신규법인을 다시 흡수 통합하여 하나의 사업부로 이끌어가는 것입니다. 잘만 된다면 효과적인 성장전략이 가능합니다."

"그렇다면 펀펀의 기술 도입을 통해 연구소 기업을 설립할 때는 어떤 절차로 진행해야 하나요?"

"펀펀의 특허권을 한국전자에서 우선 매입을 한 상태에서 스타트하면 되겠습니다. 그럼, 다음과 같은 퍼즐이 완성됩니다. 펀펀의 영상 기술 완성도를 높이는 기술을 ETRI에서 보유하고 있으니, ETRI는 기술 출자를 하고, 한국전자는 편편의 기술에 대한 기술 출자 및 자본금 출자를 하면 연구소 설립에 대한 시나리오가 완성됩니다. ETRI가 대전에 위치하고 있으므로 연구소 기업은 대덕특구에 설립하고, 연구소 기업의 설립 조건이 기술출자 20% 이상*이므로 이는 기술 출자 기관인 ETRI와 협의해 진행하되, 기술출자에 대한 가치는 기술가치평가를 통해 가치산정 절차를 진행해야 합니다."

"진행절차가 여러 단계에 걸쳐서 진행되고, 기술가치평가 등도 있어 처음 진행하는 기업의 입장에서는 다소 어려움이 있을 듯합니다."

"일반적으로 기업들에서 많이 어려워합니다. 실제로 진행하는 과정에서 여러 이슈가 발생하므로 관련 준비는 진행하면서 내가 알려주도록 하겠습니다."

한국전자는 기술혁신에 도전장을 내민다. 한국전자의 오디오시스템의 저전력 이슈를 극복할 방향을 찾을 것인가? 이기종 특허의 접목을 통한 소재 혁신은 성공할 것인가? 또한 신규 비즈니스를 위한 연구소 기업은 정상궤도에 안착할 수 있을까? JVjonit venture 설립을 통한 신규 비즈니스의 안착은 한국전자에도 도전이 될 것이다. 다양한 형태의 혁신을 진행하는 한국전자. 한국전자의 앞날은 어떠한 그림으로 펼쳐질 것인가?

한국전자의 연구소 기업 설립모델과 같이 연구소 기업을 설립하면 다양한 기술 혁신을 추진할 수 있다. 연구소 기업에 대해 개략적으로 살펴보자. 우리나라 연구소 기업은 2018년 기준 704개이며, 매출액은 4천 739억 원, 고용은 2천 542명으로 지속적으로 확대되고 있다.

연구소 기업 설립은 특구 지역에 본사를 설립해야 하며, 기본적으로 공공

---

* 법 개정으로 설립 주체인 기업의 자본금 규모에 따라 10~20%의 지분 구조면 상관없이 가능하다.

<도표 4-1> **한국전자 연구소 기업 설립 모델**

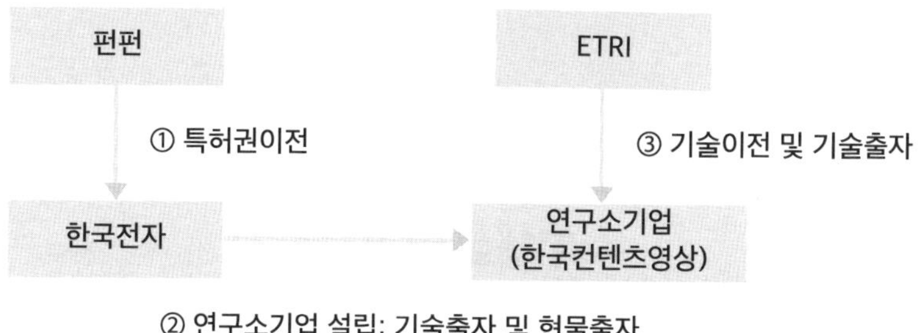

기술 이전이 포함되어야 한다. 따라서 연구소 기업 설립조건은 공공기술 공급기관(대학교, 출연연구소 등)으로부터 기술 이전 또는 기술 출자를 받으면 자격 조건을 만족하게 된다. 공공기술 공급기관으로부터 기술 이전만 받았을 경우 지주회사(한국과학기술지주, 에트리홀딩스, 미래과학기술지주 등)로부터 규모에 따라 10~20% 이상 출자를 받으면 위와 동일한 자격 조건을 갖춘 것으로 인정된다.

연구소 기업 설립 조건을 다음과 같다. 첫째, 공공 연구기관의 단독 또는 공동으로 설립 규모에 따라 자본금의 10~20%이상 출자해야 한다. 둘째, 공공 연구기관의 기술을 직접 사업화하기 위한 목적으로 설립해야 한다. 셋째, 연구개발 특구 내에 설립해야 한다. 이와 같이 세 가지 조건을 모두 만족해야 연구소 기업을 설립할 수 있다.

또한 연구소 기업을 설립하면 세제 혜택이 주어진다. 우선 국세의 세제 혜택은 법인세 설립 후 3년간 100% 면세, 이후 2년간 50% 감면 혜택이 있다. 지방세는 최대 7년간 100% 면세, 이후 3년간 50% 감면, 취득세 면제 혜택이 있다.

제품혁신을 구체화하다

한국전자는 지난 6개월 동안 기술 이전을 위한 검토와 최종 도입 기술의 확정, 그리고 기술보유기관과의 기술료 협상 과정을 진행하였다. 최초 제안 금액보다 대폭 수정되어 한국전자에 유리한 방향으로 최종 협상이 타결되었다. 최종 협상 타결 과정에서 박정수 대표와 김한수 대표의 전략적인 판단으로 한국전자에 유리한 방향으로 전개된 것이다. 한때 계약이 파국으로 치닫기도 했지만 최종 마무리까지 완료되었다.

한국전자 대표와 한국소재연구원장이 참석한 기술이전 체결식에서 김한수 대표는 "본 기술이전 체결식은 한국전자가 새로운 소재 기술 개발을 위해 한 발을 내딛는 자리로, 이를 통해 세계적인 소재 기술 확보의 단초를 마련했다는 의미 있는 자리라고 감히 단언합니다"라며 감격에 겨워 힘주어 말하였다. 김세훈 한국소재연구원장은 "우리 연구원은 소재 연구원으로 한국전자와 같이 유망한 중소기업과 함께하게 되어 기쁩니다. 기술 이전을 통해 우리 연구원의 기술과 특허가 기업의 제품에 적용되어 경쟁력 있는 제품으로 거듭나는 역할을 하는 것이 우리 연구원의 지향점입니다"라고 강조하였다.

기술이전 체결식이 마무리 되고 실무회의가 진행되었다. 한국소재연구원 장숙경 박사는 기술 상용화를 위해 제안한다.

"우리가 이전해준 기술은 기초·원천기술이므로 기업에서 상업화하기 위해서는 추가 기술개발이 필요합니다. 따라서 저는 중소벤처기업부의 기술혁신과제를 진행할 것을 제안합니다."

임창용 CTO가 말을 이어 받았다.

"과제 제안에 앞서 본 소재 기술을 통한 사업화 전략을 검토해야 하며, 사업화 전략을 통해 본 사업의 상용화 계획이 완성되어야 과제에 대한 이야기가 진행될 수 있을 듯합니다."

박정수 대표가 중간에서 말을 끊고 이야기를 시작한다.

"기술 이전 과정에서 본 기술의 상용화 가능성에 대한 검토와 의견 조율은 충분히 이루어진 것으로 사료됩니다. 따라서 아래와 같이 세 가지 과제를 검토하고자 합니다. 첫 번째, 나노융합2020 사업화 과제*입니다. 나노 소재의 사업화를 위한 과제로 한국전자가 추구하는 사업화 절차와의 일치도가 상당히 높습니다. 또한 소재 원천기술을 상용화하는 과제이므로 1년 과제로는 불가능합니다. 본 과제는 3년 30억 규모이니 한국전자의 역량 등을 검토해볼 때

---

* 나노융합2020 사업화 과제는 과학기술정보통신부와 산업통상자원부에서 공동으로 지원하는 과제로 공공부문(대학, 출연·공공연구기관 등)의 나노기술 연구개발 성과를 산업계 수요(신제품 개발 또는 생산성 향상)와 연계하여 상업제품으로 개발될 수 있도록 지원하는 과제임.

적절한 과제로 판단됩니다.

두 번째, 한국전자는 산업단지공단 내에 있으므로 수출기업을 위한 매버릭 과제를 추천합니다. 다만, 매버릭 과제는 1년 과제로 규모는 3억 수준입니다.

세 번째, KIAT한국산업기술진흥원의 R&D 재발견 과제를 추천합니다. R&D 재발견 과제는 대학, 출연연의 보유기술 사업화를 지원하는 사업입니다. R&D 재발견 사업은 기술 도입한 기업이 주관기관으로 기술공급기관(대학교, 출연연구소 등)이 참여기관으로 필수적으로 참여해야 합니다. 과제 기간은 1년이며 과제 금액은 4억 원 이내의 단기과제입니다. 또한 KIAT의 사업화 연계기술 개발사업도 한국전자의 기술사업화를 위해 검토 대상으로 판단됩니다. 사업화 연계기술개발사업은 글로벌 시장 진출·선점 및 신 산업 창출 가능성이 높은 사업화 유망 기술과 우수 BI의 발굴 및 사업화 기획 지원과 사업화 유망기술에 대한 제품화개발, 시제품제작, 성능평가 및 인증, 디자인 등 사업화 지원으로 구성되어 있습니다. 본 과제도 1년 단기과제로 구성되어 있어 한국전자의 사업화 전략과는 불일치되는 부분이 있는 것으로 사료됩니다."

임창용 CTO와 장숙경 박사가 동시에 말했다.

"그럼 나노융합2020 사업이 맞겠는걸."

임창용 CTO와 장숙경 박사가 동시에 웃음이 터졌다.

"그럼 결론은 도출되었습니다. 나노융합2020으로 진행하시죠."

장숙경 박사가 소리쳤다. 임창용 CTO가 조심스럽게 말을 이어 받았다.

"한국전자가 나노융합2020 우수연구성과 사업화 지원과제에 선정될 수 있을까요?"

장숙경 박사가 말을 이어 받았다.

"임 부사장님, 걱정하지 마세요. 제가 뒤에서 힘껏 도울 테니 나노융합2020으로 추진하시지요."

세 사람은 서로 손을 잡고 강렬한 눈빛을 교환했다. 임창용 CTO는 이민우 소장이 작성한 '나노융합2020 우수연구성과 사업화 지원과제' 사업계획서를 검토하고 있다. 나노융합2020 사업은 여섯 단계의 평가과정을 통과해야 사업에 선정될 수 있기 때문에 각 단계별로 최선을 다해야 우리가 원하는 결과를 얻을 수 있다.

각 단계별 과정은 다음과 같다. 첫째, 사전 검토로 사업신청서를 검토하는 단계다. 이 단계에서는 과제의 주제가 나노 소재를 활용한 과제인지 확인하는 과정으로 과제의 적격성 여부를 판단한다. 한국전자는 나노융합2020 과제와의 연결고리 분석을 통해 첫 번째 단계에서 제외되지 않도록 해야 한다. 둘째, 서면 평가로 기본 요건 충족을 검토한다. 즉, 보유기술, 니즈, 과제 구성 등을 검토하며 이는 심층평가를 위한 사전평가로 구성된다.

셋째, 발표 평가로 수행 목표, 전략, 능력을 통해 과제의 성공 가능성을 검토하여 평가위원회를 통해 과제 평가를 진행한다. 넷째, 현장평가다. 발표평가를 통과하면 기업에 직접 방문하여 현장평가를 수행한다. 현장평가는 사업화 환경을 검토하여 반드시 대표자가 면담을 진행해야 한다. 현장평가는 대표자의 의지와 기업여건, 사업화계획을 평가하기 때문이다.

다섯째, 종합평가를 통해 지원대상 후보과제를 추천한다. 종합평가는 발표평가 60%와 현장평가 40%를 가중 평가한다. 이를 통과하면 과제의 칠부 능선을 통과했다고 판단할 수 있다. 마지막으로 최종면담을 통해 협약을 체결한다. 마지막 최종 면담에서 여러 협약이슈가 있다. 여기에서 사업목표, 내용, 사업규모 조정 등이 포함되어 최종면담이 진행된다. 나노융합2020 과제에서는 사업화가 중요 포인트이므로 과제에 매출목표가 반영되기도 하므로 매우중요한 과정이 될 수 있다.

"이 소장, 본 과제의 핵심 포인트는 무엇일까?"

"네, 완성도 높은 과제기획과 제품개발입니다."

"그렇지 않습니다. 본 과제는 사업화 과제이므로 과제가 성공해야만 사업화로 연결될 수 있습니다. 그러므로 본 과제에서는 성공 가능성을 중점적으로 평가합니다. 성공 가능성을 추진계획과 역량, 기술성으로 보고 종합적으로 판단한다고 보면 됩니다. 성공가능성과 더불어 파급효과 30점, 과제의 구성 20점으로 되어 있는데, 특히 파급효과 부분에서는 경제적 파급효과와 더불어 실제적으로 가능성 있는 매출액 규모가 중요한 포인트가 됩니다. 그리고 본 과제의 경우 기술이전을 전제로 하는 과제이니 이전받은 기술의 완성도, 우수성 등이 당연히 평가대상이 됩니다."

"아, 그렇군요."

과제에 따라 선정 포인트가 달라질 수 있다. 개발과제에서 사업화 이야기를 하고, 사업화과제에서 개발에 대한 이야기만 한다면 좋지 않은 결말로 이어질 수 있다는 말이다.

"그럼, 나노융합2020 과제의 선정기준을 살펴볼까요. 첫 번째는 성공 가능성입니다. 즉, 기술수요, 기술의 혁신성 및 사업화 역량이므로 이 부분을 강조해서 사업계획서에 반영해야 됩니다. 두 번째는 과제의 파급성입니다. 파급성은 시장성을 확인하는 것으로 기술사업화 제품의 시장성과 시장규모 그리고 시장 환경으로 구분해서 평가합니다. 마지막으로 과제의 규모 및 구성을 검토하는데 나노융합2020 과제는 3년 과제로 최대 30억 규모 기획이 가능합니다. 과제 목표와의 정합성을 토대로 연구비와 연구 기간 및 과제 구성 등이 유기적으로 구성되어야 합니다."

"제가 중요부분을 많이 누락했습니다. 무조건적으로 과제 규모를 과제의 최대치를 반영해 억지로 금액을 맞추었고, 시장분석에 대한 자료도 부족합니다."

이민우 소장은 얼굴이 화끈거린다. 아직도 과제 지원 시 전략이 부족함을 절감한다. 또한 기업에도 전략이 필요함을 절감한다.

"마지막으로 중요한 것이 현장평가입니다. 현장평가에서 탈락하는 기업도 많이 있다고 알고 있으니 현장평가 시 중점사항 등도 체크포인트로 준비해야 합니다."

"네, 현장 평가도 짜임새 있게 준비해야겠네요."

"그렇습니다. 현장평가 시 가장 중요한 포인트는 대표님의 역할인데, 김 대표님은 잘하시리라 믿습니다. CEO의 발표를 통해 주관기업의 사업화 의지를 반드시 확인하는 절차가 현장평가입니다. 현장평가 시 평가부분은 세 부분으로 나누어집니다.

첫 번째는 주관기업의 사업화 의지로 배점이 40점입니다. 주관기관의 사업화의지가 본 과제에서 가장 중요한 부분입니다. 세부 내용을 보면 기술사업화 능력, 사업의 우선순위, 기술개발 실적 및 연구개발비 투자비율 등으로 구성되어 있습니다.

두 번째는 사업화 추진여건으로 배점이 30점입니다. 사업화 추진여건의 세부 평가항목은 사업성격(현 사업영역과 일치성), 제품 생산기반의 확보 용이성, 경쟁제품, 경쟁기업과의 우월성, 거래처와의 교섭력 등으로 구성되어 있습니다.

그리고 마지막으로 사업화계획으로 30점 배점으로 구성되어 있습니다. 사업화 계획은 제품 마케팅 계획의 구체성 및 적절성, 예상 판로의 다양성 및 구축 정도, 기존 생상품목 마케팅 및 판로와의 연계성 그리고 수익성 및 매출의 성장 가능성으로 구성되어 있습니다."

"현장 평가는 대표님이 준비를 많이 하셔야 될 듯하네요. 대표님도 현장 평가에 대비해서 시뮬레이션을 하셔야 할 듯합니다."

"맞았어. 본 과제는 우리 한국전자의 미래를 좌우할 매우 중요한 과제이므로 한 치의 오차도 없어야 하니 임직원이 집중해서 과제에 선정할 수 있도록 혼신의 힘을 기울여야 해야만 해."

한국전자는 내부에서 이민우 소장이 주관하여 치밀한 준비전략을 진행하였다. 또한 박정수 대표의 사전 검토와 리뷰 등을 통해 사업계획서가 초안과는 매우 다른 시나리오로 수정되다시피 하였다. 이러한 노력 덕분에 나노융합2020 과제에 많은 기업이 신청하였으나, 한국전자만이 선정되는 영광을 누렸다. 나노융합2020 사업단장이 한국전자를 방문하였다.

"김 대표님, 한국전자와 같이 가능성 있는 기업들이 나노융합2020 과제에 많이 신청해야 되는데 1차 과제에 대한 평가는 과제를 위한 과제가 대부분이었습니다. 따라서 1차 과제에서 한국전자가 유일하게 과제에 선정되었지요."

김한수 대표는 깜짝 놀란다. 한국전자와 같은 작은 중소기업이 다른 중견, 대기업을 제치고 사업에 선정됐다는 말을 들으며 한국전자의 무한한 가능성을 보여주는 자리가 될 것 같아 한껏 기분이 달아올랐다.

"단장님, 영광입니다. 한국전자 같은 중소기업이 나노융합2020 과제와 같이 큰 과제를 수행할 수 있다니 꿈만 같습니다."

"나노융합2020 과제는 한국전자와 같은 중소기업을 발굴하여 창조경제를 꽃피우길 희망합니다. 한국전자는 본 과제를 통해 충분히 성장하리라고 확신합니다. 따라서 추후 기술사업화를 위한 추가과제도 제안하시면 적극적으로 검토, 지원하겠습니다. 한국전자와 같이 가슴이 뜨거워지는 기업을 만나는 것이 나노융합사업단의 책무이기도 합니다."

사업단장은 이렇게 힘주어 강조하였다.

한국전자는 기술사업화 퍼즐을 하나하나 맞추어 나가고 있다. 소재원천기술과의 결합을 통해 한국전자는 비상할 준비를 한다. 이는 중소기업이 혁신성장을 통해 성장하는 원리와 같은 것이다. 한국전자는 기술사업화 퍼즐을 완성하며 새로운 세상을 그린다.

기업 성장전략을 수립하다

한국전자는 다양한 방법으로 기업 성장전략을 검토 중에 있다. 우선 연구소 기업설립을 통한 제2의 성장아이템 전략이다. 한국전자는 신규아이템 발굴을 외부 기업을 통해 준비하고 있었다. 과연 한국전자호는 신규 사업을 통해 또 한 번 성장 신화를 쓸 것인가?

한국전자 김한수 대표와 펀펀의 김정호 대표. 양사는 기술이전을 위한 협상에 합의하였다. 펀펀의 김정호 대표는 특허권 매각을 통해 펀펀의 성장 발판을 마련하였고, 한국전자는 특허권 인수를 통해 향후 다양한 성장전략의 전기를 마련하였다. 양사 대표는 악수를 하고 계약 체결을 마무리하였다.

박정수 대표와 김한수 대표가 한국전자 대표이사실에서 한국전자의 성장전략에 대해 논의 중이었다. 박정수 대표가 먼저 질문했다.

"김 대표님, 펀펀에서 인수한 영상검출기술의 비즈니스 모델과 전략은 수립했나요?"

"아직 구체적인 구도는 잡지 못하고 있습니다."

"내가 판단하기에는 영상검출기술의 경우 향후 영상콘텐츠에 적용하면 다양한 비즈니스 모델이 창출되므로 파급효과가 클 전망이지만, 한국전자와는 시너지효과가 없으므로 내가 제안한 연구소 기업 설립을 통해 성장전략을 도모하는 편이 좋을 거야. 우선 지난번에 내가 제안한 ETRI의 기술출자건에 대한 검토는 어떻게 되었나?"

"지난번에 말씀하신 건은 내부 검토를 끝냈습니다. 펀펀의 기술은 영상검출과 영상에 대한 데이터기술로 상당히 우수한 기술이나 응용시장 측면에서 보완이 필요해 내부 검토를 진행했습니다. ETRI 기술과 결합하면 실시간 영상검출기술이 완성되어 시장에서 확실한 우위를 점할 것으로 판단합니다. 지난번에 말씀해 주셔서 대전에서 다섯 차례 기술미팅을 진행했습니다. 기술미팅과 관련 기술의 시연을 통해 기술완성도를 확인하였고 ETRI로부터 소스코드를 받아 펀펀의 프로그램에 붙여 테스트를 진행했습니다. 테스트결과는 성공적이었습니다. 다만 시장 진입 전략에 대한 검토가 필요합니다."

기술적인 우위성이 확보된다고 시장에서 승리한다는 보장은 없다. 따라서 기술을 통한 시장진입 모델이 확립되어야 한다. 시장진입전략은 비즈니스모델을 수립하면서 동시에 추진해야 한다.

"시장진입전략은 다음과 같이 전략을 구상하면 될 듯하네. 우선 통신사와 방송사를 접촉해서 비즈니스 모델을 구체화하면 되겠는데…."

"아, 전에 비즈니스 모델관련 논의한 내용을 말씀하시는군요. 삼자가 비즈니스 모델을 구축하면 되는데 얼마 전 논의하면서 뒤통수를 맞았습니다. 우리

통신과 본건을 협의하는 와중에 우리통신이 대한방송에 한국전자를 제외하고 독자적으로 사업 추진을 진행했습니다."

"뭐라고! 이런 사기꾼 같으니라고…!"

"하지만 핵심기술에서 완성도가 떨어져 결국 대한방송이 거부했습니다. 당초 우리통신과 대한방송 그리고 한국전자가 삼자 협약을 검토하여 진행하였습니다. 하지만 우리통신이 배신하여 한국전자에서 사업 전반을 재검토하게 되었습니다. 즉, 문화사와 대한텔레콤 그리고 한국전자가 협약을 체결되도록 박 대표님이 신경 좀 써주셔야 할 듯합니다."

"알겠네. 본건의 비즈니스 모델의 구체화와 협약건은 내가 진행하도록 하겠네. 협약 진행에 앞서 선결조건으로 연구소 기업 설립건 진행을 최종 마무리 했으면 하네."

김한수 대표는 연구소설립관련 진행사항을 생각하니 다시 머리가 아파왔다.

"연구소 설립건 관련 검토사항에는 어떤 것이 있나요?"

"우선 연구소 기업 설립을 위한 조건 등을 보면 ETRI는 보유 기술에 대한 기술출자가 선행되어야 하며 지분율은 20% 이상 확보해야만 연구소 기업의 설립조건을 만족할 수 있지. 따라서 한국전자는 한국전자에서 보유한 영상검출기술에 대한 기술출자와 자본금 출자를 80% 이하로 진행하면 되겠네. 이 모든 절차는 기술가치평가를 통해 지분율이 결정되지."

한국전자는 연구소 기업 설립을 위해 한 발짝 다가선다. 연구소 기업은 설립준비단계와 등록단계로 구분하여 진행한다. 설립준비단계는 첫 번째가 이전대상 기술의 선정이며, 기술이전 조건에 대한 협의가 완료되면 첫 번째 과정이 마무리 된다. 두 번째가 기술가치평가 단계이다. 기술가치평가를 통해 연구소 기업 설립주체별로 지분구조가 결정되는 단계다. 세 번째로 지분출자 및 법인 등기로 기술과 현금, 현물출자에 대한 사항이 이루어지는 단계다. 마지막으로 등록신청을 하면 연구소 기업 설립에 대한 준비는 완료된다.

연구소 기업 등록단계는 대부분 서류상으로 진행되므로 크게 어려운 점은 없다. 우선 신청서를 연구개발특구진흥재단에 제출하면 첫 번째 단계가 진행되며 연구개발특구진흥재단에서 요건검토와 연구소 기업 등록 신청을 한다. 마지막으로 연구소 기업등록의 주무부처인 과학기술정보통신부의 승인이 떨어지면 연구소 기업 등록은 마무리된다.

"연구소 기업설립도 여러 절차를 걸치는군요. 그리고 기술을 출자하는 과정이 포함되어 있어 기업에서는 상당한 어려움이 있을 듯합니다."

"크게 걱정하지 않아도 됩니다. 내가 전체적인 진행 과정을 도울 예정입니다."

"하하하…. 저야 걱정이 없지만, 연구소 기업을 처음 하는 기업들이 많을 듯한데 그런 경우 어떻게 도움을 받으면 되나요?"

"연구소 기업의 설립을 지원하는 조직은 대표적으로 연구개발특구진흥재단이 있는데 이는 대덕, 광주, 대구, 부산 등에 특구진흥재단이 있고, 관련 지원사업이 다양하게 존재하므로 도움을 받는 방법이 있습니다. 또한 직접 출연연과 단계별로 진행하는 방안, 마지막으로 지주회사를 통해 진행하는 방안도 있습니다."

"지주회사를 통해 도움을 받는 방안이 기업의 입장에서 편할 듯합니다."

"그렇지. 연구소 기업 설립을 지원하기 위해 설립된 지주회사가 여럿 있는데 한번 살펴보면 한국과학기술지주와 미래과학기술지주 그리고 에트리홀딩스가 있습니다. 한국과학기술지주는 17개 정부출연연구소가 출자하여 만든 회사로 17개 정부출연연구소의 기술출자를 전제로 연구소 기업 설립을 지원하는 조직으로 이해하면 됩니다. 미래과학기술지주는 과학기술특성화대학, 즉 한국과학기술원, 광주과학기술원, 대구경북과학기술원, 울산과학기술대학교가 출자하여 만든 기술지주회사입니다. 에트리홀딩스는 말 그대로 에트리가 100% 출자하여 설립한 기술지주회사인데 세 기술지주 회사 중 가장 오래된 회사이기도 합니다.

연구소 기업 설립을 통한 성장전략은 연구소기업 설립 시 다양한 혜택이 있고 기술사업화 시 출연연 또는 대학교의 연구원이 연구소 기업에 파견되어 연구개발의 완성도를 높일 수 있는 장점이 있습니다. 그리고 설립이후에 기술사업화를 위한 지원사업이 있기 때문에 기술사업화의 가능성을 획기적으로 높일 수 있다고 할 수 있습니다."

드디어 김한수 대표의 머릿속에 연구소기업 설립 이유가 그려진다. 한국전자는 연구소 기업 설립을 통해 또 다른 성장전략을 그린다.

"그럼, 연구소 기업의 세제 지원에는 어떠한 사항이 있나요?"

"세제 지원 혜택이 다양하게 있습니다. 우선 조세특례제한법에 따른 법인세 등의 감면대상이 됩니다. 내용을 살펴보면 법인세는 3년간 100% 감면되고 이후 2년간 50% 감면됩니다. 지방세로 재산세와 취등록세가 있는데 취등록세는 면제가 되고 재산세는 7년간 100% 면제, 이후 3년간 50% 감면 조항이 있습니다. 다양한 세제혜택을 통해 정부는 혁신성장에 포커스를 맞추고 있습니다."

<도표 4-2> **한국콘텐츠영상의 지분 구조 및 비즈니스 모델**

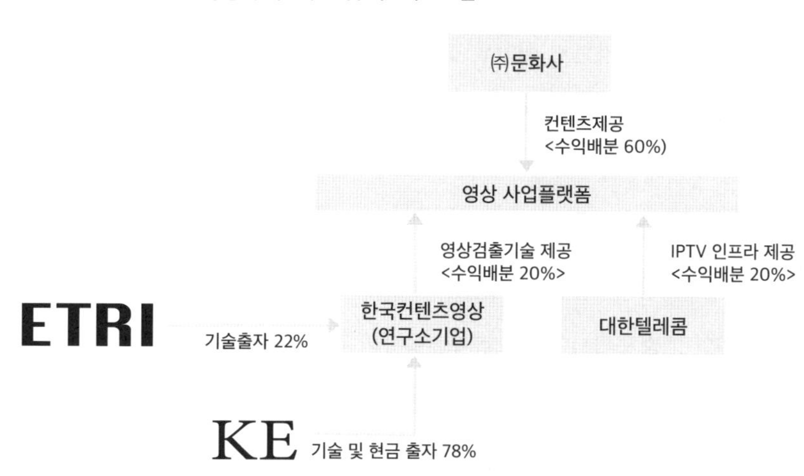

"연구소 기업은 다양한 제도를 통해 혁신성장을 도모하면 되겠네요."

"하지만 주의해야 할 사항이 있습니다. 첫 번째로 특구지역에 반드시 설립해야 하는 조건입니다. 두 번째로 출연연, 대학 등으로부터 기술출자를 받아야 하며 지분율이 반드시 20% 이상이어야 하는 것도 중요합니다. 협의과정에서 연구소 기업에 근무할 연구원과 연구소 기업을 관리하는 담당자와의 커뮤니케이션이 원활하지 않다면 다른 방안을 강구하는 편이 좋습니다. 연구소 기업도 결국은 기업이므로 상호간에 시너지가 창출되어야만 지속 성장이 가능하다는 점을 명심해야 합니다."

드디어 한국전자는 연구소 기업 설립을 통해 성장전략을 마련한다. 연구소 기업의 명칭은 주식회사 한국콘텐츠영상으로 결정되었다. 김한수 대표의 지분율이 78%, ETRI의 지분율은 22%로 결정되었다. ETRI에서 연구원 2명이 한국콘텐츠영상으로 파견되어 기술사업화를 지원하기로 하였다. 김한수 대표는 연구소장 겸 부사장으로 이민우 소장을 선임한다. 이민우 소장은 사업결과에 따라 지분 10%를 확보할 수 있는 스톡옵션계약을 체결한다. 한국콘텐츠영상의 결말이 기대된다.

한국콘텐츠영상의 사업구도는 다음과 같이 합의되어 순풍이 예고되었다. 한국콘텐츠영상의 비즈니스 모델은 방송사인 ㈜문화사와 통신사인 대한텔레콤 그리고 기술공급사인 한국콘텐츠영상이 삼자 협약에 의해 비즈니스 모델이 확정되었다. 한국콘텐츠영상이 기술을 공급하며, 영상콘텐츠는 ㈜문화사의 방송콘텐츠를 활용하여 비즈니스를 진행하며 대한텔레콤은 소비자의 가정에 IPTV를 통해 방송을 공급하는 구조다. 여기에서 나오는 수익의 배분율은 다음과 같이 결정되었다. ㈜문화사가 60%의 배분율을 갖고, 대한텔레콤과 한국콘텐츠영상이 각각 20%의 수익을 배분받는 구조로 사업구조와 비즈니스 모델이 완성되었다.

김한수 대표의 얼굴에 웃음꽃이 만발하였다.

"박 대표님 수고 많으셨습니다."

김한수 대표가 반갑게 박 대표와 악수를 한다.

"김 대표도 전략 구상하느라 고생 많았어."

박정수 대표는 흐뭇한 표정으로 김 대표를 바라보며 이야기를 이어갔다.

"한국콘텐츠영상은 이제 발걸음을 시작했다고 봅니다. 앞으로 많은 난관이 예상되지만 충분히 극복하고 성장하리라고 봅니다. 박 대표님이 한국전자와 같이 지속적인 애정과 관심을 갖고 지켜봐주시기 바랍니다."

한국콘텐츠영상과 같이 연구소 기업 설립 또는 조인트벤처 설립 이슈가 다양한 기업에서 발생할 수 있다. 결국은 법인설립을 통한 수익구조가 가능한 기술 또는 비즈니스모델의 구축이다. 또한 다양한 주체가 결합된 모델은 각 주체별 명확한 역할분담이 중요하다. 기술개발과 사업의 수익화 모델을 고려한 비즈니스 설계가 필요한 이유이기도 하다.

한국콘텐츠영상이 드디어 출발선에 섰다. 기업은 마라톤과 같아서 평탄한 길이 있기도 하고 고갯길이 있기도 하다. 하지만 이는 우리네 인생과 같아서 때로는 힘들고 포기하고 싶은 마음이 들기도 하지만 이를 통해 성장의 열매를 맺는 과정이기도 하다.

한국전자는 또 하나의 퍼즐을 완성한다. 한국전자는 한국콘텐츠영상이라는 연구소 기업 자회사를 통해 새로운 성장동력 발굴에 시동이 걸렸다. 한국전자는 지금까지 다양한 형태의 기술사업화 전략을 추진해왔다. 드디어 기술사업화의 밑그림 완성을 넘어 퍼즐의 그림이 완성되어 가고 있었다. 한국전자는 기술사업화 퍼즐의 완성을 통해 또 다시 새로운 성장동력을 창출하고 있었다.

PART 5

해외 진출을 위해 특허 포트폴리오 전략을 수립하다

한국전자 해외 수출의 복병을 만나다

한국전자는 국내 1위를 달성하고는 드디어 매출 300억을 돌파하며 승승장구하고 있었다. 하지만 한국전자에도 먹구름의 그림자가 드리우고 있었다. 한국전자와 세계음향은 오디오 시스템 시장에서 양대 산맥으로 성장하였다. 국내 시장은 한국전자의 완승으로 결말이 났다. 그러나 미국시장은 달랐다. 미국시장은 이미 세계음향이 진출하여 시장을 리딩하고 있었다. 한국전자도 미국시장 진입을 면밀히 검토하기 위해 김한수 대표, 임창용 부사장, 이민우 소장 그리고 이병준 변호사가 회의실에 모였다. 김한수 대표는 미국시장 신규 진입에 따른 리스크에 대한 사전 분석 내지 검토 지시를 이미 내려놓은 상태였다. 먼저 이병준 변호사가 모두 발언을 한다.

"미국 시장의 경우 특허소송의 천국이라 할 만합니다. 따라서 미국 시장 진출 시 우선적으로 검토해야 할 사항이 '수출제품에 대한 권리확보'입니다. 특히 최근에는 아주 작은 중소기업도 특허리스크에 노출되어 있어 이에 대한 검토가 필요한 시점입니다."

최근의 특허소송은 중소기업이라고 해서 안전하지 않다. 매출이 작은 중소기업조차도 글로벌 기업의 먹잇감으로 노출되고 있다. 따라서 매출이 작은 중소기업도 특허소송에 대비하는 전략이 필요한 것이다.

"한국전자는 창업 시부터 수출을 염두에 두고 핵심특허의 경우 해외특허를 병행하는 전략을 추진해왔습니다. 따라서 한국전자의 경우 다른 기업과는 달리 특허리스크가 크지는 않을 것입니다."

김한수 대표는 여유로운 표정을 지어보였다. 하지만 한국전자가 과연 완벽한 지식재산경영을 영위하고 있다고 속단할 수 있을까? 한국전자의 지식재산경영을 따라가보자.

"제가 말씀드리고자하는 바는 특허리스크에 미리 대비하자는 말씀입니다."

"그럼, 국내 중소기업이 해외진출 후 특허리스크로 인해 어려움에 처했던 사례가 있으면 먼저 말씀해주시지요."

"네, 상징적인 사례 하나를 말씀드리겠습니다. 정사기(지폐를 세는 기기) 업체인 S사 사례입니다. 다국가 화폐계수 및 위폐방지에도 탁월한 성능을 인정받은 바 있는 국내 지폐계수기 업체 S사는 미국 시장 진출 10년 만에 특허 공격을 받았습니다. 지폐계수기 시장 50%를 점유하고 있는 K사가 소송을 걸은 것입니다. K사는 신규업체가 시장에 진입하면 소송을 걸어 시장 진입을 막는 일을 해왔으며, S사의 누적 US 수출액이 100억 원을 넘지 않는 데도 불구하고 최종 130억 원의 손해배상 판결을 받고 S사는 결국 미국 진출을 포기해야 했습니다."

특허로 인해 해외진출에 제동이 걸린다는 사실은 철저한 대비 없이 해외

진출 시 리스크에 노출될 수 있다는 말이다. 한국전자도 본격적인 해외 비즈니스가 시작되는 시점이다. 과연 한국전자는 완벽한 준비가 되었는지 검토가 필요한 시점이다.

"S사에 그런 일이 있었다고?"

"먼저 사업 초기에 권리범위가 넓은 '강한 특허'를 5~10건 확보하는 것이 중요합니다."

변리사가 기술을 타이핑해 오면 거기서 멈추지 않고 엔지니어와 변리사가 함께 협업을 통해 강한 특허를 출원해야만 특허로서 제대로 된 역할을 할 수 있는 것이다. 김한수 대표는 이병준 변호사와의 미팅을 통해 특허의 중요성을 느끼며 이에 대한 철저한 준비만이 한국전자의 살길이라고 생각했다.

한국전자는 특허리스크에도 불구하고 미국시장에서 순항 중에 있었다. 하지만 미국시장에서 복병이 있었으니, 바로 세계음향이었다. 한국전자가 미국시장에 진출하면서 이미 미국시장을 선점하고 있었던 세계음향의 점유율이 곤두박질치고 있었으니, 이는 두 기업의 사활을 건 싸움의 전조로 보였다.

세계음향 대표이사 집무실. 장정윤 대표는 문익주 부사장과 장시간 회의를 진행하고 있었다. 장정윤 대표이사 집무실은 담배 연기가 자욱하다. 세계음향의 분위기를 이야기하는 듯하다. 장정윤 대표는 표독스런 표정을 하며 문익주 부사장을 질책한다. 문익주 부사장은 얼굴이 벌겋게 달아오르며 식은땀을 흘린다.

"문 부사장, 당신 도대체 일을 어떻게 처리하고 있는 겁니까?"

"죄송합니다. 한국전자의 기술력이 워낙 막강하여 시장에서 잘 먹히질 않습니다."

"뭐, 뭐라고! 그게 부사장으로서 할 소립니까?"

"하지만 저도 묘책이 없는 것은 아닙니다."

"그럼 묘안이라도 있나요?"

"물론이지요. 한국전자가 빨리 성장하기를 손꼽아 기다렸습니다. 제가 덫을 쳐놓았으니까요."

문익주 부사장은 회심의 미소를 짓는다.

"그게 무슨 소리죠?"

장정윤 대표가 고함을 지르며 얼굴이 벌겋게 달아올랐다.

"대표님, 심기를 건드렸다면 죄송합니다. 우리 세계음향은 출발 시 특허로부터 출발했기 때문에 창업 때 특허전략을 세우고, 강한 특허를 출원하는 등 오늘을 위해 치밀하게 준비해왔습니다."

"그랬지. 그래서 어떻게 하겠다는 거야?"

"현재 시장점유율에서 한국전자에 밀리고 있지만, 세계음향의 히든카드가 있지요. 히든카드는 바로 우리가 보유하고 있는 특허권입니다."

"특허권을 이용한 전략이라…."

"네, 맞습니다. 특허권을 이용해 한국전자를 공격하면 한국전자는 위기에 봉착할 것입니다. 우리와 합의한다고 해도 합의금 형태로 한국전자의 영업이익 대부분을 우리가 가져오는 구조로 새로운 게임의 규칙을 만들고자 합니다."

장정윤 세계음향 대표의 표정에 음흉한 미소가 피어난다. 장정윤 대표는 마치 세계를 이미 장악한 글로벌 기업의 수장과 같은 얼굴로 변한다. 과연 문익주 부사장의 전략이 먹혀들 것인가.

한국전자 대표이사실.

한국전자는 태풍의 소용돌이로 빨려 들어가는 형국이다. 임창용 부사장이 급히 김한수 대표에게 보고 중이다.

"대표님 큰일 났습니다. 세계음향에서 경고장을 보내왔습니다."

"경고장이라니? 경고장은 또 뭐야?"

"대표님, 경고장은 특허권의 침해행위나 위반사례가 발생할 때 법적인 조치사항, 침해의 중지, 손해배상 등을 서면으로 보내는 서신을 말합니다. 경고장은 법적인 조치에 앞서 이루어지는 절차로 상대방의 침해 행위를 중지시킬 수 있는 효과가 있습니다. 또한 그동안 침해 행위로 얻은 이익을 배상할 것을 요구하는 문구를 삽입할 수도 있습니다. 제가 보기에는 특허소송을 하기 위한 사전 포석으로 경고장을 보낸 것으로 보입니다."

특허소송은 바로 소송으로 직행하지는 않는다. 경고장을 보낸 후 양사가 만나서 협상을 진행하는 것이 일반적이다. 경고장은 이러한 용도로 많이 활용한다.

"그럼, 무슨 내용으로 경고장을 보냈나?"

"네, 한국전자 제품이 세계음향의 특허권을 침해했다는 내용이며, 제품생산 및 판매를 위해서는 세계음향과 특허권 사용계약을 체결하라는 내용입니다."

"장 대표는 사사건건 우리의 발목을 잡을 생각이구먼."

"대표님 흥분하고 대응할 일이 아닌 듯합니다. 세계음향에서 요구한 금액은 한국전자의 누적 영업이익 수준인 150억 원입니다."

"뭐라고?"

"말도 안 되는 요구사항이며 이는 우리를 기만하려는 행태로 보입니다. 무시하고 무대응하면 될 듯합니다."

"그래, 일단 무시하고 장 대표를 아예 시장에서 퇴출시킬 수 있는 방안을 찾아보도록 하게."

임창용 부사장과 이민우 소장이 경고장 대응방안을 논의하고 있었다.

"이 소장, 대표님과 경고장 대응방안을 논의했는데 일단 무대응하기로 했네."

"부사장님, 경고장에 대해서 잘 이해하시지 못하는 듯합니다. 무대응은 경고장에 대한 이해도가 없는 기업에서 실수할 수 있는 악수입니다. 경고장에 대해 제가 말씀드리도록 하겠습니다."

이민우 소장은 한국전자의 임직원들이 특허소송에 앞서 경고장과 특허소송의 이해도를 높일 필요가 있다고 판단한다. 이러한 이해도를 기반으로 전략적인 의사결정이 필요할 수 있기 때문이다. 이민우 소장은 흥분을 가라앉히고 설명을 이어간다.

"제가 판단하기에는 본 경고장은 특허소송을 염두에 두고 경고장을 발송한 것으로 판단되므로 대응방안을 면밀히 분석해야 할 듯합니다. 또한 세계음향은 한국전자가 미국에 진입하면서 세계음향의 점유율이 급락함에 따라 특허소송전략을 수립한 것으로 보아 국내와 미국에서 소송을 병행할 것으로 판단됩니다."

"그럼, 경고장도 법률행위로 볼 수 있다는 이야기인데…. 경고장에도 법률적인 요건인 있을 듯 한데, 어떤가?"

"예, 당연히 법률적인 행위이므로 요건이 있습니다. 경고장의 요건에는 세 가지가 있습니다.* 첫째, 경고장에 해당되는 특허를 명기明記해야 합니다. 둘째,

---

* 《POWER PATENTING 전략》 27쪽, 한국전자산업진흥회, 2008.03.15.

침해제품을 특정特定해야 합니다. 단순히 '당신의 스피커가 내 특허를 침해했다' 정도로는 안 되고 한국전자 제품의 제품 모델명 정도까지 정확히 지적해야 합니다. 셋째, 특허침해 내용을 적시해야 합니다."

"그럼 세계음향에서 보내온 경고장은 세 가지 요건을 갖추고 있는가?"

"네, 세 가지 요건을 모두 갖추고 있으므로 경고장 처리원칙을 우리가 수립해야 합니다."

"그럼, 경고장 처리는 어떻게 해야 할까?"

"네, 우선 경고장 접수 시 경고장을 무시해서는 안 됩니다. 경고장을 무시하고 침해소송까지 진행되면 의도적 침해 또는 징벌적 손해배상 책임이 지워질 수 있습니다."

"그럼, 어떻게 대응하면 될까?"

"네, 우선 경고장에 대한 회신은 해야 할 것으로 판단됩니다. 다만, 경고장 회신은 구체적인 회신보다는 검토 후 다시 연락을 주겠다는 정도로 '잠정적인 회신'을 하면 됩니다. 또한 회신 시 대표이사 또는 소장님 명의의 회신보다는 실무책임자 명의의 회신이 조금 더 유연하고 유리합니다."

경고장을 받을 경우 기업에서 당황해서 법률적인 적법한 절차를 무시하는 경우가 종종 발생한다. 이는 소송 시 치명적인 결정타가 될 수 있다. 따라서 경고장은 일반적인 법률절차의 하나라고 생각하자.

"왜 그렇지?"

"경고장 회신 자체도 법률적인 행위입니다. 따라서 추후 소송 또는 협상 시 대표이사 또는 연구소장 명의의 회신인 경우 대응을 대표이사 또는 연구소장이 해야 되는 경우가 발생할 수 있습니다. 따라서 실무책임자 명의의 회신이 가장 적합할 것으로 보입니다."

"그럼 구체적으로 경고장 처리 시 검토사항은 어떠한 것이 있나?"

"네, 우선 경고장 요건을 확인해야 하는데 앞서 말씀드렸듯이 경고장 요건을 만족한다고 말씀드렸습니다. 경고장 요건을 확인한 후 다음으로 경고장 내용을 구체적으로 검토해야 합니다. 경고장은 특허권의 권리범위에 대한 시시비비이므로 먼저 특허권에 대한 검토가 선행되어야 합니다. 즉, 특허권의 권리범위 검토와 특허권의 권리가 유효한지 그리고 관련 제품의 침해 가능성 등을 검토해야 합니다. 또한 특허권에 대한 검토가 끝나면 법률적 측면의 검토가 필요한데 이를 통해 소송을 진행할지 합의를 할지를 결정해야 합니다. 소송과 합의의 경계는 경제적인 측면을 검토해야 합니다. 즉, 경고장을 통해 소송 또는 합의를 결정하는 결정적인 사유는 사업에 미칠 영향과 소송 시 경제성 검토입니다. 이를 통해 최종 의사결정을 해야 합니다."

"상당히 어려운 법률적인 내용이 포함되어 있으므로 우선 경고장에 대해 잠정적인 회신으로 처리하는 것으로 하고 대표님과 논의해서 진행해야할 듯 하군. 우리 회사의 명운을 좌우할 수도 있는 사안으로 보이네."

한국전자는 경고장을 통해 다시 한 번 위기를 극복할 수 있을 것인가? 국내 중소기업은 경고장을 받으면 당황하거나 무시로 일관하는 경우가 많다. 하지만 경고장은 일종의 법률행위로 이후 진행되는 소송에서 중요한 단초로 제공하기도 한다. 따라서 경고장을 적절히 처리하지 않으면 소송에서 결정적인 증거로서 작용할 가능성이 높으므로 면밀한 검토를 통한 대응전략을 마련해야 한다. 한국전자는 경고장 대응전략을 통해 소송에서 우위를 점하기 위해 내부인력과 외부 전문가와의 협력을 통해 위기를 극복할 것인가?

세계음향, 한국전자를 공격하다

한국전자는 창사 이래 최대의 위기에 봉착한다. 과연 한국전자는 최대의 위기를 어떻게 극복할 것인가? 김한수 대표는 생각에 잠긴다. 한국전자의 체질 개선을 위한 기회로 생각하고, 한국전자가 글로벌 기업으로 도약할 시험대를 맞았다. '체질을 강화하고 더욱 강한 기업으로 거듭나는 계기'가 되리라 다짐한다. 한국전자 대표이사는 급하게 스마트폰을 들고 통화를 시도한다.

"장 대표, 도대체 어쩌자는 건가?"

"자네가 더 잘 알 텐데…. 난 욕심 없어. 우리 특허를 사용한 사용료만 내면 되는 거야."

"자네, 돌았어. 미국에서 소송을 걸면 어떻게 하나? 세계음향이나 한국전자나 고만고만한 회사인데, 둘 다 망할 수도 있어!"

"우린 확실하게 이길 수 있는 방안이 있어. 망하면 한국전자가 망하겠지. 이만 끊겠네."

김한수 대표는 전화기를 던지며 분을 삭이지 못하고 있었다. 김한수 대표는 다시 다이얼을 돌렸다. 박정수 대표에게 전화를 건다.

"박 대표님, 비상사태입니다. 한 번 뵈어야겠습니다."

"요즘 한국전자 잘 나간다고 듣고 있습니다. 비상사태라니 무슨 큰일이라도 벌어졌나요?"

"네, 한국전자에서 만나 뵙죠?"

"알겠습니다."

한국전자 대회의실. 한국전자 대회의실에 김한수 대표를 비롯하여, 임창용 CTO, 조인호 CFO 그리고 이민우 연구소장이 자리를 잡았다. 박정수 대표는 이병준 변호사와 자리를 함께했다.

"세계음향에서 특허소송을 걸어왔군요."

박정수 대표는 한국전자에서 제공한 자료를 보면서 논의를 시작한다.

"김 대표님, 한국전자와 같이 500억을 달성할 즈음이 되면 특허리스크에 노출됩니다. 세계음향이 없었더라도 다른 회사들이 한국전자를 대상으로 특허소송을 검토할 단계에 있다는 말입니다. 즉, 드디어 먹잇감으로 노출되었다고나 할까요."

중소기업은 성장함에 따라 특허리스크에 대비해야 한다. 특히 수출기업의 경우 글로벌 경쟁이 격화됨에 따라 지재권전략 수립이 필수적이다. 글로벌 경쟁력을 확보하는 방안 중의 하나로 반드시 지재권전략 수립을 통한 특허경쟁력 확보가 필수인 시대가 도래하였다.

"그렇군요. 세계음향에서 미국법원을 통해 특허소송을 걸어왔습니다."

“김 대표님, 왜 하필 미국법원을 통해 특허소송을 걸어왔을까요?”

“글쎄요. 국내 법원을 통해 소송을 하는 것이 양쪽 다 편리할 텐데 왜 미국 법원을 통해 소송을 진행하는지 궁금합니다.”

“세계음향은 한국전자와 같이 국내 시장에 집중하지 않고 일찍부터 미국시장에 진입하였고 미국 시장에서 선전하며 리딩 기업으로 거듭나고 있었습니다. 세계음향의 경우 특허전략을 통해 강한 특허를 출원 등록하여 강한 특허망을 형성하여 잘 준비된 것으로 알고 있습니다. 한국전자를 보면 한국전자는 국내 시장에서 1위 기업으로 탄탄한 기술력을 확보하며 장기 전략을 추구하였습니다. 다만, 한국전자는 미국시장에 진입 시 내부 검토를 통해 특허리스크는 없다고 결론을 내리고 미국시장 진출을 결정하였습니다.”

임창용 CTO가 박 대표의 말을 이어받는다.

“네, 연구소에서 빈틈없이 검토했습니다. 한국전자는 차근차근 준비하며 현재에 왔기 때문에 큰 문제는 없는 것으로 결론을 내렸습니다.”

임창용 CTO는 자신감 있는 표정을 짓는다. 임창용 CTO는 지금까지 탄탄하게 지재권전략을 준비해왔기 때문에 한국전자는 큰 문제없이 위기를 극복할 수 있으리라 판단했다.

“과연 그럴까요?”

박정수 대표는 묘한 여운을 남기며 말을 이어갔다.

“우선, 얼마 전에 고영테크놀로지와 미르기술 간의 특허분쟁을 통해 최근 특허소송시장의 현황을 알아보고 한국전자의 준비사항을 알아보도록 하겠습니다.”

“국내 중소기업간 분쟁도 최근에는 자주 발생하고 있군요.”

"네, 최근에는 국내 중소기업간 특허소송도 빈번하게 발생하고 있습니다. 고영테크놀로지는 매출이 약 1천 400억 원, 미르기술은 600억 원 규모의 회사입니다. 고영테크놀로지는 상장사고 미르기술은 상장을 준비 중에 있지요. 두 기업 모두 PCB 검사 장비를 주력하는 기업으로 시장에서 필연적으로 충돌할 수밖에 없는 사업구조를 가지고 있는 회사라고 봐야겠습니다."

"아, 한국전자와 세계음향의 관계와 같네요. 현재 한국전자는 500억을 돌파하였고, 세계음향은 200억 원 수준으로, 두 회사 모두 급성장하고 있는 단계에서 사업 주도권을 장악하기 위한 전략적인 판단에서 시작된 소송이라 볼 수 있군요."

"바로 그거야. 필연적으로 언젠가는 만나야 되는 구도라는 거지."

"그럼, 고영테크놀로지와 미르기술은 어떻게 진행됐나요?"

권리범위확인심판

1. 의의

– 특허권자·전용실시권자 또는 이해관계인이 특허발명의 보호범위를 확인하기 위하여 청구하는 심판으로, 청구의 취지에 따라 적극적 권리범위확인심판과 소극적 권리범위확인심판으로 구분된다.

– 특허권자는 자기의 권리가 미치는 범위를 넓게 해석하려고 하고, 확인대상발명 실시자 또는 실시하려고 하는 자는 이를 좁게 해석하려는 경향이 있다. 이로 인해 양자 간에 많은 분쟁이 발생하므로 국가기관의 객관적인 해석을 통하여 분쟁해결에 기여코자 하는 제도다.

2. 효과

– '권리범위에 속한다'는 취지의 심결이 확정되면 확인대상발명은 특허권 등의 권리침해에 상당하고, '권리범위에 속하지 않는다'는 취지의 심결이 확정되면 확인대상발명은

특허권 등의 권리침해에 상당한 것이 아닌 것으로 판단된다.

무효심판

1. 의의
- 일단 유효하게 설정등록된 특허권 등을 법정무효사유를 이유로 심판에 의하여 그 효력을 소급적으로 또는 장래에 향하여 상실시키는 심판이다.
- 착오로 허여된 특허권 등을 계속 존치하면 특허권자 등에 대한 부당한 보호가 됨은 물론 국가산업에도 유익하지 못하므로 등록무효심판을 통하여 부실 권리를 정리하기 위한 제도다.

2. 효과
- 무효심결이 확정되면 그 권리는 처음부터 없었던 것으로 간주되는 소급 효과가 발생한다.

"아래 자료를 참고하면서 살펴보도록 하겠습니다. 고영테크놀로지와 미르기술은 3차원 검사 측정 장비시장에서 치열하게 경쟁하는 구도 속에서 고영테크놀로지가 미르기술에 먼저 소송을 걸어 공격했지요. 고영테크놀로지가 먼저 권리범위확인심판을 청구했고, 이에 미르기술은 무효심판을 청구했습니다. 결론은 고영테크놀로지의 특허는 공지기술(세상에 널리 알려진 기술 또는 공표된 기술을 의미)이므로 특허발명의 권리범위에 속하지 않게 된다고 판시했습니다. 따라서 미르기술의 침해는 성립하지 않는 것으로 결론이 난 사건입니다."

"그럼, 한국전자도 대응을 잘하면 미르기술과 같은 결론을 도출할 수도 있겠는데요."

이민우 소장이 어깨를 으쓱하며 이야기했다.

"물론입니다. 하지만 넘어야 할 산이 많으므로 한국전자 임직원은 본 소송

특허분쟁 사례*

주식회사 고영테크놀로지와 주식회사 미르기술의 분쟁 사례

1. 분쟁 배경

국내 3차원 측정 검사 장비 전문업체인 주식회사 고영테크놀러지와 주식회사 미르기술 간에 3차원 형상 측정 장치에 관한 특허분쟁이 발생

2. 분쟁 개요

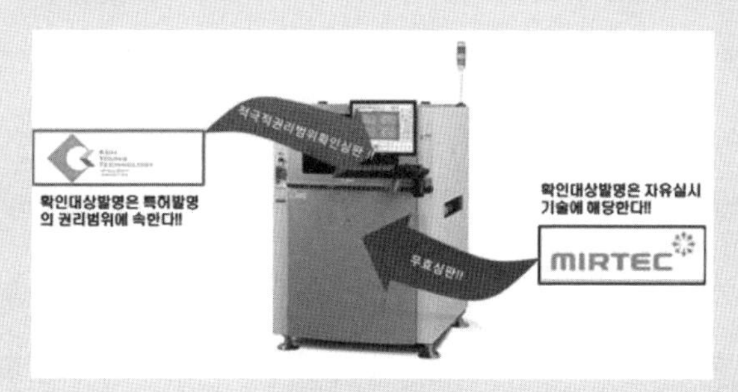

3. 분쟁 결과

본 분쟁은 3차원 측정 검사 장비 전문업체인 국내 중소기업 주식회사 고영테크놀러지(이하, 고영테크놀러지)와 주식회사 미르기술(이하, 미르기술) 간의 특허분쟁으로, 고영테크놀러지가 미르기술을 상대로 적극적 권리범위확인심판을 청구하면서 특허다툼이 시작되었다.

문제가 된 특허는 다중파장을 이용한 3차원형상 측정장치 및 측정방법에 관한 것으로, 보다 상세하게는 검사대상물의 3차원형상 측정 시 최대 측정 높이를 증가시키고 검사대상물의 휨정보를 산출하여 그림자 효과를 제거할 수 있는 다중파장을 이용한 3차원형상 측정장치 및 측정방법을 제공하려는 것이다.

특허심판원은 고영테크놀러지가 미르기술을 상대로 제기한 적극적 권리범위확인심판에 대해, 확인대상발명은 자유실시기술에 해당하므로 이 사건 특허발명의 권리범위에 속하지 않는다고 판시하였다. 따라서 미르기술의 침해는 성립하지 않는다.

* 출처: 한국전자정보통신산업진흥회 홈페이지(www.gokea.org)

에 집중해야 할 겁니다. 우선 특허소송전략에 대하여 이야기를 슬슬 시작해볼까요?

"우선 전반적인 소송절차 등 한국전자가 준비해야 할 사항을 알려주세요."

이병준 변호사가 앞에 나서며 장황한 설명이 이어진다. 특허소송절차는 〈도표 5-1〉과 같이 경고장 접수로부터 시작한다. 경고장이 접수되면 상대방의 요구사항을 분석한다. 그리고 경고장은 특허에 대한 분쟁이므로 분쟁특허의 권리범위 분석을 통해 법률쟁점을 발굴 분석한다. 이러한 분석 결과를 바탕으로 당사의 승산을 분석한다.

승산 분석을 통해 소송을 진행하는 것이 불리할 경우 협상을 통해 계약을 도출한다. 하지만 분석결과가 당사에 절대적으로 유리하다는 판단이 도출되면 협상과 소송을 병행하는 전략도 유효하다. 통상적으로 소송과 협상은 병행한다고 보면 된다. 소송이든 협상이든 결론이 결정되면 특허소송의 절차는 마무리 된다.

"특허소송은 매우 많은 절차를 통해 이루어지는데 현재 한국전자는 경고장 접수를 통해 잠정대응을 한 후 현재 특허소송단계에 있습니다. 따라서 특허소송 시 검토사항을 중심으로 말씀드리겠습니다."

김한수 대표가 일어서며 말을 이어갔다.

"한국전자는 소송을 위해 어떤 준비를 해야 하며 향후 한국전자의 전략은 어떻게 수립되어야 하는지에 대해 말씀해주시기 바랍니다."

"네, 우선 소송전략에 대해 전반적으로 말씀드리고 한국전자가 준비해야 할 사항에 대해 간략하게 말씀드리도록 하겠습니다."

"그럼, 먼저 경고장 대응전략과 소송전략에 대해 말씀해주시기 바랍니다."

<도표 5-1> **특허 분쟁 대응 흐름도***

* 《사례중심의 지식재산경영 매뉴얼》 303쪽, 특허청, 2008.

김한수 대표는 입술이 타들어가고 있었다. 급한 마음에 물을 벌컥벌컥 들이켰다.

"경고장을 받으면 중소기업은 마음이 급해 바로 회신하려는 경향이 있는데 경고장에 대응하는 것은 1차적으로 잠정대응으로 응수하면 됩니다. 즉, 보내준 경고장을 잘 수신하였으며 세부적인 검토 후 의견을 주겠다는 정도의 내용이면 충분합니다. 하지만 실제로 중소기업에서의 대응을 보면 '우리는 침해하지 않았고 다음과 같이 회피설계를 하여 귀사의 특허와 무관하다'는 등의 내용을 공개해 기업의 전략을 노출하여 향후 협상 시 매우 불리한 입장에 처하는 경우가 많습니다."

한국전자도 경고장을 받고 당황했었다. 이는 중소기업에서 흔히 하는 실수 중 하나다.

"그렇군요. 그럼 경고장과 특허소송에 대한 전략에 대해 말씀해주시기 바랍니다."

"네, 경고장과 특허소송의 핵심내용은 동일합니다. 과연 우리 제품이 특허를 침해했느냐 여부입니다. 즉, 특허의 권리범위 내에 우리 제품이 해당되는지의 여부입니다. 핵심쟁점은 역시 권리범위에 대한 분석입니다."

이민우 소장이 또 다시 질문을 한다.

"그럼, 권리범위 내에 포함된다면 소송에서 패하게 되므로 이에 대한 대응방안이 필요할 것으로 보입니다. 따라서 기업에서 권리범위 분석은 어떻게 접근해야 할까요?"

"권리분석은 아주 중요한 사안으로 특허소송의 승패를 좌우한다고 할 수 있습니다. 우선 특허소송이든 경고장이든 사실 관계 확인부터 시작합니다. 사실 관계 확인은 첫째, 권리분석, 둘째, 특허의 무효성 검토, 셋째, 특허침해 여부판단, 넷째, 법률적 하자여부에 대한 검토의 네 단계로 구성되어 있습니다."

어려운 용어로 인해 김한수 대표는 가슴이 답답하다. 과연 특허소송의 수렁에서 한국전자는 빠져 나올 수 있을 것인가? 한국전자 임직원들은 당황한 표정이 역력하다.

특허소송에서 가장 먼저 만나는 것이 권리분석이다. 권리분석이란 특허의 권리 범위에 대한 해석을 말하며, 이는 특허 청구범위에 기재된 사항을 기준으로 하며, 기재 사항은 기술 내용의 문장으로 되어 있고 문장의 구성은 단어들로 구성되어 있다. 따라서 이러한 용어들이 어떻게 해석되어야 하는지에 대한 몇 가지 원칙이 있다. 이는 다소 전문적인 내용이므로 추후 상세히 살펴보자.

두 번째, 특허의 유효성 검토다. 특허의 유효성 검토란 해당 특허가 등록되었다고 하더라도 특허청의 심사관이 모든 선행 기술을 조사하였다고 할 수 없으며, 심사의 오류도 있을 수 있기 때문에 존재한다. 그러므로 분쟁 특허에 대하여는 반드시 선행 기술을 조사하여 그 특허의 유효성에 대하여 확인하여야 한다. 분쟁 특허가 선행 기술로 인하여 무효 사유가 존재한다든지, 무효는 아니라도 권리 범위가 제한될 수 있는 요소가 있다면, 분쟁 특허에 대하여 방어가 가능하다.

전 세계적으로 수많은 특허 자료뿐 아니라 논문, 학술지, 기술 잡지, 학회지 등의 비특허 문헌에 분쟁 특허의 기술이 출원 전 공지公知된 적이 있다면(즉, 국내 또는 국외에서 그 내용이 비밀상태로 유지되지 않고 불특정인에게 알려지거나 알려질 수 있는 상태에 있는 발명을 의미) 제품 무효 사유가 존재한다. 출원 전 공연公然히 실시된 적이 있는 경우(즉, 국내 또는 국외에서 그 발명이 공연히 알려진 상태 또는 공연히 알려질 수 있는 상태에서 실시되고 있는 것을 의미)에도 무효 사유가 되나, 미국의 경우에는 이에 관하여는 국내주의를 취하고 있어 미국 내에서 분쟁 특허의 기술이 실시된 적이 있다는 것을 입증해야 한다. 또한 분쟁 특허가 선행 기술로 인하여 신규성이 없거나, 그러한 선행 기술로부터 그 기술 분야에서 통상의 지식을 가진 자가 용이하게 발명할 수 있는 경우 진보성을 결여되면 무효 사유에 해당하므로 이에 대한 검토를 해야 한다.

마지막이 특허침해여부 판단이다. 특허침해 여부 판단은 가장 중요하다. 김한수 대표가 한숨을 쉬며 말하였다.

"이 변호사님, 특허소송은 상당한 수준의 전문성이 요한다고 생각합니다. 따라서 한국전자에서 준비하기에는 너무나 벅찹니다. 특허소송은 변호사님이 알아서 전체를 진행해주세요."

"그렇지 않습니다. 특허의 침해여부를 판단하기 위해서는 제품에 대한 전문가가 필요하며 청구항과 제품과의 관계를 다각도로 분석해야 하므로 엔지니어와 특허전문가, 변호사 등이 한 팀이 되어야 합니다. 그러니 한국전자 내부 엔지니어의 협조가 없으면 분석 자체가 불가능할 수 도 있습니다.

마지막으로 특허침해여부 판단에 대해 이야기하도록 하겠습니다. 위 두 가지 검토를 바탕으로 하여, 분쟁 특허의 실체를 파악하고 난 후에 특허 침해 여부를 판단해야 합니다. 물론 무효 자료를 계속 발굴하게 되면 분쟁 특허가 더욱 약화되겠지만, 어느 정도 검토가 진행되면 침해 여부를 판단해야 합니다. 침해 여부의 판단은 침해를 주장하는 청구항과 자사의 해당 제품에 실제 적용되고 있는 기술과를 비교하여야 합니다."

특허의 침해여부를 판단하기 위해서는 변리사, 변호사뿐만 아니라 기업내부의 개발자와 생산관리자 등 기술전문가가 한 팀이 되어야만 정확하게 분석이 가능하며 소송대응전략을 수립할 수 있는 것이다.

그렇다면 특허의 침해여부 판단기준은 무엇일까? 특허의 침해여부를 판단하는 기준이 있다. 판단 기준은 다음과 같다.* 첫째, 문언적 침해literal infringement 여부판단이다. 즉, 특허의 청구항에 명기된 내용을 중심으로 문언적으로 판단하는 방법인 것이다. 특허 발명은 각 기술 구성 요소가 유기적으로 결합된 일체인 것을 말한다. 즉, 각 구성 요소가 불가분적으로 결합되어 하나의 발명을 형성하는 것이다. 따라서 침해 여부를 판단함에 있어 침해를 주장하는 청구항의 모든 구성 요소가 자사의 해당 제품에 실제 적용되고 있는 기술에서 모두 읽혀지는지를 판단하여야 한다. 이를 구성 요소 완비의 원칙all elements rule이라 하며, 문언적으로 일치하는 경우에는 침해가 명확해진다고 할 수 있다.

둘째, 균등적 침해doctrine of equivalents 여부 판단이다. 즉, a+b+c=a′+b′+c′인지를 판단하는 방법이다. 문언적으로 일치하지는 않고, 일부 구성 요소가 결여되어 있거나 다른 경우에도 그러한 차이가 특허 발명(청구항)과 균등한 것이라고 판단된다면 균등적 침해가 성립한다고 할 수 있다. 대법원 판례를 기준으로 균등적 침해가 성립하기 위한 요건을 살펴보면 다음과 같다.

1) 과제 해결 원리가 동일해야 한다.

2) 치환을 하더라도 특허 발명에서와 같은 목적을 달성할 수 있고, 실질적

---

* 《POWER PATENTING 전략》 59~69쪽, 한국전자산업진흥회, 2008.03.15.

으로 동일한 작용 효과를 나타내야 한다.

3) 그러한 치환이 당업자*가 용이하게 할 수 있는 것이어야 한다.

4) 침해 주장 제품이 해당 특허의 출원 시에 이미 공지되어 있거나, 공지 기술로부터 당업자가 용이하게 실시할 수 있는 기술에 해당되지 않아야 한다.

5) 해당 특허의 출원, 심사 과정에서, 침해 주장 제품의 치환된 구성 요소가 특허청구 범위로부터 의식적으로 제외된 것이 아니어야 한다.

미국의 경우에는 대법원은 'Warner Jenkins 사건'에서 실질적으로 의미가 없는 단순한 차이insubstantial difference만 존재하는지의 여부를 판단 기준으로 제시 하고 있다. 이러한 균등적 침해 판단의 방법의 하나로 3요소 테스트tripartite test가 적용되고 있는데, 실질적으로 동일한 기능substantially same function, 실질적으로 동일한 방법substantially same way, 실질적으로 동일한 결과substantially same result가 있어야 한다고 한다.

그러나 이러한 균등적 침해를 제한하는 원칙이 있는데, 출원 경과 금반언의 원칙file wrapper estoppel이 적용된다는 점이다. 즉, 특허 출원, 심사 과정에서 출원인이 공지 기술로 인한 거절을 피하기 위하여 특허 청구범위를 감축하거나 좁게 해석해야 한다고 주장하여 특허 등록을 받았다면, 출원 중에 포기한 보호범위를 특허 침해의 균등 범위에 속한다고 주장하는 것은 허용되지 않는다는 것이다.

다만 출원 중 행한 보정이 단순히 기재 불비를 치유하기 위한 것일 경우에

* 당업자란 특허법에서 사용하는 용어로 해당 기술 분야에서 통상의 기술을 가진 자를 의미한다.

> **출원경과 금반언의 원칙**
>
> 특허청구범위 용어의 의미를 명확하게 하기 위하여 출원으로부터 특허 등록에 이르기까지 과정을 통하여 출원인이 표시한 의사 또는 특허청이 표시한 견해를 참작하여야 한다는 원칙을 말한다. 이 원칙은 통상 침해 소송에서 출원 중에 본인이 수행한 절차와 모순되는 주장을 금지하는 원칙이 출원경과 금반언의 원칙과 동일한 의미로 사용되고 있다. 즉, 출원과정에서 등록을 위해 권리범위를 축소한 후 소송과정에서 권리범위를 확대해서는 아니 된다는 원칙을 의미한다.

는 이 원칙이 적용되지 않는다. 기재 불비를 치유할 목적이었는지는 출원인이 입증해야 하며, 그렇지 않으면 거절을 극복하기 위한 것으로 추정한다는 것이다.

법률적인 내용이 난해하여 한국전자 임직원의 표정이 어둡다. 특허소송에 대한 검토는 상당히 높은 수준의 법률적인 검토사항을 포함한다. 하지만 특허소송은 변리사, 변호사가 단독으로 진행하면 승소 확률이 떨어지는 것이 일반적이다. 이와 같은 이유로 특허소송은 기업내부 엔진니어, 영업담당자와 함께 외부 법률 전문가가 한 팀을 이루어 대응해야 한다. 그러니 내부 직원들의 기본 지식 습득이 필수적이다.

여기에 추가적인 검토사항이 있다. 법률적 하자 여부에 대한 검토다. 즉, 상대방의 특허권에 법률적 하자가 있거나, 특허권 행사에 있어 법률적 하자가 있는지를 검토하여야 한다. 미국 특허를 중심으로 살펴보면 다음과 같다.

첫째, IDSinformation disclosure statement 제출 의무 위반 여부다. 미국 특허의 경우, 출원인은 출원 당시 이미 알고 있는 관련 자료 중, 중요한 자료material information는 반드시 특허청에 제출할 의무가 있다. 이러한 IDS제출 의무를 위반

하여 문제가 되는 경우가 자주 있다. 특히 한국, 일본, 유럽 등에 특허 출원을 하였고, 그 나라에서의 심사 과정에서 심사관이 인용한 자료는 중요한 자료로서 취급되며 반드시 제출하여야 한다. 그러므로 미국 특허의 경우 그 특허가 다른 나라에 출원되었다면 그 국가에서의 출원 경과를 확인할 필요가 있다. 출원인이 이러한 중요한 자료를 제출하지 않고 특허 등록을 받았다면 해당 특허권을 행사할 수 없다.

둘째, 기타 부적절한 행위inequitable conduct 존재 여부다. 출원인이 특허청에 대하여 중대한 허위 진술material misstatement 또는 속일 목적으로 부작위omission with intent to deceive, 해야 할 의무가 있음에도 불구하고 하지 않는 것 행위를 하는 경우이며, 역시 특허권을 행사할 수 없게 된다. 중요한 선행 기술을 인용하지 않거나 출원 전에 판매 또는 공연히 실시하고 있었던 사실을 숨기는 것도 이에 해당한다.

셋째, 선서declaration 위반 여부다. 미국의 경우 선발명주의를 취하고 있어 먼저 발명한 자에게 특허권을 부여한다. 이 제도를 효율적으로 운영하기 위하여 출원 시에 특허청을 상대로 발명자 선서를 하도록 되어 있다. 만약, 허위로 판명되면 불공정 행위로 판단한다.

넷째, 표준 특허의 경우 표준화 단체 선서 및 공개 의무 위반 여부다. 국제표준은 특허의 배타성과 기술 표준의 공공재적 성격의 교착이라고 하는 문제가 발생하기 때문에 국제표준화기구가 채용하고 있는 특허의 취급 규정에서는 일반적으로 특허권에 관하여 '어떠한 특허권의 확인에 대해서도 책임을 지지 않는다'라고 하는 입장을 취하고 있다. 한편, 관련된 특허의 존재가 확인된 경우 특허권자의 라이센스 조건이 '합리적'이면서 '비차별적'일 것을 요구하고 있다. 표준을 제한하는 업체들은 이러한 선서를 제출하도록 하고 있기 때문에 특허권의 배타성은 제한된다.

또한 표준화 단체에서는 표준으로 채택되는 특허 및 출원에 대하여 이를 공개하도록 의무화하고 있다. 그런데 이러한 선서나 공개 의무를 위반한 경우에는 특허권의 행사가 제한된다. 따라서 분쟁 특허가 표준 특허의 경우에는 이러한 측면도 조사가 이루어져야 한다.

"그렇다면 소송과 경고장 대응 시 승패와 리스크 분석에 대한 검토사항에 대해 알려주시기 바랍니다. 이 변호사님."

"네, 좋은 질문입니다. 결국 특허소송에서 우리가 승리할 수 있는지의 여부가 가장 중요하며 이에 따라 한국전자의 리스크 검토에 대한 분석을 해야 합니다. 따라서 승산 분석은 특허적 측면에서의 승산 분석과 법률적 측면에서의 승산 분석 그리고 마지막으로 비즈니스 영향 및 경제성 분석을 합니다. 이를 토대로 승리 가능성이 낮다면 협상전략을 통해 소송을 마무리합니다. 반대로 승리 가능성이 높게 점쳐진다면 오히려 강공을 통해 적을 코너에 몰아넣는 전략도 유효합니다."

특허소송은 법률적 판단으로 마무리되는 경우가 흔하지 않다. 비즈니스 세계의 소송이므로 기업의 상황에 따라 진행과정이 급변한다. 따라서 기업 내부의 의사결정에 따라 대부분 소송에 대한 합의로 마무리되는 경우가 흔하다.

"한국전자 자체적으로 대응하기에는 어려운 법률적인 내용이 많이 포함되어 있네요. 이 변호사님께서 면밀히 검토해주셔야 될 듯합니다."

"특허소송은 외부 법률팀과 내부 대응팀이 상호 커뮤니케이션하는 것이 매우 중요하며 내부와 외부의 역할이 조화롭게 구성되어야만 유리한 방향으로 전개시킬 수가 있습니다. 따라서 내부 대응팀도 중량감 있는 분이 책임을 맡아 지속적인 관심을 통해 완성도를 높이는 작업이 필요합니다."

"아, 그렇군요. 그럼 임창용 부사장이 내부 대응팀의 팀장을 맡고 지속적으로 보도하도록 하고, 내가 지속적으로 관심을 갖고 지켜보도록 하지."

김한수 대표가 의지를 갖고 말했다.

"네, 맞습니다. 김 대표님의 지적과 같이 대표이사가 지속적으로 관심을 갖고 지켜보셔야 하며 임창용 부사장님께 현장 지휘를 맡겨 대응전략을 수립해야만 승리의 가능성이 높아집니다."

특허소송은 기업의 리스크 요인으로 작용한다. 따라서 기업의 대표가 직접 챙기면서 소송리스크를 최소화 하는 전략이 유효하다. 김한수 대표는 한국전자가 소송으로 인해 난파선이 될 위기에 처한 것을 안다. 하지만 한국전자가 난파선이 되도록 둘 수는 없다. 위기를 기회를 바꾸는 전략이 필요한 것이다.

"한국전자의 명운이 본 특허소송에 달렸다 해도 과언이 아닙니다. 따라서 한국전자 내부 대응팀은 임창용 부사장이 역량 있는 직원을 중심으로 TF를 구성해주시고 임 부사장이 이 변호사님과 지속적으로 논리개발에 주력해주시기 바랍니다."

"네, 알겠습니다."

"특허소송은 3~4년간 지루하게 진행될 수도 있습니다. 따라서 소송만이 능사가 아니므로 초기에 대응전략을 잘 수립해서, 신속히 마무리하는 것도 좋은 전략임을 이해해주십시오. 감정적으로 대응해서는 안 됩니다."

시간이 흘러 세계음향과의 특허소송이 벌써 1년을 훌쩍 넘긴 상태에서 지루한 공방이 이어지고 있었다. 한국전자와 세계음향의 특허 무효소송에서 한국전자는 패소하여 세계음향의 특허권은 유효한 상태가 되었고, 그들의 특허는 더욱 강력해졌다. 또한 한국전자는 1심에서 패소하여 2심에 항소한 상태로 소송은 진행 중인 상태였다. 한국전자 내부는 침울한 분위기가 이어지고 있었다.

여기는 한국전자와 세계음향 협상장. 소송과는 별개로 세계음향과 한국전자의 개별 협상이 이어지고 있었다. 한국전자와 세계음향의 핵심 임직원이 총출동했다. 그만큼 특허소송은 양사의 사활을 건 한판승부인 것이다. 세계음향에서는 장정윤 대표와 문익주 부사장 그리고 소송대리인이 참석하고 있었다. 한국전자는 김한수 대표와 임창용 부사장 그리고 소송대리인인 이병준 변호사가 참석하고 있었다. 먼저 서로 인사가 오갔다.

"김 대표 오랜만이군. 얼굴이 핼쑥해졌어. 마음고생이 많은가봐."

장정윤 대표가 김한수 대표를 쳐다보며 싱글벙글하고 있었다. 김한수 대표는 기분이 상한 듯한 표정을 짓고는 신경질적으로 반응한다.

"장 대표, 당신 말조심하라고! 아직 승부는 끝나지 않았어!"

협상테이블에서 신경전이 오가고 있었다.

"우선 세계음향을 대표해서 제가 먼저 말씀드리겠습니다. 현재 상황으로 보아서는 한국전자의 침해는 사실인 것으로 드러났습니다. 한국전자는 입장을 듣고 싶습니다."

장정윤 대표가 여유 있는 표정으로 김한수 대표를 내리깔 듯이 쳐다보며 말을 이어가고 있었다. 사실, 장정윤 대표는 한국전자와 협상을 통해 마무리할 생각이 없다. 소송을 통해 한국전자를 완전히 제압할 전략으로 진행할 심산이다. 김한수 대표는 당황하며 말을 이어받았다.

"장 대표, 시장에서 경쟁해야지. 비열하게 특허를 통해 소송을 걸다니. 너무하군…. 시장에서 자신이 없으니까 소송을 통해 한국전자를 곤란에 빠뜨리겠다는 수작 아닌가!"

김한수 대표는 다분히 감정적으로 대응한다. 특허소송과 협상은 비즈니스의 과정이다. 따라서 감정적 대응은 금물이다.

"무슨 소리! 우리는 정당한 요구조건을 내걸고 있는 거야. 미국 소송은 잘 알다시피, 손해액의 세 배까지 배상이 가능한 징벌적 손해배상제도가 있다는 걸 알고 있겠지. 우리는 자료조사를 통해 한국전자가 의도적으로 카피했다는 증거를 확보하고 있어. 김 대표, 각오 단단히 해야 할 걸."

"뭐, 뭐라고! 우리가 의도적으로 카피를 했다고? 장 대표, 말이 너무 심하군. 당신이야말로 업계에서 부도덕한 사람으로 소문난 걸 모르고 있나?"

김한수 대표는 속이 부글부글 끓고 있지만 간신히 참고 있는 중이다. 심리전에 말리는 분위기다.

"하하하, 그럼 본론으로 들어가볼까?"

장정윤 대표는 여유만만하다. 장정윤 대표의 짙은 화장은 마치 가면으로 치장한 한 마리의 여우 같다. 김한수 대표는 장 대표의 전략에 말리는 듯이 보였다. 어찌할 바를 모르며 안절부절못하는 표정이 역력했다. 중간에 이야기를 끊으며 이병준 변호사가 거들었다.

"이거, 분위기가 뜨거워 제가 앉아 있질 못하겠습니다. 잠시 쉬었다 진행하시는 것이 어떠실까요?"

"네, 그렇게 하시지요."

문익주 부사장이 받았다. 휴게실에 한국전자 협상팀이 모였다. 이병준 변호사는 침통한 표정을 지으며 김한수 대표를 보고 이야기한다.

"김 대표님, 소송이 현재 끝나지 않았습니다. 그렇게 어두운 표정 지을 필요 없습니다. 그리고 소송과 별개로 우리는 협상을 위해 모였습니다. 협상은 소송의 리스크를 줄이기 위한 전략이라 생각하셔야 합니다. 상대방의 요구조건을 들어보고 우리의 요구조건을 전달하는 자리라 생각하시면 됩니다."

김 대표는 한숨을 쉬며 먼 산을 바라보고 있었다. 세계전자 협상팀에서는 장 대표와 문 부사장 사이에 화기애애한 이야기가 오간다. 장 대표는 자신만만한 표정으로 문익주 부사장에게 일갈한다.

"문 부사장, 당신이야말로 세계음향의 보배야. 이번 일만 잘 해결되면 자네 지분을 두 배로 올려주겠어."

"네, 감사합니다. 이번 특허소송은 이미 세계음향 쪽으로 추가 기울어져 있습니다. 오늘 협상은 우리 세계음향으로서는 중요한 자리가 아닙니다. 소송을 통해 한국전자의 목줄을 끊어놓을 작정이니까요."

"하하하, 좋았어."

장정윤 대표는 문익주 부사장의 손을 꼭 잡으며 확신에 찬 표정을 짓고 있었다. 문익주 부사장은 정신이 몽롱해지는 느낌을 받으며 휴게실을 나온다. 다시 협상장에서 한국전자와 세계음향 협상팀이 착석을 하고 협상을 이어간다.

"우선, 세계음향에서 요구조건을 제시하겠습니다. 지금까지의 특허권 사용에 대해 일시불로 100억 원을 지불하고 향후 사용료는 매출액의 10%를 지급하는 것. 이것이 가능해야 합의가 가능합니다."

문익주 부사장이 요구조건을 말했다.

"당신, 돌았어! 한국전자를 골로 보내려고 발악을 하고 있군!"

임창용 부사장이 고함을 쳤다.

"그럼 한국전자의 요구조건을 말씀해보세요."

"현재 소송에 진행되는 특허와 침해제품은 2015년 제품으로 현재 매출이 발생하기 시작한 시점이 1년 조금 넘었습니다. 물론 해당 제품이 시장에서 반응이 좋아 매출이 급상승하고 있는 건 맞지만, 특허권 사용료 100억 원은 터무니없는 금액이며 로열티조건 또한 합리적이지 않습니다. 이에 한국전자의 요구조건을 전달합니다. 한국전자는 세계음향의 특허권을 침해하지 않았으므로 지급할 특허료는 없다고 말씀드립니다."

또 다시 김한수 대표가 악수를 날린다. 협상장에서는 비즈니스 세계의 냉철함이 요구된다. 이는 한 기업의 대표이사로 거듭나는 증표가 되기도 한다. 협상은 비즈니스의 연장이다. 따라서 최대한 자사가 유리한 방향으로 협상을 마무리하는 전략을 구사해야 한다.

"뭐, 뭐라고? 김 대표, 돌았어? 그게 협상장에서 할 소린가?"

장 대표는 얼굴을 붉으락푸르락하며 고함을 치고 있었다. 양측 협상팀 사이에 고성이 오가고 아무런 결론에 도달하지 못한 채 끝이 났다. 한국전자에 짙은 먹구름이 몰려오고 있는 형국이었다.

한국전자의 선장은 김한수 대표다. 김한수 대표의 전략적인 판단과 통찰력이 필요한 시점이다. 물론 상대방의 무례한 요구로 기분이 상할 수도 있다. 하지만 이는 상대방의 전략적인 접근일 수도 있음을 알아야 한다.

김한수 대표는 특허소송을 통해 한 단계 성장해야만 한다. 특허소송은 기업의 뿌리를 튼튼하게 하는 하나의 과정일 뿐이다. 물론 특허소송을 통해 이 세상에서 사라진 기업도 부지기수다. 한국전자는 특허소송을 통해 지식재산권 경영에 눈을 뜨는 계기가 되어야 한다.

한국전자, 특허 매입을 통해 승소하다

한국전자 대표이사 집무실. 한국전자 김한수 대표와 임창용 부사장 그리고 이병준 변호사가 이야기를 나누고 있다.

"김 대표님, 희소식이 있습니다. 세계음향의 특허를 무력화할 수 있는 강력한 특허를 찾았습니다."

이병준 변호사가 만면에 미소를 머금고 있었다. 드디어 승부의 변화 조짐이 보인다. 한국전자는 새로운 승부처를 통해 위기 상황을 극복해야 한다.

"뭐라고! 세계음향을 깰 방책을 찾았단 말이야?"

"네, 세계음향의 특허를 분석해보면 특허의 청구항을 잘 작성했다기보다는 세계음향의 특허 포트폴리오 구축을 전략적으로 진행하여 매우 촘촘한 특허망을 형성하고 있었다고 할 수 있습니다. 따라서 한국전자의 특허권으로는 세계음향의 특허장벽을 무너뜨리기가 어려웠습니다. 하지만 제가 찾아낸 특허는 특허의 청구항이 잘 작성되었을 뿐만 아니라 세계음향 특허권에 앞서는 선행

특허이며 스피커 관련 원천특허로 판단됩니다."

한국전자의 임직원은 비로소 안도의 한숨을 쉰다. 드디어 특허소송의 승기를 잡았다는 것일까?

"그럼, 향후 전략은 어떻게 되나?"

"네, 우선 특허권 보유자와 협상을 진행해야 합니다. 가능하면 저렴한 금액으로 매입해야겠지요. 상대측에서 높은 금액을 요구하더라도 협상을 통해 무조건 매입하는 전략을 세워야 합니다. 세계음향에서 먼저 특허를 사들인다면 한국전자의 이번 소송은 끝이 난다고 보아야 합니다."

"알았네. 이 변호사님께 이번 협상의 전권을 드릴 테니 특허권 매입에 전력을 다해주길 바랍니다."

"잘 알겠습니다. 향후 소송전략 등은 임창용 부사장님께 말씀을 드렸습니다. 임 부사장님과 내부 논의하시고 결과를 알려주시기 바랍니다."

이병준 변호사는 급히 한국전자를 빠져나가고 있었다.

"임 부사장, 드디어 끝이 보이는가?"

"네, 한국전자가 승기를 잡을 기회입니다."

"지금까지 분석한 특허 분석사항을 말해보게나."

"네. 세계음향의 특허권을 분석해보면 특허 포트폴리오가 충실히 구축되어 있다고 말씀드릴 수 있습니다. 지향성 스피커 대부분의 응용분야에 대해 특허권을 출원하였으며, 이를 통해 다양한 응용분야를 선점하고 있습니다. 따라서 향후에 한국전자가 진입하고자 하는 분야의 선행특허를 세계음향이 선점하고 있어 한국전자의 성장전략에 막대한 지장을 초래하고 있었습니다."

"그럼, 이 변호사가 말한 특허권의 파급력은?"

"회의 시작 전에 이 변호사와 매입 대상 특허의 권리범위를 분석해보았습니다. 지향성 스피커 중 초음파를 이용한 지향성 스피커의 원천기술로 관련 사업군을 영위하는 기업은 모두 라이센싱 계약을 해야만 제품 생산이 가능할 정도로 강력하게 청구항이 작성되어 있습니다. 따라서 특허매입에 성공한다면 세계음향도 우리와 라이센싱 계약을 하지 않고는 제품 생산이 불가능할 정도입니다. 매입특허를 기반으로 세계음향에 압박을 가할 수 있습니다."

"하하하! 좋았어! 장 대표 코를 납작하게 할 수 있겠군."

한국전자는 위기를 탈출할 것인가? 특허소송에는 다양한 변수가 작용되어 소송을 제기한 상대방이 패소하는 일도 흔하다. 드디어 이병준 변호사에게 연락이 왔다. 개인발명가가 소유하고 있는 특허권을 1억 원에 매입하기로 협상을 마무리했다는 소식이다. 계약체결과 관련해 이병준 변호사가 한국전자에 왔다. 한국전자 임직원은 너무나 쉽게 협상을 마무리한 이 변호사의 이야기를 듣기 위해 대표이사실에 모였다.

"이 변호사님, 큰일을 해내셨습니다. 카운터클레임counterclaim, 반소을 확보하였으니 우리가 승기를 잡을 수 있을 듯합니다."

"네. 우리가 승리한 것은 아니지만 승리할 가능성이 높아졌다고 할 수 있겠죠."

"하하하, 이 변호사님! 너무 겸손한 말씀 아니신가요?"

김한수 대표는 의기양양하며 대화를 이어가고 있었다.

"김 대표님, 소송이란 다양한 변수가 있기 마련입니다. 지금부터 더욱 긴장의 끈을 놓지 않는 것이 중요합니다."

특허소송의 끝은 아무도 모른다. 우리가 원천특허를 가지고 있더라도 특허소송 과정에서 어이없는 사유로 패소하는 경우도 적지 않게 발생하는 것이 특

카운터클레임

카운터클레임이라 법률용어로 '항변' 또는 '반소'를 뜻한다. 특허권자가 침해자를 제소했을 때 특허권자의 특허청구범위를 극복할 수 있는 특허권을 보유하고 있으면 카운터클레임을 제기할 수 있다. 소장에 대응을 할 때 피고 측이 역으로 제소할 수 있는 것이다. 특히 자신이 특허권을 보유하고 있는 경우에는 크로스 라이센스 협상을 통해 전략적 제휴를 시도해볼 수도 있으나, 제소자가 자신의 특허권을 침해하고 있는 경우에는, 이를 이용하여 제소자에 대한 반소를 할 수도 있다. 반소를 함으로써 화해의 협상이 한결 수월해질 수 있고, 분쟁을 조기에 해결할 실마리를 마련할 수도 있게 된다.

허소송이다. 특히 특허소송은 절차라는 것이 있어 이 절차상의 하자가 특허의 권리범위와 상관없이 패소에 결정적인 기여를 하기도 한다. 한국전자는 카운터클레임 확보를 통해 확실한 승기를 잡을 것인가? 아니면 세계음향에서 또 다른 전략을 통해 한국전자의 목줄을 쥘 것인가?

"네, 그렇군요. 그럼 카운터클레임을 확보하면서 가격 협상 등을 하셨을 텐데, 특허권의 가격을 결정하는 방법에 대해 말씀해주시기 바랍니다."

"네, 제가 김 대표님께 질문 하나 드리지요. 물과 다이아몬드가 있을 때 어떤 것이 더 가치가 있을까요?"

"당연히 다이아몬드가 비싸니 가치가 있다고 할 수 있지 않을까요?"

"꼭 그렇지만은 않습니다. 가치는 사용가치와 교환가치로 나눌 수 있으며 당연히 교환가치는 다이아몬드가 높습니다.* 즉, 물은 사용가치가 높으나 교환가치는 매우 낮고, 다이아몬드의 사용가치는 낮으나 교환가치는 매우 높다고

* 애덤 스미스(Adam Smith)가 최초로 이야기한 가치의 역설로 가격과 효용의 괴리 현상을 나타내는 말이다. 스미스의 역설(Smith's paradox), 물과 다이아몬드의 역설이라고도 한다.

할 수 있습니다. 지식재산 이전 시 금액을 논하는 것은 위와 같이 교환가치를 이야기하는 것입니다. 하지만 일반적으로 특허권은 사용가치가 높으면 교환가치도 높은 것이 일반적이죠. 기술가치평가 시 특허권의 시장규모 등을 반영하므로 당연히 사용가치가 높아야 특허권의 평가금액이 높게 산정되는 것입니다. 특허권협상 시 가격산정이 중요한데, 본격적인 협상에 앞서 가격결정 전략이 상당히 중요합니다. 특히 무형의 자산인 특허권의 가격 결정은 매우 어려운 작업입니다. 따라서 특허권의 가격 결정에 필요한 다양한 가치평가방법론을 통해 가격 결정 도출 원리를 이해하는 것이 중요합니다."

특허권의 가격 결정을 위한 다양한 가치평가방법론이 있다. 무형의 자산가치를 가치평가를 통해 가격으로 도출하는 것이다.

"일반적인 가치평가에는 세 가지 방식이 있는데 특허권의 가치평가에도 동일한 방식을 적용하나요?"

"네, 특허권의 가치평가에도 동일한 원리가 적용됩니다. 지식재산 가치평가는 매우 전문적이며 여러 단계의 절차를 거쳐야 비로소 특허의 가치를 알 수 있지만, 지금은 일반적인 수준에서 지식재산 가치평가 방법에 대해 말씀드리도록 하겠습니다. 지식재산의 금액을 산출하는 평가방법에는 흔히 세 가지 방식을 이야기합니다. 비용접근법cost approach, 시장접근법market approach 그리고 수익접근법income approach입니다."

특허권의 가치평가방법도 우리가 흔히 알고 있는 비용접근법과 시장접근법 그리고 수익접근법의 세 가지 방법이 적용된다. 하지만 특허권은 무형의 자산가치 평가이므로 차이점도 존재한다.

"네, 이 변호사님 특허권의 가치평가도 우리가 흔히 알고 있는 세 가지 가치

평가가 존재하네요. 우선 비용접근법에 대해 개념적으로 설명해주시죠."

"비용접근법은 쉽게 이야기하면, 지식재산 가치를 갖는 기술이 개발될 때까지 소요된 비용을 기반으로 가치를 산정하는 방법입니다. 즉, 기술이 가져오는 장래의 모든 효용을 재조달하기 위해 필요한 금액을 가치로 간주하는 평가방법으로 기술을 개발하는데 소요되는 제반 비용을 기초로 산정합니다.

비용접근법을 사용할 경우 평가대상기술을 개발하기까지 소요된 물적, 인적 자원의 가치를 합산한 후 이를 현재 가치화하는데, 측정이 비교적 용이하다는 장점이 있습니다. 하지만 비용접근법은 대상기술의 미래 수익창출 능력에 근거를 두고 있지 않기 때문에 이론적 타당성이 부족하다는 단점을 가지고 있습니다. 비용접근법을 적용하기에 효과적인 분야는 제철소, 원자로, 발전소, 인공위성 지상기지 관련 등의 기술이 있습니다."

"네, 이 변호사님 설명 잘 들었습니다. 특허권의 가치를 평가하기 위해서는 비용접근법, 시장접근법보다는 수익접근법을 많이 사용하고 있는 것으로 알고 있습니다. 수익접근법에 대한 설명도 부탁드립니다."

"수익접근법은 미래에 예상되는 기대수익을 예측하고 이를 현재 가치화하는 방법으로 미래의 캐시 플로우cash flow, 현금흐름를 적절한 할인율로 나누어 현재가치를 산출하는 방식입니다. M&A에 의한 사업양도를 고려한 사업가치 평가방법으로 고려가 가능합니다. 수익접근법은 현실적으로 '대부분의 기술은 거래시장이 존재하지 않고 개발 비용만으로 거래가 성사되지 않기 때문'에 현재로써는 이 방법이 유용한 도구가 될 수 있으나, 미래가치 예측 및 기업의 기술 기여도를 산정하는 과정에서 논란 여지가 많은 상황입니다.

수익접근법은 대부분의 지식재산 관련 계약(라이선스 및 로열티계약, 양도계약)

에 적용이 가능합니다. 단, 필요조건은 경제적 기대 수익, 수익의 지속 기간, 수익의 증가 및 감소에 대한 전망기대, 수익과 관련된 위험 등이 있습니다. 수익접근법을 적용할 경우 우선 지식 재산의 권리성, 기술성, 시장성 분석을 한 후 재무정보를 바탕으로 할인율을 적용하면 현재가치가 산정됩니다. 현재가치에 기술요소별 가중치를 반영하면 최종 기술가치금액이 산정됩니다."

수익접근법은 특허권의 기술가치평가 시 흔히 사용하는 방법이다. 수익접근법은 미래의 현금흐름 산출시 전문가의 주관적인 의견이 반영되는 방법이다. 이러한 이유로 가치평가금액에 대한 이슈가 있기도 하다.

"부동산, 주식 등은 시장접근법을 많이 활용합니다만, 특허권의 가치평가에는 시장접근법을 많이 활용하지 않는데 이유와 시장접근법의 개요에 대한 설명 부탁드립니다."

"시장접근법을 적용하려면 관련 특허권에 대한 다양한 시장 사례가 존재해야 합니다. 그런데 국내의 경우 관련 사례가 많지 않아 이 방법을 자주 활용하지는 않습니다. 시장접근법은 기술자산을 거래하는 수요자와 공급자 간에 유사한 기술자산의 교환 가치를 비교함으로써 기술가치를 산정할 수 있는 방식입니다. 시장접근법은 충분한 거래정보를 전제로 거래 당사자 간 정상적으로 형성된 시장 가격으로 평가가 가능한 방식입니다. 하지만 유사한 기술에 대한 매매 사례가 없거나 비교 가능성이 없는 경우 이 방법을 적용할 수 없는 단점을 가지고 있습니다."

전문적인 내용에 한국전자 임직원들은 당혹감을 감추지 못한다. 그렇다면 기술가치평가의 사례를 통해 이해의 폭을 넓혀보자. 비용접근법과 수익접근법의 기술가치평가를 통해 금액이 어떻게 결정되는지 알아보는 것이다.

특허 가치평가 사례

대상 기술: 컴팩트 피스톤 푸루버에 의한 유량계 교정 장치

▷ 완성된 기술
▷ 제품으로 판매 가능
▷ 유사 기술 거래 사례 없음
▷ 기술의 독점성이 인정됨
▷ 단일 용도의 제품
▷ 본 연구의 기반 연구가 없음

기술 개요

본 발명은 생산현장(파이프라인 일부)에 설치된 유량계를 생산 및 출하 공정의 중단 없이 신속 정확히 교정하는 데 있음

기술 개발 내용

기술 특성/작용/효과: 현장에 설치된 유량계를 배관으로부터 해체할 필요 없이 직접 유량계를 교정하므로 교정의 정확도 유지는 물론 생산 또는 출하의 중단 없이 유량계를 신속하게 교정할 수 있음

산업 유용성

관련 산업 및 제품: 경유산업, 화학공정, 유량계
관련 기술 및 공정: 유량계 제조업, 송유관 회사

기술 개발 기간: 2016~2017(2년)
기술 생명 주기: 약 5년
잠재 시장 가치: 국내(연 20억 원, 독점 시장 형성 예상)
국외(연 2천억 원, 시장 점유율 10% 예상)

연구 소요 비용

구분	연구비	연구인력	연구시설
내용	특정 연구	선임연구원 이상 6명	유량계 교정 장치 등
금액	2억 원	5억 원	8천만 원

앞의 특허가치평가 사례는 기술가치평가를 위한 가공의 사례임을 밝힌다. 비용접근법과 수익접근법을 사용한 기술가치평가 사례를 살펴보자.

먼저 비용접근법으로 금액을 확인해보자. 비용접근법은 연구 소요비용으로 산출되므로 연구비와 연구인력 인건비, 연구시설비에 소요된 비용을 합산하면 7억 8천만 원으로 산정된다(2억+5억+8천만 원).

수익접근법은 아래와 같이 산정할 수 있다(아래 내용은 추정 내용으로 기술가치 금액을 산정하기 위한 간단한 예시임).

· 잠재시장 가치는 1천 100억 원(매출)에 대해 영업이익율 10%를 추정하여 110억으로 산출됨

- 국내 시장: 100억 원(연 매출 20억 원 × 기술 수명주기 5년 × 시장점유율 100%)

- 국외 시장: 1천억 원(연 매출 2천억 원 × 기술수명주기 5년 × 시장점유율 10%)

· 잠재시장 가치 가중치(예시): 제품개발 단계로 구분

- 연구단계(10%), 개발단계(20%), 완제품 생산(50%)

· 독점시장 확보가능성(50%)

위의 전제조건을 기반으로 수익접근법을 통한 기술가치평가금액을 산정하면 다음과 같이 계산된다.

잠재시장가치와 가중치(잠재시장가치 가중치와 독점시장 확보가능성)를 적용

1,100억 원 × 10% × 50% × 50% = 27.5억 원

기술이전 시 로열티가 어떻게 산정되는지 알아보자. 기술이전 계약을 체결하였다며 '로열티는 얼마를 받았다'라고 이야기하는 것을 종종 듣게 된다. 여기에서 이야기하는 로열티란 기술거래에 대한 대가를 말하며 '사용료' 또는 '실시료'라고도 말하는 것이다. 즉 특허권, 노하우, 컴퓨터 소프트웨어, 저작권 등 지식재산권 전반에 대하여 그 실시, 사용의 반대급부로서 지급되는 금전적 또는 대물적 보상을 의미한다. 또한 로열티는 사용료라는 의미뿐만 아니라, 이전 및 양도(매매)에 따른 대가를 의미하기도 한다.

로열티는 당사자의 임의 합의에 의해 결정되는 것이 일반적이다. 하지만 실무에 있어서 로열티를 결정하는 것은 상당히 어려운 작업이다. 특허 등의 지식재산은 지식재산이 갖는 특성상 거래가격을 결정, 합의하는 것은 쉽지 않다. 특히 기술과 시장의 변화가 급격히 진행되고 예측이 어려워지며 시장 경쟁이 격화되고 있는 현실을 반영하여 미완성 기술의 이전이 증가됨에 따라 기술거래의 대가를 결정한다는 것은 매우 어려운 작업이 되고 있는 것이 현실이다.

일반적인 실시계약의 경우 선급금과 경상로열티로 구성되며 경상로열티는 매출액기반, 제품개수기반 등의 다양한 형태에 연동하여 부과하는 방식이 있고, 이에 관계없이 일정금액을 정액으로 부과하는 방식이 있다. 로열티 산정작업은 매우 전문적인 작업으로 통상 변리사, 기술전문가(공학박사, 기술사 등), 시장/회계전문가(회계사, 경영학박사 등) 등 각 분야 전문가가 팀을 이루어 진행한다.

로열티 산정방법은 아주 다양하며 전문적인 내용이다. 따라서 로열티 산정방법의 기본적인 내용만을 살펴보자. 로열티 산정 절차는 다음과 같다. 우선 산업업종의 평균 로열티율이 설정되어야 한다. 이를 기반으로 다음과 같은 평가 절차에 따라 로열티가 산정된다.

1) 기본금액 결정: 로열티율 대상 기준으로 통상 매출액을 기본액으로 한다.
2) 로열티율 기준율 결정: 해당업종 평균로열티율을 평가대상 특허의 기준율로 한다.
3) 특허권의 이용률 산정: 특허권이 대상제품에 얼마나 이용되고 있는가를 조사하여 로열티율 산정에 반영한다.
4) 증감율 반영: 평가대상 특허의 개별적 특성을 반영한다.
5) 평가대상 특허의 로열티율 산정: 즉, 로열티율 = 업종평균 로열티율(%) × 이용률(%) × 증감율(%) = xx%
6) 선급금 산정: 경상기술료 이외의 조기 회수액 또는 최소한의 특허가치를 보상하는 금액. 연차료에 의한 특허권 가치평가액을 선급금 산정방법으로 이용한다.

간단한 사례를 통해 로열티 산정방법을 알아보자. 아래 내용은 S대학교가 기업을 대상으로 A특허기술 이전을 추진 중이며, 본 특허는 반도체부품에 해당하고, 당사자들은 라이선스를 전제한다고 가정했을 때 로열티를 어떻게 산정하는지에 대한 예시다.

첫째, 표에 의해 본 평가 업종은 전자부품으로 분류되므로 업종평균 로열티율은 3.66으로 결정된다. 둘째, 이용률을 결정하면 된다. 이용률이란 해당 특허가 대상제품에 얼마나 이용되었나를 말하며 이는 기술전문가가 판단한다. 여기서는 이용률이 50%라고 가정하자. 셋째, 증감률을 결정한다. 증감률은 평점평가결과를 적용하는데 이 역시 해당 분야 전문가가 판단하며 권리적

<표 5-1> **업종별 지식재산 거래 로열티 통계***

(단위: 건, %)

구분	자료수	최소	Q1	중앙값	Q3	최대	평균	왜도
식료품 제조업	15	1.00	2.00	3.50	10.00	70.00	13.53	2.03
화학물질 및 화학제품 제조업(의약품 제외)	17	1.00	2.00	3.00	5.00	50.00	6.68	3.66
의료용 물질 및 의약품 제조업	15	1.00	1.50	3.00	5.00	40.00	5.40	3.68
비금속 광물제품 제조업	17	1.00	2.00	3.00	3.00	5.00	2.79	0.89
금속가공제품 제조업 (기계 및 가구 제외)	14	1.00	3.00	3.25	10.00	25.00	6.46	2.12
전자부품, 컴퓨터, 영상, 음향 및 통신장비 제조업	77	0.10	2.00	3.00	3.00	65.00	3.66	8.28
의료, 정밀, 광학기기 및 시계 제조업	37	0.50	2.00	3.00	3.50	10.00	3.41	1.69
전기장비 제조업	38	1.00	2.00	3.00	3.00	10.00	3.21	2.10
기타 기계 및 장비 제조업	37	1.50	3.00	3.00	5.00	10.00	3.57	1.35
하수·폐기물처리, 원료재생 및 환경복원업	18	2.00	3.00	5.00	5.00	10.00	4.89	0.92
건설업	36	0.05	1.50	3.00	5.25	50.00	4.99	5.17
출판, 영상, 방송통신 및 정보서비스업	142	0.20	2.00	3.00	4.88	45.00	4.58	4.40

속성은 변리사가, 기술적 속성은 기술전문가가, 시장적 속성은 시장전문가가 판단한다. 평점평가법을 적용한 결과 평가기준 점수가 50점이 만점이라고 했을 때, 평가대상 특허 기술의 평가점수는 38점이라고 가정하면 로열티율 증감률은 76%다(38÷50=0.76).

* 《기술가치평가 실무가이드》 38쪽, 산업통상자원부, 2014.

넷째, 로열티율을 결정한다. '로열티율=3.66%×50%×76%=1.39%'와 같은 방법 이외에도 유사기술거래를 이용하는 방법(시장접근법)과 경험치를 이용하는 방법 등이 있다. 경험치는 보통 '25%룰'을 이용한다. 즉, 기술의 기여도가 25%를 차지한다는 의미로 총 수익금에서 기술의 기여도가 25%라는 뜻이다. 실현이익(영업이익)의 25%는 '라이센서(licensor, 기술보유자, 특허권자)'에게, 그리고 실현이익의 75%는 '라이센시(licensee, 기술실시권자, 특허권 허여권자)'에게 배분하는 것이 합리적이라는 것이다. 예를 들어 영업이익율이 10%인 기업의 경우 영업이익률 10%×기여율 25%를 계산하면 2.5%라는 결과가 도출되므로 매출액의 2.5%가 합리적인 로열티율로 산정된다는 의미라고 보는 관점이다.

마지막으로 로열티 산정 시 유명한 판결로부터 유래된 '조지아-퍼시픽 15요소'에 대해 살펴보자. 조지아-퍼시픽의 15가지 요소는 실시료 수준을 결정

<표 5-2> **평점평가법의 예**

구분	영향 요인	평점				
권리적 속성	권리 강도	1	2	3	4	5
	권리 안정성	1	2	3	4	5
	권리 침해 용이성	1	2	3	4	5
	라이센스 우위성	1	2	3	4	5
기술적 속성	기술 완성도	1	2	3	4	5
	기술 혁신성	1	2	3	4	5
	기술 경쟁성	1	2	3	4	5
시장성 속성	수익성	1	2	3	4	5
	수요 부합성	1	2	3	4	5
	시장 경쟁성	1	2	3	4	5
평점 합계		38/50				

하는 고려사항이다. 앞서 살펴본 로열티 산정기준들은 협상을 통해 최종 결정한다. 그렇지 않고 무단으로 실시하는 경우에는 다툼이 발생하게 되어 결국 법원의 결정을 통해 로열티율을 결정하게 된다. 로열티의 합리성 여부를 획일적·절대적으로 규정하기는 매우 어렵지만, 합리적인 로열티의 결정 기준이 되는 요소들을 나열한 유명한 판례가 있다. 이들 요소를 '조지아 퍼시픽 팩터 Georgia-Pacific factor'라고 부른다. 15개 항목을 나열한 조지아 퍼시픽 팩터의 주요 내용은 다음과 같다.

- 특허상품의 수익성
- 상업적 성공 및 인기도
- 다른 유사특허의 로열티
- 라이센서와 라이센시 간의 상업적인 관계
- 특허의 존속기간과 라이선스의 기간
- 과거의 기술 대비 특허의 유용성과 장점
- 발명을 사용할 때 관례적인 이익부분이나 판매가격 등

이처럼 많은 부분이 제품의 상업성과 관련이 깊다. 로열티란 특허에 대한 사용료인데, 제품이 팔리지 않고서 어떻게 로열티가 존재할 수 있겠는가. 제품이 팔리려면 특허제품과 관련하여 충분한 시장이 형성되어야 하고, 시장 참여자들이 수익을 내야 로열티에도 의미가 생긴다. 결국 로열티가 적절한지의 여부에 대한 열쇠는 시장이 가지고 있다. '시장'이 답이며, 나머지는 구체적, 개별적으로 판단할 수밖에 없는 구조라 볼 수 있는 것이다.

● ● ●

"로열티와 기술료를 결정하는 과정은 매우 전문적인 과정으로 보입니다. 이 변호사님, 한국전자로서는 합리적인 가격으로 특허권 매입에 성공했으므로 승소의 가능성이 높아졌습니다."

"그렇습니다. 하지만 특허소송은 법률적인 판단이므로 우리가 무조건 승소한다고 볼 수 없기에 대비책을 철저히 해야 할 것입니다."

"저는 법원에 우리가 매입한 특허를 기반으로 자료를 제출하도록 하겠습니다."

김 대표는 만면에 미소를 띠며 지난 소송과정을 돌이켜보고 있었다. 김한수 대표는 한국전자가 승기를 잡았다는 사실에 안도의 한숨을 쉰다. 하지만 김한수 대표의 마음에는 못내 아쉬움이 남는다. 특허권 매입을 통한 승리는 김한수 대표가 바라는 시나리오는 아니다. 한국전자의 치밀한 전략을 통한 진정한 승리를 원했다.

세계음향 대표이사실.

"대표님, 한국전자에서 카운터클레임을 제시하였습니다. 변호사와 검토한 결과 우리가 생산하는 모든 제품이 한국전자 특허를 침해하고 있다는 의견입니다."

"무슨 소리야, 문 부사장?"

"한국전자가 개인으로부터 특허권을 매입했는데, 우리가 보유한 특허 포트폴리오를 무력화시킬 정도로 강력한 특허라고 판단됩니다."

장정윤 대표는 얼굴을 붉으락푸르락하며 문 부사장을 향해 고함을 질렀다.

"당신은 이번 소송에서 패하면 해고야!"

"대표님, 이렇게 흥분할 때가 아닙니다."

"필요 없어! 당신 때문에 내가 이 지경이 되었어!"

"대표님, 흥분을 가라앉히고 대책을 마련해야 합니다."

장정윤 대표는 흥분한 표정을 가라앉히지 못하고 있다. 장정윤 대표는 때로 너무 감정적으로 일을 처리하는 바람에 일을 그르치기도 한다. 하지만 한국전자와의 소송은 세계음향의 명운을 가를 중요한 사건이다. 장정윤 대표는 감정의 기복이 심하다. 이러한 이유로 문익주 부사장은 당황할 때가 많았다. 장정윤 대표는 흥분을 가라앉히고 미래를 직시한다.

"그래, 대책은 있나?"

"소송을 통해서는 우리가 한국전자에 패할 확률이 매우 높습니다. 지금부터 협상 전략을 논하셔야 합니다. 대표님이 직접 협상팀을 이끌고 김한수 대표를 만나야 할 듯합니다. 전략을 말씀드리도록 하겠습니다, 대표님."

"전략은 무슨 전략이야! 우리가 한국전자 보유특허를 침해했다고 했잖아."

"우리 보유 특허와 한국전자의 특허는 이용관계에 있어 양사 간 크로스 라이센스 계약을 체결해야 합니다."

"크로스 라이센스?"

"크로스 라이센스란 말 그대로 각각 별개의 특허권을 소유한 양 당사자가 상호 실시권을 설정해주어 각자 실시할 수 있도록 하는 것입니다. 특허는 새로운 것을 창작하는 것뿐만 아니라 기존에 있던 특허를 이용하여 개량함으로써 특허를 받을 수 있는 것이고, 이 경우 개량된 부분에 대해서는 선행 특허권자라 할지라도 실시가 불가능하므로 후원 특허권자와의 상호 실시권 합의에 의해 상호 필요한 발명을 사용하자는 것입니다."

"그럼, 한국전자도 우리 특허를 피해서 제품을 생산할 수 없다는 이야기가 되는군."

"네, 그렇습니다. 대부분 실시권의 대가는 무상이지만 권리의 선후관계, 기술개량 정도에 따라서 일방의 실시료를 상계하는 방식도 있을 수 있습니다. 이에 대한 협상이 필요합니다."

"알겠네. 그럼, 한국전자와 협상 일정을 잡도록 하게, 문 부사장."

세계음향은 한국전자와의 소송을 승리의 문 앞에서 놓치는 순간이다. 장정윤 대표는 세계음향이 글로벌 시장을 호령하는 꿈을 꾸었지만, 이는 한 순간의 꿈이 되고 말 것인가?

한국전자와 세계음향, 두 회사의 대표이사와 부사장이 협상장에 모였다. 김한수 대표는 자신만만한 표정으로 장 대표를 향해 먼저 이야기를 꺼낸다.

"장 대표, 얼굴이 까칠해졌구먼. 오랜만에 봐서 그런가?"

"하하, 김 대표 자네는 몸이 많이 초췌해졌군. 그동안 너무 신경 써서 그런가?"

양측의 치열한 신경전이 벌어진 후 협상이 시작되었다.

"장 대표, 이번 소송을 끝까지 진행하면 자네는 필패必敗라는 걸 모르는가?"

"하하, 필패라니! 한국전자가 우리 특허를 침해하고 있는 걸 모르고 있지는 않겠지?"

"물론이지. 하지만 세계음향은 우리보다 타격이 더 심할 텐데."

이용관계

어떤 발명이 기존 발명의 기술사상을 이용하거나(사실상의 이용발명) 혹은 발명을 실시함에 있어서 이용하는 경우 그 발명이 기존의 발명에 대해 이용관계에 있다고 한다. 예를 들어 A는 LED 원천특허를 보유하고 있으며 효율이 20%이고, B는 LED 개량특허를 가지고 있으며 효율이 50%이다. 이때 A는 B의 특허를 사용해야 하며 B 또한 당연히 LED 원천특허인 A를 사용해야 하므로 A와 B는 이용관계에 있다고 할 수 있다.

"한국전자도 특허침해로부터 자유롭지 않다는 건 알고 협상에 나왔을 텐데."

여기에서 이병준 변호사가 세계음향에 제안을 한다.

"양측이 보유한 특허권이 이용관계에 있으므로 오늘의 협상 주제는 크로스 라이센스에 대한 것으로 합시다. 여기에서 소송에 대한 이야기는 주제를 벗어나 있으므로 크로스 라이센스에 대한 조건을 협의하면 될 듯합니다."

"그럼 장 대표, 세계음향에서 먼저 조건을 제시해보게나."

김한수 대표는 자신감이 묻어난다. 한국전자는 위기를 탈출한 단초를 마침내 찾았다.

"세계음향은 양측이 무상의 실시권을 갖는 것으로 협상을 제안합니다."

"하하하! 장 대표, 자넨 가끔 엉뚱한 면이 있단 말이야."

"무슨 소리?"

장정윤 대표의 표정이 굳어지면 얼굴이 벌겋게 달아올랐다.

"세계음향의 현재 매출이 200억이며, 모든 제품이 한국전자 특허권을 침해하고 있다는 건 알고 있겠지?"

"물론 우리도 침해하고 있지만 한국전자도 침해로부터 자유롭지 않을 걸?"

"물론 우리도 이용관계로 1년 전에 출시한 모델 하나가 침해인 건 알고 있지."

문익주 부사장이 나서며 중재안을 제시한다.

"김 대표님, 제가 제안을 하지요. 한국전자 제품의 경우 최근 매출이 급성장하며 현재 한국전자 매출의 과반을 차지하는 것으로 알고 있습니다. 따라서 세계음향의 경우 침해제품의 누적매출이 훨씬 더 큰 것은 사실입니다만, 시장에서 경쟁하고 있는 양 당사자 모두 경쟁력을 갖추고 있으므로, 세계음향이 한국전자에 크로스 라이센스 조건으로 일시금 10억을 지급하고 두 회사 간 무상의 실시권을 갖는 것으로 제안합니다."

"하하하, 문 부사장이 뭔가 잘못 이해하고 있는 듯하네. 그런 껌 값으로 우리가 합의해주리라 생각하고 있는 건 아니지?"

김한수 대표는 여유 만만한 미소를 띠고 있다. 반면 장정윤 대표는 당황한 표정이 역력하다.

"그럼 조건을 말씀해주시기 바랍니다."

"현재의 조건으로 소송을 진행하면 배상금액이 약 200억 정도일 것으로 예상하고 있네. 따라서 200억 수준의 일시불과 크로스 라이센스 조건으로 매출액의 5% 로열티 조건을 제시하네."

순간 장정윤 대표의 표정이 일그러진다.

"김 대표, 너무하다고 생각하지 않는가? 한국전자의 경우 영업이익 규모가 매출액의 15% 수준으로 알고 있지만, 우리는 매출액의 5% 수준이야. 이건 알고 있겠지?"

"장 대표, 이번 소송은 자네가 선택하지 않았나?"

"뭐라고? 지금 김 대표야말로 세계음향을 시장에서 퇴출시키려고 하는 것 아닌가?"

장정윤 대표는 속이 부글부글 끓는다.

"선택지가 그렇게 많지는 않을 걸세. 우리 조건에 대한 세계음향의 입장을 듣고 싶군."

"그래, 한국전자의 조건은 잘 들었어. 우리 세계음향의 요구조건을 별도의 문건을 통해 한국전자에 전달하도록 하겠네. 한국전자도 세계음향의 조건을 받아들이는 게 좋을 거야. 어차피 우리 같은 중소기업은 소송을 최소화하는 것이 최선의 방법일 테니까."

김한수 대표는 소송을 통해 세계음향의 목줄을 쥘 수도 있다. 하지만 김한수 대표가 원하는 것은 시장에서의 경쟁을 통한 양 기업의 지속성장이다. 이것이 김한수 대표가 원하는 정공법이다.

김한수 대표가 제안하는 조건을 한국전자의 임직원과 변호사는 모두 반대했다. 이번 기회에 세계음향의 싹을 잘라내 시장에서 퇴출시키자는 의견이었다. 하지만 김한수 대표는 장정윤 대표와 악연을 생각하기 전에 '한국전자의 성장은 세계음향이 있어서 가능하다'는 사실을 떠올린다. 세계음향과 한국전자의 지속성장을 통해 중소기업의 가능성을 시장에 보여주고 싶은 것이 김한수 대표의 생각이다.

한국전자와 세계음향의 특허소송은 양측 간의 합의로 결국 마무리되었다. 세계음향과 한국전자는 크로스 라이센스 계약을 체결하였으며, 세계음향은 한국전자에 20억 원의 합의금을 지급하고, 경상로열티로 매출액의 2%를 지급하는 조건으로 이번 소송이 마무리되었다.

한국전자, 지속성장을 위해 특허 포트폴리오를 구축하다

중소기업은 성장함에 따라 특허 포트폴리오 구축을 통해 지속성장을 추구해야 한다. 중소기업에서 알아야 할 특허 포트폴리오 구축이란 무엇인가? 최근 특허 포트폴리오의 경향과 흐름을 살펴보면 다음과 같다.

최근 기술 발전의 특성은 기술의 고도화, 다양화 및 복합화로 대변할 수 있다. 기술의 고도화는 끊임없이 이루어져 어디까지 발전하게 될지, 무한한 가능성을 가지고 발전을 거듭하고 있다. 또한 다양한 분야에서 기술 발전이 이루어지고 있으며, 기술 간의 융합화 내지 복합화가 시도되고 있다.

기업이 자사의 제품 분야에서 이러한 끊임없는 기술 변화의 추세에 대응하여 R&D를 진행하기란 불가능하다. 기업은 한정된 자원을 가지고 선택적으로 R&D를 진행할 수밖에 없고, 이에 따라 기술의 공백이 발생하는 것은 불가피하다. 그러나 이를 방치한다면 그러한 기술은 대부분이 특허로 보호되고 있으므로 자사 제품에 적용이 불가능하게 된다. 또는 특허료를 지불하게 되어 제품의 경쟁력을 잃게 될 우려가 있다. 그러므로 이러한 기술 특허들을 아웃소싱을 통하여 확보하는 것이 필요하다.

기업이 자사의 제품 분야에서 원활히 사업을 전개하기 위해서는 그 사업에 관한 특허를 자유롭게 이용할 수 있어야 한다. 따라서 기업은 자사의 사업 분야에 관한 특허를 스스로 개발하여 보유하거나 타인의 유력 특허를 매입하여 보유는 전략이 필요하다. 그렇지 않으면 타사 특허의 실시 허락을 받아야 할 것이다.

이런 수단을 통해 이용 가능한 특허를 그 기업의 특허 포트폴리오라고 한다. 특허 포트폴리오를 완벽하게 구축하지 못한 기업은 타사로부터 특허를 양도받거나 실시 허락을 받아 그 틈을 메울 필요가 있으며, 또 양사의 특허를 서로 사용 가능하도록 허락하는 크로스 라이센스의 방법을 동원할 수 있다.

그러므로 자사 제품의 경쟁 자유도를 확보하기 위해서는 자사의 특허 포트폴리오를 구축하는 것이 필요하며, 특히 자사의 경쟁력 강화를 위해서는 자사 보유 특허의 포트폴리오를 강화하는 것이 무엇보다도 중요하다. 이는 제품 경쟁력을 강화할 뿐 아니라, 이러한 포트폴리오의 라이센스를 통하여 특허료 수익을 창출할 수도 있기 때문이다.

기술 독점을 하고 있는 회사들(인텔, 마이크로소프트, 퀄컴 등)도 자사 기술 독점을 강화하기 위해 경쟁 기술 특허가 나오면 적극 매입하거나 그 기업을 인수함으로써 자사가 독점하고 있는 기술 분야의 특허 포트폴리오를 강화하여 특허 기술 독점력을 바탕으로 시장의 지배력을 강화하고 있다. 최근 구글이 모토로라를 인수한 경우나 애플이 노텔을 인수한 경우는 모두 특허 포트폴리오 구축차원에서 진행된 케이스라 할 수 있다.

특허 포트폴리오 구축이란 무엇인가? 특허 포트폴리오는 〈도표 5-2〉를 통해 알아보자. 간단하게 생각하기 위해 '치약'이라는 제품이 있다고 가정할 것이다. '치약'은 세 가지 요소기술로 구성되어 있다. 즉, 튜브몸통을 구성하는 기술, 튜브 뚜껑을 구성하는 기술 그리고 마지막으로 치약의 내용물 관련 소재기술로 구성되어 있다. '치약'을 구성하는 특허가 튜브몸통을 구성하는 기술(요소기술A), 튜브 뚜껑을 구성하는 기술(요소기술B), '치약'의 내용물 관련 소재기술(특허 a, b, c, d, e, f, 통칭 소재기술이라 하자)로 구성되어 있다고 가정한다.

기업 C는 소재기술(특허 a, b, c, d, e, f)을 보유하고 있지만, 요소기술A는 A 대학에서 보유하고 있고, 요소기술B는 B 대학에서 보유하고 있다면 어떻게 될까? 기업 입장에서 '치약'이라는 제품을 생산하고 비즈니스를 영위하기 위해서는 요소기술A와 요소기술B를 확보해야만 안정적인 비즈니스가 가능하다. 따라서 요소기술A와 요소기술B를 도입하면 '치약'을 위한 비즈니스가 가능해진다. 물론 제품과 관련된 비즈니스를 영위하는 다른 기업은 기업C에 실시권 허락을 받지 않고 사업을 영위할 수 없게 된다.

특허 포트폴리오 구축의 일환으로 특허 매입분야 선정 및 매입 대상 특허의 발굴 원칙을 알아보자. 매입 대상 분야 선정은 다음과 같다.

첫 번째는 자사가 R&D를 하지 않아 특허를 보유하고 있지 않거나, 기술력이 취약한 분야가 특허 매입의 대상이 된다. 두 번째는 사업의 구조 개선을 위해 새로운 분야를 탐색하거나 신기술을 도입할 필요가 있는 경우에 특허 매입 분야를 선정해야 한다. 세 번째는 기술 경쟁력이 약한 업체는 경쟁사의 특허 공격을 받아 수출의 제약 또는 특허료를 지불하는 등 경쟁력을 더욱 악화시킬 가능성이 많다. 따라서 이러한 경우에 특허매입을 검토해야 한다.

경쟁사라고 하더라도 세부 분류 기술에서는 취약한 부분이 있으므로 이러한 기술을 아웃소싱을 통하여 취득함으로써 특허 공격을 받았을 때 대응할 수 있는 무기를 확보하는 것이 중요하다. 적어도 투자 대비 몇 배의 효과가 창출될 것이다. 이러한 기술을 아웃소싱하기 어렵다면 경쟁사의 다른 제품군을 카운터로 공격할 수 있는 특허를 찾는 것도 좋은 전략이라 할 수 있다.

기술 경쟁력이 강한 기업이라도 자사의 특허 포트폴리오 강화를 위하여 자사에 강점이 있는 기술 분야의 특허를 매입할 필요가 있다. 유용한 특허라면 이 특허 때문에 자사가 특허침해 공격을 받을 가능성이 있고, 자사의 독점력 강화에 장애요소가 될 수 있기 때문이다.

매입대상 특허 발굴전략에 대해 알아보자. 매입 대상 특허의 발굴은 중소기업의 경우 자체 전문인력이 없기 때문에 외부 전문기관 또는 특허사무소를 이용하면 된다. 관련 절차는 다음과 같다. 매입 기술 분야가 정해지면, 이에 대한 특허 맵을 작성하여 그 기술 분야의 특허 포트폴리오를 분석하는 것이 필

<도표 5-2> **특허 포트폴리오 구축**

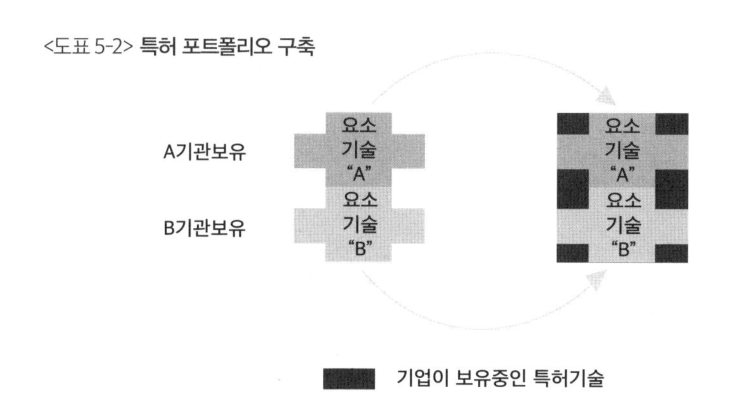

요하다. 기술 분야를 주도하고 있는 업체와 그들의 핵심 특허를 파악하고, 이에 대한 타사의 관련 특허들을 파악함으로써 해당 기술의 경쟁력을 비교 분석한 후에 매입 대상 특허를 발굴하여야 한다.

특허 분쟁이 예상되는 경쟁업체에 대한 대응 무기를 발굴하기 위한 목적이라면, 그 업체를 타깃으로 하여 해당 제품의 전반적인 적용 기술 및 부품까지도 대상으로 할 수 있다. 필요한 경우에는 그 업체의 다른 사업 품목에 적용되는 기술들을 대상으로 할 수 있다. 이러한 기술들에 대하여 관련 특허들을 조사 분석하여 매입 대상 특허를 발굴하는 것도 전략적으로 필요하다.

매입특허의 검토와 확정을 알아보자. 우선 대상 특허에 대한 타당성 검토가 필요하다. 매입 대상으로 발굴된 특허에 대하여는 철저한 검증이 필요하며 검토할 항목은 아래 표(《표 5-3》)와 같다. 특허 매입은 기술 또는 노하우의 이전과 달리 종이에 쓰인 기술 범위의 권리를 사는 것이므로 잘못 사는 경우 그야말로 종잇조각에 불과한 것으로 변할 수 있기 때문이다.

다음으로 매입 대상 특허의 확정이다. 경쟁 제조업체의 경우에는 자사의 특허를 경쟁사에게 양도할 가능성은 매우 적다. 그러므로 해당 특허에 관한 사업을 하지 않는, 비실시 특허권자로부터 매입하는 것이 가장 쉽다고 할 수 있다. 여기에는 개인발명가, 대학 또는 연구 기관 등 특허를 보유하고 있으면서 실시하지 않는 회사들이 포함되며, 제조업인 경우에도 현재 해당제품의 사업을 하지 않고 있는 경우에는 이에 해당된다. 벤처 기업으로 사업을 하고 있으나 재정적 어려움이 있는 기업의 특허들을 주목할 필요가 있다. 이러한 특허들은 매입이 비교적 용이하고 매입 가격도 저렴하기 때문이다.

매입추진 전략 중 가장 중요한 것은 앞에서 설명한 매입특허의 결정이며 매

<표 5-3> **매입 특허 타당성 평가표***

항목	검토 내용	검토 기준
특허적 가치 (40%)	1. 특허의 권리범위가 얼마나 넓게 되어 있는가?	특허 청구범위 및 회피가능성
	2. 특허의 무효사유 또는 권리 제한 사유가 있는가?	선행 기술 조사 및 비교
	3. 자사 또는 타사 제품에 적용될 가능성이 있는가?	자사/타사 제품 및 개발 방향
	4. 사용 여부에 대한 확인이 용이한 특허인가?	사용 입증 가능성
기술적 가치 (60%)	1. 기술성 특허 기술의 지배력, 기술의 완성도 및 신뢰도, 대체 기술 존재성, 개발 기술의 실증력, 기술의 수명	기술 동향
	2. 시장성 해당 기술의 시장 경쟁력, 제품의 시장성 및 성장성, 생산/판매의 법적 규제, 소비자 수용도 및 제약요인, 해당 분야의 성장 여건	시장 및 소비자 동향
	3. 사업성 생산/적용의 용이성, 적용 제품의 가격 경쟁력, 제품적용의 부가가치, 효율적 생산체제 가능성, 투자의 매력도	설비투자, 생산성, 원가

입특허가 결정되면 매입 예정 가격을 결정해야 한다. 특허의 이전 가격은 천차만별이기 때문에 일률적으로 가치를 말하기는 어렵다. 또한 특허의 이전 가격이 특허의 가치에 반드시 비례하는 것도 아니다. 가장 저렴하게 구입하는 것이 좋겠으나, 자사가 부담할 수 있는 한도를 결정할 필요가 있다.

또한 특허의 매입으로 인한 효과 및 부가가치를 고려하여 과감한 투자도 필요할 때가 있다. 위에서 타당성을 검토했지만, 이는 개념적인 평가이며 사실상 그 특허를 활용할 때에는 리스크가 예상보다 많다는 점을 고려하여야 한다. 그러나 매입 예정 가격을 결정함에 있어서는 위에서 이야기한 리스크를 감안

* 《사례중심의 지식재산경영 매뉴얼》 167쪽, 특허청, 2008.

하여 평가 금액보다는 훨씬 낮은 수준에서 시도하는 것이 좋다.

추진방법은 대상 특허가 선정되면 특허권자 및 권리 상태 등 하자가 없는지를 재확인하고, 특허권자에 대하여 경영 상태 및 특허 관리 현황 등을 조사하여 매입 가능성을 검토하여야 한다. 매입 추진은 제3자, 즉 기술 거래 기관이나 변호사 등을 활용하는 것이 좋다. 매입 과정에서 그 특허의 수요자가 누구인지를 노출시키는 것은 바람직하지 않다. 이는 가격을 상승시킬 수 있으며, 또한 매입 협상이 결렬될 경우 특허 문제로 공격을 당할 가능성도 있기 때문이다. 그렇기 때문에 특허 경매의 경우에도 경매 참가자들은 직접 나서지 않고 변호사 또는 기술 거래 기관을 통하여 참가하고, 명의도 실제와 다른 명의(예컨대 페이퍼 컴퍼니)로 인수한 후 나중에 명의를 변경하는 경우도 많다.

최저 가격으로 매입을 성사시키기 위해서는 상대방 특허권자의 기대 수준을 높여서는 안 되나 조건만 맞으면 매매가 성사될 수 있다는 확신을 주어 상대방의 휴면 상태 특허가 현금화될 수 있다는 기대감을 주는 것이 전략상 필요하다. 시간을 가지고 몇 단계의 전략을 가지고 추진하는 것이 좋으며, 대상 특허를 상대방에게 노출시키지 않기 위하여 처음에는 관련 기술의 모든 특허들을 패키지로 제안하면서 대상 특허로 좁혀 나가는 전략도 유용하다.

또한 해당 특허들의 약점을 최대한 발굴하여 협상에서 가격을 낮추기 위한 논리로 사용할 필요가 있다. 특허를 매입하는 것이 가장 좋겠으나, 매입에 어려움이 있거나 가격이 맞지 않는 경우에는 전용사용권을 받는 것도 가능하다. 경우에 따라서는 특허의 지분을 공유하되 특허료 수익이 발생하는 때에 공유 지분에 따라 배분한다는 식으로 다양한 옵션을 가지고 협상할 수 있다.

〈도표 5-3〉은 특허매입 시 금액 산정 기준이다. 매매대상 특허의 경우 패키

<도표 5-3> **특허 매입 시 금액 산정 기준***

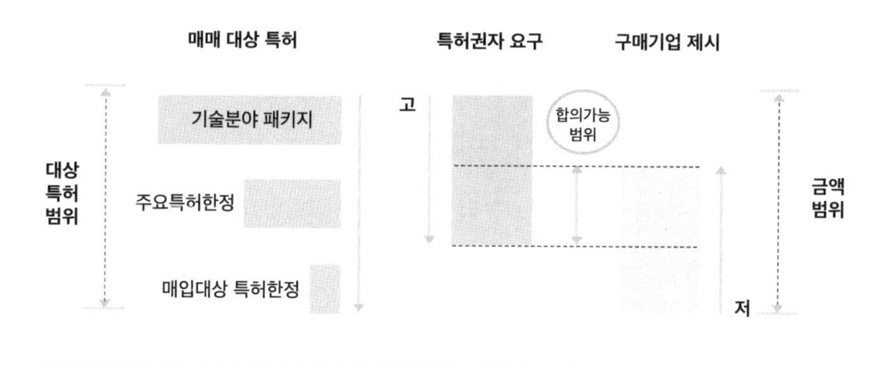

지로 구매하는 경우 전체 예산이 상승하겠지만, 전략적으로 접근해야 할 필요성이 있다. 전체 패키지가 여의치 않을 경우 주요 특허를 한정하여 매입하는 전략을 구사할 필요성이 있다.

또한 특허권자와 구매기업 간 희망 가격은 항상 괴리가 존재한다. 합의 금액은 양측 간 중첩되는 구간에서 결정된다. 다만 양측 간 주장하는 금액의 차이가 너무 많으면 특허가치평가의 기준을 합의하고 양측이 공동으로 제3의 기관(한국발명진흥회등 공인된 평가기관을 의미)을 선정하여 가치평가를 진행하기도 한다. 기술가치 평가금액은 일종의 기준점인 셈이다.

최종 합의되는 금액은 양측이 협상에 의해서 결정되므로 특허가치의 논리 개발에 집중해야 좋은 결과로 이어질 수 있다. 중소기업의 경우 특허 포트폴리오를 구축하기 위해 많은 자금이 소요되므로 관련 지원사업을 활용해야 한다.

* 《사례중심의 지식재산경영 매뉴얼》 172쪽, 특허청, 2008.

특허청과 한국발명진흥회는 국유특허 무상실시 제도와 개방특허 이전사업을 진행하고 있다. 우선, 국유특허 무상실시 제도에 대해 알아보자. 국유특허란 국가공무원이 직무 과정에서 발명을 한 경우, 그 소유권을 국가가 승계하고 국가 명의로 출원하여 특허·실용신안·디자인·외국 특허로 등록된 권리를 말한다. 국유특허는 특허청으로부터 위임받은 한국발명진흥회 등에 신청하면 된다. 일정 요건을 만족하는 국유특허의 경우 무상 실시가 가능하니, 한국발명진흥회 등 국유특허 관련 기관에 문의하면 된다.

개방특허*의 무상이전은 전국 19개 창조경제혁신센터에서 진행하고 있으며 한국발명진흥회의 국가지식재산거래플랫폼www.ipmarket.or.kr에서 관련 특허를 확인할 수 있고 관련 양식에 의해 신청하면 된다. 다만 특허 포트폴리오 구축 관련 정밀한 검토가 필요하므로 지식재산거래소의 특허거래전문관을 통해 컨설팅을 받은 후 진행하는 것이 효율적이다.

● ● ●

한국전자 김한수 대표는 박정수 대표와 오랜만에 만남을 가진다. 서울 북촌의 허름한 식당. 식당은 한적하고 고즈넉하다.

"김 대표, 오늘은 내가 고향의 맛을 보기 위해 여기서 보자고 했지."

"고향의 맛이라…. 박 대표님 고향이 어디신가요?"

---

* 특허 개방의 의미로 전국 19개 창조경제혁신센터의 주관 대기업의 특허권을 개방하는 것을 말한다. 개방특허는 중소기업이 신청하면 무상으로 특허권을 양도받을 수 있다.

“내 고향은 여수야. 요즘 여수가 떠서 많은 사람들이 찾고 있는데 나도 그 덕분에 자주 들르곤 하지. 예전에는 서울에서 찾기 어려운 지역이었지.”

“아, 그래서 여기서 보자고 하셨군요.”

“그렇지. 여수 돌산 갓김치 맛을 보려고 여기에서 보자고 한 거야.”

김한수 대표도 여수 돌산 갓김치가 갓김치로는 최고라는 이야기를 들은 터라 맛이 궁금했다. 김한수 대표와 박정수 대표는 갓김치를 반찬 삼아 조촐한 식사를 한다.

“박 대표님, 갓김치 맛이 너무 매운걸요?”

“김 대표, 난 고향이 여수인지라 그 매운맛을 좋아하지. 코가 찡하고 눈물이 핑 도는 갓김치만이 갖고 있는 고유한 맛. 그 맛이 고향을 생각나게 만든단 말이야.”

“박 대표님, 서울 사람이 잘 먹을 수 있는 방법도 알려주세요.”

여수 갓김치의 매운 맛은 어렸을 때부터 갓김치를 먹고 자란 여수 사람 이외에는 적응하기 어려운 것이 사실이다. 그래서 여수 갓김치의 맛이 싫은 사람들은 갓김치를 안 먹거나 대부분 익혀서 먹는다.

“김 대표, 여기 푹 익은 갓김치를 한번 들어봐. 푹 익은 갓김치는 갓김치에 묻은 양념을 씻어낸 후 자르지 말고 프라이팬에 넣어 들기름을 밑에 깔리도록 부어줘. 갓김치를 깔고, 밴댕이를 얹고, 찐 마늘과 들기름을 붓고, 뚜껑을 닫아 익힌 다음 꼭지 부분을 가위로 잘라 내면 맛있게 먹을 수 있지.”

“오랜만에 남도에 풍미를 접하니 저도 제 고향 생각이 절로 납니다.”

김한수 대표와 박정수 대표는 그동안 중요한 소송을 해결하느라 오랜만에 식사자리를 갖는다. 조촐한 식사지만 여수 갓김치를 통해 사람에 따라 입맛이

다를 수 있음을 인정하는 박 대표의 지혜가 묻어난다. 또한 고향의 맛이 항상 정답이 아닐 수 있다는 것도 박 대표는 인정한다. 기업을 운영함에 있어 다름을 인정하는 지혜라 할 만하다. 이처럼 기업은 성장함에 따라 다양한 비즈니스 전략을 수립해야 함을 김한수 대표는 이해한다. 박정수 대표가 김한수 대표에게 여수 갓김치를 소개한 이유이기도 하다.

"김 대표, 소송을 통해 기업이 성장함에 따라 다양한 리스크 요인을 관리해야 함을 느꼈을 거야. 한국전자는 최근 성장을 이어가고 있는데 한국전자 내부 시스템 정비 등 김 대표가 챙겨야 할 일들이 점점 더 많아지고 있지 않은가?"

"네, 맞습니다. 몸이 열 개라도 모자랄 지경입니다. 한국전자는 예전의 벤처가 아닙니다. 의사 결정 과정도 시스템화로 인해 느려지고 있어 한 단계 성장을 위한 정비가 필요해보입니다."

"우선 이번 소송을 통해 특허권의 포트폴리오 전략의 중요성을 느꼈을 테니까, 특허 포트폴리오 구축을 통한 장기성장 전략에 대해 고민해야 할 듯하네."

"네, 박 대표님 말씀이 맞습니다. 우선 특허 포트폴리오 구축을 위해 내부 특허권에 대한 면밀한 검토와 이를 통한 공백특허의 출원전략, 그리고 특허권 매입전략을 함께 추진하려고 합니다."

한국전자는 특허 포트폴리오 구축을 통해 장기성장을 추진한다. 기업의 지속성장을 위해 지식재산권(특허) 전략이 반드시 필요하다. 이는 기업의 의사결정권자가 직접 챙겨야만 효과가 극대화될 수 있다.

"김 대표, 정부에서도 중소기업을 위해 다양한 지재권 지원정책을 지원하고 있으니 꼼꼼히 살펴보고 활용하는 지혜가 필요하겠지요?"

"한국전자는 특허 포트폴리오 구축을 통해 지속성장에 매진해야겠네요."

"특허 포트폴리오 전략은 현재의 리스크를 회피하는 전략인 동시에 한국전자의 M&A와 IPO를 염두에 둔 전략이라는 사실을 이해하고 있어야 할 것입니다. 최근에는 기업 인수합병이든 상장이든 다양한 특허이슈가 존재하므로 이를 비즈니스에 충분히 활용하는 전략이 필요합니다."

박정수 대표는 의미심장한 이야기를 남기고 자리를 떠났다. 한국전자는 지금까지 위기와 기회를 잘 활용해서 성장해온 벤처기업이다. 하지만 시작이 있다면 그 끝도 있는 법이다. 박정수 대표는 그 끝을 어떻게 생각하고 있을까? 지금부터 한국전자가 제2의 성장을 위한 전략을 생각할 시간이다.

한국전자는 지금까지 폭풍 같은 성장을 해왔다. 그리고 지금부터는 제2의 성장을 위해 다양한 전략을 구사할 것이다. 중소기업에서는 주력 제품의 성장이 정체할 즈음 새로운 비즈니스를 구상하는 것이 일반적이다. 하지만 신규 비즈니스를 안착시키기에는 다양한 리스크가 존재한다. 이를 위한 다양한 전략적 검토가 필요하다.

PART
6

지식재산 경영을 통해 기업 경쟁력을 강화하다

한국전자, 지식재산 경영에 나서다

한국전자는 세계음향과 특허소송을 마무리하며 지식재산 경영의 필요성을 절감하였다. 한국전자의 지속성장을 위해 반드시 지식재산전략을 통해 성장의 발판을 마련해야 할 숙제를 안고 있다. 한국전자 회의실. 김한수 대표가 말문을 열었다.

"세계전자와의 특허소송은 우리가 전략적으로 치밀하게 준비를 잘해 승리한 것은 아니라고 봅니다. 따라서 우리 한국전자의 지식재산 경영 원년을 오늘로 선포합니다."

그렇다. 드디어 한국전자는 지식재산 경영의 시동을 건다. 중소기업의 성장통을 경험한 한국전자는 지식재산 경영만이 지속성장을 담보해줄 것으로 판단한 것이다.

"대표님, 지식재산 경영은 무엇을 의미합니까?"

임창용 연구소장이 질문했다. 김한수 대표는 무슨 말로 지식재산 경영의 의미를 전달할지 고민 중이다. 지식재산 경영은 기업의 지속성장을 위한 안전장치다. 지식재산 경영은 기업가치 제고에도 많은 도움을 주는 것이 사실이다. 상장사의 가치는 시장가치를 의미한다. 미국의 S&P 500 지수의 경우 무형자산의 가치가 전체 기업가치에서 80% 이상을 차지한다. 따라서 한국전자도 지식재산 경영을 통해 무형자산의 가치를 극대화해야 한다. 또한 지식재산 경영은 기업의 기술 경쟁력의 토대가 되므로 한국전자의 지속성장을 위한 필수불가결한 조건이다.

"지식재산 경영은 이제 기업에 있어 필수불가결한 조건입니다. 한국전자의 지속성장을 위한 하나의 툴로서 지식재산 경영을 여러분께 제안합니다."

김한수 대표는 결의에 찬 목소리로 소리 높여 이야기를 이어갔다.

"저는 지식재산 경영을 위해 한국전자 임원분들이 솔선수범해서 한국전자의 경쟁력 배가에 최우선을 두셔야 한다고 말씀드리고 싶습니다. 우선 제가 임원분들께 먼저 질문을 하겠습니다. 세종대왕의 대표적인 업적 중 하나가 훈민정음 창제입니다. 세종대왕이 오늘날 다시 되살아나서 훈민정음에 대해 특허출원신청을 하면 특허가 등록될까요?"

임창용 부사장이 자신 있게 이야기를 이어간다.

"하하하. 대표님, 훈민정음이야 국민 모두가 잘 아는 창조입니다. 따라서 훈민정음은 '창조한 아이디어'이기 때문에 특허등록이 가능하겠지요."

이어서 이민우 소장이 반대 의견을 피력한다.

"특허로 등록되기 위한 요건은 신규성, 진보성을 갖출 것입니다. 또한 특허청이 요구하는 기재요건을 만족해야 합니다. 이런 조건 위에 특허의 기본 개념을 만족해야 하는데, 기본 개념에 만족하지 않기에 특허로 등록받지는 못할 것입니다."

임창용 부사장은 이민우 소장의 말에 깜짝 놀란다. 지금까지 특허의 기본을 숙지하지 못한 자신에 대한 반성을 한다.

"특허의 기본 개념이라면 자연법칙을 이용했는지 여부, 기술적 사상인지 여부 그리고 창작인지 여부인데 훈민정음은 모두 만족하지 않나?"

"네, 부사장님이 정확하게 지적하셨습니다. 특허의 기본 사상은 '자연법칙을 이용한 기술적 사상의 창착으로서 고도한 것(특허법 제2조 1항)'을 말하는데 자연법칙을 이용한다는 것은 뉴턴의 법칙, 에너지 보존 법칙 등을 이용한 새로운 창작물을 이야기하는 것입니다. 훈민정음의 경우 자연법칙을 이용한 것은 아닙니다. 즉, 한자가 '뜻글'이고 훈민정음은 이를 개선하여 '소리글'로 창제된 것입니다. 따라서 훈민정음은 기존의 개념을 획기적으로 바꾼 새로운 사고의 틀을 제공한 혁신적인 방법을 창조했지만 자연법칙을 활용한 것이 아닌 인문사회과학의 사상이라 할 수 있기 때문에 특허의 기본적인 사상을 만족시키지 못합니다. 이 때문에 특허등록은 불가능합니다.*"

김한수 대표는 박수를 치며 만족스런 표정을 짓는다.

"이 소장, 특허 전문가가 다 됐구먼."

"한국전자에서 다양한 소송을 통해 저도 특허를 이해할 수 있는 기회가 된 듯합니다."

김한수 대표가 이야기를 이어간다.

"그럼 특허 관련 기본적인 질문을 하겠습니다. 특허권을 이야기할 때 길목

---

* 《지식재산 스타트》 11쪽 참고, 송상엽, 넥서스BOOKS, 2014.

<그림 6-1> **특허권의 알 박기 개념(선점특허, 길목특허)**

특허, 표준특허, 원천특허 등의 단어가 나옵니다. 바로 '강한 특허'를 이야기할 때 등장하는 단어들입니다. 저는 특허권을 이야기하면서 땅따먹기와 알 박기 비유를 들어 설명하고 싶습니다.

땅따먹기는 미국 서부 개척시대를 떠올려보면 됩니다. 그 시대에는 땅에 주인이 아무도 없었으므로 먼저 깃발을 꽂는 사람이 임자입니다. 특허의 세계에서도 이와 마찬가지 일이 일어나는데, 이는 특허의 선점효과를 설명하는 말입니다. 즉, 내가 먼저 많은 부분을 선점하면 다른 사람은 내가 차지한 땅을 차지하지 못하고 나머지 부분을 차지하게 되는 원리와 같은 것이지요.

다음으로 알 박기가 있습니다. 만약 내가 대로변 한가운데를 먼저 차지한다면 그 대로를 사용하기 위해서는 내가 차지한 부분을 지나야만 할 것입니다.

이와 같은 알 박기는 같은 기술군에서 내 특허를 피해 제품을 만들지 못하게 하는 효과를 발휘합니다. 따라서 제품을 양산하기 위해 내 특허권을 사용해야 하므로 나한테 사용료를 지불해야만 제품을 만들 수 있는 원리와 같은 것입니다."

특허권을 출원하기 위해서는 다양한 포트폴리오 구축이 필요하다. 특허 포트폴리오를 구축하기 위해서는 강한 특허를 출원할 수 있는 전략이 필요하다. 하지만 길목특허를 이미 다른 회사에서 선점한 경우 지재권 전략을 효과적으로 펴나가기 어려운 것이 사실이다.

"대표님, 놀랍습니다. 대표님이 이해하고 있는 지식재산에 대한 이해도는 저희들이 쫓아가지 못할 지경입니다."

이민우 소장이 입에 침이 마르도록 김 대표를 치켜세웠다. 사실 김한수 대표도 지식재산에 관한한 문외한이나 다름이 없었으나, 세계음향과의 특허소송을 통해 많은 도약을 했다. 김한수 대표는 한국전자와 세계음향이 중소기업에서 중견기업, 나아가 대기업으로 함께 성장했으면 하는 바람이다.

"다음 질문입니다. 지식재산 경영을 위해 우리 한국전자가 준비해야 할 사항은 무엇이 있나요?"

임 부사장이 말을 이어받는다.

"지난 특허소송에서 경험했듯이 결국은 강한 특허를 보유해야 합니다. 따라서 강한 특허 발굴을 위한 내부 시스템구축이 가장 중요하며, 지속적으로 강한 특허 발굴을 위한 내부 프로세스를 강화해야 합니다."

"임 부사장이 좋은 말씀을 해주셨습니다. 저는 지난 소송을 통해 지식재산의 중요성을 절감했습니다. 첫째, 강한 특허 출원전략을 고민해주시기 바랍니다. 둘째, 강한 특허를 지원할 수 있는 특허사무소 선정에 대한 검토를 진행해 주시기 바랍니다. 셋째, 지식재산 경영을 포함한 오픈 이노베이션 전략에 대한 검토가 필요할 것으로 판단됩니다. 제가 말씀드린 세 가지 사항에 대한 내부 검토를 진행해주시기 바랍니다."

김한수 대표의 말에 이민우 연구소장이 이야기를 이어간다.

"한국전자의 지식재산전략의 내재화를 위한 토대를 마련하기 위해 한국발명진흥회에서 주관하는 '지식재산 경영진단사업'에 신청했습니다. 다음 주부터 진행 예정이므로 이를 통해 우리의 약점과 강점 분석을 하고 한국전자가 지식재산 강소기업으로 거듭나도록 하겠습니다."

한국전자는 지식재산 경영으로 거듭나는 느낌이다. 한국전자의 모든 임직원이 지식재산의 중요성을 깨달으며 몸소 실천하는 단계에 들어선다. 지식재산 경영진단 사업은 한국전자와 같은 중소기업에 매우 의미 있는 사업이다. 한국전자와 같은 중소기업은 특허의 중요성을 인지하고 있다. 하지만 아직 이를 전략적으로 활용할 역량이 부족한 것이 현실이다.

지식재산 경영진단 사업은 이러한 중소기업의 지식재산 역량 향상을 위해 지식재산 경영 인프라, 활용, 관리, 실적, 성과의 5개 분야를 집중 점검하는 사업이다. 이를 통해 현재의 지식재산역량을 평가하고, 지식재산역량강화를 위한 교육, 시스템 구축 등을 지원받을 수 있다. 김한수 대표는 지식재산 경영을 통해 한국전자의 경쟁력을 뒷받침할 수 있다는 사실에 안도의 한숨을 쉰다. 드디어 한국전자의 미래가 보이는 듯하다.

"그래, 한국전자와 같이 지식재산 관리에 어려움을 겪고 있거나 지식재산 관련 업무의 추진 방향에 의문이 드는 기업은 지식재산 경영진단 사업을 통해 역량강화에 도움을 받아야 할 듯하군."

"네, 맞습니다. 이를 통해 한국전자는 날개를 달 것입니다."

드디어 한국전자에 지식재산 경영의 시동이 걸렸나. 국내 중소기업 입장에서는 아직 지식재산 경영이 생소하다. 지식재산 경영이란 지식재산을 기반으로 탄탄한 비즈니스 모델을 구축함과 동시에 시장의 리스크를 회피하는 전략인 것이다. 한국전자는 지식재산 경영을 통해 강한 기업, 경쟁력 있는 기업으로 거듭나고 있었다.

강한 특허 출원 전략

한국전자는 지식재산 경영진단 사업에 선정되었다. 1차 미팅은 이민우 연구소장이 주관하여 진행하고 있었다. 한국발명진흥회의 지역지식재산실 사업담당자와 사업수행기업인 특허법인 S의 차준용 변리사가 한국전자를 찾았다.

"네, 반갑습니다. 저는 한국발명진흥회의 이정민 계장입니다. 그리고 특허법인 S의 차준용 변리사입니다."

"네, 반갑습니다. 저는 한국전자에서 연구소장을 맡고 있는 이민우입니다."

"신청서와 자가진단을 기반으로 기초 분석을 해보니, 한국전자는 내부 시스템 구축이 필요한 상황이고 현재 특허출원이 대부분 대표님과 연구소장님의 아이디어로 진행되고 있는 것으로 판단됩니다. 따라서 전사적으로 연구개발을 통해 좋은 특허가 출원될 수 있는 시스템 구축이 필요할 것으로 보입니다."

"네, 맞습니다. 연구개발의 결과물이 좋은 특허로 이어지는 선순환 고리의 구축이 필요한 상황입니다. 연구소 직원들이 적극적으로 출원에 참여해야 좋은 특허가 양산될 것으로 보이며, 이를 통해 한국전자의 경쟁력이 강화될 것으로 판단됩니다. 따라서 강한 특허 출원을 위한 시스템구축과 강한 특허출원 전략이 필요합니다."

"네, 한국전자는 현재까지 다양하게 특허출원을 진행해오고 있으나, 전략적인 출원전략은 부재한 상황으로 보이는군요. 따라서 강한 특허 출원전략을 통해 향후 한국전자의 나아가야 할 방향을 정립할 것입니다. 그리고 특허출원에 참여하는 직원에게는 보상이 주어진다는 원칙을 공유함으로써 좋은 특허가 양산될 토양을 만드는 작업을 병행하도록 하겠습니다."

"네, 변리사님. 좋은 말씀 감사합니다. 향후 일정에 대해 알려주시면 감사하겠습니다."

"향후 일정은 오늘 말씀하신 내용을 토대로 2차 미팅을 잡고, 강한 특허를 출원하기 위한 전략을 논의할 것입니다. 3차 미팅은 지식재산교육을 진행할 예정입니다. 그리고 4차, 5차 미팅 때는 특허사무소 선정 전략과 내부 지식재산시스템 구축 방안에 대해 말씀드리도록 하겠습니다."

한국전자는 지속성장을 위해 차근차근 준비를 진행하고 있었다. 지식재산경영 진단사업을 통해 한국전자는 내재화 역량 강화의 토대를 마련하며 대한민국 강소기업으로 탄생하는 작업이 착실히 진행되고 있었다.

한국전자 회의실. 특허법인 S의 차준용 변리사와 한국전자 이민우 소장이 미팅을 이어가고 있다.

"이 소장님, 오늘은 강한 특허 출원전략에 대해 말씀드리도록 하겠습니다. 특허란 무엇일까요?"

"네, 특허란 발명을 의미하지요. 그런데 특허법에서 발명은 '자연법칙을 이용한 기술적 사상의 창작으로 고도화한 것'이라고 정의되어 있는데, 도무지 그 의미를 이해하기 어렵네요."

"네, 조금은 어려운 용어로 정의하고 있는데요. 사실 발명을 이야기할 때 보통은 '구현해보았어?'라고 질문합니다. 그런데 이는 특허의 필수요건이 아닙니다. 즉, 아이디어만으로 특허를 출원할 수 있으며 구현성은 특허의 필수요건이 아닌 것입니다."

특허의 요건은 구현성이 아니며 '자연법칙을 이용한 기술적 사상의 창작으로 고도화한 것'이다. 실무적으로 이는 '신규성'과 '진보성'으로 판단한다. 하지만 판단 기준은 공학을 기반으로 특허를 창출했는지 여부가 중요하다. 특허의 사상적 기반인 산업상 이용가능성도 중요한 포인트가 된다. 즉, 특허를 통한 산업상 이용가능성이 없다면 거절 이유가 될 수 있다.

"그럼, 실제로 구현이 되지 않아도 특허출원이 가능한가요?"

"네, 맞습니다. 특허는 기술적 사상의 창작이면 됩니다. 즉, 구현을 전제로 하는 것이 아니라 자연법칙을 활용한 기술적 창작이면 충분하다는 말씀입니다. 흔히 저지르기 쉬운 오류로서 예를 들어보자면, 상세한 설명에 기재된 실시 예의 구성 요소를 하나하나를 청구항에 기재한다든지, 최초 착상 아이디어를 기초로 하여 발명에 불필요한 구성 요소를 부가 한다든지, 발명의 카테고리를 특정 카테고리만으로 한정하여 스스로 다양한 범주의 발명으로 기재하지 않는다든지 하는 것 등이 있습니다."

"기업에서 특허명세서 자체는 변리사가 작성하는 것이 원칙이지만, 기업 입장에서 알아야 할 특허 설계의 원칙과 강한 특허를 창출하기 위한 전략을 설명해주시기 바랍니다."

"우선 다음 특허를 한번 살펴봐주시기 바랍니다. 청구항을 본 느낌이 어떻습니까?"

차준용 변리사가 문서를 하나 제시한다.

〈대한민국 특허 제1469539000호〉

관절장치 및 이를 적용한 수련구, 링형 관절구조물, 조립완구, 인공관절
(등록일 2014년 12월 1일, 특허권자 스피어다인 주식회사)

청구항 1
관절수단;
상기 관절수단 일측에 형성된 탄성수단; 및
상기 관절수단내에 삽입 장착되어 상기 탄성수단에 의해 직접 접촉되어 파지되는 관절연결수단;을 포함하는 것을 특징으로 하는 관절장치.

"네, 매우 간결하게 작성되었지만 구체적인 사항이 없어 좋은 특허인지는 잘 모르겠는데요."

"제가 예시로 든 특허는 우리가 흔히 이야기하는 강한 특허의 표본으로 볼 수 있습니다. 구성요소를 보면 관절수단(A), 탄성수단(B), 관절연결수단(C)의 세 가지 구성요소로 되어 있는 것을 알 수 있지요. 보통 관절장치는 10여 개의 구성요소로 이루어져 있으나, 이를 추상화 작업을 통해 필수 구성요소로만 청구항을 작성해야 합니다. 특히 청구항 작성 시 용어의 일반화 작업을 통해 권리범위를 넓히는 작업도 필요합니다. 본 예시 특허는 이를 충실히 반영한 매우 우수한 특허라 할 수 있습니다."

청구범위를 작성할 때 주의해야 할 사항이 있다. 제품에 적용된 단위 요소

부품을 동일한 용어로 적시하지 말라는 것이다. 즉, 관절수단(A), 탄성수단(B), 관절연결수단(C)과 같이 다양하게 적용할 수 있는 용어의 일반화를 거치면 강력한 특허가 탄생한다.

"그럼, 청구범위 작성 시 유의사항은 무엇이 있나요?"

"청구범위 작성 시 다음 두 가지 사항을 명심해야 합니다. 첫 번째, 다기재 협범위多記載 狹範圍 원칙입니다. 구성요소가 많아질수록 청구범위는 좁아진다는 원칙입니다. 두 번째, 다실시예 광범위多實施例 廣範圍 원칙입니다. 실시 예가 많아질수록 권리범위가 넓어진다는 원칙입니다."

특허의 용어부터 생소한 것이 현실이다. 하지만 기업 내부 교육을 통해 특허의 어려움을 해소하는 것이 필요하다. 특허 명세서를 보면 발명의 명칭, 발명의 내용, 발명을 실시하기 위한 구체적인 내용, 특허청구범위, 도면 등으로 구성되어 있다. 특허출원명세서는 위의 기재 요건을 만족해야 심사가 진행된다. 이를 법률 용어로 형식 요건이라 한다. 특허법에서 규정하고 있는 청구항 기재요건을 살펴보면 다음과 같다.

특허법 제42조 4항

특허 청구범위에는 보호를 받고자 하는 사항을 기재한 항이 하나 이상 있어야 하며, 그 청구항은 다음 각 호에 해당하여야 한다.

1) 발명의 상세한 설명에 의하여 뒷받침할 것 – 위반 시 거절 또는 무효 사유

2) 발명이 명확하고 간결하게 기재될 것 – 위반 시 거절되고 잘못 등록되

면 무효사유에 해당

실무상 고려사항을 살펴보면 발명의 상세한 설명란에 발명의 목적, 구성, 효과를 기재하고 이어서 특허 청구 범위에 '발명의 구성'에 없어서는 아니 되는 사항을 기재해야 한다고 되어 있다. 그러니 청구항에는 실시 예의 구성을 옮겨 적는다는 오해를 일으킬 수 있다. 마치 실시 예 자체를 발명으로 인식하고 발명의 보호 범위에 기재한다고 생각하게 하는 원인이 되는 것이다. 이 때문에 현재까지도 청구항 작성 시 실시 예의 구성요소를 그대로 옮겨 적는 경우를 흔히 볼 수 있다. 이는 의미 없는 특허의 양산 형태라 볼 수 있기에 유의해야 한다.

차준용 변리사는 직원들의 반응을 보며 어떻게 하면 쉽게 설명이 가능할까 고심이 가득하다.

"그럼 본격적으로 청구항 관련 내용을 말씀드리도록 하겠습니다. 특허출원명세서를 쓰는 목적이 무엇인지 알고 계신가요?"

"특허출원명세서를 통해 특허의 권리를 확보하고자 하는 목적 아닌가요?"

"네, 맞는 말씀입니다만… 특허의 기본 개념을 생각해보면 특허권을 통해 독점권을 부여하는 대신 산업발전에 기여한다는 개념에서 특허가 출발하였으므로 특허명세서를 통해 제3자가 이해할 수 있도록 해야 합니다. 발명은 인간의 정신적 창작의 결과로 추상적 본질을 지니므로 특허청 심사관이나 제3자 등 타인이 그 발명을 쉽게 이해할 수 있도록 발명 과정을 구체적으로 해설할 필요가 있는 것입니다. 그래서 발명의 상세한 설명 항에 해결과제, 선행자료, 해결방안 등을 기재토록 한 것이죠."

발명의 상세한 설명은 청구항에 기재된 발명의 해설서 기능을 갖는다고 한다. 특허권은 산업재산권의 하나이므로 산업상 이용 가능성을 담보하기 위해서는 그 발명이 속한 기술 분야에서 통상의 지식을 가진 자가 용이하게 발명을 실시할 수 있을 정도로 실시 방법을 설명할 필요가 있다. 따라서 발명의 상세한 설명에 하나 이상의 실시 사례를 기재토록 한 것이다. 그래서 발명의 상세한 설명란은 실시 요건적 기능도 한다고 할 수 있다.

"특허출원명세서에도 심오한 원리가 숨어 있었네요. 그럼 본론으로 들어가면 강한 특허란 무엇이며 강한 특허를 창출하기 위해 유의해야 할 사항에는 어떤 내용이 있나요?"

"이 소장님은 변리사가 아니므로 내부 연구소를 운영 시 원칙을 중심으로 하여 간단한 개념 정도만 이해하시면 되므로 이를 중심으로 말씀드리도록 하겠습니다. 우선 강한 특허는 권리범위가 넓은 특허를 의미합니다. 이를 세부적으로 말씀드리면 표준특허나 길목특허 등으로 제품을 만들기 위해서는 '사용할 수밖에 없는 특허'를 의미합니다. 예를 들어 권리범위가 넓다고 하더라도 관련 산업계에서 다른 방법을 통해 회피설계가 가능하다면 좋은 특허, 강한 특허라 말하기 어렵겠지요."

특허출원 명세서에서 특허 청구항의 기능과 발명의 상세한 설명과 특허 청구항의 관계를 이해해야 한다. 특허 청구항은 발명에서 보호 받고자 하는 범위를 설정하기 위한 기능을 한다. 특허 청구항에 적시하지 않은 내용은 발명 과정에서 발명자가 인식을 했더라도 발명의 보호범위에 해당하지 않는다. 즉, 발명자 스스로 인식하지 못했거나 청구하지 않은 발명에 대해서는 특허권으로 보호되지 않는다고 할 수 있다.

다음으로 발명의 상세한 설명과 특허 청구항의 관계를 알아보자. 청구항에 기재된 발명과 발명의 상세한 설명에 기재된 발명은 서로 다른 기능을 하고, 기재 요건 역시 다르다. 즉, 청구항을 작성할 때 상세한 설명란에 기재된 실시예 구성을 발명의 구성으로 잘못 인식하여 이를 그대로 청구항에 기재하면 권리범위가 매우 좁아질 수 있으므로 접근방식을 달리해서 작성해야 한다.

청구항에서 정의하는 보호 범위는 넓이에 대해서는 청구항 작성자에게 일임하고 있다. 특허청이나 제3자가 출원 발명의 보호 범위를 명확히 파악하기 위해 명확성을 청구항 기재 요건으로 규정하고 있다. 특허를 출원함에 있어 권리범위를 확정해야 하는데, 권리범위를 명시한 것이 청구항이다. 따라서 특허출원 시 가장 신경써야할 부분이 바로 이 청구항이다. 특히 특허소송 등에서 다툼을 할 때는 청구항을 기반으로 침해 여부를 판단하게 된다. 소위 청구항을 설계한다는 것은 생각처럼 쉽지 않은 과정이다. 청구항 설계 과정이 충실하기 위해서는 변리사와 소속 회사의 엔지니어가 머리를 맞대고 아이디어를 도출하는 과정이 필수다.

"청구항 작성도 상당히 수준 높은 지식이 필요하군요. 그럼 기업에서 가장 관심을 두고 있는 '강한 특허 출원전략'이란 무슨 의미인가요?"

강한 특허 출원전략을 이해하기 위해서는 발명의 본질에 대한 이해가 바탕이 되어야 한다. 특허법상 발명의 해석을 살펴보면 발명은 발명의 실시 예에서 이야기하는 도면, 모형 또는 견본을 의미하는 것이 아니다. 즉, 발명을 창작하게 된 '발명의 사상'을 의미한다. 기술을 구체화하기 위한 개념적인 사상이면 충분하다는 이야기다.

강한 특허를 창출하기 위해서는 한국전자 내부 엔지니어와 특허사무소 간 소통이 매우 중요하다. 따라서 이를 위한 프로세스를 내부 정립하는 것이 중요하다. 강한 특허는 특허 출원을 변리사에게 일임함으로써 발굴되지 않는다. 즉, 변리사, 엔지니어, 특허팀 담당자 간에 상호 소통을 어떻게 극대화할지 고민이 필요하다. 강한 특허는 내부 임직원과 외부 변리사와의 상호협력을 통해 창출이 가능한 것이다.

특허 청구항 작성은 다음과 같이 세 단계로 구성된다. 첫째, 발명 주제의 정의. 둘째, 필수 구성요소의 초기화(즉, 블록 다이어그램block diagram으로 발명의 구성요소를 작성하는 단계). 셋째, 청구항의 차별화다. 발명을 다면적으로 인식해야 강한 특허가 창출된다. 하나의 발명을 다면적으로 인식한다는 의미는 하나의 발명이 용도, S/W, 장치, 물건, 방법 등과 같이 여러 카테고리로 인식된다는 의미다. 다음은 강한 특허를 만들기 위한 과정을 살펴보자.

<도표 6-1> **발명의 다면적 인식 모델***

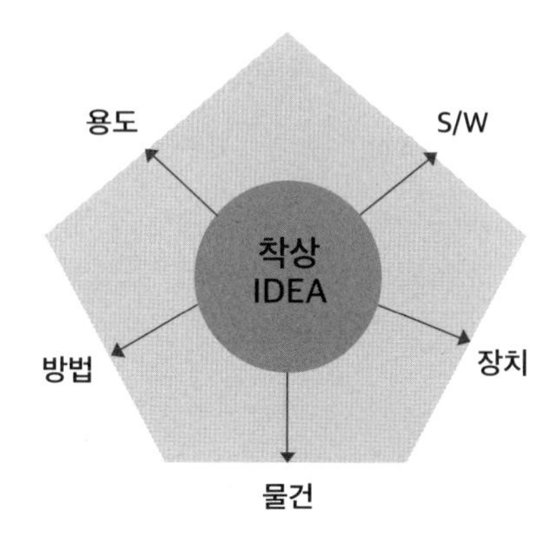

* 《사례중심의 지식재산경영 매뉴얼》 123쪽, 특허청, 2008.

강한 특허를 창출하기 위해서는 발명의 주제를 하나의 단어로 정의해야 한다. 예를 들면 제1주제, 구동원을 공용하는 것. 제2주제, 공동원과 구동원 전달 수단을 연동시키는 것. 제3주제 구동원과 구동력 전달 수단을 속도와 방향에 따라 가변적으로 연동시키는 것. 이런 식으로 상위개념의 주제를 구성하는 요소의 수보다 하위 개념의 주제를 구성하는 요소의 수가 많음을 알 수 있다. 이는 하위 개념으로 갈수록 구체화에 필요한 구성 요소가 추가되었기 때문이다. 따라서 구성요소가 간결할수록 특허의 권리범위는 넓고 강력하다고 할 수 있는 것이다. 바로 강한 특허의 원리가 여기에 있다.

제품의 구성요소가 10개의 구성요소로 이루어진 경우를 생각해보자. 일반적으로 제품의 구성요소가 10개로 구성되어 있다면 특허출원도 10개의 구성요소를 그대로 나열한다. 이렇게 창출된 특허는 가치가 없는 특허가 된다. 강한특허를 창출하기 위한 과정은 10개의 구성요소를 블록화하여 3~4개의 구성요소로 압축화하는 과정이 필요하다. 이 단계에서 구성요소를 추상화, 일반화하는 과정을 거쳐야 한다. 이러한 과정을 특허의 전략적 설계라 한다.

권리범위가 다음과 같이 구성되어 있는 경우를 보자(A, B, C는 제품을 구성하는 단위 요소기술 또는 모듈 등을 의미).

제1주제: A+B+C

제2주제: A+B+C+D

제3주제: A+B+C+D+E

이와 같은 경우 권리범위는 제1주제>제2주제>제3주제로 점점 작아진다.

구성요소가 추가됨에 따라 권리범위가 좁아짐을 알 수 있다.

강한 특허를 창출하기 위해 고려해야 할 사항이 있다. 발명의 목적을 그대로 옮겨 쓰지 말아야 한다는 사실이다. 즉, 발명의 목적을 통해 추상화, 일반화 작업을 통해 핵심 구성 요소를 초기화 하는 작업이 필요한 것이다. 이는 블록 다이어그램을 통해 발명의 구성요소의 결합관계를 그대로 나열하는 것이 아니라 구성요소의 추상화, 일반화 작업을 통해 모듈화 하여 구성요소의 결합관계를 독자적이고 새롭게 구성하는 작업을 거쳐 발명을 재구성하는 단계로 강한 특허를 창출할 수 있는 것이다.

핵심 구성요소의 초기화 작업 시 중요한 사항은 '핵심 구성요소의 명명'이다. 핵심 구성요소의 명명 시 명칭은 포괄적 명칭이어야 한다. 즉, 핵심 블록의 기능적 명칭이 실시 예 구성 요소의 명칭과 일치하지 않는다 해도 전혀 잘못이 아니며 오히려 바람직 할 수 있다는 것이다. 용어의 일반명사화 작업은 강한 특허를 창출하기 위한 핵심이라 할 수 있다. 또한 구성요소를 동작으로 표현하면 강한 특허가 될 수 있다. 예를 들면 다음과 같이 표현해야 한다는 것이다.

· 라우터/hub → (데이터) 전달 장치
· 센서 → 감지수단
· 트렌지스터transistor/진공관 → 증폭 수단

만약 특허청구항에 라우터라고 한정한다면, 데이터의 전달 수단이 다양하게 있는 바 라우터가 아닌 허브 등 다른 데이터 전달 수단은 사용이 가능하다는 것이 되어버린다. 하지만 특허청구항에 데이터 전달 장치라는 용어로 정의하면 모든 데이터 전달 장치는 청구범위에 해당되므로 강력한 특허가 된다. 이와 같이 동작으로 용어를 재정의하면 다양한 구성요소가 청구범위에 해당할 수 있으므로 강한 특허가 창출될 수 있다.

블록block 단위로 기재한다는 것은 각각의 핵심 구성요소를 블록 단위로 표현하는 것이 바람직하기 때문이다. 따라서 그러한 청구항은 해당 발명이 가질 수 있는 최대한의 범위로 기재하는 셈이 된다. 그럼 왜 블록 단위로 표현하는 것이 유리한가? 발명은 목적 달성을 위한 실질적으로 유용한 수단으로 구성되어야 한다. 즉, 특허의 주제는 소망하는 결과를 보증하는 장치나 기계적 수단이기 때문이다. 어떤 장치에 의해 성취되는 목적이 특허의 주제가 아니라는 것이다.

마지막으로 필수 구성 요소의 검증 절차를 거치라는 점을 말하고 싶다. 즉, '추가해야 할 주제는 없는가? 불필요한 구성 요소는 아닌가? 누락된 구성 요소는 없는가?' 등을 통해 검증작업을 거치면 강한 특허출원을 마무리할 수 있다. 강한 특허출원을 진행하기 위해서는 전략적인 접근이 필요하다. 전담변리사에게 달랑 그림 한 장을 주고 "특허 출원 진행해주세요"라고 말하는 행위는 자살과 다름없다. 즉, 제대로 청구항이 작성되지 않은 '쓸모없는 특허'만 양산되는 것이다. 이 점을 중소기업에서는 명심하고 전략을 수립해야 한다.

● ● ●

"그럼, 국내에서 강한 특허 출원을 통해 성공한 사례에 대해 말씀해주시겠습니까?"

"네, 안양에 소재하고 있는 K사에 대해서 말씀드리겠습니다. K사 대표님이 법인을 설립하기 전에 변리사 사무소에 찾아오셨습니다. 출원을 하기 위해 찾아오셨는데 기술은 자기제어기술이었습니다. 확인해보니, 선행특허가 없는 원천기술이었으며 응용분야가 굉장히 넓어 파급력이 엄청난 특허로 판단됐습니다.

저는 K사 대표님과 추가 미팅을 진행하였고 K사 대표님과 전략적으로 특허출원을 진행하자고 했습니다. 그러나 K사 대표님은 당시에는 일반 출원 비용 정도밖에 없었습니다. 저는 제안을 했습니다. 전체 특허출원 비용은 변리사 사무소에서 부담할 테니 향후 특허등록 시 특허지분의 10%를 변리사사무소에 주셨으면 한다고요.

이후에 K사 대표님, 엔지니어 두 명, 변리사 두 명 등 총 다섯 명이 모여 특허출원 작업을 진행하였습니다. 이를 통해 전략적인 청구항 설계를 하여 다양한 관점에서 50여 개의 청구항을 발굴했지요. 이렇게 특허출원을 진행하였고 특허 등록도 완료되었습니다.

특허 등록 이후 재미있는 일이 발생했습니다. K사 특허를 활용하여 미국 나사에서 우주항공에 기술을 적용하고 싶다는 제안이 들어온 것입니다. 이렇게 하여 대한민국 최초로 미국 나사에 기술을 공급하는 사례가 발생하였습니다. 또한 국내 10여 개 회사에 실시권을 허여하면서 많은 수익이 발생하였습니다. 이에 따라 참여한 특허법인도 특허 지분 10% 보유로 인하여 수억 원의 수익을 얻었습니다. 이와 같이 특허의 전략적 출원 전략은 매우 효과적인 접근 방법이 될 수 있습니다."

이민우 소장은 이야기를 들으며 흥분을 감추지 못했다.

"와, 대단한데요. 강한 특허를 출원하기 위해서는 변리사와 내부 연구 인력의 협력이 중요하군요. 다양한 각도에서 발명을 볼 수 있어야 하고요. 그럼 발명 청구항 작성양식에 대해 간단히 설명해주시겠습니까?"

"청구항 작성 양식에는 다음과 같은 세 가지 필수항목이 포함되어야 합니다. 첫째, 발명의 주제. 둘째, 기술을 표현할 수 있는 블록 다이어그램. 셋째, 청구항입니다. 위와 같이 세 가지 항목이 포함된 양식을 바탕으로 지금까지 설명한 개념을 숙지하여 작성하시면 됩니다. 발명의 주제는 명확하게 하나의 단어로 표현해야 하며, 핵심기술을 명확하게 설명할 수 있는 간단명료한 블록 다이어그램을 그림으로 표현하면 됩니다. 이를 기반으로 청구항 작성을 진행하면 됩니다."

"청구항 작성과 발명이 활성화되기 위해서는 내부 연구 인력이 발명에 적극적으로 참여하기 위한 시스템을 구축해야 되겠군요?"

그렇다. 특허출원을 변리사만의 몫으로 이해하고 있는 경영자가 대부분인 것이 사실이다. 내부 시스템을 통한 전략적 출원 시스템의 구축은 중소기업의 지속성장을 위한 필수 절차다.

"네, 맞습니다. 내부 시스템을 구축하기 위한 방안으로 직무발명제도를 추천합니다. 대기업의 경우 직무발명 보상제도가 이미 오래 전 시스템화되어 있어 연구 인력의 적극적인 참여가 일반화되어 있습니다. 하지만 중소기업의 경우 한국전자뿐만 아니라 대부분 기업에서 대표나 연구소장 등 소수 인력에 의해 특허가 출원되고 있지요. 이는 경쟁력 강화를 위해 도움이 되지 않기에 제도를 통해 보상 시스템을 내부에 안착시키는 것이 중요합니다. 따라서 다음 미팅 때는 직무발명 보상제도를 중심으로 컨설팅을 진행하도록 하겠습니다."

직무발명 보상제도를 통한 연구개발 역량 강화

한국전자는 한국발명진흥회의 지식재산 경영진단사업을 통해 지식재산 경영에 한 발짝 다가서고 있었다. 지식재산 경영진단 사업의 세 번째 미팅이 한국전자 회의실에서 진행되었다. 이번 미팅은 김한수 대표, 임창용 부사장, 이민우 연구소장이 참석했다. 한국발명진흥회의 사업담당자인 이정민 계장과 사업수행자인 특허법인 S의 차준용 변리사도 참석하여 관련 내용을 설명했다. 김한수 대표가 먼저 대화의 문을 열었다.

"임 부사장으로부터 지식재산 경영진단 사업에 대해 보고를 받았습니다. 한국전자의 지식재산 경영을 위한 토대가 되어준 것에 대해 감사하다는 말씀을 드립니다."

"네, 감사합니다. 한국발명진흥회는 한국전자와 같은 중소기업의 지식재산 역량 강화를 위해 지원하고 있으며 실질적으로 중소기업의 성장에 도움이 되기 위하여 기업별 맞춤형 컨설팅을 진행하고 있습니다."

한국발명진흥회의 이정민 계장이 대화를 이어가고 있었다.

"이번 미팅 주제는 직무발명 보상제도라고 들었습니다. 저도 직무발명 보상제도에 대해 관심이 많습니다. 한국전자와 같은 중소기업은 연구원들에게 제시할 보상책이 마땅치 않은 상황에서 직무발명 보상제도와 같이 좋은 제도를 소개해주셔서 감사합니다."

"직무발명 보상제도는 사실 한국전자와 같은 중소기업에 꼭 필요한 제도라고 생각합니다. 우선 직무발명 보상제도의 개요와 직무발명 보상제도 우수기업인증제도에 대해 말씀드리도록 하겠습니다. 진행은 차준용 변리사께서 하겠습니다."

"대표님, 만나 뵙게 되어 반갑습니다."

"네, 차 변리사님. 반갑습니다. 너무 잘 생기셔서 연예인이 방문하신 줄 알았습니다."

"하하하. 칭찬의 말씀 감사합니다. 우선 직무발명제도의 일반적인 내용을 말씀드리고 상세한 내용을 말씀드리도록 하겠습니다."

"네, 직무발명제도는 우리와 같은 중소기업에 의미있는 제도라고 생각합니다. 직원들도 좋아 할 듯합니다."

직무발명제도는 아직까지 중소기업에서 인지하지 못하는 경우가 많다. 직무발명제도는 다음과 같은 이유로 중소기업의 기술경쟁력을 강화할 수 있는 수단이 된다. 첫째, 독점, 배타적 권리 확보를 통한 기술개발 투자의 확대다. 즉, 종업원이 직무에 관한 발명을 완성하여 특허권 등을 획득하였을 경우 사용자는 그에 대한 통상실시권을 가질 뿐만 아니라, 특허 등을 받을 수 있는 권리 또는 특허권 등을 승계 취득할 수도 있다. 이 경우 타인의 기술모방이 배제

되는 강력한 법적 보호를 받게 됨으로써 기술개발 투자의 확대를 유도할 수 있다.

둘째, 이를 통해 기술 혁신이 가능하다는 점이다. 기술 혁신이란 창의적인 기업가가 불확실성에 대한 위험을 부담하면서 기술개발의 결과를 실용화시키는 과정이다. 이 과정을 통해 종업원에게는 인센티브의 제공으로 발명을 촉진시키고 그 결과 개발된 기술을 기업에서 독점·배타적으로 사용함으로써 기업의 기술혁신을 유도하게 된다.

셋째, 직무발명제도를 통해 기업의 성장을 추구할 수 있다. 직무발명에 대한 인센티브의 제공은 종업원에게 기술개발 의욕을 고취시킨다. 기업은 시장에서의 독점적 지위 확보, 기술축적 및 기술의 상호공유를 통한 기업의 성장을 추구할 수 있다.

넷째, 직무발명제도는 국가 산업 발전에 기여한다는 점이다. 즉, 직무발명을 창출한 종업원은 정당한 보상을 받도록 하여 발명창출의 의욕을 자극하고, 기업은 종업원에 의하여 창출된 직무발명을 실시함으로써 얻어지는 이윤을 연구개발에 재투자하는 기술혁신의 선순환 시스템을 구축한다. 따라서 기술혁신은 국가 산업 발전을 도모하는 중요한 정책적 수단으로 작용된다. 이러한 이유로 직무발명제도는 연구개발을 담당하는 직원에 인센티브가 돌아가는 동시에 기업에게는 기술경쟁력을 강화하는 수단이 되는 것이다.

"네, 직무발명제도에 대해서 들어보니 금방 한국전자가 성장할 듯한 생각이 듭니다. 그런데 직무발명은 무엇이고 직무발명의 요건은 무엇인가요?"

"네, 우선 직무발명이 무엇인지 설명해드리도록 하겠습니다. 직무발명이란 고용계약에 의해 회사(사용자)에서 일하는 종업원(발명자)이 직무수행 과정에서 개발한 발명을 말합니다."

직무발명의 정의는 발명진흥법 제2조 제2호에 정의되어 있는데 다음과 같다.

"직무발명"이란 종업원, 법인의 임원 또는 공무원(이하 "종업원 등"이라 한다)이 그 직무에 관하여 발명한 것이 성질상 사용자·법인 또는 국가나 지방자치단체(이하 "사용자 등"이라 한다)의 업무 범위에 속하고 그 발명을 하게 된 행위가 종업원 등의 현재 또는 과거의 직무에 속하는 발명을 말한다.

직무발명은 발명진흥법상 개념으로, 특허법상 보호되는 '발명'에 국한되지 아니하고, 실용신안법상 보호 대상이 되는 '고안' 및 디자인보호법상 보호 대상이 되는 '창작'을 포함하는 개념이다. 따라서 발명진흥법에서는 직무발명에 관한 규정에서 '특허 등' 또는 '특허권 등'으로 규정하고 있으므로 지식재산권 전반에 적용할 수 있다. 한편 직무발명의 요건은 '종업원의 발명일 것, 종업원의 발명이 성질상 사용자 등의 업무범위에 속할 것, 발명을 하게 된 행위가 종업원 등의 현재 또는 과거의 직무에 속할 것' 등이다.

"그럼 직무발명제도를 운영하기 위해 국가로부터 인증을 받아야 하나요?"

"아니요. 그렇진 않습니다. 직무발명제도는 기업이 내부 규정을 만들어서 자율적으로 운영하면 됩니다. 다만 직무발명보상우수기업 인증제도를 한국발명진흥회에서 운영하고 있는데, 이 인증을 받으려면 일정 요건을 갖추어 신청하면 됩니다. 직무발명 제도에 대해 다시 한 번 정리해보자면, 직무발명 제도란 종업원이 직무과정에서 발명한 것을 기업이 승계하고, 종업원에게는 정당한 보상을 하는 제도입니다. 직무발명 제도 도입 방법은 직무발명 제도 내용을 서로 협의하여 기업의 고용계약이나 근무 규정에 마련하여 사내에 공표함으로써 성립합니다."

"그럼, 직무발명 보상제도를 운영하기 위한 직무발명제도 신고, 승계 절차 등은 어떻게 되나요?"

"직무발명 보상제도 승계 절차는 네 단계로 이루어져 있습니다. 직무발명의 완성, 직무발명 완성통지, 승계결정, 권리획득(사용자) 및 정당한 보상(종업원)이 바로 그것입니다. 다음으로 직무발명에 따른 승계와 보상에 대해 말씀드리도록 하겠습니다."

<도표 6-2> **직무발명 보상제도 신고 절차**

종업원측		종업원측		사용자측		
직무발명 완성	→	직무발명 완성통지 (즉시)	→	승계결정 (4개월 이내)	→	권리획득 (사용자) 정당한 보상 (종업원) (권리확보)

이어지는 설명은 다음과 같다. 직무발명일 경우에는 각 기업의 직무발명 규정에 따라 승계·보상하며, 직무발명이 아닐 경우 자유(개인)발명으로 판단하여 직무발명 보상을 시행하지 않는다. 다만 직무발명 판단 여부는 각 기업 심의위원회에서 판단·결정하게 된다.

그렇다면 직무발명 보상 규정 유무에 따른 보상액 산정 기준은 어떻게 될까? 기업에 보상 규정이 있는 경우와 보상 규정이 없는 경우로 구분하여 알아보자. 기업에 보상 규정이 있는 경우에는, 규정에 의한 보상이 합리적이라면 법률상의 정당한 보상으로 간주(법원이 보상 인정)한다. 합리적인 보상의 상황 판단 기준은 다음과 같다.

1) 보상 형태와 보상액을 결정하기 위한 기준을 정할 때 사용자와 종업원 사이에 행하여진 협의의 상황
2) 책정된 보상 기준의 공표·게시 등 종업원에 대한 보상 기준의 제시 상황
3) 보상 형태와 보상액을 결정할 때 종업원으로부터의 의견 청취 상황

기업에 보상 규정이 없는 경우에는 발명에 대해 사용자가 얻을 이익과 발명의 완성에 사용자와 종업원의 공헌도를 고려하여 보상액 산정(법원이 보상 결정)한다.

<도표 6-3> **직무발명 제도의 절차**

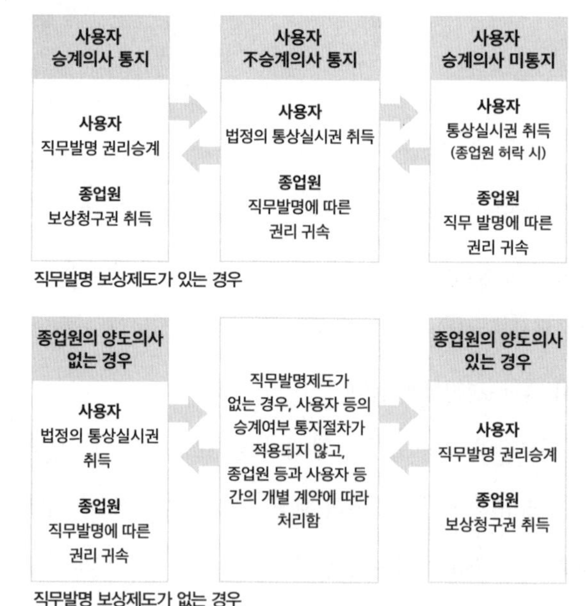

"직무발명 제도를 통한 세액공제 등 다양한 혜택이 주어지는 것으로 알고 있습니다. 이와 관련 제도를 소개해주시기 바랍니다."

"직무발명보상금에 대한 세액공제 항목으로 사용자와 종업원 모두 세액공제 혜택을 받을 수 있습니다. 즉, 종업원이 발명진흥법 제15조에 따라 사용자로부터 받는 보상금(소득세법 제12조 제5호 라목)과 직무발명 보상금 세액공제(사용자) 혜택이 주어집니다. 또한 정부지원사업(특허청, 중소벤처기업부, 과학기술정보통신부 등)에 우대혜택을 받을 수 있습니다."

"직무발명 보상제도를 통해 다양한 혜택을 받을 수 있네요. 기업은 직원들 보상을 통해 내부 기술개발 역량을 키울 수 있어 좋고, 종업원은 직무발명 보상제도를 통해 인센티브를 제공받는 효과가 있네요. 꿩 먹고 알 먹고…. 하하하. 그리고 위의 혜택을 받으려면 직무발명보상 우수기업 인증을 받아야 하는 것으로 알고 있습니다. 직무발명보상 우수기업 인증제도에 대해서 소개해주시기 바랍니다."

"네, 맞습니다. 직무발명보상 우수기업 인증제도의 목적은 다음과 같습니다. 첫 번째, 직무발명 보상제도 도입 촉진이다. 두 번째, 직무발명에 대한 기업의 자발적인 보상 문화 정착 및 사전 분쟁 예방이다. 세 번째, 직무발명을 통한 기업의 기술경쟁력 강화. 직무발명보상 우수기업 인증제도란 직무발명 보상을 모범적으로 실시하는 중소·중견기업을 '직무발명보상 우수기업'으로 인증하고, 인증을 받은 기업에 정부 지원 사업 참여 시 인센티브를 제공하는 제도입니다. 신청 자격은 직무발명 제도 보상 규정을 보유하고, 최근 2년 이내에 직무발명 보상 사실이 있는 중소·중견기업이면 됩니다. 인증서 발급은 한국발명진흥회에 신청하면 평가를 통해 60일 이내에 인증 여부가 통보됩니다."

"직무발명 제도, 설명 잘 들었습니다. 한국전자가 날개를 달고 비상할 수 있는 단초를 제공할 수 있는 제도라 생각이 됩니다. 너무나도 감사합니다."

"네, 한국발명진흥회의 지식재산 경영 진단제도는 기업별 상황에 맞추어 최적화된 프로그램을 공급함으로써 중소기업 성장의 디딤돌이 될 것입니다. 다음 미팅 시에는 한국전자 연구개발 직군을 대상으로 발명 제도와 직무발명 보상제도 운영방안에 대한 강의를 진행하도록 하겠습니다."

한국전자는 지식재산 경영제도를 통한 내부 특허출원 프로세스의 정비, 직무발명 보상제도 도입, 직원 교육 등 지재권 시스템을 공고히 하는 계기를 마련했다. 많은 중소기업에서 지재권 제도를 효율적으로 활용하지 못하는 것이 현실이다. 이러한 경우 정부의 다양한 지원사업을 활용한다면 기업의 경쟁력을 강화하는 수단으로 활용할 수 있다. 한국전자는 지재권 제도의 활용을 통해 비상을 준비하고 있었다.

오픈 이노베이션을 통한 장기 성장전략 수립

한국전자 김한수 대표와 박정수 대표가 인사동에 위치한 스타벅스에서 만났다.

"박 대표님, 이렇게 다 늦은 저녁에 왜 커피숍에서 보자고 하셨죠?"

박 대표는 환한 미소를 짓고 이야기를 이어간다.

"김 대표, 이젠 한국전자도 안정을 되찾고 있어. 기업의 브랜딩과 한국전자의 지속성장을 위한 이야기를 하려고 스타벅스에서 보자고 했지."

김한수 대표는 주변을 둘러보며 많이 놀라는 눈치다. 인사동 스타벅스는 우선 입간판부터 '스타벅스 커피'라는 한글로 장식되어 있었고, 내부 또한 전통 한국식 인테리어로 꾸며져 있었다. 김한수 대표는 박 대표가 가져오는 메뉴를 보고 또 한 번 놀란다.

"박 대표님, 커피에다 송편을 곁들여 오시다니 놀랍습니다."

"스타벅스 인사점만의 특징은 커피와 전통 차 그리고 전통 떡을 판매한다는 점이지."

김한수 대표는 스타벅스의 브랜드 파워로 보아 현지화를 거부할 것으로 생각했지만, 그렇게 하지 않고 인사동만의 특징을 녹여내 지역적 특징을 반영한 전략에 깜짝 놀란다. 박정수 대표가 스타벅스 인사점을 찾은 이유는 기업의 정체성에 대한 이해를 심어주기 위한 의도로 풀이된다.

스타벅스는 한국에서 현지화에 성공한 대표적 브랜드로 명성이 자자하다. 아주 짧은 기간인 5년 만에 100호점을 돌파하고, '별다방'이란 애칭으로 불리며 승승장구乘勝長驅하고 있다. 스타벅스는 전통적인 경영전략 툴을 사용한다. 즉, 5Ppeople, product, place, price, promotion와 오감 마케팅(시각, 청각, 후각, 촉각, 미각 마케팅)이라는 전략을 구사하여 한국 시장 침투에 성공하였다. 또한 스타벅스는 커피 전문점으로 고객에게 문화를 전파한다는 취지 아래 직영점 운영을 고수한다. 체인점 전략을 구사한다면 더욱 짧은 시간 안에 점포 수를 늘릴 수 있겠지만 스타벅스만의 고유의 맛과 문화를 소비자에게 제대로 전달하지 못할 수도 있기 때문이다.

"김 대표, 스타벅스 글로벌 매장 점포 중 최대 점포가 대한민국에 있는 것을 알고 있는가?"

"예, 저도 들었습니다. 명동점이 글로벌 점포 중 가장 큰 점포인 것으로 알고 있습니다. 스타벅스 명동점은 명동에서도 랜드 마크 빌딩으로 유명한걸요."

"김 대표도 잘 알고 있군. 내가 스타벅스 인사점에 온 이유는 스타벅스가 자신만의 스타일을 고집하면서도 고유의 정체성을 유지하기 때문이지. 때로는 인사동처럼 그 지역의 특징을 반영하지만 그러면서도 자신만의 정체성을 무너뜨리지 않는다면 과감하게 현지에 맞는 차별화 전략을 구사하면서도 남들이 감히 따라오지 않는 전략을 구사하고 있다고 할 수 있지."

김한수 대표는 한국전자의 정체성에 대한 생각에 빠져든다. 한국전자는 하드웨어 중심에서 브랜드 중심의 기업으로 거듭 태어나야 한다. 기업 가치는 단순히 매출액이 아니라 브랜드 중심의 소프트파워를 확보해야 생기는 것이다. 박 대표가 김 대표를 스타벅스에서 만나자고 한 이유가 바로 여기에 있다. 김 대표는 앞으로 외형보다는 무형의 문화를 구축하는 것이 기업 성장에 훨씬 더 중요함을 깨닫는다.

"김 대표, 너무 심각한 얼굴을 지어보일 필요는 없지."

"아닙니다. 대표이사로서 한국전자의 정체성을 고민하는 시간을 주셔서 감사합니다."

"이제 본론으로 들어가볼까? 한국전자는 현재도 지속성장 중이고, 얼마 전 지식재산 경영진단 사업을 통해 지식재산 경영의 첫발도 내디뎠으니, 내가 도와줄 일이 없겠는 걸."

김한수 대표는 박 대표의 말에 뼈가 있음을 안다. 지금까지의 성장은 박 대표의 통찰력에 기반을 둔 성장이다. 박정수 대표는 한국전자의 앞날에 문화라는 요소를 접목한다면 지속성장의 밑그림이 완성되리라는 확신을 한다.

"하하하. 박 대표님, 과찬의 말씀이십니다. 오래 전에 오픈 이노베이션에 대해 박 대표님이 강조하셨던 것이 기억납니다. 한국전자야말로 이제야 오픈 이노베이션 전략을 통해 진정한 승자가 되고자 합니다."

"김 대표, 내가 보기에 이미 한국전자는 오픈 이노베이션을 수 년 전부터 실행하고 있는 회사야. 게다가 이를 통해 지금까지 지속성장을 해오고 있지 않은가?"

"무슨 말씀이신지 선뜻 이해가 가지 않는데요?"

"한국전자는 설립 초기에 제품 라인업을 검토하면서 기술 도입을 통한 지향성 스피커 아이템을 구축하였고, 얼마 전에 특허소송에서 개인발명가의 특허권을 매입한 후 소송을 유리하게 마무리 지었네. 또한 최근에는 특허 포트폴리오 구축을 통해 지식재산권 전략을 수립하기도 하였고."

"아, 그럼 지금까지 진행된 일련의 과정이 오픈 이노베이션 전략이었군요."

"그렇습니다. 김 대표가 의도했든 의도하지 않았든 한국전자는 이미 오픈 이노베이션을 실행하고 있는 회사라 볼 수 있습니다."

한국전자는 이미 개방형 혁신을 실행하며 성장하고 있었던 것이다. 김한수 대표는 한국전자의 성장 속에 개방형 혁신이 자리하고 있었음을 이제야 느낀다.

"그렇군요. 그렇다면 지금부터 한국전자는 오픈 이노베이션 전략을 체계적으로 진행하고자 합니다. 우리나라 기업의 오픈 이노베이션 전략은 어떠한가요?"

"우리나라 기업은 선진국에 비해 산업화가 매우 늦었습니다. 따라서 자금과 기술 등이 열악했지요. 그럼에도 불구하고 지금의 대한민국은 놀라울 정도로 발전해오고 있습니다. 이는 오픈 이노베이션의 효과라 할 수 있는데, 우리나라 산업화 초기에는 대부분 미국, 일본 등으로부터 기술과 설비들을 도입하면서 산업화의 기초를 다졌습니다. 이것 또한 오픈 이노베이션의 일환이라 볼 수 있습니다. 선진국의 경우 자사의 기술 매각을 통해 수익을 얻고, 우리나라는 기술 도입을 통해 성장을 추구한 것 입니다."

"우리나라도 오래 전부터 오픈 이노베이션을 해오고 있군요. 그런데 왜 오픈 이노베이션이 최근에서야 이슈가 되고 있는가요?"

"최근에는 기술이 대단히 복잡해지고 있고, 기술개발에 소요되는 비용 또한 급격히 상승하고 있는 추세입니다. 그리고 이와 비례해서 투입 비용 대비 매출액은 생각처럼 높지 않은 것이 현실입니다. 이와 같은 고민에서 출발한 것이 오픈 이노베이션입니다."

"아, 그렇군요. 최근의 제품 수명 주기 단축과 기술의 고도화로 인해 내부 개발비용은 지속적으로 증가하지만 생각만큼 매출액은 발생하지 않으므로 수익화에 대한 고민이 생겼으며, 이것이 오픈 이노베이션을 낳은 거군요."

"그래, 바로 그겁니다. 한국전자도 설립 초기에 이런 방식을 도입한 이유가 여기에 있습니다. 내부 자원을 활용한 제품 개발의 경우 시간과 비용의 문제가 있어 전략적으로 선택한 측면이 있는 것이지요."

이제 오픈 이노베이션은 선택이 아닌 필수인 시대로 접어들고 있다. 하지만 국내 중소기업은 아직은 오픈 이노베이션을 실행하는 기업이 흔하지 않다. 혁신기업으로 성장하기 위해서는 오픈 이노베이션에 승선해야만 한다.

오픈 이노베이션, 즉 개방형 혁신이란 기업들이 연구·개발·상업화 과정에서 대학이나 타 기업·연구소 등의 외부 기술과 지식을 활용해 효율성을 높이는 경영전략을 말한다. 과거 R&D 투자 방식은 주로 폐쇄형 개발방식으로 외부와의 접촉보다는 기업의 내부 R&D 역량을 높이고 성과물에 대해서는 철저하게 외부 배타적인 형태를 지양하였다. 기업이 보유하고 있는 기술적 요소는 외부에 노출되지 않아야할 자산, 즉 첫 번째로 보호해야 할 기업의 내부자원이었던 것이다.

그러나 그런 기술개발 방식이 점차 변하고 있다. 왜냐하면, R&D 투자 규모

<도표 6-4> **기존의 비즈니스 모델과 오픈 이노베이션 비즈니스 모델***

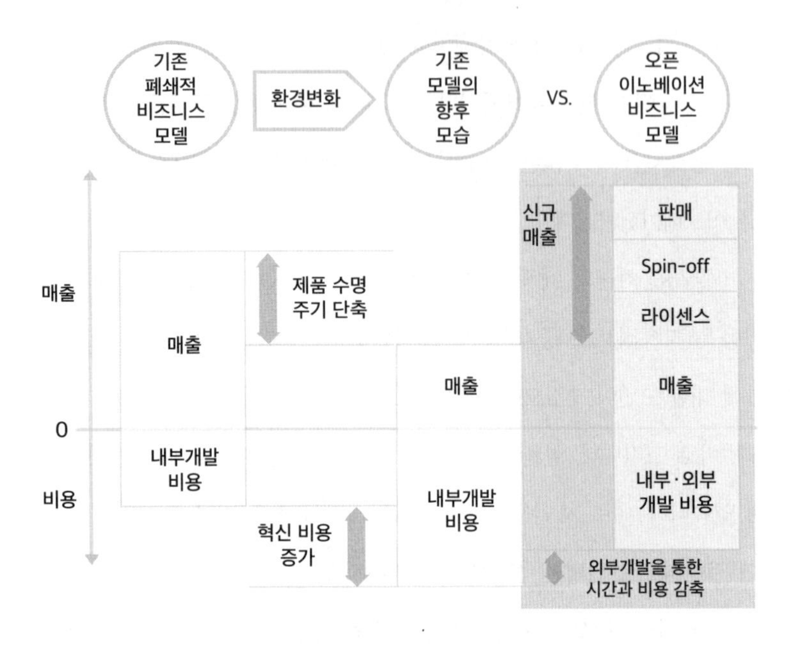

는 갈수록 커지지만 성공 확률은 점점 떨어지면서 부담해야하는 위험이 커졌기 때문이다. 산업과 기술의 트렌드가 눈만 뜨면 바뀌는 경영 환경을 떠올려 볼 때, 예전처럼 독자적인 자체 개발하는 것은 투자 대비 효과 측면에서 매우 떨어진다. 그래서 외부 지식과 자원을 적극 활용하는 개방형 시스템이 대세로 자리 잡은 측면이 강하다.

오픈 이노베이션의 가장 대표적인 사례는 P&G다. P&G는 2000년대 초, 그룹 전체가 휘청거리는 위기를 겪었다. 날마다 주가가 폭락하는 상황에서

* 〈Chesbrough의 개발형 혁신 이론〉, 김석관, 과학기술정책, 2008 SEP · OCT

2002년 CEO로 취임한 앨런 라플리Alan Lafley는 오픈 이노베이션을 강조하며 "우리가 얻는 이노베이션 중 50%는 P&G 외부에서 가져오겠다"는 파격을 선언했다.

이후 P&G는 줄곧 'Connect & Develop'이라는 프로그램을 운영, 외부의 아이디어를 적극 수용하고 있다. 이런 적극적 오픈 이노베이션으로 탄생한 제품이 프링글스의 과자 표면에 인쇄된 그림이다. P&G는 프링글스 과자 겉 표면에 먹을 수 있는 잉크를 이용해 그림이나 유머 등을 인쇄해보자고 의견을 모았다. 그리고 수소문 끝에 이탈리아 볼로냐에 위치한 제과점에 그 기술이 있다는 것을 알고 이를 받아들였다. 만약 내부에서 기술 개발에 들어갔다면, 자칫 수년이 걸릴 일을 즉시 해결한 것이다. 내부의 아이디어와 외부의 기술이 연결된 오픈 이노베이션의 모범 사례라 할 수 있다.

또한 최근 구글이나 페이스북처럼 기본적으로 개방성을 무기로 탄생한 기업들도 있다. 구글의 대표 서비스인 유튜브와 안드로이드가 과거 유망 벤처기업을 인수합병해 성장시킨 사업이란 것은 잘 알려진 사실이다. 그런 앞선 경험이 있기에 이들은 기술과 사업에 있어 향후 전략 방향과 맞는다고 판단되면 과감한 기업 인수로 큰 사이즈의 오픈 이노베이션을 실천하고 있다고 할 수 있다. 이 외에도 최근에는 국내 대기업도 필수적으로 오픈 이노베이션을 통해 성장전략을 구사하고 있다.

"그럼, 최근의 M&A는 오픈 이노베이션의 일환으로 진행하는 경향이 있는 거군요?"

그렇다. M&A는 기술획득의 전략, 특허권 확보의 전략 등으로 활용하고 있는 것이 최근의 동향이다. 혁신기업의 기술이 시장과 시스템을 확보한 큰 기업을 만나 새로운 시장, 더 큰 시장을 창출하기 위한 전략이 M&A인 것이다.

"맞았습니다. 오픈 이노베이션의 일환인 기술 획득 전략이라 볼 수 있습니다."

"벤처기업의 경우 혁신이 가능하고 대기업의 경우 시장을 창출할 수 있는 능력이 있으므로 상호 보완관계를 통해 결합한다면 상당한 시너지를 창출할 수 있겠지요."

"그럼, 한국전자의 경우도 M&A를 통해 더 큰 시장을 창출할 가능성을 검토할 단계라 생각되는데, 김 대표님의 생각은 어떠신지요?"

박정수 대표는 한국전자의 결말을 아는 듯한 표정을 한다. 박 대표는 의미 있는 미소를 짓는다. 김한수 대표는 박정수 대표가 말한 진정한 의미를 되새겨본다. 벌써 한국전자와 이별한 시간이 다가오고 있는 것인가? 한국전자는 아직도 성장잠재력이 무궁무진하다. 김한수 대표는 아직도 자신이 한국전자에서 할 많은 역할이 남았다고 생각한다. 물론 한국전자의 개방형 혁신은 지속적으로 시도될 것이다. 한국전자의 개방형 혁신은 한국전자의 성장을 위한 수단이다. 한국전자호는 과연 지속성장을 위해 어떤 결정을 내릴 것인가?

특허권을 활용한 수익화 전략 수립

한국전자 임원실. 반기 실적 보고가 진행 중이었다. 한국전자 김한수 대표는 반기 실적을 보고 받으면서 특허 관리비용이 눈덩이처럼 불어난 것에 다소 놀라는 표정이었다. 한국전자 김한수 대표는 임창용 부사장에게 지시를 내린다.

"특허 관리 방법의 효율화와 특허의 수익화 방안에 대해 고민해주세요."

"네, 특허 등록건수가 200건에 달하고 있는 상황에서 지속적으로 특허권 확보에 주안점을 두고 관리하다보니 비용이 과도한 측면이 있습니다. 검토 후 보고하도록 하겠습니다."

연구실에서 임창용 부사장과 이민우 소장이 머리를 맞대고 논의 중에 있다.

"이 소장, 한국전자의 특허권을 통해 수익화가 가능할까?"

"지금까지 지식재산 경영을 전략적으로 운영해오고 있으므로 충분히 가능하리라고 봅니다. 다만 한국전자가 전략적으로 보유할 특허권은 전략적으로 보유하는 전략을 취하고, 특허권 수익화 부분은 두 부분으로 나누어서 진행하고자 합니다. 첫째, 특허권을 통한 소송 전략입니다. 특허권을 통한 소송 전략을 우리 같은 중소기업이 진행하기에는 무리가 있어 NPEnon-practicing entity, 특허관리회사에 특허권 매각을 통해 소송하는 것이 합리적입니다. 또한 특허권을 통한 소송 전략은 미국법원을 통해 진행할 예정이므로 패밀리특허를 중심으로 진행했으면 합니다. 둘째, 특허권을 활용한 비즈니스 전략입니다. 당사의 특허권을 필요로 하는 기업을 발굴하여 라이센싱하는 것이죠. 그리고 마지막으로 한국전자의 특허권을 필요로 하는 기업과 크로스 라이센싱을 체결할 수 있습니다."

임창용 부사장은 이민우 소장을 바라보며 질문을 이어간다.

"이 소장, 지식재산권의 활용 전략에 대한 자네의 지식이 놀랍군!"

"하하, 과찬이십니다. 한국전자에서 지식재산 경영을 진행하면서 이병준 변호사의 도움이 컸습니다. 따라서 현재는 한국전자 내부 직원의 지식재산 역량 또한 대기업 못지않다고 자신할 수 있습니다."

한국전자는 지식재산의 다양한 사례를 통해 한국전자만의 전략을 결정하고자 한다.

IBM 사례를 살펴보자.* IBM의 지식재산 경영은 업계에서 유명하다. 미국 특허 취득 건수에서 수년째 1위를 고수하고 있는데 이 중 절반 이상이 PC나 IT 분야가 아닌 순수 과학 분야의 것이다. 그만큼 응용 범위가 넓은 강력한 특허권을 많이 보유하고 있다는 뜻이다.

---

* [IP노믹스] "IBM, 특허활용폭 확대", 이기종, 전자신문, 2017.03.23.

NPE

개인 또는 기업으로부터 특허기술을 사들여 로열티 수입을 챙기는 회사. 특허권을 침해한 기업에게 고소하여 막대한 이익을 창출하기도 한다.
보통 특허괴물의 주요 수익은 소송을 제기하여 이득을 챙기는 방식이기 때문에 생산 공장이 존재하지 않는다는 전제가 필요하므로, 주로 제품의 개발이나 생산을 하지 않고 오로지 소송만으로 먹고사는 회사를 칭한다.

패밀리특허

자국출원(원 출원)을 기초로 하여 해외 여러 나라에 출원하는 경우, 원 출원과 관련된 모든 특허출원을 패밀리특허라 한다. 특허는 권리를 받고자 하는 모든 나라에 출원을 하여 등록을 받아야 하며, 각 국가의 영토 내에서만 특허권의 효력이 미친다. 예를 들어 미국에 특허가 등록되어 있다고 하더라도 한국에 등록되어 있지 않으면 한국에서는 권리 행사를 할 수 없다.

라이센싱

지식재산권(특허권, 실용신안, 디자인, 상표 등)을 가지고 있는 개인 또는 단체가 타인에게 대가(로열티)를 받고 그 재산권을 사용할 수 있는 상업적 권리를 부여하는 계약을 말한다. 라이센싱은 도입자에게 일정한 기간 동안 제한된 재산권을 사용할 수 있는 실시권을 제공하는 거래다.

크로스 라이센싱

둘 이상의 기업이 각각 소유하는 이상의 특허권에 기반한 개발을 위해 서로에게 라이센스를 주는 합의를 말한다.

IBM의 특허 전략으로는 크로스 라이센싱, 전략적 제휴, 합작 사업, 공동 사업, 인수합병 등을 들 수 있다. 미국시장에 상장하는 기술기업의 경우 특허권

보강을 위해 IBM이 보유한 특허권을 매입하는 경향이 두드러진다. 최근 수년간 IPO를 진행한 대형 기술기업 열 곳 중 여섯 곳이 IPO에 앞서 IBM 특허를 사들였다. IPO를 앞둔 기술기업 입장에서는 IBM 특허를 사들여 소송에 대비할 역량을 갖췄다는 점을 알리고, 특허를 다량 사들였다는 사실 자체에 의미를 두는 일부 투자자를 만족시킬 수 있다.

최근 IPO를 진행한 스냅(미국 소셜네트워킹업체)도 지난해 IBM 특허 245건을 매입했다. 알리바바(22건)와 페이스북(696건), 트위터(943건), 링크드인(801건) 등도 IPO를 앞두고 IBM에서 특허를 사들였다. 또 구글은 장기간에 걸쳐 IBM 특허를 2천 건 이상 매입했다.

다음으로 퀄컴의 사례를 알아보자. 퀄컴은 이동통신 기술 중 하나인 CDMA의 원천기술 보유자로 잘 알려져 있다. 퀄컴은 CDMA 기술의 상용화를 기반으로 다양한 특허권 포트폴리오 구축을 통해 강력한 특허권자로 부상하면서 특허권 수익화 전략을 구사 중에 있다.

퀄컴의 특허 전략은 다음과 같다. 1단계, 시장 개척 및 안정화다. 이를 통해 글로벌 시장 확보 및 협력업체 관계 강화를 통한 사업 조기 안정화 전략을 취한다. 2단계, 시장 확장 전략이다. 즉, 글로벌소싱 확대, 통신기반의 사업 영역 확대, 기술표준화 추진 전략이다. 따라서 퀄컴은 통신용 칩셋 판매와 라이센싱이 유기적으로 결합하여 라이센싱 수익을 극대화하는 전략을 통해 시장 지배력을 높이는 전략을 취한다고 볼 수 있다. 최근 특허권 남용 등으로 글로벌 시장에서 어려움을 겪고 있지만 워낙 광범위한 특허망을 형성하고 있어 퀄컴의 시장 지배력은 지속적으로 유지될 것으로 보인다.

국내 기업의 경우도 현재 다양한 방식으로 지식재산 경영이 진행되고 있다.

LG전자의 사례를 잠시 살펴보자. LG전자는 1995년 제니스라는 미국 토종 전자기업을 인수했다. 인수할 당시 '망하는 회사를 왜 인수하느냐'는 시장 반응이 나왔지만, LG전자는 뚝심 있게 진행했다. LG전자가 제니스를 인수한 이유는 제니스의 미국 내 인지도 때문이기도 했지만, 사실은 제니스가 디지털 TV의 핵심 표준특허권을 보유하고 있다는 사실에 주목했기 때문이었다. LG전자의 전략은 주효했고, 이후 LG전자는 매년 수천억 원의 로열티 수입을 올리고 있다. 디지털 TV를 통해 삼성과 소니가 돈을 벌지만, 결국 그 돈 중에서 로열티는 LG전자에 흘러들어가고 있는 것이다.

"LG전자는 오래 전부터 지식재산 경영을 통해 지식재산권 활용에 많은 관심을 기울였다고 하던데, 재미있는 사례가 있었군."

임창용 부사장은 이민우 소장의 설명에 놀라는 눈치였다.

"이 소장, 자네에게 대표님 지시 사항에 대한 검토 전권을 부여하지."

이 소장은 흠칫 놀라는 눈치다.

"네, 역량은 부족하지만 한국전자의 미래를 위해 최선을 다하겠습니다."

한국전자 임원실에 한국전자 사인방이 모였다. 이민우 소장의 브리핑이 이어진다.

"한국전자의 특허권 수익화 전략은 다음과 같이 구분하여 진행하고자 합니다. 첫째, 보유 특허의 차별화 및 보강. 둘째, 시장리스크를 감안한 크로스 라이센싱 체결. 셋째, 미활용 특허권을 활용한 수익화 전략입니다."

한국전자 임원들의 눈과 귀가 이민우 소장의 브리핑에 쏠려 있다.

"각 항별로 구체적인 말씀을 드리기 전에 특허의 전략적 활용 측면에서의 미국의 사례를 잠시 말씀드리겠습니다. 미국은 무역에 있어서 1980년대에 일본산 제품에 밀려 경쟁력을 상실하고 있었습니다. 미국은 상품 경쟁력보다 부가가치가 높은 지식재산권에 눈을 돌렸습니다. 레이건 행정부의 국가경쟁력위원회에서는 가격 경쟁력과 모방에 의한 개량 제품으로 미국 시장을 공략하는 일본 기업을 견제하기 위하여 '친특허 정책'을 추진하도록 전략을 세웠습니다. 이것이 미국의 지식재산 전략의 큰 전환점을 맞이하는 계기가 되었고요. 이를 계기로 미국은 특허 관련 법안을 강화하면서 특허권자에게 유리한 상황을 만들어주었고, 특허권자가 특허권을 이용해 수익화하는 것이 용이한 구조로 변모하는 계기가 되었습니다."

"미국도 처음부터 특허권을 보호하는 전략을 취한 것은 아니라 시대적인 흐름에 의한 선택이었다는 말이군."

현재 선진국들은 지식재산권을 무기화하고 있다. 하지만 선진국들도 전략적인 결정에 의해 지식재산권을 강화한 것이다. 무형의 자산인 지식재산권이 기업의 흥망성쇠를 좌우할 시대로 넘어가고 있다.

"네, 그렇습니다. 한국전자의 특허 수익화 전략을 말씀드리겠습니다. 이 자리는 한국전자의 특허권 활용 전략을 결정하는 중요한 자리이니, 부디 한국전자의 미래를 위한 결정이 되기를 희망합니다.

한국전자의 전반적인 특허권 상황을 분석해보았습니다. 스마트 등급*기준으로 한국전자의 평균 특허 등급은 BBB이며, A등급 이상의 비율이 40%를

* 한국발명진흥회에서 운영하는 'SMART' 시스템을 의미한다. 이는 특허의 현재 평균 등급을 산정하는 특허 평가 등급 시스템으로 AAA에서 C까지 9개의 등급이 존재한다. 결과는 상대적인 평가에 의해 산출된다.

점유하고 있어 특허권 관리는 양호한 것으로 파악되었습니다. 현재 실시 중인 특허는 80% 수준으로 역시 양호한 수준으로 평가되었습니다. 이를 기반으로 특허권의 수익화 전략을 마련하였으며, 의사결정이 가능한 수준까지 진전된 부분이 있어 함께 보고하도록 하겠습니다.

첫번째, 미활용 특허의 매각입니다. 국내 특허시장의 경우 우리가 원하는 수준의 금액으로 거래하는 것이 어렵기 때문에 특허관리회사인 NPE를 통해 특허권을 매각할 예정입니다. NPE에 매각되는 특허권은 NPE 측에서 소송을 통해 수익화를 진행할 예정입니다. 따라서 매각대금 및 소송을 통한 수익 배분 구조로 수익화가 가능할 전망입니다. 현재 NPE 두 곳과 협상 중에 있으므로 조만간 결과가 나올 예정입니다.

두 번째, 특허권의 크로스 라이센싱입니다. 한국전자의 비즈니스 영역은 다수의 경쟁력 있는 기업이 포진하고 있으므로 특허 리스크에 노출되어 있습니다. 따라서 이를 최소화하는 전략이 필요합니다. 따라서 국내 1, 2위 기업 간 크로스 라이센싱을 통해 글로벌 경쟁력을 강화하고자합니다. 따라서 현대시스템과 크로스 라이센싱을 체결하고자 합니다."

갑자기 조인호 부사장이 고함을 친다.

"안 돼! 현대시스템은 안 돼! 우리가 현대시스템 때문에 얼마나 많은 상처를 받았는지 이 소장은 모르는가?"

비즈니스와 감성의 영역이 충돌한다. 이럴 때 많은 기업이 비즈니스 의사 결정에서 결정적인 실수를 한다.

"네, 잘 알고 있습니다. 하지만 비즈니스는 현실입니다."

김한수 대표가 중간에 나서서 중재한다.

"조 부사장, 자네의 기분은 잘 알겠네. 여기에서 현대시스템과 손을 잡기를 희망하는 사람은 아무도 없네. 하지만 현실적인 상황에서 이민우 소장이 제안한 전략은 최적의 수라고 판단되네."

한국전자의 임직원은 깜짝 놀란다. 현대시스템과 가장 감정이 좋지 않은 사람은 바로 김한수 대표다. 김한수 대표의 이번 발언은 그가 진정한 경영자로 거듭나고 있다는 증표다.

"대표님, 감사합니다. 두 번째 안은 물밑 접촉을 통해 양사 간 협상이 거의 마무리되었으며, 양사 간 약 200건씩의 특허를 선별하여 크로스 라이센싱을 체결하기로 하였습니다. 한국전자가 패밀리특허권 보유량 및 특허권의 권리범위에 우위에 있어 별도의 로열티도 받는 것으로 합의되었습니다."

또 다시 조인호 부사장이 끼어든다.

"그럼, 우리의 특허권이 더 우수하므로 특허 소송을 통해 현대시스템의 코를 납작하게 만들어야지."

"조 부사장님 말씀도 일리가 있지만 미국 특허 소송은 수년간의 지루한 싸움이 될 공산이 크며, 우리가 이긴다는 보장이 없습니다. 소송은 소송을 통해 입증이 되어야 합니다. 우리 같은 중소기업이 소송을 감당하기엔 무리가 있어 보입니다."

김한수 대표가 정리를 한다.

"이 소장, 준비 잘해주었네. 현대시스템 크로스 라이센싱건은 협상을 진행하고 잘 마무리 짓도록 해."

"네, 알겠습니다. 그리고 마지막으로 특허권을 통한 수익화 부분입니다. 현재 우리가 보유한 특허권 중 철도터널, 도로터널용 지향성 스피커가 있습니다. 한국전자는 공공사업에 경험이 없어 영업을 영위하기가 어렵고 특허 유지 비용이 급증하고 있어 특허권 라이센싱을 통한 수익화가 필요한 것으로 결론이 난 상태입니다."

"그럼, 수익화를 위해 진행할 사항이 있나?"

임창용 CTO가 질문을 던진다.

"네, 동 사업 분야에서 시장 지배력을 가지고 있는 삼삼전자에 의사를 타진하였으며 현재 마지막 조건을 조율 중입니다. 특허권에 대한 전용실시권 허여許與로 협의 중이며 선급금은 15억 원, 경상로열티는 한국전자에서 5%를 요구한 상태입니다. 다만 삼삼에서는 3.5%를 원하고 있습니다."

전용실시권

라이센싱의 한 형태로, 전용실시권을 허여하면 실시권자가 독점적인 권리를 가진다. 특허권자도 전용실시권을 허여하면 실시를 할 수 없다. 전용실시권은 계약과 특허원부에 등록을 해야만 효력이 발생한다. 전용실시권자는 특허권자의 동의가 있으면 통상실시권을 체결할 수 있다.

통상실시권

라이센싱의 한 형태로 여러 기업 또는 여러 명에게 실시권을 허여하는 계약의 종류다. 따라서 한 건의 특허권에 통상실시권이 다수가 있을 수 있다. 통상실시권의 효력은 계약과 동시에 발생하며 전용실시권과 같이 특허원부에 등록할 의무는 없으나, 대항 요건을 확보하기 위해서는 특허원부에 등록해야 한다.

김한수 대표가 결정과 함께 지시를 내린다.

"협상을 너무 장기화하지 말고, 삼삼전자라면 한국전자 입장에서 파트너로 의미 있어 보이니 로열티 3.5% 제시안을 수용하도록 하지. 그리고 삼삼전자와의 전반적인 협력 방안을 검토하도록 하게."

"네, 잘 알겠습니다. 이상으로 특허권의 수익화 전략에 대해 말씀드렸습니다."

김한수 대표가 마무리 발언을 이어간다.

"이민우 소장, 수고가 많았네. 이제 보니 한국전자가 우수한 특허권을 많이 보유하고 있었는걸. 한국전자의 성장 전략 측면에서 지식재산권의 창출, 활용 등 관리 비용에 대한 부담만을 이야기했는데 지금 보니 특허권을 활용한 수익화 전략이 다양하게 활용되고 있어 이를 적극적으로 활용한다면 한국전자의 경쟁력은 배가되리라고 봅니다. 앞으로 한국전자의 기업 가치를 높이는 전략으로 지식재산권의 활용이 중요하다는 것을 생각하게 하는 자리였습니다."

한국전자 임직원들은 모두 흐뭇한 미소를 띠며 지식재산권 전략의 중요성을 일깨워준 이민우 소장에게 고마움을 표시했다. 이민우 소장도 한국전자의 성장과 함께 본인의 그릇도 성장하고 있었다. 이미 지식재산권 분쟁, 특허 포트폴리오 구축 등 다양한 지식재산권 전략을 수립하며 전문가의 반열에 올라섰다.

이민우 소장은 특허권 활용을 위한 수익 전략을 검토하면서 불현듯 경영자로서의 삶을 생각해본다.

'나는 지금까지 기술개발에만 매진해왔다. 이를 토대로 대표님같은 경영자의 삶을 꿈꾸어 보자.'

한국전자의 임직원들은 한국전자의 성장과 함께 개인적인 성장을 이루고 있었다. 이민우 소장은 지재권 분야에서 독보적인 존재로 한국전자 내 위상이 대단하다. 또한 한국전자의 다양한 지원 사업을 준비하며 기업 경영에 눈을 뜨고 있다.

또한 임창용 부사장은 연구소장으로 출발하여 기술총괄 부사장이 되었다. 기술총괄을 하며 한국전자의 신규 아이템 선정, 특허 소송의 총괄담당자 그리고 기술 기반의 경영 일선을 뛰고 있다. 임창용 부사장은 이미 김한수 대표와 같은 경영자의 길을 가고 있는 것이다.

조인호 부사장 역시 한국전자의 내부 살림을 알차게 이끌고 있다. 아직은 김한수 대표에 의지하며 힘찬 날갯짓을 준비 중이지만 그 역시 대단한 인재라 할 수 있다. 한국전자의 결말이 궁금하다. 한국전자는 최후의 웃음을 지을 것인가?

PART
7

재도약을 위해 M&A를 시도하다

한국전자, 히든 챔피언이 되다

한국전자는 세계음향과의 소송을 통해 기술적 우위를 점하며 승승장구하고 있었다. 반면 세계음향은 한국전자와의 소송과 분쟁으로 커다란 타격을 받아 결국 파산을 맞으며 이 세상에서 사라졌다. 김한수 대표는 세계음향이 사라졌다는 이야기를 들으니 많은 아쉬움이 남는다. 한국전자는 세계음향과의 경쟁을 통해 더욱 탄탄해진 면이 있다. 김한수 대표는 진심으로 세계음향이 한국전자와 경쟁해주기를 바랐다.

김한수 대표와 한국전자 임원들은 한국전자 대회의실에서 임원회의를 진행한다. 김한수 대표는 임원들을 향해 결의에 찬 목소리로 이야기했다.

"드디어 한국전자가 지향성 스피커 분야에서 국내 1위 그리고 일본 1위를 차지했습니다. 또한 중국과 미국에서도 2위를 달리고 있어 조만간 글로벌 1위를 달성할 수 있으리라 생각됩니다."

모두 일어나 서로 축하하며 박수를 친다. 임창용 부사장은 감회에 찬 목소리로 이야기를 이어간다.

"대표님, 한국전자는 창업과 성장 그리고 위기를 극복하며 지금까지 달려왔습니다. 고지가 눈앞에 보입니다. 조금만 더 고생한다면 한국전자는 그야말로 글로벌 기업으로 우뚝 설 것입니다."

김한수 대표도 긴장감을 유지하며 이야기를 이어갔다.

"최근 한국전자가 히든 챔피언 선정과 동시에 '월드클래스 300'에도 선정되었습니다."

전 임직원이 자리에서 일어나 기립 박수를 친다. 김한수 대표는 잠시 눈을 감고 지난 시절 회상에 젖었다. 한국전자의 창업과 성장 그리고 세계음향과의 경쟁을 통한 변화. 세계음향이 비록 시장에서 퇴출되었지만 한국전자에 긴장감을 불어넣으며 맞수로서 한국전자가 더욱 성장할 수 있는 발판을 제공한 것은 사실이다. 시장에서의 경쟁을 통한 시너지 효과라 할 수 있다.

경쟁을 통해 한국전자가 달성한 '월드클래스 300'이라는 타이틀. 이 프로젝트는 임창용 CTO와 이민우 소장이 주도적으로 진행하였다. 히든 챔피언과 월드클래스 300이란 무엇일까? 히든 챔피언이란 용어는 독일의 경쟁력 있는 중소기업을 빗대어 이야기하면서 유래하였다. 독일의 경영학자 헤르만 지몬Hermann Simon은 히든 챔피언 선정 기준을 다음과 같이 밝혔다.

- 첫째, 세계시장 점유율 1~3위 또는 소속대륙 시장점유율 1위
- 둘째, 매출액은 50억 유로 이하(약 6조 6천억 원)
- 셋째, 대중인지도가 낮아야 함

전 세계 히든 챔피언 현황을 살펴보면 독일이 1천 307개로 압도적으로 많은 히든 챔피언을 보유하고 있으며, 우리나라의 경우 23개의 히든 챔피언을 보유하고 있는 것으로 파악된다.

<표 7-1> **주요국 히든 챔피언 현황**

단위: 개

국가	독일	미국	일본	스위스	이탈리아	중국	한국
순위	1	2	3	5	6	8	13
히든 챔피언 수	1,307	366	220	110	76	68	23

출처: 지몬-쿠처&파트너

독일이 히든 챔피언을 많이 보유한 것은 우연이 아니다. 치밀한 전략과 집중에 의한 결과물이다. 독일이 히든 챔피언에서 우위를 보인 요인을 살펴보면 다음과 같다. 첫째, 압도적 기술 경쟁력 확보 및 세계시장 개척이다. 독일은 전문화된 틈새시장niche market을 개척하여 세계적 기술력을 축적하고, 사업 초기부터 해외시장에 적극 진출함으로써 세계적인 경쟁력을 보유한 히든 챔피언을 많이 보유하게 되었다.

둘째, 독일만이 갖고 있는 현장 중심 직업 교육 훈련 및 전문 인력 양성과 공급 체계다. 독일은 '이원적 직업훈련dual system' 및 '마이스터 제도' 등을 통해 숙련된 전문 인력을 꾸준히 공급하는 구조를 확립하였다. 독일은 고등학생의 60%가 일·학습 병행훈련을 받고, 졸업 후 58%가 바로 취업을 한다. 이러한 시스템을 통해 현장 중심으로 고도화된 기술력을 확보할 수 있는 시스템을 갖추고 있다.

셋째, 안정적이고 장기적인 경영전략 및 관계형 기술금융 시스템 구축이다.

독일의 경우 가족기업이 대부분인 히든 챔피언은 장기적 관점의 내실 경영을 지향하고, 지역 은행과 신뢰에 기반을 둔 자금 조달 체계를 구축하였다. 가족기업은 독일 기업의 95%를 차지하고, 기업 수명은 평균 85년 내외로 장수하는 편이다.

넷째, 산·학·연 클러스터를 통한 개방형 혁신체계 구축이다. 독일 중소·중견기업들은 지역별로 클러스터를 형성하여 기업 상호간 협력 및 기술 표준화 등 공통적 문제를 해결하고 있다.

다섯째, 근본적인 경제 개혁 정책 수립 및 지속적 추진이다. 독일의 게르하르트 슈뢰더Gerhard Schroeder 전 총리는 '아젠다 2010Agenda 2010'과 '하르츠Hartz 입법'을 통해 노동시장 유연화와 사회보장제도 혁신 정책 수립·시행했다.

한국형 히든 챔피언은 현재 세계일류상품 생산기업(326개, 산업부) 및 외감법인 공시정보(6만 9천 개, 한국기업데이터)를 바탕으로 하여 산출하였다. 세부 기준별 현황을 보면 현재 세계일류상품 생산기업 중에서 세계시장 점유율이 1~3위인 중소·중견기업은 198개다. 이 중에서 3년 평균 R&D 비율 2% 이상이고, 수출액 비율 20% 이상, 최저 매출액(100억 원 이상) 조건을 모두 충족하는 기업은 63개로 나타났다. 다시 말해서 한국형 히든 챔피언은 63개 기업이다.

우리나라가 히든 챔피언에 취약한 원인을 살펴보면 다음과 같다. 첫째, 뒤늦은 산업화로 인한 짧은 근대 기업 역사로 인하여 히든 챔피언을 많이 배출하지 못하고 있는 것으로 보인다. 약 200년에 걸친 산업화 역사를 가진 독일과 달리, 국내 중소·중견기업은 불과 반세기 만에 압축적 성장을 경험한 상황이므로 아직도 경험 축적이 필요한 단계라 볼 수 있다.

둘째, 중소·중견기업 내부에 축적된 핵심 역량이 일천하다. 직업 교육과 기술인 경시 풍조, 대기업과의 근무 여건 격차 등으로 인해, 중소·중견기업의 우수 인재 유치 곤란 등 복합적인 원인이 있는 것으로 파악된다. 선진국 대비 75% 수준에서 정체되어 있는 중소기업 기술 수준 등 자체적인 글로벌화 역량도 부족한 실정이다.

셋째, 정책 목표 혼선 및 육성·지원 체계의 비효율이 발생한다. 정부·정책금융기관 등이 유사한 시책을 앞다퉈 도입했지만, 통합적 컨트롤 타워가 부재하여 시책 간 연계·조정이 부족한 상황이다. 이를 구체적으로 살펴보자면, 히든 챔피언 지원사업은 중소벤처기업부와 산업부가 유사한 사업을 운영 중에 있으며 금융권의 경우 국민은행의 히든 스타, 한국수출입은행의 히든 챔피언처럼 유사·중복 프로그램이 산재한 상태다. 결국 선택과 집중이 필요하다고 볼 수 있다.

넷째, 기업 생태계 전반에 걸쳐 구조적 문제점이 상존한다. 즉, 국가 혁신 체계를 구성하는 산·학·연 간의 유기적 협력이 미흡하고, 소수 대기업에 의존하는 구조로 인해 외부 충격에 취약하다. 국내 매출액 상위 10대 기업 중 삼성전자가 매출액 35%, 영업이익 63%를 차지할 정도로 대기업의 집중도가 과도하게 높은 것이 문제가 되고 있다.

독일 히든 챔피언의 경쟁력은 장기간 축적된 경영 전략과 숙련 인력 및 기술, 노동시장 개혁 등 제반 경제 정책의 상승 작용 결과로 보인다. 따라서 우리나라의 제도 및 경제 여건을 고려하여 장기적 관점에서 기업 생태계의 근본적 체질 개선이 반드시 전제될 필요가 있다. 이에 따라 우리 정부도 다양한 정책을 통해 히든 챔피언을 발굴·육성하는 정책을 추진 중이다.

정부에서 추진하는 정책은 다음과 같이 세 가지로 압축할 수 있다. 첫째, 히든 챔피언 관련 정책 및 지원 체계의 효율성 제고다. 히든 챔피언 관련 시책을 기관별 분절적 운영의 문제점을 개선하기 위해 글로벌 성장단계를 고려한 2단계 맞춤형 지원체계로 재정비한다.

둘째, R&D·인력 등 중소·중견기업의 핵심 역량 배양이다. 유망 중소·중견기업들이 세계적 기술력과 품질을 갖출 수 있도록, R&D·수출 등의 지원 프로그램 고도화를 추진한다. 또한 현장 밀착형 기술·무역 전문인력 양성 및 기업과의 매칭을 강화하고, 기업 수요를 반영한 인재육성 인프라를 확충할 예정이다.

마지막으로 정책 거버넌스 확립 및 히든 챔피언 성공 경험 확산이다. 히든 챔피언 정책 컨트롤 타워를 구축하여 기관 간 연계·조정을 강화하고, 한국형 히든 챔피언 발굴 및 인센티브 부여를 통해 정책적인 지원을 강화할 예정이다.

다음으로 월드클래스 300에 대해 알아보자. 월드클래스 300 프로젝트는 2018년까지 세계적인 전문기업 300개를 육성하기 위해 성장 의지와 잠재력을 갖춘 중소·중견기업을 선정하여 집중 지원하는 사업이다. 글로벌 기업으로의 성장 의지와 잠재력을 지닌 기업 선정을 위해 산·학·연 전문가로 평가위원을 구성하여 약 50일 동안 요건 심사, 분야 평가, 현장 실사, 종합 평가의 4단계 심층 평가를 실시하여 선정했다.

단계별 내용은 다음과 같다. 첫째는 요건 심사로 매출액, R&D 투자 비중 등 기본 요건을 검토한다. 둘째는 분야 평가로 시장, 기술, 투자, 경영 등 4개

분야별 전문가 평가를 진행한다. 셋째는 현장 실사로 성장전략 내용의 사실 확인 및 평판 검증 등을 실시한다. 마지막으로 종합 평가를 실시한다. 종합 평가는 분야별 성장 전략 및 실현 가능성 등을 종합 검토하여 심사를 진행한다.

특히 월드클래스 300 기업 선정 시 글로벌화, 독립성, 혁신성 및 지속 가능성, 고용 효과 등을 종합적으로 검토하여 선정한다. 세부적인 내용을 살펴보면 다음과 같다. 첫째, 글로벌화. 월드클래스 300 기업에 부합되도록 수출 비중과 세계시장 점유율이 높고, 해외 진출 의지가 강한 기업이어야 한다. 더불어 해외 마케팅 조직 현황 등을 중점적으로 체크한다.

둘째, 독립성. 매출 비중이 특정 대기업 등에 집중되어 있지 않고, 해외시장 등 매출 다변화가 가능한 기업이어야 한다. 체크 포인트는 거래 관계 독립성, 주요 매출처별 매출 의존도, 대기업 계열 지배 등을 살펴본다.

셋째, 혁신성 및 지속가능성. 지속적인 성장 동력 확보를 위한 R&D 투자비중, 재무 상황 등 혁신성과 지속 가능성을 갖춘 기업이다. 체크 포인트는 해당 업종 시장 성장성, 매출액 성장률 및 목표, R&D 투자, 부채 비율 등이다.

넷째, 고용효과. 향후 투자 및 고용 창출 계획 등을 고려, 정부 지원을 통한 일자리 창출 효과가 큰 기업이다.

월드클래스 300 프로젝트는 다부처가 집중 지원하는 프로그램으로 산업기술평가관리원, 대한무역투자진흥공사 등 20개 지원기관 협의체를 통해 연구개발, 해외진출, 인력, 금융, 경영 등 26개 맞춤형 패키지 지원이 제공된다. 주요 내용을 살펴보면, R&D 자금 5년간 최대 75억 원 지원, 맞춤형 마케팅 로드맵 수립 및 해외 마케팅 지원 등이 있다.

특히 선정 기업이 세계적 수준의 히든 챔피언이 될 수 있도록 정부는 향후

10년간 기업이 필요로 하는 사항을 적극적으로 발굴하여 지원할 계획이다. 아울러 기업별 성장 전략 이행 점검을 통해 스스로 정한 성장 전략을 이행하지 않아 중장기 실적 가능성이 없는 기업에 대한 퇴출 기준 및 우수 기업 졸업 제도를 마련하는 한편 월드클래스 300 종합 성과 관리 시스템을 구축하여 정부 지원에 따른 기술, 매출, 수출, 재무성과 등을 추적·관리함으로써 체계적인 관리를 통해 성장을 지원할 방침이다.

김한수 대표는 일어나서 월드클래스 300 지원 배경 등을 설명한다.

"월드클래스 300의 장점 중 하나인 R&D 지원사업이 다른 사업과 차별화가 있다는 점입니다. 월드클래스는 R&D 자금을 5년간 75억 지원하는데, 정부지원 R&D 정책 자금의 경우 단기적인 과제가 대부분이어서 기업에서 장기 기술개발 전략을 수립하기 힘든 경우가 많습니다. 5년간 지속 지원이 가능하며 기업이 원하는 R&D 주제를 정해서 개발을 진행하면 된다는 것이 큰 장점입니다."

임창용 부사장은 그동안 월드클래스를 진행하면서 수많은 시행착오를 겪었지만, 한국전자가 한 걸음 더 전진하기 위한 과정임을 알고 있다.

"월드클래스 300은 산·학·연 전문가로 분야별 평가위원회를 구성하여 50여 일 동안 요건심사, 분야평가, 현장실사 및 평판검증, 종합평가 등 4단계 심층평가를 거쳐 최종 선정되는 영광을 얻었습니다."

이민우 소장이 나서며 이야기를 이어간다.

"월드클래스 300은 임 부사장님이 말씀하신 바와 같이 네 가지 평가 절차를 진행합니다. 네 가지 심사 절차에 대한 개요를 말씀드리면 다음과 같습니

<표 7-2> **월드클래스 300 평가 절차**

절차	내용
요건 심사	업종, 규모 등 신청 자격 심사
	지원 대상 부적격 기업 선별(부도, 국세/지방세 체납, 채무 불이행 등)
분야 평가	성장 전략 프레젠테이션 후 분야별 심층 면담으로 진행
	시장 확대, 기술 확보, 투자, 경영 혁신 등 각 분야별 전문 평가단 구성
	기술 확보 분야는 업종·기술별 분과로 세분화
현장 확인 및 검증	'성장 전략'에 제시된 내용의 사실 확인 및 검토
	현장 확인 및 검증 결과는 종합 평가 시 반영
종합 평가자	분야 평가, 현장 확인 및 검증결과를 종합
	비전 및 전략 목표의 월드클래스 300 기업 수준 부합 여부 평가
	성장 전략 간 정합성, 성공 가능성, 기대 효과 등을 평가
선정	분야·종합 평가 점수 합산 후 선정

다. 첫째, 요건 심사입니다. 이는 글로벌 기업으로 성장할 수 있는 자격 요건을 가지고 있는지는 심사하는 절차입니다. 따라서 신청 자격 요건 충족 여부에 대한 심사라 할 수 있습니다.

두 번째가 분야 평가입니다. 요건 심사 통과 기업이 제출한 성장전략서를 대상으로 평가하며 수출 확대, 기술 확보, 투자, 경영 혁신 및 고용 등 성장전략서에 제시된 4개 분야별 시장·기술현황 분석의 객관성· 종합성, 기업역량의 우수성, 전략목표의 명확성·적정성·달성 가능성, 전략·실행 계획의 구체성·타당성, 자기노력의 적극성 등을 평가하는 절차입니다.

세 번째 절차는 현장 확인 및 검증 절차입니다. 분야 평가를 통과한 기업을 대상으로 성장 전략에 제시된 내용의 사실 여부 확인 및 기업의 성실성, 도덕성 등을 검증하는 절차라 할 수 있습니다.

마지막으로 종합 평가입니다. 분야 평가, 현장 확인 및 검증 결과를 종합하고, 기업 비전 및 중장기 목표의 적정성과 성장 전략 목표간 정합성, 히든 챔피

<표 7-3> 월드클래스 300 세부 심사 기준

절차	내용
기술 확보 전략 분야	미래 기술 동향에 대한 이해와 분석의 충실성
	미래 확보 기술의 유용성, 경쟁성
	연구 개발 인프라
	연구 개발 역량
	기술 확보 목표의 도전성과 명확성, 비전/목표와의 부합도
	기술 확보 전략 방향의 적정성
	자체 기술 확보 전략과 실행 계획의 구체성
	기술 확보 리스크 대응 방안 적극성
	필요 자원 및 역량 확보 방안의 적극성
수출 확대 분야	수출 확대 계획의 적극성 및 구체성
	수출 실적의 질적 우수성 (수출국, 자체 브랜드 수출 비중, 총 수출 대비 직수출 비중 등)
	글로벌 시장 확대 역량의 우수성
	독자적 성장 기반
	목표 시장 선정 및 수출 확대 목표의 적정성
	수출 확대 전략과 실행 계획의 구체성
	필요 자원 및 역량 확보 방안의 구체성과 자기 노력 계획의 적극성
투자 전략 분야	투자 요인 및 투자 항목 도출의 치밀성과 타당성
	최근 투자 실적과 자금 조달 역량
	투자 목표의 명확성 및 비전/목표와의 부합도
	자체 조달 방안의 추진 가능성과 적극성
	외부 조달 방안의 추진 가능성
경영 혁신·고용 전략 분야	CEO 경영철학 및 성장 의지
	기업의 창조적 조직문화와 소통의 리더십
	인재 확보 계획의 적정성과 적극성
	미래 핵심 인재 확보와 고용 창출을 위한 적극성
	미래 지향적 조직 구조와 체계적인 성과 관리

언 달성 가능성, 기업 평판 등을 종합적으로 평가하는 절차로 최종 선정 여부를 결정하는 절차라 할 수 있습니다."

김한수 대표는 이민우 소장을 바라보며 고마움을 전한다.

"월드클래스 300은 이민우 소장이 주도적으로 진행하며 수없이 많은 밤잠을 설치기도 했지만, 이민우 소장이 있었기에 준비가 가능했다고 감히 말할 수 있습니다."

모두 함박웃음으로 축하하는 자리이기에 분위기가 화기애애했다.

"대표님, 감사합니다. 월드클래스 300을 진행하면서 심사 절차가 생각보다 수준 높아 많은 고생을 한 것은 사실입니다. 다만 본 절차를 통해 한국전자가 확실하게 중소기업에서 중견기업의 반열에 올랐다는 사실에 자부심을 느낍니다. 또한 우리 후배들을 위해 월드클래스 평가 절차의 포인트와 세부 심사 기준을 아래와 같이 공유해드립니다. 이는 한국전자뿐만 아니라 대한민국의 수많은 중소기업이 글로벌 기업으로 성장하기를 바라는 저의 소망입니다."

히든 챔피언과 월드클래스 300은 한국전자에 날개를 달아준 격이었다. 한국전자 임직원은 미래를 향해 자신감 넘치는 표정이다. 김한수 대표는 확신에 찬 표정으로 한국전자의 미래를 그린다. 김한수 대표는 마치 퍼즐이 하나씩 맞추어지면서 커다란 그림이 완성되어간다는 느낌을 가지며 축하의 자리를 즐겼다.

한국전자,
재도약의 밑그림을 완성하다

박정수 대표와 김한수 대표가 서울 왕십리의 대도식당에서 마주 앉았다. 대도식당은 거의 반세기 동안 미식가들의 찬사를 받으며 연 100억 원 이상의 매출을 올려온 유명 식당이다. 대한제국 시절 주방 상궁이 비법을 전수했다고 하여 유명세를 타기도 했지만, 맛을 잃지 않아 꾸준히 사랑을 받아온 것이다.

"내가 왜 대도식당에서 식사를 하자고 했는지 아시겠는가?"

"박 대표님이 질문을 하신 건 대도식당에 어떤 의미가 있기 때문일 텐데요. 단순히 소갈비 먹으려고 이 자리에 오신 건 아닐 테고요."

김한수 대표는 주변을 둘러본다. 그런데 이상한 점이 있다. 같은 대도식당인데도 종업원의 복장이며 인테리어며 모두가 낯선 느낌이다.

"박 대표님, 예전에 제가 왔을 때와는 사뭇 다른 느낌인데요?"

"하하하, 잘 보았네. 대도식당은 웬만한 중소기업이 부럽지 않은 연 100억 원의 매출을 올리는 흔치않은 식당이지. 그런데 연 100억 원 매출을 달성한 이후로 정체를 겪으면서 전략을 바꾸었네."

식당 안은 손님으로 꽉 차 있었다. 보통 식당의 경우 고기 냄새가 진동하여 불쾌한 느낌을 유발하며, 손님이 만석이 되면 소음으로 가득 차 앞사람과 이야기를 나눌 수 없는 수준이 되어버린다. 한지만 대도식당은 냄새와 소음이 관리되어 쾌적한 상태를 유지하고 있었다. 보통 손님이 이렇게 많으면 너무 시끄러워 이야기를 할 수 없는데, 이 집은 무슨 연유로 이렇게 조용하고 고급스러운지 놀라웠다.

"대도식당은 얼마 전 주인이 바뀌었네. 대도식당이 인수되면서 전략을 바꾸었지. 매각을 통한 수익화 그리고 대도식당을 성장시킬 적임자를 통한 지속성장 전략이랄까…. 대도식당이 200억 원에 매각되었고, 대도식당의 원 주인은 여전히 월급쟁이 사장으로 역할을 하고 있지."

"그럼 지금은 어떻게 운영되고 있나요?"

"대도식당은 S그룹에 매각되었고 전체 전략은 S그룹이 총괄하네. 다만 맛의 유지를 위해 대도식당의 원래 주인이 계속 CEO 역할을 하고 있는 거야."

김한수 대표는 이제야 주변의 상황 변화를 이해할 수 있었다.

"대도식당은 매각 이후 대대적인 리모델링을 통해 식당의 이미지를 바꾸었고, 프랜차이즈 시장에도 뛰어들어 현재는 1천 억에 가까운 매출을 올리며 승승장구하고 있지."

"1천 억이요?"

"그래, 1천 억. 하지만 내가 보기에는 앞으로 더욱 성장할 것으로 보이는데…."

"한국전자도 1천 억 이상의 기업이 되어야 하는데요."

"내가 대도식당에서 식사를 하고자 한 이유는 한국전자 이야기를 하고 싶어서야."

"무슨 말씀이시죠?"

"한국전자의 출구 전략을 고민하라고 조언하고 싶네. 한국전자의 M&A와 IPO에 대한 생각을 정리할 타이밍이야. 그리고 오늘 이야기하고 싶은 내용은 한국전자가 매출 500억 원을 돌파한 시점에서 필요할 거야. 출구전략과 제2의 창업 전략에 대한 이야기인 셈이지."

"M&A와 IPO 문제는 고민을 해보겠습니다. 그런데 제2의 창업 전략은 무슨 말씀이시죠?"

"한국전자는 매출로 급성장하고 있지만 직원들에게도 기회를 준다는 측면이 필요해. 새로운 아이템을 통한 성장 전략을… 한국전자가 아닌 별도의 자회사를 설립해서 직원들에게 또 한 번 기회를 주면 회사의 분위기도 살고 한국전자의 리스크도 줄일 수 있는 일석이조의 프로그램이 될 것일세."

"박 대표님, 좋은 프로그램이 있으시면 소개해주세요."

박정수 대표는 서울형 기술 창업 프로그램을 통해 한국전자가 새로운 도약의 이정표가 되리라 직감한다.

"보통 기업에서 신규 사업 진행 시 고민되는 부분이 '리스크'입니다. 많은 자금과 인력이 투입되었는데 실패했을 경우 인력 부분에 대한 부담이 많은 것이 사실이니까요. 그래서 이러한 부분에 대한 리스크를 최소화하기 위한 방안으로 기획된 프로그램이 서울형 기술 창업 프로그램입니다."

"박 대표님, 서울형 기술 창업 프로그램은 상당히 복잡합니다. 한국전자와 같은 중소기업은 본 프로그램을 어떻게 활용하는 것이 좋을까요?"

<도표 7-1> **서울형 기술 창업 프로그램**

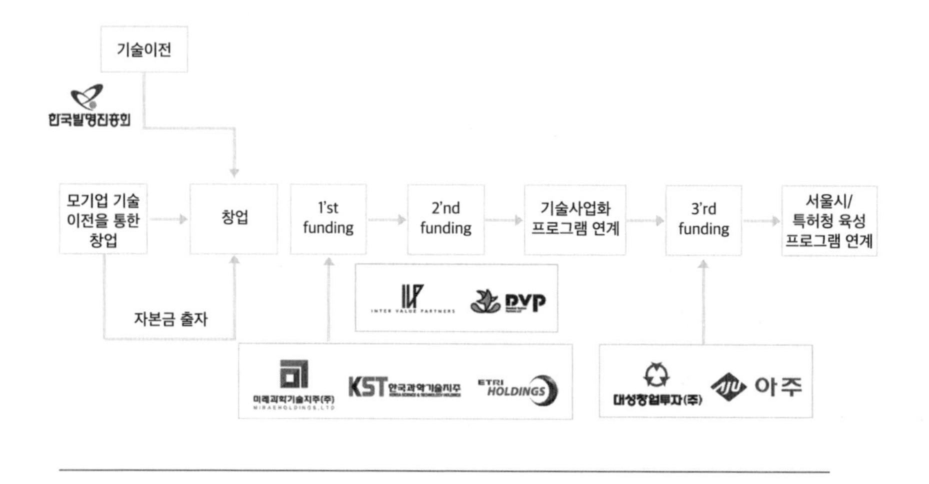

"통상적으로 창업은 청년 창업을 떠올리기 마련인데, 서울형 기술 창업 프로그램은 기존 기업을 통한 창업이라는 특징이 있습니다. 목적은 양질의 일자리 창출과 기술 기업의 창업 지원입니다."

"기존 기업이 왜 창업을 통해 신규 사업을 진행해야 하는지 이해가 가지 않네요."

"첫 번째로 직원들에게 사업 기회를 제공함으로써 비전을 제시할 수 있는 장점이 있습니다. 두 번째로 새로운 신규 비즈니스를 진행함에 있어 다양한 리스크가 있는데 본 사업을 통해 기술 이전, 다양한 투자자, 정부 지원 프로그램이 혼합되어 다양한 네트워크를 자연스럽게 형성할 수 있습니다. 이를 통해 사업 리스크를 자연스럽게 줄일 수 있지요. 세 번째, 신규 사업이라는 것이 항상 성공하리라는 보장이 없습니다. 만약에 실패할 경우 모기업이 리스크에 노출됩니다. 따라서 신규 비지니스 리스크의 영향을 최소화하는 방향으로 사업을 정리할 수 있다는 장점이 있습니다. 물론 신규 사업이 성공할 경우 신규 기업은 모기업과의 M&A 또는 IPO 등 다양한 방법으로 수익화할 수 있겠지요."

김한수 대표는 손뼉을 치며 환호성을 지른다.

"박 대표님, 기업의 니즈를 정확히 파악한 이런 프로그램이 있었다니 놀랍군요."

"하하하, 감탄은 그만하시고 한국전자가 본 사업을 통해 어떠한 그림을 그릴지 고민해야지."

김한수 대표는 한국전자가 결말에 가까워지고 있음을 직감으로 느낀다. 박정수 대표가 새로운 사업을 서둘러 런칭하고자 하는 이유이기도 하다.

"김 대표, 내가 왜 이 시점에 혁신형 창업 프로그램을 알려주는지 의도는 아시겠는가?"

"예, 잘 알고 있습니다. 사전에 아이템 발굴을 진행해야 하는데, 이는 어떻게 해야 하나요?"

역시 김한수 대표다. 사업의 본질을 꿰뚫고 있다.

"본 프로그램은 한국발명진흥회에서 기획하였으므로 사전에 한국발명진흥회의 특허거래전문관*에게 상담을 받아 구체화하는 작업이 필요하겠지요."

서울형 기술 창업 프로그램에는 한국발명진흥회와 서울산업진흥회의 고민이 묻어 있다. 최근 창업이 화두가 되면서 수많은 창업 지원 사업이 진행되고 있지만, 창업 후 제대로 성장하는 기업을 찾기 어려운 것도 현실이다. 이러한 문제점을 해결하기 위해 스핀오프 형태의 창업 프로그램을 기획한 것이다.

혁신형 창업 프로그램의 절차는 다음과 같이 구성된다. 우선 본 사업은 모

---

* 한국발명진흥회 지식재산중개소 소속으로 특허 기술 이전 및 기술사업화를 컨설팅하는 전문가. 전문 분야별로 구성되어 있으며 총 17명이 있다.

기업이 신청하면 되며, 사업에 선정되면 한국발명진흥회 특허거래전문관이 기업에서 신청한 아이템에 맞는 공급 기술 발굴을 진행한다. 공급 기술이 확정되면 모기업은 현금 출자를 통해 창업을 선진행하면 된다. 창업 이후에 기술 이전 계약이 체결되면서 기술사업화에 대한 협의가 진행되면 기술사업화 기획을 한국발명진흥회와 기술 공급기관이 진행함으로서 스핀오프형 기업 설립은 마무리된다. 그러고 나면 1차 펀딩과 2차 펀딩이 거의 동시에 진행된다.

1차 펀딩의 주체는 지주회사로 구성되는데 지주회사는 한국과학기술지주, 미래과학기술지주, 에트리홀딩스로 구성된다. 기술 형태에 따라 출연연구소의 기술 이전의 경우 한국과학기술지주가 현금출자를 하고, 한국전자통신연구원의 기술이 이전되는 경우 에트리홀딩스가 출자하며 4개 과학기술특성화대학(한국과학기술원, 광주과학기술원, 대구경북과학기술원, 울산과학기술원)의 기술이 이전되는 경우에는 미래과학기술지주가 펀딩의 역할을 하는 구조다.

1차 펀딩과 동시에 초기 액셀러레이터인 IVP와 DVP가 2차 출자를 담당한다. 1차, 2차 펀딩을 진행하면서 기술사업화 프로그램 설계를 진행하는데 연구소 기업으로 설립되는 경우 특구 프로그램이 상당 부분 관여되는 형태가 되고, 연구소 기업이 아닌 경우 과학기술정보통신부, 산업통상자원부, 중소벤처기업부 등 다양한 부처의 프로그램이 연계 가능하도록 설계되어 있다.

그리고 마지막 3차 펀딩은 기업이 본격 성장하는 시점인 3~4년 후에 이루어지는 투자로 본 프로그램은 코넥스 상장을 전제로 기존 VC가 참여하는 형태로 구성되어 있다. 즉, 대성창업투자나 아주는 코넥스 상장 조건에 맞는 지분 투자 형태로 마지막 3차 투자에 참여하는 형식이다.

그리고 본 프로그램은 한국발명진흥회와 서울산업진흥원이 공동주관하는 프로그램으로 다양한 연계 사업을 병행하여 지원한다. 그러니 기업의 입장에서 가벼운 창업이 가능한 프로그램인 것이다.

"박 대표님, 좋은 프로그램 소개 감사드립니다. 한국전자가 고민에 빠져 있던 중 단비와 같습니다. 바로 검토 후 진행해야겠습니다."

"김 대표, 너무 흥분하지 말라고. 한국전자의 실정에 맞는지 면밀한 검토가 필요하며 본 프로그램에 선정되기 위해서는 좋은 아이템 선정이 선행되어야 하네. 모기업과의 시너지 측면에서의 장점이 부각되어야 하고, 심사위원으로 각 단계별 투자기관이 참석하므로 투자 회수의 가능성도 보여주어야 하지. 그러니 프로그램 지원에 앞서 기획이 중요한 역할을 하리라 생각하네."

김한수 대표는 흥분한 표정을 감추지 못하고 있었다. 김한수 대표는 내부 검토를 통해 본 사업을 런칭한다. 김한수 대표는 향후 한국전자와의 결합을 통해 시너지를 창출할 기술을 발굴한다. 즉, 한국전자는 개인화 음향기기 시스템을 확장할 전략을 가지고 있다. 따라서 신설되는 법인은 인공지능과 음성인식이 결합된 기술을 기반으로 성장하는 아이템을 선정하였다.

김한수 대표는 본 사업을 통해 한국전자의 임직원에게 신규 사업의 기회를 주고, 이를 통해 성장의 기회를 주고 싶었다. 서울형 기술 창업 프로그램을 통해 설립된 '코리아AI'는 임창용 부사장에게 CEO의 중책을 맡길 생각이다. 한국전자에 대한 그의 기여는 매우 높으나 마땅히 보상할 방법이 없던 차에 임창용 부사장에게 좋은 기회를 주어야겠다는 생각이 들었기 때문이다. 임창용 부사장도 CEO라는 역할을 통해 더욱 큰 그림을 그리며 성장할 수 있으리라는 확신이 든다.

한국전자, 경영권을 매각하다

드디어 한국전자와 이별할 시간이 다가오고 있음을 김한수 대표는 직감한다. 한국전자와의 이별은 한국전자가 더 큰 성장을 하기 위한 선택이어야 한다. 물론 한국전자가 나 홀로 성장할 수 있는 단초가 마련된다면 진검승부를 위해 또 다른 결정이 있을 수도 있다. 김한수 대표의 고심이 깊어지고 있다. 한국전자의 결말이 궁금하다. 한국전자는 어떤 선택을 할 것인가?

한국전자는 M&A의 기로에 선다. 김한수 대표는 한국전자의 엑시트 전략으로 IPO와 M&A를 검토한다. M&A를 검토하기 위해서는 다양한 사전 지식이 필요하다. M&A란 무엇인지 살펴보자.

M&A의 핵심 성공 요소가 무엇일까?* M&A의 실패 확률을 줄이고 M&A를 통해 지속적인 가치를 창출하고 유지하는 것은 중요한 문제다. 규모나 복잡

---

* 《M&A 에센스》 81쪽, 중소기업청, 2017.

성, 지역적 특성 등을 특별히 고려하지 않더라도 M&A를 성공으로 이끄는 일곱 가지 핵심 성공요소는 다음과 같다.

첫째, 거래는 최대한 빨리 진행해야 한다. M&A 진행이 지연되어 얻어지는 효용은 전혀 없다. 이는 오히려 성장률 정체, 이익 감소 또는 직원 사기와 생산성을 저해할 수 있으며, 새로운 기회를 놓치거나 시장 점유율 감소로 이어질 수 있다. 따라서 M&A 이해관계자의 가치를 극대화하기 위해서는 최대한 빠른 결론을 얻기 위하여 집중하는 것이 중요하다고 볼 수 있다.

둘째, 통합 전략을 명확히 해야 한다. 통합 전략은 매우 구체적으로 설계되어야 하고, 그 전략은 반드시 M&A 거래의 가치를 높이는 방향으로 구사되어야 한다. 먼저 통합 전략이 명확히 정의된 후 제대로 전달되었을 때 우선순위의 파악 및 실행이 용이해진다.

셋째, 가치를 높일 수 있는 이슈에 집중해야 한다. 주주 가치 극대화를 위해서는 가치를 높일 수 있는 핵심 이슈가 무엇인지 우선적으로 파악하고, 한정된 자원을 이에 따라 배분하여야 한다.

넷째, 통합의 '첫날'을 준비해야 한다. 통합의 '첫날'부터 어떤 일들을 수행해야 할지 미리 계획하고 구체적으로 준비하는 것은 중요하다. 이를 통해 통합 기간을 줄일 수 있다.

다섯째, 모든 이해관계자와 소통해야 한다. M&A 진행 시 고객, 임직원, 투자자, 거래처 등 회사의 모든 이해관계자와 초기 단계부터 자주 소통하여야 한다. M&A를 진행하는 명확한 이유와 주요 일정을 알리고, 공개할 수 없는 내용이 있을 경우 그들의 이해를 구해야 한다.

여섯째, 리더십을 확립해야 한다. 통합은 최고경영진을 포함한 모든 담당자들의 헌신적인 노력과 많은 자원의 투입이 필요하다. 각자의 역할을 구체적으로 설정하고 책임과 권

한을 명확히 확립하는 것이 중요하다.

일곱째, 통합관리를 사업과 연계해야 한다. 큰 규모의 M&A 거래일수록 성공적인 통합은 더욱 힘들어진다. 자원과 자금의 시기적절한 활용의 중요성이 커진다.

— <M&A에센스> 81~82쪽, 중소기업청, 2017.

하지만 이런 조언에도 불구하고 M&A의 성공을 보장하는 마법과 같은 공식은 존재하지 않는다. 마케팅이나 R&D 등 다른 비즈니스 프로세스와 마찬가지로 M&A 역시 그 행위 자체만으로는 적절성 여부를 판단할 수 없다. 모든 거래는 거래 당시 나름대로의 전략적 당위성과 논리를 가지고 실행된다. 경험에 비춰볼 때 대다수의 M&A 성공 사례들은 가치 창출을 중심으로 매우 명확하고 구체적인 전략적 근거가 수립되어 있는 반면, 그렇지 못한 사례들의 경우 전략적 구체성이 결여되어 있는 경우가 많다.

다음으로 M&A의 전반적인 절차를 알아보자. 기업의 M&A는 매도자와 매수자의 관계, M&A 대상, 경제 및 산업 여건 등 여러 요소들이 고려되어 진행되기 때문에 정형화하기에는 다소 어려움이 있다. 일반적인 M&A 절차를 살펴보면 1) 전략 및 계획 수립, 2) 대상의 선정 및 접촉, 3) 실사 및 가치평가, 4) 설계 및 협상·계약, 5) 사후 통합 과정이라는 큰 틀로 진행된다고 볼 수 있다.

매수자는 회사의 비전 및 전략에 따라 M&A 목표를 설정하고 이에 따라 M&A 전략을 수립한다. 그 후 시장 조사 및 대상기업 선정을 통해 M&A를 본격적으로 진행하게 되며 예비 협상, 재무 실사, 가치평가, 본 협상 등의 절차를 거쳐 본 계약을 체결한 후 사후 통합 과정까지 이르게 된다. 매도자는 M&A를 통한 매각을 결정하게 되면 자문사 선정 및 준비 과정을 거쳐 매각을 위한

<도표 7-2> M&A 절차

Phase 1	Phase 2	Phase 3	Phase 4	Phase 5	Phase 6
회사의 장기전략 수립	Market Study 및 Target 물색	Target 접촉 및 예비협상	재무실사 및 가치평가	형상 및 본계약 체결	종결

마케팅에 들어가게 되며 매수자와 동일한 절차를 거쳐 본 계약을 체결한 후 인수 대금을 수령하게 되면 절차는 마무리된다.

M&A의 세부적인 내용을 알아보자. M&A의 중요 과정 중 하나가 실사due diligence다. 실사란 지분 또는 자본 구조에서의 중대한 변화를 일으킬 수 있는 거래와 관련하여 대상 기업의 재무, 세무, 영업, 법률, 환경, 인적 자원, IT 활동 등에 대해 조사하는 업무라고 정의할 수 있다.

중소벤처기업과 같은 경우에는 아이디어 중심의 사업 추진으로 유형 자산보다는 기술, 인력 등의 무형자산의 비중이 높으며, 신생 기업이 많아 과거 실적에 대한 정보가 부실한 경우가 많다. 그렇기 때문에 실사를 통한 정보의 신뢰성 확보 및 위험 요소의 사전 파악이 매우 중요하다.

실사 과정을 통해 매수자는 인수 대상 회사가 처한 위험을 확인하여 인수 가격에 반영하거나 진술 및 보장 등을 통해서 손해배상을 받을 수 있다. 또한 실사 때 파악한 정보는 사후 통합 과정에도 유용하게 활용될 수 있으므로 실사는 매우 중요한 과정이다. 기업 실사가 중요한 이유 중 하나는 기업의 인수 가격을 결정하는 가치평가 단계에 실사 결과가 중요한 영향을 미친다는 것이다.

실사 시 중요 포인트는 다음과 같다. 첫째, 이익의 질을 평가한다. 일반적으로 기업 가치는 기업의 손익을 바탕으로 한 현금흐름을 기준으로 산출하기 때문에 실사를 통해서 비경상적 손익과 일회성 손익을 중점적으로 파악하여 회사의 경상적 이익의 수준을 추정해야 한다. 실사업무팀은 회사가 제시한 자료를 통하여 회사의 경상적인 이익에 영향을 미칠 수 있는 요소들을 집중적으로 파악해야 한다. 특히 비반복적, 비경상적 거래나 회계적 오류, 회계정책의 변경, 주요 계약 사항의 검토 등을 통해 재무적·비재무적 이슈를 도출해야 한다.

둘째, 숨겨진 부채를 찾아라. 인수 대상 회사가 보유한 인수 종료 시점의 현금은 인수가액을 증가시키는 반면, 차입금은 인수가액을 감소시킨다. 일반적으로 현금은 회사 제시 현금 및 현금성 자산에서 시작하여 사용이 제한된 현금 등을 제외한다. 차입금 또한 회사가 제시한 차입금을 기본적으로 사용하되 회사가 차입금으로 분류하지 않았더라도 실사를 통하여 발견된 차입금성 항목들을 가산한다. 이때 고려해야 할 사항은 다음과 같다.

1) 거래가 종료된 이후에 현금의 유출을 수반하는 항목들과 이에 대한 금액 및 책임은 거래 종료 이전에 미리 결정되어야 한다.
2) 만약 회사가 계상한 총 부채의 금액이 EBITDA보다 낮은 경우에는 모든 부채가 차입금성 항목으로 인식될 수 있다. 차입금은 인수가격을 결정할 때 직접적인 영향을 미치며, 특히 매수자 입장에서 실사 과정을 통해 파악하지 못한 부외부채는 인수 후 현금 유출을 수반하기 때문에 각별히 주의해야 한다.
3) 매매대금의 정산이다. M&A에서 매수인은 최근 사업연도 말의 감사 재무

제표와 최근 분기 말의 미감사 재무제표를 기준으로 실사를 한다. 매수인은 이를 바탕으로 대상 회사의 가치를 평가하고 매도인과의 협상을 통해 인수 가격을 결정하여 계약서에 반영한다. 하지만 실사일과 실제 매매 대금이 지급되는 거래 종결일까지 수개월의 기간이 걸리기 때문에 회사 영업에 따른 가치변화의 위험을 어떻게 조정할 것인지가 중요한 이슈가 된다.

EBITDA

EBITDA(earnings before interest, taxes, depreciation and amortization)는 세전영업이익(EBiT)에 감가상각비와 무형자산상각비(현금유출이 없는 비용)를 합산하여 계산한 이익을 의미한다. 당기순이익에서 영업 외 수지(이자, 배당금 등)와 영업 외 비용(이자 비용 등)을 제외한 순수한 영업 활동에서만 벌어들이게 될 영업 이익을 가지고 현재 그 기업의 가치와 비교하여 투자를 결정하게 된다.

실사의 결과물이 M&A에 어떤 영향을 미치는지 알아보자. 실사가 중요한 이유는 실사를 통해 M&A의 진행 여부를 결정함과 동시에 실사의 결과물이 M&A 가치 산정에 직접적인 영향을 미친다는 사실 때문이다. 실사의 결과물을 통해 M&A에 영향을 미칠 수 있는 요소는 다음과 같다.

• 거래 중단 요소: M&A 거래를 위협하는 중요한 요소. 인수대상 회사 자료의 신뢰성 부족, 중대한 수익력의 상실, 핵심인력의 중대한 유출, 중대한 우발채무의 존재, M&A 과정에서의 법규 및 계약상의 문제 등.

• 가치평가 요소: 기업 가치 산정의 주요 고려 사항. 미래 수익 및 원가 추정에 필요한 과거 추세 분석, 미래 현금 흐름에 영향을 미치는 요소(순운전자본

의 변동, 고정자산 등 투자 지출), 수정 후 매출액 및 수정 후 순이익 등.

• 사후 통합 요소: M&A 이후 통합 과정에서의 고려 사항. 급여 수준의 차이, 전산 시스템의 통합 가능성 등.

• 계약 관련 요소: 인수 계약 시 고려 사항. 우발 채무에 대한 위험 회피 조항, 관계 회사 거래에 대한 장기 계약의 필요성, 사후 계약 금액 정산에 영향을 줄 수 있는 사항 등. M&A 진행 시 매수자, 매도자 양측에서 가장 관심이 많은 부분이 가치평가 부분이다. 가치평가는 인수 금액을 결정하는 데 많은 역할을 한다.

최근 M&A 가치평가 시 중요하게 평가되는 부분 중 하나는 기술력에 대한 부분으로 특허권을 중심으로 기술력을 반영한다는 점이다. 우선 가치평가의 정의는 '기업 또는 기업 소유권에 대한 가치를 산출하는 행위 또는 과정'이라고 할 수 있다. 기업 가치는 기업 전체에 대한 가치고 기업 소유권에 대한 가치는 기업 전체의 가치에서 부채 가치를 차감한 주식 가치를 의미한다.

기업의 양수도, 기업에 대한 직접 투자, 기업에 대한 대출 등의 의사결정에 가장 중요한 기준이 되는 것은 대상 기업에 대한 가치평가 금액이다. 기업은 이윤 극대화를 목표로 자본과 인력을 적절히 활용하여 끊임없이 변화하고 성장해가는 '계속 기업'의 특성을 가지고 있다. 그러므로 기업의 가치는 현재 보유하고 있는 자산들의 미래 수익 창출 능력의 평가액이라 할 수 있다.

가치평가의 종류를 살펴보자. 평가의 개념은 평가 대상에 가치를 부여하는 행위로 평가 대상의 인식 방법과 평가자의 주관에 따라 큰 영향을 받는다. 그러니 어떠한 기업의 가치도 객관적으로 산출하기는 어려우며 현실적인 제약

조건도 존재한다. 따라서 기업 가치 평가의 목적은 이론적으로 타당한 방법을 이용하여 이해관계자가 납득할 수 있는 공정한 가치를 산출하는 것이다.

전통적인 평가 방법에는 다음과 같이 세 가지가 있다. 첫째, 시장가치법. 이는 시장에서 거래되는 가격과 평가 대상 회사의 재무상황이나 가치창출 동인을 상호 비교함으로써 기업의 가치를 평가하는 방법이다. 둘째, 수익가치법. 이는 기업이 평가 기준일 현재 보유한 유·무형의 자산을 통하여 미래에 창출할 것으로 기대되는 수익 또는 현금흐름을 그 수익 창출에 내재된 위험요인을 고려한 적절한 할인율로 할인하여 기업가치를 평가하는 방법으로, 현금흐름할인법DCF, discounted cash flows을 주로 적용한다. 셋째, 자산가치법. 이는 기업이 현재 보유하고 있는 총 자산의 가치를 기업 가치로 간주하고 순자산의 가치를 자기자본의 가치로 평가하는 방법이다.

법률에 의한 기업 가치 평가 방법에는 자본시장법에 의한 기업가치평가와 상속세 및 증여세법에 의한 기업가치평가로 구분할 수 있다. 첫 번째로 자본시장법에 의한 기업가치평가는 자본시장법의 규정에 의한 것으로, 자본시장법은 주권상장법인의 합병·분할합병, 주식의 포괄적 교환·이전에 대해서 적용되는 법정 산정방법을 규정한 것을 근거로 하는 가치평가방법이다. 두 번째로 상속세 및 증여세법에 의한 기업가치평가는 상속세 및 증여세법에 의한 비상장주식은 주권상장법인 또는 코스닥상장법인이 아닌 법인의 주식 및 출자지분을 말하며, 비상장주식은 상속개시일 또는 증여일 현재 비상장주식의 시가에 의해 평가하되, 시가산정이 어려운 경우 다음과 같은 보충적 평가방법을 적용한다.

주식 가치 = (1주당 순손익 가치×3 + 1주당 순자산 가치×2) / 5

일반적인 보충적 평가의 경우 비상장주식의 가치를 순손익 가치와 순자산 가치를 6 대 4의 비중으로 평가하며, 부동산 과다 법인의 경우 순손익 가치와 순자산 가치의 비중을 4 대 6으로 한다. 또한 청산 중인 법인 등 일정한 요건을 갖춘 경우에는 순자산 가치에 의해 평가한다.

한국전자와 같은 벤처기업의 경우 주로 수익접근법으로 기업가치평가를 진행한다. 수익접근법에서 미래의 수익이라는 것은 궁극적으로 향후 기대되는 현금수익을 말하는 것으로 미래 수익창출능력은 향후 영업을 통해 기대되는 순현금흐름이라 할 수 있으며, 미래의 순현금흐름을 일정한 할인율로 할인한 현재가치가 곧 미래의 영업을 고려한 기업가치가 된다.

수익가치법으로 가장 보편적으로 사용하는 방법은 앞서 말한 현금흐름할인법이다. 현금흐름할인법은 미래 순현금흐름의 기대치를 해당 흐름이 갖고 있는 위험 수준을 반영하는 자본 비용으로 할인하여 기업의 가치를 평가한다. 이 방법은 전략적 차원의 M&A 거래 및 Joint Venture 시 매우 광범위하게 국제적으로 사용되는 방법으로서 평가의 유의성과 협상력을 확보하기 위하여 모델의 신뢰성이 중요하다. 실제 평가 시에는 관련 전문가들이 협업하여 평가를 진행한다.

박정수 대표는 한국전자가 드디어 '이혼'해야 할 날이 왔음을 직감한다. 최근 박정수 대표는 현대시스템 장동식 회장을 만나 M&A 요청을 받았다. 중재자로서 매물을 찾아달라는 이야기다. 박정수 대표는 직감한다. 한국전자와 현대시스템의 결합은 시장이 원하는 이상적인 만남이다. 김한수 대표의 생각이

수익접근법

수익접근법은 평가 대상 기업이 미래에 벌어들일 것으로 예상되는 효용과 이익을 추정한 뒤 그 값을 적정한 할인율로 할인해 현재가치를 산출하는 가치 평가 기법이다. 수익접근법은 미래의 효용과 이익을 현재가치로 환산한다는 점에서 이론적으로 가장 우수한 평가 기법이지만, 현실적으로 미래수익을 추정하는 것이 어렵고 평가 방식에 평가자의 주관이 개입할 소지도 있으며 평가에 쓰이는 할인율의 산정이 어렵다는 단점이 있다. 수익접근법은 주로 정보통신산업 및 신규 업종 등의 가치평가에 주로 활용할 수 있다.

현금흐름할인법

현금흐름할인법은 기업이 영업활동의 결과로 미래에 얻을 수 있는 미래 순현금흐름의 기대치를 해당 현금흐름이 갖고 있는 위험 수준을 반영하는 할인율로 현가화한 순현재가치를 산정하는 방식이다.

궁금하다. 김한수 대표는 M&A보다 IPO를 원할 수도 있다. 박정수 대표는 한국전자의 매출 정체를 해결할 적임자로 현대시스템을 꼽고 있다. 두 기업의 결합은 서로의 장단점을 보완하고 새로운 시장을 창출할 수 있으리라 생각된다. 박정수 대표가 김한수 대표를 찾아와 먼저 이야기를 꺼냈다.

"김 대표, 당신의 그릇은 어디까지라 생각하는가?"

"무슨 말씀이시죠, 박 대표님?"

"지금 한국전자가 승승장구하고 있고 큰 문제는 없는 것으로 보이지만, 승부는 이제부터인데 김 대표의 그릇이 이를 극복할 수 있을지 질문하는 것이네."

김한수 대표는 한국전자를 창업할 당시 박정수 대표가 이야기했던 말이 생각났다. 기업의 대표는 기업과 결혼하지 말라는 이야기. 그리고 또 다른 생각이 머리를 스친다. 최근 직원들이 매너리즘에 빠져 마치 나사가 풀어진 듯 업무에 집중하지 못하고 있다. 조직간 벽을 극복하지 못하는 행태를 보이는 등 크지 않은 조직에서 조직 이기주의마저 팽배하고 있는 상황이다. 한국전자의 혁신을 위한 다양한 조직 개편을 시도했지만 현재까지 명확한 방향성이 잡히지 않아 한국전자를 더 큰 무대에 내보내야겠다고 생각 중이었다.

"박 대표님, 최근 많은 고민을 하고 있었습니다. 한국전자와 이혼을 준비 중에 있습니다."

박정수 대표는 깜짝 놀란다. 김 대표는 이미 마음의 결정을 한 듯하다. 박정수 대표는 한국전자와 현대시스템의 결합을 염두에 두고 미팅을 진행한다.

"내가 그럴 줄 알고 안수현 회계사와 동행했지. 서로 인사하시게."

김한수 대표는 회계사를 반갑게 맞이한다.

"안 회계사님, 반갑습니다. 현재 고민이 많던 차에 회계사님을 뵙게 되어 제가 날개를 달겠는걸요. 많은 도움 부탁드립니다."

박정수 대표는 무슨 의도로 안수현 회계사를 동행한 것인가? 앞으로 한국전자에는 무슨 일이 일어날 것인가?

"우선 개략적인 기업 인수합병과 IPO에 대해 잠시 논의하고, 전문적인 부분은 안 회계사를 통해 전반적으로 확인하는 자리가 되었으면 하네."

"네, 그렇게 하시죠."

"얼마 전 현대시스템 장동식 회장님으로부터 현대시스템과 시너지를 창출할 수 있는 M&A 건을 요청받았네."

김한수 대표는 깜짝 놀란다.

"난 한국전자의 미래를 위한 전략적 결정을 하리라 믿습니다, 김 대표."

김한수 대표는 직감적으로 느낀다. 현대시스템과의 합병을 검토할 시기가 왔노라고.

"한국전자의 지속 성장을 위한 결정이 필요한 시점이군요."

김한수 대표는 최근 시장 확대에 어려움을 느끼고 있었다. 과연 현재의 시스템으로 글로벌 기업이 될 때까지 성장이 가능할 것인가. 아니면 협력 파트너 발굴을 통해 지속 성장을 추진해야 할 것인가. 결론을 내리지 못하고 있는 상태였다.

"최근 장동식 회장과의 만남을 통해 현대시스템의 고민을 들었지. 현대시스템과 한국전자의 결합은 생각보다 훌륭한 결합이 될 수 있다는 판단입니다. 이번 기회에 M&A 전반에 대해 알아보고 의사결정은 한국전자의 미래를 보며 신중하게 결정하시게."

"네, 대표님 잘 알겠습니다. 그럼 본론으로 들어가서 질문하겠습니다. 왜 어떤 기업은 M&A를 추진하고, 또 어떤 기업은 IPO를 추진하나요?"

"김 대표, 아주 좋은 질문을 해주었네. 보통 기업이 IPO까지 가려면 평균 12년이 소요되는데 12년을 구분해서 분석해보면 '초기, 중기, 성숙기'로 구분되지. 초기는 주로 기술 이슈, 중기는 시장과 마케팅 이슈, 마지막 성숙기에는 재무적 이슈가 발생한다네. 한국전자는 중기와 성숙기 사이로 판단되며, 현재 시장 개척 한계에 봉착한 경우로 볼 수 있지. 이러한 시점에 M&A로 진행할지, IPO를 목표로 진행할지 의사결정이 필요한 것이야. 현재 한국전자는 대규모 투자를 통한 성장보다는 현대시스템과 같이 시장을 가지고 있는 기업과 결합하는 것이 좋을 것으로 판단되는데."

김한수 대표는 놀라는 눈치다. 김한수 대표는 내심 한국전자의 도약을 위해 IPO를 고려하고 있었다.

"M&A가 더 좋다는 말씀이신가요?"

"한국전자의 경우 제품 라인업을 확대 중인데 중소기업으로서 시장 확대에 어려움을 느끼고 있지. 제품 라인업에 있어서 현대시스템과 중첩되는 부분이 많지 않고 현대시스템의 글로벌 마케팅 능력만 결합된다면 1천억, 아니 1조 시장까지도 창출할 가능성이 있다는 거야."

"아, 그렇군요. 그럼 기업에서 추진하는 M&A 형태가 다양하겠군요?"

"기업이 M&A를 추진하는 이유는 매우 다양하다고 볼 수 있지. 우선 기업은 영속성을 위해 존재하지만 지속적인 성장이 쉽지만은 않아. 기업에 따라 지속 성장하는 기업이 있고, 성장, 침체, 다시 성장의 형태를 갖는 기업도 있지. 때로는 성장 후 침체와 부도를 겪는 일도 있고. 따라서 지속적인 성장을 위한 모델로 M&A를 선택하고 있는 걸세. M&A는 신규 사업 진출, 핵심 역량 보완 등 다양한 형태로 시도하고 있어. 또한 M&A를 기술 확보, 인력 확보, 특허권 확보 등의 목적으로 시도하는 기업이 증가하는 추세야."

김한수 대표는 솔직히 M&A를 고민해보지 않은 것이 사실이며, 현실에서 다양한 M&A 형태가 존재하고 있음에 놀라움을 금치 못한다.

"그럼 현대시스템이 한국전자에 관심을 갖는 이유는 무엇인가요?"

"현대시스템은 최근 공격적인 경영을 펼치며 외형을 확대하는 전략을 추구하고 있습니다. 현대시스템의 사업 다각화 전략과 기술 획득 전략을 모두 만족할 수 있는 기업 중 하나가 한국전자라 볼 수 있습니다. 즉, 한국전자의 특허권과 기술력, 인력을 모두 확보할 수 있다면 현대시스템의 사업 다각화 전략을 만족하는 동시에 기술 획득 전략도 만족할 수 있다는 것이지."

"특허권 확보의 일환으로 M&A를 활용하고 있다는 점이 흥미롭군요. 그렇다면 한국전자는 자체 기술력을 기르고 특허 포트폴리오를 구축하는 것이 M&A에 도움이 되겠군요?"

"물론입니다. 한국전자와 같이 기술력과 특허 포트폴리오를 구축한 회사는 M&A 진행 시 실사와 가치평가, 협상을 진행함에 있어 좋은 결과를 받을 수 있는 조건을 갖추고 있다고 볼 수 있습니다."

미국의 경우 특허권 기반의 M&A가 흔하게 진행된다. 미국이 M&A 천국이 된 이유는 촘촘한 특허권 제도에 기인한다. 특허권에 기반한 M&A는 구글이 유명하다. 구글의 최근 M&A 핵심은 특허 포트폴리오 강화에 있다고 볼 수 있습니다. 구글은 125억 달러에 인수한 모토로라의 미국 특허 6천 건 포함, 전 세계 1만 7천 건을 확보해 안드로이드 특허 생태계를 강화한 측면이 있다. 또한, 올해 초 모토로라를 레노버에 매각 할 때도 특허는 그대로 남겨, 특허권을 활용한 비즈니스에 방점을 찍고 있다고 볼 수 있다.

얼마 전 마무리된 스마트홈 관련 벤처기업인 네스트 랩스Nest Labs 인수도 특허권을 확보하기 위해 진행된 케이스로 32억 달러에 인수했다. 네스트 랩스는 사물과 인터넷을 연결하는 사물인터넷IoT 서비스 제공 업체다. 스마트폰으로 집안 온도를 실시간 제어하는 '스마트 온도조절 장치'가 대표 제품이다. 구글은 이번 인수로 홈네트워킹 서비스인 구글 홈Google Home을 강화하는 동시에 네스트 랩스가 보유한 등록 특허 115건은 물론 미공개 특허 103건도 확보했다.

구글과 같이 특허권 확보 차원에서 M&A를 공격적으로 진행하는 업체는

<도표 7-3> **구글의 M&A 기업 수 및 특허 확보 현황***

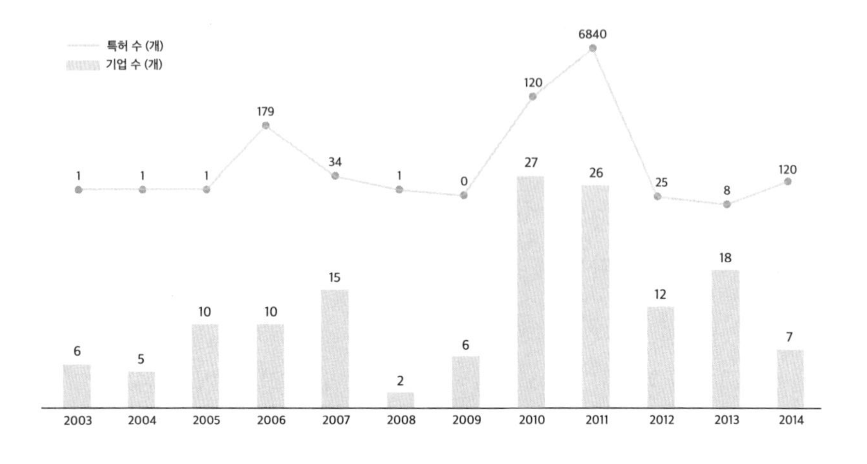

주로 ICT 글로벌 기업군에 포진해 있다. 구글을 비롯해서 애플, 트위터, 아마존, 삼성전자 등 ICT 상위그룹들이 그러하다. 이는 ICT 분야가 특허 소송 리스크가 강하기도 하지만, M&A를 통한 특허권 확보가 시장 장악력 확보로 이어질 수 있기 때문이기도 하다.

설명을 듣던 김한수 대표가 질문한다.

"그럼, M&A에도 다양한 형태가 있는 것으로 알고 있는데 M&A 형태에는 어떤 것이 있나요?"

"M&A는 기업 합병과 인수뿐만 아니라 분할, 자산 및 영업 양수도, 주식 교환 및 이전 등 기업 지배 구조의 변동을 초래하는 고도화된 자본 거래를 뜻하기도 하며, 상장 관점에서 SPAC 상장, 우회 상장, 기술 및 코넥스 상장을 포함

---

* 임지택, '[미리 보는 미래 특허전쟁] 구글의 M&A와 특허 전략', 전자신문, 2014.04.15.

합니다. 또한 M&A 주체별 성격에 따라 PEF & Buyout**, 적대적 M&A, 회생 M&A, Cross-Border M&A*** 등을 포함합니다."

김한수 대표는 M&A의 다양한 형태에 다소 놀란다. 하지만 M&A는 성공을 보장하는 않는다. 기업의 성장 전략에서 M&A가 만사형통이며 무조건 성공할 것이라는 생각은 지극히 위험하다. 김한수 대표는 주변을 통해 다양한 M&A 경험을 듣고 있어 이런 사실을 익히 알고 있었다. 국내외 기업들은 성장 및 경영 전략의 한 방법으로 M&A를 많이 선택하고 있지만, 실제로 M&A가 실패하는 경우도 많이 목격되고 있는 것이 사실이다.

과거 M&A 사례를 살펴보면 주주가치 증대에 실패한 경우, 경쟁사 대비 매출 성장이 저조한 경우, 비용 시너지 달성에 실패한 경우가 다수 있었음을 알 수 있다. 대표적인 실패 사례로 휴렛팩커드와 컴팩의 사례를 들 수 있다. 2001년 미국 거대 기업인 휴렛팩커드와 컴팩이 전 세계의 이목을 집중시킨 가운데 합병에 성공하였다. 하지만 수년 후 합병법인의 CEO였던 칼리 피오리나Carly Fiorina는 주주들로부터 합병법인의 주식가치 하락, 실적 악화 등의 이유로 해임된다.

그리고 2011년. 영국 정보분석업체 오토노미를 111억 달러에 인수한 레이먼드 레인 회장 역시 인수 회사의 재무적 이슈를 제대로 파악하지 못하는 문제를 겪게 된다. 그는 이듬해 상각 처리로 88억 달러의 큰 손실을 발생시킴에

** PEF 중에서 바이아웃(Buy-out)펀드를 의미. PEF의 여러 투자 목적 중 특히 기업을 인수하려는 목적으로 만든 사모펀드를 말함.

*** 크로스보더(Cross-border)는 국경을 자유롭게 넘나든다는 뜻으로 인수·합병 쪽에서는 국경과 국적을 넘어 발생하는 M&A를 말함.

따라 이에 대한 책임을 지고 사임했다. 결국 휴렛팩커드는 M&A 실패의 후유증을 극복하지 못하고 2015년 두 개의 회사로 분사하게 된다.

M&A 실패 사례를 분석해보면 M&A 추진 단계별로 다양한 실패 원인들이 존재한다. 사전 M&A 단계에서는 대상 회사에 대한 정확한 이해 부족, 시너지의 과대 평가, 실사 및 가치평가의 미흡 등이 있다. 협상 및 계약 체결 단계에서는 과도한 인수 가격 지불 및 가격 협상 실패, 비밀 유지 실패, M&A 성사에 대한 과도한 집착 등이 있을 수 있다. 마지막으로 사후 통합 단계에서는 기업문화 및 제도 통합 실패, 사후 통합 전략 수립 미흡 및 통합 작업 부실, 핵심인력 유지 실패 등이 주요 M&A 실패 원인으로 꼽힌다.

M&A를 추진하는 기업 입장에서는 미리 일반적인 M&A 실패 원인을 확인하고 각 기업 특성에 맞게 사전에 대비해야 M&A 성공 가능성을 높일 수 있다. 안수현 회계사는 장시간에 걸쳐 M&A 이론을 설명한다. 김한수 대표는 M&A 추진 시 다양한 변수와 검토가 있음을 실감한다. 대부분의 중소기업의 대표들이 그러하듯이 김한수 대표도 엔지니어 출신으로 관련 지식을 축적하지 못한 상태다. 김한수 대표는 전략적 의사결정에 앞서 다양한 내용을 정리할 필요성을 느꼈다.

"안 회계사님, 전반적인 내용 잘 들었습니다. 한국전자 내부에서 검토 후 M&A 진행 여부를 결정하도록 해야겠습니다."

박정수 대표는 김한수 대표에게 당부의 말을 하고 자리를 떠난다.

"김 대표, 내가 한국전자 창업 초기에 김 대표에게 이야기했던 것 중 기업과 결혼하지 말라는 말의 의미를 되새겼으면 합니다. 또한 투자사들이 기업과 이혼을 전재로 결혼한다는 말은 기업 대표에게도 동일하게 적용되는 말이니 의미를 잘 생각했으면 합니다. 마지막으로 기업 대표의 그릇에 대한 이야기를 했는데 김 대표의 그릇에 대한 고민을 하고 최종 의사결정에 반영했으면 합니다."

김한수 대표는 현재 한국전자의 상태를 꼼꼼히 검토하며 한국전자의 운명을 가늠하고 있었다. 현재 한국전자는 월드클래스 300에 선정되면서 승승장구乘勝長驅하고 있으나, 시장 확대에 많은 어려움을 겪고 있는 동시에 내부적으로 혁신을 위한 분위기가 창업 초기와 같지 않았다. 그리고 김한수 대표 역시 회사의 규모가 커지면서 전문경영인 영입을 고려하고 있는 상황이었다.

조인호 CFO와 김한수 대표가 한국전자 매각에 관해 논의 중이다.

"한국전자 매각을 검토 중인데, 조 부사장 자네는 어떻게 생각하나?"

"네? 매각이라고요?"

조인호 CFO는 너무나 놀라 가슴이 터질듯하다. 한국전자의 공동 창업자로서 지금까지의 위기와 성장 과정이 눈앞에 펼쳐진 듯하다. 왜 하필 이 시점에서 기업 매각 이슈가 터졌는지 도무지 이해가 가지 않는다.

"맞아. 한국전자의 매각을 검토 중에 있고, 한국전자 매입을 희망하는 대기업이 있어. 우리가 의사 결정을 하면 바로 협상에 들어갈 수 있는 상황이야."

조인호 CFO는 깜짝 놀라며 말을 이어갔다.

"한국전자를 창업한지 10년의 세월이 흘렀습니다. 지금까지 급속한 성장을 하며 때로는 환호하고, 때로는 위기를 돌파하며 지금까지 잘해왔다고 생각합니다. 매각이라니, 한국전자는 현재 지속 성장을 유지 중인데, 도무지 이해가 가지 않네요."

"기업은 지속적인 성장을 담보해야 하며 영속성을 위해 존재하지. 한국전자는 성장한 이후에 매출액 정체를 보일 것이며 이는 지금까지의 시장과는 또 다른 시장을 개척해야 한다는 의미야. 그런데 이를 잘할 수 있는 기업이 있다면 한국전자는 또 다시 성장의 사다리를 올라탈 수 있겠지. 그리고 기업의 규모가 커짐에 따라 이에 걸맞은 시스템의 접목이 필요하지. 그래서 전문경영인을 모시려고 고민했지만, 한국전자의 지속 성장을 위해서는 M&A가 최적의 솔루션이라 판단했네."

"대표님을 포함한 창업자 네 명은 대표님의 뜻을 끝까지 따를 생각이지만, 한국전자의 지속 성장이라는 관점에서 고려해주시길 바랍니다."

"물론이지. 전반적인 한국전자 상황을 고려해서 최종 결정을 내리려고 하니, 내 의견을 따라주길 바라네."

"네, 대표님께서 최선의 결정을 내리리라 생각됩니다."

조인호 CFO는 희미한 미소를 남긴 채 대표이사실을 떠났다. 김한수 대표는 밤늦도록 홀로 사무실에 남아 있다. 과연 한국전자의 미래는 혼자의 힘으로 개척하기 어려운 일일까? 과연 나의 그릇의 한계는 어디까지일까? 한국전자의 미래를 위한 구상과 생각으로 이미 동이 트고 있다.

'그래, 한국전자의 미래를 위해 한국전자를 결혼시키자.'

김한수 대표는 한국전자의 전략을 M&A로 결정한다.

현대시스템의 장동식 회장과 한국전자의 김한수 대표, 그리고 박정수 대표가 한자리에 모였다.

"장 회장님과 김 대표님의 신속한 의사결정에 감사드립니다. 이 자리는 현대시스템과 한국전자의 인수합병을 위한 킥오프 자리입니다."

드디어 현대스템과 한국전자의 협상이 시작되었다. 양 기업의 인수합병을 위한 중재자로 박정수 대표가 선임되었다.

"저는 장 회장님과 김 대표, 두 분을 다 잘 알고 있습니다. 그리고 현대시스템의 M&A 두 건을 관여해서 성공적으로 사업이 진행되고 있다는 점 말씀드립니다."

김한수 대표는 현대시스템이 M&A를 여러 건 진행했다는 이야기를 듣는다. 박정수 대표는 중소벤처기업의 투자뿐 아니라 엑시트를 위한 M&A에도 관여하고 있었다. 과연 '신의 손'이라는 별칭이 어울릴 만하다.

박정수 대표는 한국전자의 창업과 성장 과정을 모두 지켜보면서 항상 엑시트의 구조를 고민하고 사업의 방향성을 그려왔다. 사실 한국전자와 현대시스템 간의 지식재산권 크로스 라이센싱의 그림도 박정수 대표의 계획이었다. 양사가 M&A 이전에 교류를 통해 교감이 가능할 것인지를 검토할 수 있는 기회라고 본 것이다. 물론 이러한 교류를 통해 양사의 장점과 문화적인 이질감을 극복할 수 있는지 검토하는 시간은 현재 시점의 인수합병에 중요한 역할을 할 것이다. 김한수 대표는 다소 긴장한 표정을 짓는다.

"장 회장님을 처음 뵙습니다만, 저는 한국음향에서 연구소장을 역임했습니다. 그래서 현대시스템에 대해서는 안 좋은 기억이 있었지요. 그러나 비즈니스는 비즈니스로 접근해야 한다는 걸 저도 잘 이해하고 있습니다. 그래서 양사 간 지식재산권 크로스 라이센싱도 제가 흔쾌히 승인했습니다."

김한수 대표의 안 좋은 기억이 본 협상에 악영향을 미칠까 박정수 대표는 걱정이 앞선다. 장동식 회장은 물론 노련한 여우로 숨겨진 날카로운 발톱을 숨긴다. 김한수 대표는 긴장감을 감추지 못하는 표정이다. 하지만 장동식 회장의 표정에는 여유의 흔적이 묻어난다.

"김 대표님, 한국음향은 잊으시고 저와 한국전자만을 생각하면 좋을 듯합니다. 물론 사람은 감정의 동물이고 김 대표님이 한국음향에 젊음을 바쳤다는 사실은 저도 잘 알고 있습니다."

김한수 대표는 장동식 회장의 발언에 흠칫 놀란다. 나의 과거와 현재를 꿰뚫고 있는 것이 만만치 않은 상대를 만났다는 중압감을 느낀다.

"장 회장님 그리고 김 대표님, 오늘은 서로의 기 싸움을 위한 자리가 아닙니다. 분명히 말씀드립니다. 오늘 이 자리는 양사 간 인수·협상을 위한 사전 미팅입니다. 또한 양사 간 인수합병에 대한 내부 의사결정을 통해 만남이 성사되었습니다. 그러니 양사 간의 시너지 창출이 가능한지 가늠한 후 인수합병 의향서를 체결하기 위한 자리임을 기억해주십시오."

그렇다. 한국전자와 현대시스템이 인수합병을 하기 위한 내부 의사결정은 완료된 상태다. 인수합병 의향서 체결이 완료되면 양사 인수합병팀이 실사 및 인수합병 조건 그리고 합병 후 조직 등 시너지를 창출하기 위한 다양한 절차가 진행될 것이다.

김한수 대표는 현대시스템과 지식재산권 크로스 라이센싱 계약을 통해 현대시스템의 조직문화를 이해하고 있다. 따라서 한국전자와 현대시스템과의 합병을 통한 시너지 창출에는 큰 문제가 없는 것으로 판단하고 있다.

"회장님, 저는 한국전자가 상장 등 독자적인 성장이 가능함을 알고 있습니다. 또한 이러한 방향으로 사업이 전개될 경우 현대시스템과의 치열한 경쟁을 통해 양사의 성장 동력이 상실될 것으로 판단했습니다. 이를 극복할 방안으로 양사 간의 합병이 최적의 전략이라 판단합니다."

"김 대표의 혜안이 놀랍습니다. 맞습니다. 현대시스템도 최근 성장 동력을 상실하면서 새로운 성장 동력 발굴 차원에서 M&A를 검토 중에 있었습니다. 박정수 대표로부터 현대시스템과 최적의 시너지 창출이 가능한 곳으로 한국전자 합병을 제안 받았습니다. 내부 검토를 통해 양사 간의 합병이 현대시스템에 날개를 달아줄 것이라 믿고 있습니다."

현대시스템의 장동식 회장과 한국전자의 김한수 대표는 첫 만남이었지만 서로의 생각과 방향이 맞는 것을 느꼈다. 이는 합병 후 손발을 맞추는 데 있어서 커다란 장점으로 작용할 것으로 보인다. 첫 미팅을 통해 양사 간 의향서 체결은 큰 이슈 없이 진행되었다. 협약서 체결 이후 실사가 6주에 걸쳐 진행되었다. 실사 진행시 예상치 못한 악재는 발생하지 않았다. 하지만 양사 간의 세부 계약 조건에 몇 가지 이슈가 있어 양사 실무자가 결정을 하지 못하는 상황에서 박정수 대표와 장동식 회장, 김한수 대표가 다시 만남을 가진다.

"김 대표 오랜만입니다. 오늘 이 자리에서 이슈 사항이 모두 정리가 되었으면 합니다."

"회장님, 저 역시 이 자리에서 핵심 이슈 사항이 정리되어야 계약 단계로 넘어갈 수 있어 이 자리에서 최종 결정을 하고자 합니다."

중간에 박정수 대표가 나선다.

"장 회장님, 김 대표님, 우리는 본 합병을 위한 칠부 능선을 넘어섰습니다. 다만, 몇 가지 핵심 이슈 사항에 대한 의사결정이 필요해 이 자리를 준비했습니다."

그럼 핵심이슈 사항은 무엇인지 살펴보자. 기업 인수합병 시 가장 이슈가 되는 사항은 기업가치 산정에 대한 것이다. 현재 현대시스템은 코스피 상장사로 시가 총액이 약 15조 원 수준이다. 한국전자는 현대시스템으로 합병될 예정이므로 주식은 비율에 의해 현대시스템으로 변경될 예정이다. 이때 합병 비율이 이슈가 된다. 한국전자는 비상장사지만, 이미 외부감사 기업으로 회계 문제가 없다. 김한수 대표가 생각하는 한국전자의 가치는 이러하다.

- **현대시스템의 평균 PER(price earning ratio, 주가수익비율)인 10을 적용**
- **한국전자의 순이익은 100억 원 수준이므로 가치는 1천억 원이 산정됨**
- **경영권 프리미엄과 시너지 효과 등을 반영하면 2천억 원 수준으로 기업가치가 산정됨**

하지만 현대시스템 측은 경영권 프리미엄과 시너지 효과 등을 포함하더라도 1천 500억 원을 넘길 수 없다는 생각이다.

"김 대표, 최근 M&A를 통해 시너지를 창출하는 케이스는 30% 이하라는 사실을 알고 계시는지요. 그래서 현대시스템의 리스크도 반영하면 한국전자의 밸류는 1천 500억 원이 맞다는 계산입니다."

"회장님, 실사를 통한 다양한 결과를 보고받으셨을 겁니다. 실사를 통해 재무적으로 보면 부채 100억에 현금 500억으로 이미 장부상 가치가 400억 원이 있습니다. 이는 순수 현금보유를 말씀드리는 겁니다. 또한 현장 실사를 통해 양사 간의 공장 자동화 수준과 생산 노하우를 비교했습니다. 이를 통해 생산시스템은 오히려 한국전자의 것을 도입하기로 결정했습니다. 여기서 발생하는 생산성 개선은 100억 원 수준으로 산출됩니다. 이미 이러한 보이지 않는 시너지를 제외하더라도 500억 원의 가치가 추가로 창출된다고 말씀드릴 수 있습니다."

한국전자는 6주간 혹독한 실사를 진행했다. 재무회계 실사를 통해 현재의 재고 자산과 장부자산 비교를 하고는 한국전자의 빈틈없는 관리에 현대시스템이 혀를 내둘렀다. 법무실사를 통해 현재 소송 중인 건에 대합 법률 검토도 진행했지만, 소송 건은 특허 소송에 대한 것으로 일반적인 사항이었으며 특이사항은 발견할 수 없었다. 다만 생산 시스템 실사를 통해 한국전자의 시스템을 도입한다면 현대시스템의 생산 효율성이 배가된다는 사실을 확인한 상태다.

또한 실사를 통해 확인한 사실은 한국전자의 기술 부분의 우위성이다. 우선 지식재산권 관련 양사 간 크로스 라이센싱은 양사 간의 계약을 유지해야만 경쟁력을 유지할 수 있다는 결론이 도출되었다. 연구개발 부문의 인력 중 임창용 CTO, 이민우 소장 등 기존 연구 인력의 우수성이 확인되어 연구 인력은 퇴사 불가 조건이 필요한 사항이다.

"김 대표, 김 대표의 말에 일리가 있다고 생각됩니다. 그러니 2천억 원을 수용하되, 요구 조건이 있습니다. 첫째, 김한수 대표는 현대시스템과 합병 시 한국전자의 총괄 자리를 최소 3년 유지해야 한다. 둘째, 한국전자의 연구개발 핵심 인력은 최소 3년간 근무해야 한다. 핵심 연구개발 인력에는 임창용 CTO와 이민우 소장 등이 포함되어야 한다."

김한수 대표는 불현듯 임창용 CTO와 이민우 소장과의 약속이 생각났다. 김한수 대표는 현대시스템과의 합병이 마무리되면, 임창용 CTO와 이민우 소장을 한국전자 자회사의 대표로 임명할 생각이었다. 현대시스템과의 협상에서 암초를 만난 것이다. 김한수 대표는 현대시스템과의 협상을 마무리 짓고

조 부사장과 이 소장을 품에서 떠나보낼 생각을 하고 있었다.

"회장님, 제가 다시 제안드립니다. 인수가는 1천 500억 원으로 하여 현대시스템의 요구 조건을 수용하겠습니다."

장 회장과 박 대표는 화들짝 놀란다. 흔히 M&A의 승패는 인수가 협상에 있다고 한다. 인수가 협상은 지루한 공방으로 이어지기도 하고 끝내 협상이 결렬되기도 하는 절차다.

"다만 다음과 같은 요구 조건을 수용해야 합니다. 첫째, 한국전자의 두 자회사는 이번 합병을 통해 별도의 회사로 분리해야 합니다. 둘째, 조 부사장과 이 소장의 3년 의무 근무 기간을 6개월로 변경해야 한다는 조건입니다."

"김 대표, 첫 번째 요구 조건은 수용 가능합니다만, 두 번째 요구 조건인 6개월은 너무 짧은 듯합니다."

"회장님, 그렇지 않습니다. 두 번째 요구 조건이 수용 가능한 이유는 다음과 같습니다. 우선 이미 양사 간 PMIpost merger integration, 합병 후 통합 작업이 진행되고 있습니다. 또한 저의 3년 임기는 확실하게 보장합니다. 연구소는 제가 주도해서 연구개발과 방향성을 잡고 지금까지 왔기 때문에 임 부사장과 이 소장은 6개월 근무면 충분하다고 판단합니다."

장 회장은 사실 한국전자와의 협상에서 요구 조건을 가능한 수용하는 선에서 계약을 깨지 않을 수 있기를 바라고 있었다. 현대시스템은 지금까지 여러 건 M&A를 진행하면서 한국전자와 같이 완벽한 시스템을 갖고 비즈니스를 진행하는 경우를 처음 접해본다. 이는 이미 현대시스템의 리스크를 상당부분 해소해준 상태다.

"김 대표, 좋습니다. 김 대표 의견을 반영해 본 계약을 체결하는 것으로 하겠습니다."

박정수 대표는 깜짝 놀란다. 지금까지 현대시스템 M&A를 진행하면서 장 회장이 지금과 같은 과감한 의사결정을 한 적이 없었다. 한국전자가 지금까지 동해와 서해를 맴돌고 있었다면, 드디어 태평양을 향한 항해를 시작한다.

얼마 후 한국전자 창업자 사인방이 대표이사실에 모였다. 김한수 대표가 한국전자의 매각 소식을 전한다.

"한국전자를 현대시스템에 최종 매각하기로 결정했습니다. 매각 과정은 박정수 대표가 진행해주셔서 한국전자에 상당히 유리한 조건으로 최종 결정되었습니다."

김한수 대표의 매각 과정에 대한 설명이 이어진다. 한국전자는 1천 500억 원에 매각하며 현대시스템과의 교환 비율은 100 대 1로 결정되었다. 즉, 한국전자의 전체 기업 가치를 1천 500억 원으로 합의한 것이다.

1천 500억 원 매각 금액을 기준으로 확인해보자. 김한수 대표는 지분 50%이므로 750억 원, 박정수 대표는 지분 15%이므로 225억 원, 한국전자 임직원은 지분이 10%이므로 150억 원의 현금을 지급받았다. 한국전자 임직원 중 두 부사장은 각각 25억 원씩, 그리고 이민우 소장은 10억 원의 수익이 발생하게 될 것이다. 현대시스템과의 합병은 한국전자의 미래를 위한 결단이다. 또한 새로운 성장 동력을 생각해야 한다. 한국전자 창업 사인방 중 김한수 대표를 제외한 나머지는 김 대표의 입을 통해 M&A 과정을 전해 듣고는 기립박수를 친다. 임창용 CTO가 질문을 이어간다.

"매각이 된다면 대표님의 거취는 어떻게 되나요?"

"나는 3년간 한국전자를 계속 맡기로 했습니다. 한국전자가 안정화된 이후에 제2의 비전을 수립할 예정입니다."

김한수 대표는 한국전자의 임원진과 마지막 회의를 통해 또 다른 만남을 기약한다. 드디어 한국전자 사인방의 마지막 자리. 이 마지막 회의는 서로의 성장을 위한 자리이기도 하다. 김한수 대표는 두 눈을 감은 채 감회에 젖어 있는 표정이다.

'마지막 자리에서 가장 중요한 것은 기여도에 따른 분배이지 않을까….'

김한수 대표가 말문을 연다.

"한국전자가 지금까지 성장하는 데 여기 계신 임원분들의 노고가 가장 크다고 생각합니다."

조 부사장의 감회 어린 말이 이어진다.

"지금까지 한국전자의 성장에 가장 큰 기여를 한 것은 물론 대표님이시고, 저는 그 다음으로 박정수 대표님의 도움이 컸다고 생각합니다."

이민우 소장이 거든다.

"맞습니다. 한국전자가 성장하는 과정에서 한국전자의 가치를 찾아가는 과정, 기술 아이템 선정을 통한 기술사업화 전략, 한국전자가 위기에 봉착했을 때 자금 수혈, 그리고 본격적인 성장 단계에서 특허 소송과 지식재산권 전략까지…. 마지막으로 신제품 인증, 조달우수 제품등록 등 다양한 도움을 통해 한국전자가 이 자리에 있게 되었다고 생각합니다."

김한수 대표는 흐뭇한 표정으로 임원진을 바라보고 있다.

"저는 그럼에도 불구하고 여러분의 기여도에 따라 보상을 하고 싶습니다. 박정수 대표님은 이번 매각으로 지분을 보유하고 있으시니 당연히 보상을 받게 되어 있습니다."

임직원은 모두 손사래를 친다.

"저희들이야 맡은 역할을 했을 뿐입니다."

조 부사장이 고개를 흔든다.

"아닙니다. 저는 마지막으로 이 자리에서 선조의 논공행상論功行賞 이야기와 칭기즈칸 이야기를 하면서 한국전자 매각 이후의 그림에 대해서도 여러분과 논의하고자 합니다."

임직원들은 모두 환한 미소를 지으며 김한수 대표의 말에 동의를 표한다. 이어서 김한수 대표의 이야기가 이어진다.

어느 조직이나 지속적인 발전을 이루려면 결과에 대한 보상이 가장 중요하다. 가장 최악의 보상 케이스로는 임진왜란이 끝난 후 선조가 결정한 논공행상論功行賞 사례를 꼽을 수 있다. 선조는 임진왜란이 끝나자 논공행상을 했다. 물론 일선에서 싸워준 장수들과 의병장들 그리고 백성들의 공이 컸음에도 불구하고 선조는 이런 말을 한다.

"이번 왜란의 적을 평정한 것은 오로지 중국 군대의 힘이었고, 우리나라 장수는 중국 군대의 뒤를 따르거나 혹은 요행히 잔적의 머리를 얻었을 뿐이므로 일찍이 제 힘으로는 한 명의 적병을 제거하거나 적진을 함락시키지 못하였다."

이 얼마나 애석한 말인가? 탁월한 군사 지식으로 무관 이순신을 후원해 임진왜란 당시 열세였던 조선의 전세를 역전시키고 승리로 이끌었던 성리학의 대가 유성룡. 왜란 당시 병조판서로서 명나라에 원군을 요청하는 동시에 왕실 근위대를 정비하여 많은 공적을 세운 이항복. 하지만 그들은 임진왜란 직후 자신에게 내려진 공신 칭호를 삭제해달라고 요구한다.

한편 선조는 어떠했는가. 선조는 전투에서 뛰어난 공을 세운 의병과 장수들의 공적은 소홀히 하면서 자신과 함께 피난길에 올랐던 귀족들을 공신으로 책훈했다. 또한 왕권 강화를 위해 이처럼 명분 없는 논공행상을 벌였다. 그 결과 왕을 보필한 호성공신(호성이란 전쟁 시 왕을 직접 호위하거나 따르던 신하들에게 내려진 공신 칭호)이 선무공신(선무는 이순신, 김시민 장군처럼 직접 전쟁을 돌며 혁혁한 공을 세운 신하들에게 내려진 공신 칭호)보다 압도적으로 많은 상식 밖의 일이 벌어지게 되었다.

이를 계기로 조선의 국운國運은 기울어져가며 또 다시 일본의 지배가 시작되는 계기가 되었다. 이와 같이 논공행상은 아주 중요한 절차이며 이를 통해 나라를 융성하게 할 수도 있고, 반대로 나라가 고난의 나락으로 빠져들 수 있는 것이다. 이는 비단 나라뿐만 아니라 기업을 운영하는 데 있어서도 매우 중요한 결정이라 할 수 있다.

다음으로 칭기즈칸 이야기로 들어가보자. 보잘 것 없는 환경에서 태어나 글도 깨우치지 못했던 칭기즈칸이 어떻게 몽고 벌판을 통일하고 역사상 가장 광대한 영토를 지배한 제국을 세울 수 있었을까? 칭기즈칸의 여러 능력 중에서도 특별히 전 부족, 전 국민의 역량을 한곳으로 결집시키고자 했던 노력에 주목하고자 한다. 그는 '한 사람의 꿈은 꿈으로 끝날 수 있지만 만인萬人의 꿈은 현실이 될 수 있다'는 신념으로 전체를 이끌어 갔다. 지도자의 비전과 철학의 중요성이 돋보이는 부분이다.

그러나 고상한 철학만으로는 조직을 움직일 수 없다. 자신에게 돌아오는 실리가 없으면 쉽게 움직이지 않는 것이 사람이다. 그는 '분배의 정의'를 실천함으로써 이 문제를 해결하고 전 부족을 하나로 묶을 수 있었다. 전통적으로 몽고 벌판에서의 전리품 분배 방식은 '먼저 차지하는 사람이 임자'인 시스템이었다. 적진에 진입한 최일선 부대부터 보이는 대로 약탈하면 그것은 바로 그의 소유가 됐다.

하지만 칭기즈칸은 전리품에 대한 개인의 약탈을 금지하고 이를 모두 한곳에 모아 전투에 기여한 공헌에 따라 골고루 나눠주는 방식을 도입했다. 일종의 성과급 제도다. 물론 목숨 걸고 보다 적극적으로 싸운 사람들에게 더 큰 몫이 돌아갔겠지만, 후방에서 양과 말을 돌보며 승리를 기원하던 여자나 노인들에게도 몫이 배당됐다.

문제는 최전선에서 피 흘린 전사들의 몫이 필연적으로 과거보다 작아졌을 터라는 데 있다. 그들은 어떻게 새로운 제도를 수용했는가? 이는 칭기즈칸의 권위나 힘만으로 가능했다고는 생각하기 어렵다. 결국 전사들도 자신들의 작은 양보가 결국에는 더 큰 이익이 돼 돌아온다는 것을 알고 기꺼이 실천할 의지가 있었기에 가능한 일이었으리라.

다행스럽게도 우리 사회는 칭기즈칸이 공권력을 동원해 포획물을 배분하던 시대와는 달리 시장市場이란 제도가 있어 생산 활동에 기여한 만큼 그 몫을 배분하고 있다. 다만 없는 자가 양보하기는 어려운 법이다. 더 가질 수 있는 사람의 작은 양보가 선행돼야 사회 통합의 시너지 효과를 낼 수 있다.

김한수 대표는 자리에 일어서서 엄숙한 분위기로 이야기를 이어간다.

“내가 논공행상을 이야기한 이유가 있습니다. 저는 오늘자로 매각된 회사의 CEO로 재임명될 예정입니다. 하지만 저는 꿈이 있습니다. 저는 한국전자의 CEO 역할은 3년만 하기로 약속을 했습니다. 그리고 한국전자를 운영하면서 오늘 같은 날을 위해 박정수 대표와 논의하며 두 개의 자회사를 출범시켰습니다. 두 개의 자회사에 대한 대표이사를 오늘 발표하려고 합니다.”

“대표이사라니, 갑자기 무슨…?”

조인호 부사장은 당황을 한다.

“오늘의 한국전자가 있기까지 한국전자 임직원분들의 노고가 컸습니다. 그럼에도 불구하고 제가 지정하는 대표이사는 제 의견을 따라주시길 바랍니다. 우선 저는 3년 후에 새로운 일을 시작할 예정입니다. 3년 후의 사업을 위해 저는 한국전자를 매입한 현대시스템에 남기로 했습니다. 3년 후의 사업은 조인호 부사장과 함께할 생각입니다. 따라서 저와 조인호 부사장은 현대시스템에 남아 한국전자의 마지막 불꽃을 태울 것입니다. 한국전자의 자회사인 ‘한국콘텐츠영상’은 이민우 소장이 대표이사를 맡아 주시기 바랍니다.”

이민우 소장은 깜짝 놀라며 자리에서 벌떡 일어선다.

“대표님, 무슨 말씀을…! 한국콘텐츠영상은 대표님의 피와 땀이 서린, 한국전자로서도 의미가 있는 한국전자의 제1호 자회사입니다. 한국콘텐츠영상은 대표님이 이끌어가셔야지요!”

“이민우 소장은 한국전자를 통해 많은 성장을 했고, 기업을 이끌 능력이 충분히 있다고 생각합니다. 제 지분 모두를 이민우 소장께 양도할 생각입니다.”

“대표님, 어안이 벙벙합니다. 제가 잘할 수 있을지도 모르겠습니다.”

“이 소장은 충분히 능력 있습니다. 그리고 두 번째는 서울형 기술 창업을 통해 출범한 '코리아AI'입니다. 이쪽은 임창용 부사장이 맡아주시기 바랍니다."

임 부사장도 깜짝 놀라며 김한수 대표를 바라본다.

"대표님, 저야 말로 능력이 미천합니다."

"하하, 임 부사장! 이런 자리에서는 그런 겸손을 떠는 것이 아니지."

한국전자 사인방이 모두 일어서서 커다란 박수를 친다.

"모두 동의하는 것으로 이해하겠습니다. 마지막 논공행상은 이것으로 마치겠습니다. 다만 기업인으로서 앞으로 수많은 어려움을 겪을 것입니다. 하지만 한국전자에서 동고동락한 동지들이 있으므로 항상 마음으로 응원하시길 바라겠습니다."

김한수 대표는 시 한 편으로 지금까지의 감회를 표현한다. 바로 도종환 시인의 〈가지 않을 수 없던 길〉이다. 이 작품은 유시민 작가가 보건복지부장관 청문회에서 본인의 각오를 표현하기 위해 낭독했던 것으로 유명하다. 김한수 대표의 목소리를 통해 울려 퍼지는 시를 듣고는 임창용 CTO의 눈시울이 붉어진다. 이민우 소장은 감정이 북받친다. 김한수 대표가 그동안 걸어온 여정이 시에 묻어난다.

김한수 대표는 경험이 많지 않은 상황에서 창업을 하고, 창업 후 찾아온 위기 그리고 이를 극복하는 과정 등 모든 인간사를 한국전자에서 경험했다. 김한수 대표는 생각한다.

'김한수, 그동안 고생 많았어.'

그동안 잘한 부분도 있고, 때로는 인간이기에 놓친 부분도 있다. 하지만 최선을 다한 시간이었다. 김한수 대표는 한국전자의 마지막을 웃음으로 끝낼 수 있어 다행이라 생각하며, 또 다시 기업을 운영하게 된다면 한국전자의 경험을 밑바탕 삼아 더욱 성숙한 기업인이 되리라는 희망을 품고 한국전자의 문을 나선다.

대한민국 중소기업이 재탄생하는 순간

한국전자는 여전히 순항 중이다. 아니, 현대시스템과의 결합을 통해 급성장 중이다. 김한수 대표는 전문경영인으로서의 역할을 다했다. 김한수 대표는 한국전자와 현대시스템의 결합을 통해 현대시스템의 기업 가치를 이미 두 배 이상으로 불려놓은 상태다. 김한수 대표는 최근에 현대시스템의 장 회장으로부터 현대시스템의 CEO 자리를 맡아 달라는 요청까지 받았다. 한국전자 김한수 대표의 얼굴은 지금까지의 드라마틱한 기업 경영 스토리를 통해 한층 성숙한 모습이었다.

현대시스템 회의실에 모처럼 사인방이 모였다. 3년 만의 일이었다. 이민우 대표와 임창용 대표는 기업 경영에 온몸을 투신한 흔적이 역력하다.

"김 대표님, 현대시스템은 여전히 폭풍처럼 성장 중이던데요?"

"현대시스템은 물 만났지. 현재 순항 중일세."

한국전자는 이미 현대시스템과의 결합을 통해 신규 비즈니스의 산실로 자리매김한 상태이다. 김한수 대표는 이제는 한국전자를 진정으로 떠나보낼 때라 생각한다.

"이민우 대표는 잘해내고 있지?"

"기업을 운영한다는 게 보통 일이 아닙니다. 챙겨야 할 일은 왜 이리 많은지요."

이민우 대표는 더욱 성숙한 모습이다. 한국콘텐츠영상이 시장의 호응에 힘입어 최근 기술특례상장을 준비하게 되었고, 이민우 대표는 눈코 뜰 새 없는 나날을 보내고 있다.

"임창용 대표는 어떤가?"

"최근 자금 경색이 와서 어려운 시간을 보내고 있는 중에 한국전자에서 배운 투자 기법을 활용해 추가 투자 유치를 확정했습니다."

모두 임창용 CEO를 향해 환호성을 질렀다. 김한수 대표가 자리에서 일어나 무언가를 말하기 시작한다.

"그럼, 내가 한국전자 마지막 날 이야기한 나의 계획을 이야기할 시간인가? 나는 조만간 조인호 부사장과 조그마한 사모펀드를 운영할 생각이야. 한국전자를 매각하면서 수중에 꽤 많은 돈이 들어왔으니 말이지. 지금까지 도와준 박정수 대표와도 여러 논의를 통해 결정한 일이야. 우리가 결성하는 펀드는 기술형 중소기업에 투자하는 형태인데, 투자금은 나와 박정수 대표가 개인 자금을 털어서 진행하기로 했네. 투자를 위해서는 반드시 재무전문가가 필요해. 재무전문가로는 조인호 부사장을 영입하기로 했어."

이민우 대표와 임창용 대표는 눈이 번쩍한다.

"대표님, 너무 놀랍습니다."

"놀랄 것 없네. 한국전자도 투자자의 시드머니를 통해 성공한 케이스였지. 도움을 받았으면 당연히 나도 사회에 기여해야지."

임창용 대표가 답한다.

"대표님의 결정은 우리 같은 작은 중소기업에 희망이 됩니다."

이번에는 다시 김한수 대표가 엄숙하고도 평화로운 표정을 지으며 당부의 말을 전한다.

"여기에 모인 한국전자 사인방은 앞으로도 자주 보겠지만, 두 대표님은 회사를 운영하면서 많은 시련이 기다리고 있을 겁니다. 내가 한국전자에서 강조했던 《중용》 〈23장〉으로 나의 생각을 대신하고 싶습니다."

작은 일도 무시하지 않고 최선을 다해야 한다.
작은 일에도 최선을 다하면 정성스럽게 된다.
정성스럽게 되면 베어 나오고 겉에 베어 나오면
겉으로 드러나고 겉으로 드러나면 이내 밝아지고
밝아지면 남을 감동시키고 남을 감동시키면 이내
변하게 되고 변하면 생육된다.
그러나 오직 세상에서 지극히 정성을 다하는 사람만이
나와 세상을 변하게 할 수 있다.

김한수 대표는 《중용》의 말처럼 '나와 세상을 변하게 할' 미래를 생각하며 가슴이 벅차올랐다. 한국전자 사인방이 펼치는 미래는 때로 어려움에 처하기도 할 것이고, 때로 순풍에 돛단 듯이 순항하기도 할 것이다. 그렇다. 기업은 기업가 정신으로 무장해서 어려움을 극복하는 자의 것이다. 여기에 모인 한국전자 사인방은 인고의 세월을 통해 단련이 되었다. 한국전자 사인방은 대한민국 중소기업의 표상이 될 것이다. 이는 대한민국 중소기업이 그렇듯이 때로는 고난의 길을 갈 것이고, 때로는 비단길을 걸어갈 것이다. 이를 통해 대한민국 중소기업이 바른길을 걸을 수 있는 표상이 될 것이다. 비로소 대한민국 중소기업이 재탄생하는 순간이다.

〈부록〉

정부지원사업 편람

※ 본 매뉴얼은 2020년도 정부연구개발사업 및 중소기업 지원시책 내용을 위주로 재구성하였으며, 실제 내용과 다소 차이가 있을 수 있습니다.

Ⅰ. 용어 정의

□ 연구단계별 분류

구분	연구단계별
기초연구 단계	특수한 응용 또는 사업을 직접적 목표로 하지 아니하고 현상 및 관찰 가능한 사실에 대한 새로운 지식을 획득하기 위하여 행하여지는 이론적 또는 실험적 연구 단계
응용연구 단계	기초연구의 결과 얻어진 지식을 이용하여 주로 실용적인 목적과 목표 하에 새로운 과학적 지식을 획득하기 위하여 행하여지는 독창적인 연구 단계
개발연구 단계	기초연구·응용연구 및 실제 경험으로부터 얻어진 지식을 이용하여 새로운 제품, 장치 및 서비스를 생산하거나, 이미 생산 또는 설치된 것을 실질적으로 개선하기 위하여 행하여지는 체계적 연구 단계
사업화 단계	‘기술사업화’는 기술을 이용하여 제품을 개발·생산 또는 판매하거나 그 과정의 관련 기술을 향상시키는 것으로 정의 기술사업화의 성공유무는 매출의 발생유무로 판정함

□ 기업성장단계별 분류

<table>
<tr><th colspan="2">구분</th><th>성장단계별</th><th colspan="2">비고(부합 여부)</th></tr>
<tr><td>창업
전단계</td><td>준비국면</td><td>기업의 창업전단계로 아이디어 구상단계이며, 아직 기업설립전 단계로 모든 과정이 준비중인 단계를 의미</td><td>0단계</td><td rowspan="5">● 가장 적합
○ 적합
△ 보통
X 관련 없음</td></tr>
<tr><td rowspan="2">초기단계
(Early-Stage)</td><td>개시국면
(Start-up)</td><td>기업이 기본적인 아이디어만을 가지고 있고 다른 제반 여건은 완비되어 있지 못한 미개발 상황</td><td>1단계</td></tr>
<tr><td>제1국면(First Stage)</td><td>제품이나 서비스에 대한 기술적인 가능성은 있지만, 상업성은 입증되지 않은 원형만 갖춤</td><td>2단계</td></tr>
<tr><td rowspan="2">성장단계
(Expansion Stage)</td><td>제2국면
(Second Stage)</td><td>제품이나 서비스의 출시와 상업화에는 성공했지만, 아직 추가적인 시장침투와 확장 필요</td><td>3단계</td></tr>
<tr><td>제3국면
(Third Stage, 메자닌: Mezzanine)</td><td>급속한 성장에 따라서 제한적인 은행대출과 추가적인 공모(Public Offering)을 통한 자금 조달</td><td>4단계</td></tr>
</table>

□ 전문기관: 중앙행정기관의 장이 소관 연구개발사업에 대한 기획·평가·관리 등의 업무를 위탁하여 수행하기 위해 설립하거나 지정한 기관

중앙행정기관	전문기관	주요위탁사업
중소벤처기업부	중소벤처기업진흥공단	중소기업기술사업화역량강화, 혁신기술의 체계화 및 융복합교류 촉진지원
	중소기업기술정보진흥원	창업성장기술개발사업, 중소기업 기술혁신 개발사업, 현장수요형 스마트공장 기술개발, 공정·품질 기술개발, 중소기업지원 선도연구기관 협력기술개발, 연구기반 활용사업, 산학연 콜라로 연구개발, 중소기업 R&D역량제고, 중소기업상용화 기술개발사업, 예비가젤형기술개발, 해외원천기술상용화개발
	테크노파크	(1단계) 입주기업 지원사업 - 연구개발,창업보육,정보유통,시험생산지원,교육훈련,장비이용지원 (2단계) 지역산업육성정책수립 - 지역·산업 성장전략 수립, 모니터링기업군관리,지역산업육성 (3단계) 기업지원네트워크허브 - 기업특성조사, 산학연 연계협의회 운영, 기업거점 역할 수행
산업통상자원부	한국산업기술평가관리원	3D 생체조직칩 기반 신약개발 플랫폼 구축 기술개발사업, AI기반 스마트하우징 플랫폼 및 서비스 기술개발사업, CDM기반 정밀의료데이터 통합 플랫폼 기술개발사업, 가변 플랫폼기반 중소형 전기버스/트럭 및 운영시스템 개발 사업, 국방무인기 초내열 엔진소재개발, 규제샌드박스 융합신제품 인증기술개발사업, 글로벌 주력산업 품질대응 뿌리기술개발사업, 기계산업핵심기술개발사업, 드론 활용서비스 시장창출 지원사업, 디자인혁신역량강화사업, 로봇산업핵심기술개발사업, 리튬기반 차세대이차전지 성능고도화 및 제조기술개발사업, 바이오빅데이터 구축 시범사업, 바이오산업핵심기술개발사업, 범부처전주기의료기기연구개발, 산업기술알키미스트프로젝트, 산업용임베디드시스템기술개발, 소재부품글로벌투자연계기술개발, (다부처)방역연계 범부처 감염병 R&D 사업, 민군기술협력사업, 디지털트윈기반 화재·재난 지원 통합플랫폼 기술개발
	한국산업기술진흥원	기술성과활용촉진, 사업화연계기술개발사업, 산업기술국제협력(R&D), 산업위기지역친환경고기능상용차특장차 개발, 지역혁신클러스터육성(R&D), 혁신조달연계형 신기술사업화 사업
	한국에너지기술평가원	에너지수요관리핵심기술개발사업, 에너지안전관리핵심기술개발, 원자력핵심기술개발(R&D, 원자력 환경 및 해체), 정부-공기업에너지R&D협력사업(R&D), PCS 경쟁력 강화 핵심기술개발사업, 가스 발전/스팀생산 설비 연소중 CO_2 포집·활용 기술개발, 기술혁신형 에너지 강소기업 육성(R&D), 제조업 활력 제고를 위한 산업기계 에너지저감형 재제조 기술개발

과학기술 정보통신부	한국연구재단	차세대정보컴퓨팅기술개발, STEAM연구, 기후변화대응기술개발, 글로벌프론티어지원, 사회문제해결형기술개발, 원자력기술개발, 우주핵심기술개발, 방사선연구기반확충, 바이오의료기술개발, 재난안전플랫폼기술개발, 핵융합기초연구, 방사선기술개발, 뇌과학원천기술개발, 나노소재기술개발
	데이터산업 진흥원	데이터바우처 지원사업, 데이터산업 지원, 데이터 인력 양성사업
	정보통신 산업진흥원	ICT융합 Industry4.0s, ICT유망기술개발지원, 신산업창출을위한SW융합기술고도화
	정보통신 기획평가원	방송통신산업기술개발, 첨단융복합콘텐츠기술개발, ICT융합산업원천기술개발, 디지털콘텐츠원천기술개발, 기술확산지원, USN산업융합원천기술개발, SW컴퓨팅산업원천기술개발, SW기술자산활용촉진, 사물인터넷융합기술개발, 웨어러블스마트디바이스부품소재사업
농림축산식품부	농림수산식품 기술기획평가원	첨단생산기술개발, 유용농생명자원산업화기술개발, 첨단농기계산업화기술개발, 가축질병대응 기술개발, 맞춤형혁신식품 및 천연안심소재기술개발, 농축산자재산업화기술개발, 농식품연구성과후속지원
해양수산부	한국해양과학 기술진흥원	4차산업혁명 대응, 해양수산 전략산업 육성, 사회문제핵결&기술사업화
보건복지부	한국보건 산업진흥원	치과의료, 줄기세표&재생의료분야, 신약개발, 감염병 분야, 라이프케어 융합서비스 분야, 한의기반 융합기술 분야, 글로벌 인재육성 분야, 피부과학 분야
국토교통부	국토교통과학 기술진흥원	철도기술연구사업, 국토교통기술사업화지원, 무인비행체안전지원기술개발, 항공안전기술개발, 플랜트연구, 교통물류연구, 건설기술연구
환경부	한국환경 산업기술원	환경시설 재난재해 대응 기술개발 사업, 미세먼지사각지대 관리 기술개발, 지중환경오염위해관리기술개발사업, 표토보전관리기술개발사업, 도시생태계 건강성 증진 기술개발사업, 생활폐기물 재활용 기술개발사업, ICT기반 환경영향평가 의사결정 지원 기술개발사업, 상하수도혁신 기술개발사업, 수요대응형 물공급서비스 연구사업, 수생태계 건강성 확보 기술개발사업, 생활화학제품 안전관리 기술개발사업

특허청	한국발명진흥회	IP나래, IP디딤돌, 지식재산경영인증, 글로벌 IP스타기업,, 제품혁신컨설팅사업, 기술가치평가사업, 기술이전사업, 우수발명품우선구매추천, SMART평가
	한국특허전략개발원	IP-R&D전략지원, 표준특허창출지원, 특허기술조사분석
	지식재산보호원	국제지재권분쟁 예방 컨설팅, 국제IP분쟁대응기반 구축
	특허정보원	특허창출시 선행기술조사, KIPRIS(특허정보검색)운영

II. 기업성장단계별 자금확보 매트릭스(matrix)

1. 기업성장단계별 중앙정부 및 산하기관의 R&D 현황

① 중소벤처기업부(www.mss.go.kr)

NO	세부사업명	단위사업명	사업특징	사업유형	관리기관	기업성장단계			
						1	2	3	4
1	해외인증규격 적합 제품 기술개발		중소기업이 수출 대상국가의 인증·규격에서 요구하는 기술적 스펙을 달성하기 위한 R&D지원을 통해 수출 경쟁력 강화	개발연구	중소기업기술정보진흥원	O	O	O	O
1	창업성장기술개발사업	디딤돌(창업초기)	성장잠재력을 보유한 창업기업의 R&D 지원을 통해 기술창업 활성화 및 창업기업의 성장 촉진	개발연구	중소기업기술정보진흥원	●	O	△	X
		전략형(검증단계)	투자기관추천, 스핀오프, 실험실창업, TCB평가기업 트랙등으로 구분 지원	개발연구	중소기업기술정보진흥원	●	O	△	X
		기술창업투자연계(TIPS)과제	액셀러레이터(엔젤투자보육 전문법인) 등 TIPS 운영사가 발굴 투자한 창업팀에게 보육 멘토링과 함께 기술개발 지원	개발연구	중소기업기술정보진흥원	●	O	△	X

2	중소기업 기술 혁신 개발사업	수출지향형 (글로벌경쟁)	수출·기술혁신형 중소기업의 미래 성장유망 분야 R&D 지원으로 내수기업의 수출기업화, 한국형 히든챔피언으로 성장 촉진	개발 연구	중소기업 기술정보 진흥원	△	△	○	●
		시장확대형 (경쟁단계)	ICT, 빅데이터, 3D 프린팅 등 新 시장 창출과 주력산업 고도화 등 신성장동력 창출을 위한 기술혁신형 중소기업을 대상으로 중소기업형 유망기술 R&D 지원(매출, 수출,고용성과창출)	개발 연구	중소기업 기술정보 진흥원	△	△	●	△
		시장대응형 (역량초기)	초기 중소기업을 대상으로 중소기업의 유망품목 R&D 및 사업화 지원	개발 연구	중소기업 기술정보 진흥원	●	●	△	X
3	현장 수요형 스마트 공장 기술개발	클라우드 기반 데이터 플랫폼개발	데이터 저장공간 및 관리인력이 부족한 중소기업이 생산현장에서 바로 적용 가능한 스마트공장 솔루션의 상용화 개발지원	개발 연구	중소기업 기술정보 진흥원	X	△	●	○
		K-앱시스트 기술개발	생상현장 노하우 디지털화 및 스마트공장 정보를 연계한 제품·서비스 개발지원	개발 연구	중소기업 기술정보 진흥원	X	△	●	○
4	공정·품질 기술개발	현장형 R&D	제품·공정 개선을 지원하여 시장·소비자 니즈에 맞는 신속한 대응을 통한 제품경쟁력 강화 및 생산성 제고	개발 연구	중소기업 기술정보 진흥원	X	●	●	○
		혁신형 R&D	제품·공정 개선을 도적적 공정혁신 기술개발 지원	개발 연구	중소기업 기술정보 진흥원	X	●	●	○
5	중소기업 지원선도 연구기관 협력 기술개발	협력R&D 희망기업 진단	(1단계) 기술애로요인 분석, 내부 기술혁신역량 진단등 지원	개발 연구	중소기업 기술정보 진흥원	●	●	△	○
		전문연구 인력 활용 R&VD	(2단계)전담연구인력지원, R&VD코디네이팅 지원	개발 연구	중소기업 기술정보 진흥원	●	●	△	○
		시장맞춤형 기술사업화	(3단계) 전담연구인력지원 및 시험, 인·검증 지원	개발 연구	중소기업 기술정보 진흥원	●	●	△	○

NO	세부 사업명	단위 사업명	사업특징	사업 유형	관리 기관	기업성장단계				
						0	1	2	3	4
6	연구기반 활용사업	연구집중형	소기업이 대학·연구기관 등이 보유한 연구장비 활용 및 장비전문인력과 협력을 통한 기술경쟁력 향상 및 연구기반 강화 (공유확산형 지원기업중 심도있는 개발을 위한 장비 및 인력 활용할 경우)	개발 연구	중소기업 기술정보 진흥원		●	●	△	△
		공유확산형	소기업이 대학·연구기관 등이 보유한 연구장비 활용 및 장비전문인력과 협력을 통한 기술경쟁력 향상 및 연구기반 강화 (대학·연구기관 등이 보유한 연구시설장비 이용료 지원)	개발 연구	중소기업 기술정보 진흥원		●	●	△	△
7	산학연 Collabo R&D	산학협력 기술개발	대학의 보유자원을 활용하여 중소기덥의 협력 R&D지원	개발 연구	중소기업 기술정보 진흥원		○	●	●	○
		산연협력 기술개발	연구기관의 전문기술분야 기반 사업화 중심의 협력 R&D지원	개발 연구	중소기업 기술정보 진흥원		○	●	●	○
8	중소 기업 R&D 역량 제고	맞춤형 기술파트너	R&D인력이 부족한 중소기업의 현장 기술애로를 공과대학의 교수(전임강사 이상)를 매칭하여 해결 지원	기타	중소 기업 기술 정보 진흥 원	X	△	●	●	○
		위기지역 중소기업 Scale-up	위기지역 중소기업 대상으로 기술혁신 및 사업 다각화를 위한 R&D지원 (위기지역 : 군산시, 목포시, 해남군, 거제시, 창원시 진해구, 통영시 공성군, 울산동구)	개발 연구	중소 기업 기술 정보 진흥 원	X	△	○	○	○

9	중소기업 상용화 기술개발 사업	구매조건부 신제품개발	국내 외 수요처(공공기관, 대기업, 해외기업 등)가 구매를 조건으로 기술개발하는 중소기업을 지원	개발연구	중소기업 기술정보 진흥원	X	△	△	O	O
		네트워크형	혁신형 기술개발 중소기업 및 사업화 지원 기업으로 구성된 네트워크 협력체를 통한 기술개발 지원(R&융)	개발연구	중소기업 기술정보 진흥원	X	O	O	O	O
10	예비가젤형 기술개발		중소기업의 혁신성장 기반 마련을 통해 예비가젤형 기업 육성 및 지원	개발연구	중소기업 기술정보 진흥원	X	X	X	O	O
11	해외원천 기술 상용화 기술개발		해외원천기술 도입 및 우수 연구자의 기술컨설팅을 통해 국내 중소벤처기업의 해외 신시장 진출 및 핵심기술 내재화 지원 (국제협력 기술개발 과제)	응용연구 개발연구	중소기업 기술정보 진흥원	X	X	X	O	O
12	지역중소기업 공동수요기술개발		대학·연구기관·지역조합 등이 기술교류를 통해 지역 중소기업에 공동으로 적용할 수 있는 공동수요기술의 개발 및 보급·확산 지원 (1단계-과제기획, 2단계-공동수요기술R&D, 3단계-사업화 R&D및 보급·확산)	개발연구	중소기업 기술정보 진흥원	X	X	X	X	X
13	Tech-Bridge 활용 상용화 기술개발		Tech-Bridge를 활용한 부품소재장비 분야의 중소기업 공공기술 기술이전 활성화 촉진 및 R&D 효율화를 통한 기술사업화 역량 제고	개발연구	중소기업 기술정보 진흥원	X	X	O	O	O
14	산학협력 거점형 프랫폼		기존 대학에 구축된 기술개발 인프라를 지역 중소기업에 개발, 산학협력 거점으로 활용하여 중소기업의 기술 향상 지원	인프라	중소기업 기술정보 진흥원	X	X	X	X	X

15	소상공인 자영업자를 위한 생활혁신형 기술개발	소상공인 육성을 위해 비즈니스모델(BM)개발 과제, 생활혁신 개발과제로 소상공인 및 자영업자 혁신역량 강화	개발연구	중소기업 기술정보 진흥원	X	O	O	X	X
16	AI기반 고부가 신제품 기술개발	제조 및 서비스 중소기업의 경쟁력 강화를 위해 인공지능(AI) 기술을 적용한 고부가가치 신제품 R&D지원	개발연구	중소기업 기술정보 진흥원	X	O	O	O	O
17	빅데이터기반 서비스 기술개발	민간 및 공공이 보유한 빅데이터에 서비스기업의 비즈니스 모델을 접목한 시장 중심의 데이터 서비스 개발지원	개발연구	중소기업 기술정보 진흥원	X	O	O	O	O
18	스마트센서 선도 프로젝트 기술개발	고부가가치 스마트센서 기술개발을 통해 스마트 제조혁신의 핵심부품·솔루션의 경쟁력 확보 (고부가가치) 고온·고압·미세변동을 감지하는 극한환경센서, 비전검사를 위한 영상 센서등	개발연구	중소기업 기술정보 진흥원	X	O	O	O	O
19	기술규격 해결형 기술개발	관련 규제의 선제적 대응을 위해 R&D기획, 수행 단계까지 기술개발과 규제 컨설팅 연계 지원 (1단계, 과제기획) 규제 대응 기획 지원 (2단계, 과제수행) 규제 대응 기획기관의 전문가를 "규제 도우미"로 지정, 규제 컨설팅 제공	개발연구	중소기업 기술정보 진흥원	X	O	O	O	O
20	미세먼지저감 실용화 기술개발	국민생활 밀착공간의 미세먼지 저감을 위한 실용화 기술개발을 지원하여 미세먼지 개선효과를 증대	개발연구	중소기업 기술정보 진흥원	X	O	O	O	O

NO	세부 사업명	단위 사업명	사업특징	사업 유형	관리 기관	기업성장단계				
						0	1	2	3	4
21	창업사업화 지원사업	창업도약 패키지	사업아이템의 경쟁력과 사업모델 차별화 가능성이 높은 창업기업을 발굴하여 사업모델(Business Model)개발, 아이템검증 개발, 시장진입 등을 도와 창업기업의 빠른 수익창출 도모	사업화 지원	창업진흥원	X	X	●	X	X
		선도벤처 연계 기술창업	(예비)창업자의 성공적인 창업을 위해 선도벤처기업의 인프라 활용, 성공 노하우 전수, 상호협력 비즈니스를 지원	사업화 지원	창업진흥원	●	X	X	X	X
		창업 인턴제	창업 준비과정에 중소·중견기업에서의 현장근무 기회를 제공하고 사업화 자금을 지원하여 예비창업자의 성공창업을 도모	사업화 지원	창업진흥원	●	X	X	X	X
		민관 공동 창업자 발굴 육성	액셀러레이터, 초기전문 VC 등 민간이 선별한 유망 기술 창업팀(TIPS 창업팀)에 창업사업화 자금지원을 통해 기술창업 성공률 제고	사업화 지원	창업진흥원	●	●	X	X	X
		스마트벤처 창업학교	앱, 콘텐츠, SW융합 등 유망지식서비스 분야 전문기업 육성을 위해 전국 4개 스마트벤처창업학교에서 창업 全단계를 집중 지원	사업화 지원	창업진흥원	●	X	X	X	X
		상생 서포터즈 청년·창업 프로그램	대기업 공기업 등과 정부가 공동으로 재원을 조성(50:50)하고 창업 벤처기업이 글로벌 진출에 필요한 사업모델 혁신, 사업 아이템 검증 및 보강, 판로개척, 해외네트워크 등을 지원	사업화 지원	창업진흥원	X	●	△	X	X

21	창업사업화 지원사업	창업선도 대학 육성	우수 창업인프라 및 역량을 보유한 대학을 창업선도대학으로 지정하여 '교육→ 사업화→ 후속지원'에 이르는 창업 全과정 일괄 지원	사업화 지원	창업진흥원	X	●	X	X	X
		창업성공 패키지 (청년창업 사관학교)	기술성 및 사업성이 우수한 (예비)창업자의 원활한 창업 활동과 지속적인 성장을 위해, 창업 계획수립부터 사업화까지 창업 단계별 지원	사업화 지원	중소벤처기업진흥공단	●	●	X	X	X
		여성벤처 창업 케어 프로그램	여성벤처창업 CEO 양성 플랫폼을 통해 여성벤처 CEO를 꿈꾸는 예비창업자의 창업 성공률 제고	사업화 지원	(사)한국여성벤처협회	●	●	X	X	X
		장애인 기업 시제품 제작지원	초기단계 기술개발비용(제품디자인, 시제품제작) 지원을 통해 유망한 아이디어의 상품화 지원 및 자생적 경쟁력 강화	사업화 지원	장애인기업종합지원센터	X	●	△	X	X
		사내 벤처 육성	대기업 등의 혁신역량을 활용, 사내벤처팀·분사창업기업 사업화 지원을 통해 기술창업 활성화 및 혁신 생태계 조성	개발 연구 사업화	창업진흥원	X	○	○	○	○
		패키지형 재도전 지원 사업	사업계획을 보유한 우수 (예비)재도전기업인을 발굴하여 실패원인 분석 등 재창업 전문교육과 사업화를 지원	사업화 지원	창업진흥원	●	●	X	X	X
		혁신분야 창업패키지	시스템반도체, 바이오헬스, 미래차(3대신사업분야) 및 소배·부품·장비 등 스타트업을 대상으로 전주기 맞춤형 지원을 통한 4차 산업혁명의 기반 마련	개발 연구 사업화	창업진흥원	X	●	△	X	X

21	창업사업화 지원사업	K-Global Startup 지원	민간투자를 통해 시장성이 검증된 ICT 분야 재도전 기업에 대해, 정부가 1:1 ~ 1:3 규모(최대 3억원)의 매칭 자금 지원 실시	사업화 지원	정보통신산업진흥원	X	●	△	X	X
		K-Global Startup 공모전	ICT 기반의 창의·혁신적 아이디어 및 우수 기술을 보유한 개인(팀) 및 중소 벤처기업	사업화 지원	정보통신산업진흥원	●	●	X	X	X
		K-Global 액셀러레이터 육성	글로벌 성장가능성이 높은 ICT분야 창업기업의 전주기적 맞춤형 지원을 위한 ICT 전문 액셀러레이터를 선정하여, ICT 분야 예비창업자, 재도전 기업, 스타트업을 위한 창업 생태계 기반 마련	사업화 지원	정보통신산업진흥원	X	○	○	○	○
		K-Global Startup 스마트 디바이스	스마트 디바이스 분야의 창의적 아이디어 발굴과 기술·디자인·비즈니스 등 시제품 개발 지원, 교육 프로그램 운영 등을 통해 창업과 벤처기업을 육성하고 창작문화 확산 추진	사업화 지원	정보통신산업진흥원	●	●	X	X	X
		K-Global 스마트 미디어	중소 벤처의 신규 스마트미디어 서비스 아이디어 개발 및 상용화 지원	사업화 지원	한국방송통신전파진흥원	X	●	○	X	X
		K-GLOBAL DB-Stars	데이터 활용에 핵심가치를 둔 우수 스타트업을 발굴·육성하여, 글로벌 경쟁력을 갖춘 혁신기업으로 성장토록 지원	사업화 지원	한국데이터진흥원	X	●	○	X	X
		K-Global 시큐리티 스타트업	정보보호 우수 아이디어 및 구현 능력을 보유한 예비 창업희망자를 발굴·선발하여 창업 지원을 통해 우수 정보보호 스타트업으로 양성	개발 연구 사업화	한국인터넷진흥원	X	X	△	X	X

NO	세부 사업명	단위 사업명	사업특징	사업 유형	관리 기관	기업성장단계				
						0	1	2	3	4
21	창업사업화 지원사업	창업발전소 스타트업 육성지원	우수 아이디어를 보유한 콘텐츠 특화 초기 창업기업 육성 지원	사업화 지원	한국 콘텐츠 진흥원	X	●	○	X	X
		관광벤처 사업 발굴 및 지원	기존 관광산업과 연계한 창의성, 혁신성, 개방성, 기술성 등을 기반으로 새로운 가치와 시너지를 창출하는 관광형 벤처기업 발굴 및 육성을 통한 관광분야 일자리 창출, 관광산업 경쟁력 제고	사업화 지원	한국 관광 공사	X	●	○	X	X
22	창업 교육 지원 사업	청소년 비즈쿨	열정, 도전정신을 갖춘 융합형 창의인재 양성을 위해 기업가정신 함양 및 창업 교육 지원	교육	창업 진흥원	●	X	X	X	X
		창업 아카데미	대학생 및 예비창업자를 대상으로 창업교육 및 창업동아리 지원 등을 통한 창업저변확대 및 성공 창업자 발굴·육성	교육	창업 진흥원	●	X	X	X	X
		실전창업 교육	유망한 비즈니스모델을 보유한 예비창업자를 대상으로 창업실습교육과 MVP제작, 비즈니스모델 검증 등을 지원하여 준비된 창업자를 양성하는 사업	교육 사업화	창업 진흥원	●	X	X	X	X
		메이커 문화 확산	창의적 아이디어 구현을 위한 창작활동과 동아리, 행사 등 다양한 메이커 활동 지원	교육	창업 진흥원	●	X	X	X	X
		장애인 맞춤형 창업교육	창업에 필요한 종합교육을 제공하여 장애인의 성공창업 유도	교육	창업 진흥원	●	X	X	X	X

22	창업 교육 지원 사업	시니어 기술창업 지원	중 장년(40세 이상) (예비)창업자가 경력·네트워크·전문성을 활용하여 성공적인 창업을 할 수 있도록 지원	교육	창업 진흥원	●	X	X	X	X
		스마트 창작터	앱, 컨텐츠, ICT융합분야 등 유망 지식서비스 분야 (예비)창업자를 대상으로 사업성을 검증해볼 수 있는 온·오프라인 실전형 창업교육 제공	교육	창업 진흥원	X	●	△	X	X
		대학창업 교육 체계 구축	대학을 중심으로 사회전반의 창업에 대한 관심 제고, 창업교육 활성화 및 창업문화 확산	교육	창업 진흥원	X	X	X	X	X
		스포츠 산업창업 지원	스포츠산업분야 3년 미만 초기 우수 창업기업을 발굴하여 창업보육 및 사업화를 지원	교육	창업 진흥원	X	●	○	X	X
23	창업 멘토링, 컨설팅 지원 사업	K-Global 기업가 정신 및 인큐베이팅 인턴십	K-Global 기업가정신 및 인큐베이팅 인턴십 등 선진 글로벌 혁신 교육, 멘토링, 비즈니스 파트너십 구축 및 현지화 프로그램 제공	멘토링 / 컨설팅	정보 통신 산업 진흥원	X	●	△	X	X
		K-Global 창업멘토링	스타트업의 기술·경영 애로사항 등을 진단하고 해결방안 제시	멘토링 / 컨설팅	K-ICT 창업 멘토링 센터	X	●	△	X	X
		6개월 챌린지 플랫폼 사업	창조경제타운 및 창조경제혁신센터 등에서 발굴된 아이디어를 대상으로 최대 6개월 동안 사업화 가능성을 검증하고 창업 및 사업화를 집중지원	멘토링 / 컨설팅	연구 개발 특구 진흥 재단	●	●	△	X	X
		엑셀러레이터 연계지원 사업	지역 혁신센터별 검증된 창업기업의 창업자금(초기 R&D)지원 및 민간 엑셀러레이터 연계 보육을 통한 지역 아이디어의 사업화 촉진	멘토링 / 컨설팅	연구 개발 특구 진흥 재단	●	●	△	X	X

23	창업 멘토링, 컨설팅 지원 사업	우주기술 기반 벤처 창업 지원 및 기업역량 강화사업	우주기술 기반 창업/신사업 아이디어를 공모하여 체계적 지원을 통해 스타 창업가 및 스타기업 육성	멘토링 / 컨설팅	한국 항공 우주 연구원	●	●	△	X	X
		농식품 크라우드 펀딩 컨설팅 지원	농식품 기업의 창업초기에 필요한 자금을 적기에 마련할 수 있는 플랫폼 구축을 통해 민간 자금 조달 활성화	멘토링 / 컨설팅	농업 정책 보험 금융원	●	●	△	X	X
		농촌현장 창업보육	창업보육센터 입주가 어려운 농식품기업을 대상으로 전문가가 직접 농촌 현장에 찾아가 밀착 전문 컨설팅 지원	멘토링 / 컨설팅	농업 기술 실용화 재단	●	●	△	X	X
		창업기업 지원서비스 바우처	창업기업지원서비스 바우처를 제공하여 창업활동에 집중할 수 있는 여건 조성 및 사업 안정화 도모	서비스 바우처	창업 진흥원	X	●	△	X	X
		스타트업 특허바우처	스타트업이 필요한 시기에 원하는 IP서비스를 선택하여 지원받을 수 있는 바우처 제공	IP 서비스	한국 특허 전략 개발원	X	●	△	X	X
		IP 디딤돌 프로그램	혁신형 창업 유도를 위해 창의적 아이디어를 사업 아이템으로 구체화하고, 실제 창업까지 연계될 수 있도록 맞춤형 지원 프로그램 운영	멘토링 / 컨설팅	한국 발명 진흥회	●	X	X	X	X
		IP 나래 프로그램	기술 기반 창업기업의 아이디어 제품이 독점 시장을 확보할 수 있도록 특허 포트폴리오 구축 등 지식재산 역량 강화 지원	멘토링 / 컨설팅	한국 발명 진흥회	X	○	○	△	X

24	지역 신업 육성	기술닥터	산·학·연의 연구자원(인력·장비·기술·정보)을 활용한 기업 현장애로기술 지원으로 중소기업 경쟁력 강화 및 일자리 창출 실현	멘토링 / 컨설팅	테크노 파크	X	O	O	O	O
		사업화 신속지원	우수 아이디어 발굴부터 전주기적 사업화 지원까지 원스톱 지원으로 중소기업 경쟁력 강화	사업화	테크노 파크	X	O	O	O	O
		기술거래 촉진 네트워크 사업	지역 내 기술사업화 유망기술의 발굴, 가공, 기술마케팅 및 기술이전 중계로 도내 기업의 신규 사업화 기회제공, 이전기술의 사업화 연계 지원을 통한 기업의 기술경쟁력 제고 및 성장 지원	멘토링 / 컨설팅	테크노 파크	X	O	O	O	O
		창업기업 글로벌 사업화	– 우수창업기업의 해외시장 진출 및 성장 지원을 위한 엑셀러레이팅 및 맞춤형 사업화 지원 – 국내외 데모데이를 통한 투자유치, 협력파트너 발굴 등을 통해 창업기업 해외시장 진출 및 글로벌 경쟁력 제고	멘토링 / 사업화	테크노 파크	X	O	O	O	O

② 산업통상자원부 (www.motie.go.kr)

NO	세부 사업명	사업특징	사업 유형	관리 기관	기업성장단계			
					1	2	3	4
1	3D 생체조직칩 기반 신약개발 플랫폼 구축 기술개발사업	3D 생체조직을 활용한 차세대 약물평가 플랫폼 구축 및 서비스 개발을 통해 신약 개발 가속화, 임상시험 비용 절감 및 신산업 창출	기초 연구 응용 연구 개발 연구	산업기술 평가 관리원	X	X	●	●

NO	세부 사업명	사업특징	사업 유형	관리 기관	기업성장단계			
					1	2	3	4
2	AI기반 스마트하우징 플랫폼 및 서비스 기술개발사업	스마트시티의 주거공간에 적용하기 위한 지능을 갖춘 스마트하우징(AI홈) 플랫폼과 서비스 개발 추진 (스마트시티 실증 포함)	응용 연구 개발 연구	산업기술 평가 관리원	X	X	●	●
3	CDM기반 정밀의료데이터 통합 플랫폼 기술개발사업	공통데이터모델(CDM)의 국내 표준모델 제시, 호환 방안 및 규약개선 마련과 CDM 활용 연구를 통해 개인정보유출 우려가 없는 의료데이터 기반의 공공·산업적 연구 활성화	응용 연구 개발 연구	산업기술 평가 관리원	X	X	●	●
4	가변 플랫폼기반 중소형 전기버스/ 트럭 및 운영시스템 개발 사업	미래 모빌리티로서의 자동차산업 패러다임 변화에 대응하고, 지역 상생형 일자리 창출을 위해 트럭/버스용 전기차 가변 플랫폼 핵심기술개발 및 운영시스템 개발	응용 연구 개발 연구	산업기술 평가 관리원	X	X	●	●
5	국방무인기 초내열 엔진소재개발	국방 무인항공기 체계에 필요한 5,000lbf(파운드포스)급 무인 항공기용 완제 터보팬 엔진의 핵심 부품 개발	기초 연구 응용 연구 개발 연구	산업기술 평가 관리원	X	X	●	●
6	규제샌드박스 융합신제품 인증기술개발사업	규제 샌드박스 및 적합성 인증 신청 제품에 대한 인증기준 개발 및 제품개선 연구 지원을 통해 융합신제품의 시장출시 규제애로를 해소하고, 신시장 창출 및 활성화 추진 지원	응용 연구 개발 연구	산업기술 평가 관리원	X	X	●	●
7	글로벌 주력산업 품질대응 뿌리기술 개발사업	뿌리산업의 애로사항(내수시장 한계와 수요기업 종속구조) 해결과 글로벌 밸류체인 진입을 위해 글로벌 기업이 요구하는 기술간극 극복 뿌리기술 개발	응용 연구 개발 연구	산업기술 평가 관리원	X	X	●	●

8	기계산업핵심 기술개발사업	반도체, 자동차, 조선 등 수출 주력산업의 기반인 제조기반생산시스템(첨단장비, 첨단기계)의 국산화를 위한 핵심기술개발 지원	응용연구 개발연구	산업기술 평가 관리원	X	X	●	●
9	드론 활용서비스 시장창출 지원사업	드론 활용서비스 시장창출을 위한 사업용(공공 및 산업용) 무인기 활용서비스 특화기술 개발 및 유망분야 무인기 활용서비스 패키지 구축 및 운용	응용연구 개발연구	산업기술 평가 관리원	X	X	●	●
10	디자인혁신 역량강화사업	기술·디자인 혁신역량을 보유한 중소·중견기업의 디자인 핵심기술 및 역량개발을 통해 국내 기업의 글로벌 경쟁력 강화 및 디자인생태계 고도화 – 4차 산업혁명 선도를 위한 新시장 창출을 견인할 디자인기업의 역량개발과 중소·중견기업의 제품·서비스 디자인 개발 지원	응용연구 개발연구	산업기술 평가 관리원	X	△	●	●
11	로봇산업 핵심기술개발사업	로봇 분야 첨단융합제품·부품·원천기술 개발을 집중 지원하여 산업경쟁력을 제고하고 미래 신산업을 육성	기초연구 응용연구 개발연구	산업기술 평가 관리원	X	△	●	●
12	리튬기반 차세대이차전지 성능 고도화 및 제조기술개발사업	리튬기반 차세대이차전지의 성능 고도화 및 제조기술 확보를 위하여 수요기업과 정부가 공동으로 기술개발을 추진	응용연구 개발연구	산업기술 평가 관리원	X	X	●	●
13	바이오빅데이터 구축 시범사업	바이오 빅데이터 연구 고도화 및 맞춤의료 구현을 위해 관계부처 합동으로 대규모 바이오 빅데이터 수집·활용 체계를 시범적 구축 지원	개발연구	산업기술 평가 관리원	X	△	●	●

NO	세부 사업명	사업특징	사업 유형	관리 기관	기업성장단계			
					1	2	3	4
14	바이오산업 핵심기술 개발사업	유망 신산업인 바이오 분야의 핵심·원천기술 개발에 대한 집중 지원을 통해 산업화를 촉진하고 산업 경쟁력을 제고하여 미래 신성장동력 창출	기초 연구 응용 연구 개발 연구	산업기술 평가 관리원	X	X	●	●
15	범부처전주기 의료기기연구개발	범부처(과기·산업·복지·식약)로 의료기기 연구개발의 전주기('R&D→임상·인허가·제품화')를 지원하여 의료기기 시장점유율 확대 및 의료공공복지 구현	응용 연구 개발 연구	산업기술 평가 관리원	X	X	●	●
16	산업기술알키미스트 프로젝트	미래 세대를 위해 성공 가능성이 낮은 초고난도 기술개발에 도전하여 사회적, 경제적 파급력이 높은 기술 확보(대학, 연구소 지원사업)	기초 연구	산업기술 평가 관리원	X	X	X	X
17	산업용임 베디드시스템 기술개발	인공지능이 내장(임베디드)된 소프트웨어 및 시스템 개발을 통해 전자부품분야 미래 유망핵심기술의 획득 및 글로벌 경쟁력 확보를 통한 중소·중견기업의 新 융합시장 진출 지원	기초 연구 응용 연구 개발 연구	산업기술 평가 관리원	X	△	●	●
18	소재부품글로벌투자 연계기술개발	소재부품기업의 해외 유망핵심기술 획득 및 해외 수요기업과 연계를 통한 글로벌 Supply-chain 진입 촉진(Buy, Invest, Connect-R&D로 구분)	응용 연구 개발 연구	산업기술 평가 관리원	X	X	●	●
19	소재부품 기술개발	제조업 글로벌 경쟁력 제고를 위하여 소재의 해외 의존도 해소, 기술고도화 및 미래시장 선점을 위한 소재·부품기술 개발 지원	기초 연구 응용 연구 개발 연구	산업기술 평가 관리원	X	X	●	●

20	소재부품산업미래 성장동력	미래 우리나라의 먹거리로 자리매김할 수 있는 새로운 소재부품산업 창출 및 산업생태계 조성을 위해 산업적 파급효과가 큰 핵심 미래성장동력 개발	기초연구 응용연구	산업기술 평가 관리원	X	X	●	●
21	소재부품장비혁신 Lab기술개발사업	지역별 주력분야와 연계하여, 혁신Lab(AMT-Lab)을 통해 기술이전 방식의 소재·부품·장비 기술개발과 기술맞춤형 인력 양성 추진	응용연구 개발연구	산업기술 평가 관리원	X	X	●	●
22	수소차용 차세대 연료전지시스템 기술개발 사업	수소차 연비향상 및 다양한 수송분야 동력원 적용을 위해 연료전지시스템의 무게당 출력밀도(kW/kg) 50% 개선 기술개발	응용연구 개발연구	산업기술 평가 관리원	X	X	●	●
23	수소트럭 개조 기술개발 및 실증 사업	기존 수소트럭(카고 3톤, 5톤, 10톤)을 적용하여 공공용 수소특장차 개조 기술 및 실증 검증	응용연구 개발연구	산업기술 평가 관리원	X	X	●	●
24	수소트럭 전기동력 부품 국산화 기술개발 사업	대형 수소트럭 전기동력을 구성하는 350~400kW급 구동모터, 동력전달장치 기술개발	응용연구 개발연구	산업기술 평가 관리원	X	X	●	●
25	스마트공장협업패키지기술개발사업	제조현장의 스마트화를 위한 다양한 핵심기술 국산화, 사람중심 협업공장 및 고도화기술 기반 공장 구축을 통해 한국형 첨단 스마트공장 모델 구현	응용연구 개발연구	산업기술 평가 관리원	X	X	●	●
26	스마트캐빈 기술개발사업	민간항공기 규격과 인증기준에 따른 ICT 융합 항공기 기내 스마트 디스플레이 및 무선 영상 시스템을 해외 항공기 제작사와 공동 개발, 해외시장 진출 추진	응용연구 개발연구	산업기술 평가 관리원	X	X	●	●
27	시스템반도체 핵심IP개발	시스템반도체 핵심 IP 개발을 통한 국내 팹리스-파운드리 경쟁력 강화 및 선순환 생태계 구축	응용연구 개발연구	산업기술 평가 관리원	X	△	●	●

NO	세부 사업명	사업특징	사업 유형	관리 기관	기업성장단계			
					1	2	3	4
28	시장자립형 3세대 xEV산업육성 사업	소비자 중심의 자생력 시장경쟁력을 갖는 안전하고 편리한 xEV 요소기술 개발	기초연구 응용연구 개발연구	산업기술평가관리원	X	X	●	●
29	안전인증역량강화사업	국민의 생활안전 확보 및 후생증진을 위해 제품안전기준 및 차세대 계량기술을 개발하고 제품 및 화학물질 안전관리체계 개선	응용연구 개발연구	산업기술평가관리원	X	X	●	●
30	영상진단의료기기 탑재용 AI기반 영상분석솔루션개발	AI 탑재 영상기기 개발, 핵심기술의 국산화 및 국내 영상진단기기 중소기업이 이를 활용할 수 있는 환경 제공을 통해 글로벌 경쟁력 확보에 기여	기초연구	산업기술평가관리원	X	X	●	●
31	우수기업연구소육성사업(ATC+)	중소·중견기업 부설연구소에 대한 R&D 역량향상 지원을 통해 기업 성장 및 산업 혁신의 핵심 주체로 육성	응용연구 개발연구	산업기술평가관리원	X	X	△	●
32	자동차부품기업 재도약사업	국내 부품업계의 성장 동력 확보를 위한 R&D 지원으로 부품 기업의 재도약과 지속 성장의 기반 마련	개발연구	산업기술평가관리원	X	O	O	●
33	전기차 고출력 배터리 및 충전시스템 기술개발 사업	이차전지 고출력화를 통해 충전 대기시간을 단축하고, 운전자의 편익을 향상시켜 전기차의 보급확대 촉진	응용연구 개발연구	산업기술평가관리원	X	X	●	●
34	전기차 통합유지보수 기반구축 사업	전기차 대량보급에 따른 관리 편의성 개선을 위해 주요부품 진단 및 관리용 통합유지보수플랫폼을 개발하여 이를 기반으로 전문 정비 교육 및 인력양성과 애프터마켓 전후방 산업 육성지원	기초연구 응용연구 개발연구	산업기술평가관리원	X	X	●	●

35	전기차 플랫폼 공용화 기반 수소차용 비정형 수소저장장치 개발 사업	전기차 플랫폼과 공용화가 가능한 비정형 고압용기 및 수소저장장치 모듈 소형화 기술개발	기초연구 응용연구 개발연구	산업기술평가관리원	X	X	●	●
36	전자부품산업 핵심기술개발	○ (주력산업IT융합) 기존 주력산업과 IT의 융합을 통한 융합형 핵심 전자부품 및 시스템 개발 ○ (융복합디스플레이) 디지털 사이니지에 최적화된 퍼블릭 디스플레이와 VR/AR, 차량용 등 신시장 개척을 위한 융복합 디스플레이 기술개발	응용연구 개발연구	산업기술평가관리원	X	X	●	●
37	전자시스템 전문기술개발사업	중소·중견기업을 전자시스템 전문기업으로 육성하기 위한 기술개발 지원	기초연구 응용연구 개발연구	산업기술평가관리원	X	X	●	●
38	조선해양산업핵심기술개발사업	주요 수출국의 환경·안전 규제 대응 및 新시장 조기선점을 위한 미래형 조선 및 해양플랜트분야 핵심·원천 기술, 관련 기자재 개발	기초연구 응용연구 개발연구	산업기술평가관리원	X	X	●	●
39	중견기업상생혁신사업(R&D)	중견기업과 중소·벤처기업 간 상생협력을 위한 R&D 기획 및 R&D 지원을 통해 중견기업 중심의 상생협력 R&D 모델 발굴 및 확산	응용연구 개발연구	산업기술평가관리원	X	X	X	●
40	지식서비스산업핵심기술개발사업	○ 지식서비스 분야 핵심·원천기술 개발 지원을 통해 제조업과 서비스산업의 역량강화 및 경쟁력 동반 향상 – 4차 산업혁명기술 기반의 지능정보 서비스를 통해 기존 산업(제조업·서비스업)을 고도화하고, 新서비스산업을 창출하기 위한 핵심기술개발 지원	응용연구 개발연구	산업기술평가관리원	X	X	●	●

NO	세부 사업명	사업특징	사업 유형	관리 기관	기업성장단계			
					1	2	3	4
41	차세대지능형반도체 기술개발(설계,제조)	4차 산업혁명시대의 차세대 반도체 설계 핵심기술 확보를 통한 新시장분야 상용화 및 제조기반기술 개발을 통한 국산화율 제고	기초 연구 응용 연구 개발 연구	산업기술 평가 관리원	X	X	●	●
42	차세대하이브리드 PCB기술개발	전자부품 분야의 차세대 PCB 핵심기술 획득을 통한 주력산업 경쟁력 강화 및 수요기업과의 연계를 통한 글로벌 시장의 진출 확대 지원	응용 연구 개발 연구	산업기술 평가 관리원	X	X	●	●
43	초절전LED 융합기술개발사업	차세대 광원인 마이크로 LED 및 융합 신기술 개발로 4차 산업혁명 변화의 기반기술을 제공하고 에너지 절감 및 세계 기후변화협약에 주도적 대응	응용 연구 개발 연구	산업기술 평가 관리원	X	△	●	●
44	탄소산업기반 조성사업	융·복합 탄소소재·부품 기술개발 및 신뢰성평가 기반구축 지원을 통해 탄소산업 생태계 조성 및 전후방산업 경쟁력 강화	기초 연구 응용 연구 개발 연구	산업기술 평가 관리원	X	X	●	●
45	항공기구조물 국제 공동개발사업	단일통로 민간 중형항공기 국제공동개발사업 (RSP) 추진에 필요한 동체 핵심 설계, 기술 확보를 통해 민항기 중·후방 동체 수출국 진입 추진	기초 연구 응용 연구 개발 연구	산업기술 평가 관리원	X	X	●	●
46	자율운항선박 기술개발	기존 선원에 의해 운항되던 선박에 자율운항 지능형·자동화 시스템을 탑재하여 해양사고 절감, 운항 효율 극대화	기초 연구 응용 연구 개발 연구	산업기술 평가 관리원	X	X	●	●

47	제조장비시스템 스마트 제어기 기술개발사업	스마트 제어기(CNC)의 국산화를 통해 국내 제조장비 산업 및 제조업 전반의 안정적 생산기반을 확보하고 성능의 고도화를 통해 제조장비 시스템의 스마트 혁신을 선도	기초연구 응용연구 개발연구	산업기술평가관리원	X	X	●	●
48	3D프린팅의료기기 산업기술실증사업 (R&D)	3D프린팅 의료기기 신시장 창출 및 시장 선점을 위한 전략품목의 임상실증 및 실증체계를 구축 지원하고 사업화(인허가, 보험적용 등)를 위한 실증지원 환경 조성	개발연구	산업기술평가관리원	X	X	●	●
49	기술성과활용촉진	(신성장동력기술사업화지원)기업이 기술사업화 전문기관으로부터 기술사업화 서비스(BM기획, 기술성평가 등)를 받을 수 있도록 바우처 제공 (R&D재발견프로젝트)잠재적 시장가치가 있는 공공 R&D 성과물의 사업화 지원을 통해 국내 중소·중견기업 경쟁력 제고에 기여	개발연구 사업화	산업기술진흥원	X	O	O	O
50	사업화연계기술개발사업	○ 사업화 유망기술과 우수BM(Business Model)에 대한 지원을 통해 R&D성과물의 사업화 촉진 및 기술혁신형 중소·중견기업 육성 – 벤처캐피탈 등 민간투자유치와 연계, 사업화전략(BM기획)·기술개발(R&D)·제품화·시험인증 등 사업화 全 과정을 지원	응용연구 개발연구 사업화 기타	산업기술진흥원	X	O	O	O
51	산업기술국제협력 (R&D)	○ 개방형 혁신 및 글로벌 기술경쟁 가속화에 따라, 국제기술협력을 통해 해외기술자원을 효과적으로 활용하여, 첨단기술 확보 및 해외시장 진출을 촉진하고 산업경쟁력을 고도화 * 양자펀딩형, 다자펀딩형으로 구분(연5억/3년)	응용연구 개발연구	산업기술진흥원	X	O	O	O

NO	세부 사업명	사업특징	사업 유형	관리 기관	기업성장단계			
					1	2	3	4
52	산업위기지역친환경 고기능상용차특장차	전북지역 자동차산업의 위기극복 방안으로, 승용차 산업을 대체할 수 있는 특장차 산업분야의 특화 기술개발 지원을 통해 전북 자동차산업의 위기극복과 성장견인	기초 연구	산업기술 진흥원	X	○	○	○
53	지역혁신 클러스터육성(R&D)	지역여건에 맞는 지역주도 성장을 위하여 지역별 특성화된 혁신자원과 역량 등을 활용하여 지역의 자립적 성장체계를 구축하고 지역 간 균형발전 촉진	응용 연구 개발 연구	산업기술 평가 관리원	X	X	●	●
54	에너지수요관리핵심 기술개발사업	에너지 수요부문을 고효율·저소비 구조로 전환하고, 차세대 에너지 신산업 육성 및 온실가스 감축 등 정부 핵심과제 추진을 위한 에너지효율혁신, 수요관리기반, 온실가스처리, 수소환원제철공정 등 기술개발 지원	기초 연구 응용 연구 개발 연구	에너지 기술 평가원	X	○	○	○
55	에너지안전관리 핵심기술개발	4차 산업형명 확산, 에너지정책 전환 등으로 인해 급변하는 에너지산업의 안전 환경 변화에 대응하고, 에너지 신기술의 안전 불확실성을 해소하여 국민 안전에 기여 (수소에너지, 에너지저장시스템, 신재생에너지융합)	응용 연구 개발 연구	에너지 기술 평가원	X	○	○	○
56	원자력핵심기술개발 (R&D, 원자력 환경 및 해체)	원전 전주기 핵심기술을 확보하여 안정적 전력공급 기반을 마련	기초 연구 응용 연구 개발 연구	에너지 기술 평가원	X	X	●	●

57	원전해체방폐물안전관리기술개발사업	원전해체로 발생되는 다종다양(多種多樣)한 방사성 폐기물의 효율적이고 안전한 관리를 위한 필요 기술 확보	기초연구 응용연구 개발연구	에너지기술평가원	X	○	○	○
58	정부-공기업에너지 R&D협력사업 (R&D)	공기업의 투자여력·인프라 활용을 통한 에너지 전환 정책실현 선도 및 중소·중견기업 생태계 육성 - 공기업 간 융/복합 기술개발 및 공기업에 납품할 수 있는 중소 중견기업의 산업생태계 강화를 위한 핵심기술 개발	응용연구 개발연구	에너지기술평가원	X	○	○	○
59	첨단제품 전후방산업의 순환자원이용 기술개발	자원순환산업의 4차 산업혁명에서 전후방 산업 역할 제고를 위한 희소금속 고순도화 및 스마트화 제품에 대한 재제조산업 확산	기초연구 응용연구 개발연구	에너지기술평가원	X	○	○	○
60	PCS 경쟁력 강화 핵심기술개발사업	분산형 전원 확대에 따라 전력계통 접속 신뢰도 향상을 위한 전력변환시스템(PCS) 개발	응용연구 개발연구	에너지기술평가원	X	○	○	○
61	가스 발전/스팀생산 설비 연소중 CO_2 포집·활용 기술개발	온실가스 감축, 대기질 개선, 산업경쟁력 강화를 위한 가스발전 및 가스보일러 사용 확대에 대응이 가능한 친환경 저비용 CO_2 포집·활용 기술 확보	응용연구 개발연구	에너지기술평가원	X	○	○	○
62	기술혁신형 에너지 강소기업 육성(R&D)	○ 에너지 전환정책, 신산업 창출의 핵심 주체인 에너지 강소기업의 혁신성장 기술개발을 통해 산업 생태계 활성화 - 재생에너지 대규모 보급 확대, 4차산업 시대 도래에 따른 에너지 인프라 변화 대응(분산전원 확대 등), 에너지-ICT 융합 기술개발 필요	응용연구 개발연구	에너지기술평가원	X	●	●	○

NO	세부 사업명	사업특징	사업 유형	관리 기관	기업성장단계			
					1	2	3	4
63	발전용 가스터빈 연료다변화 기술개발사업(R&D)	○ 발전용 가스터빈 연료 다변화 R&D를 통해 복합 발전소의 연료 수급성을 개선하고, 셰일가스, 파이프라인 천연가스(PNG), 부생가스 혼소 등 미래 발전 환경에 선제적 대비 ○ 발전용 가스터빈 연료 다변화 R&D를 통해 가스터빈의 연료 청정화 기술인 수소 혼소 및 전소 기술 개발로 이산화탄소의 배출을 획기적으로 절감할 수 있는 미래 발전환경에 선제적 대비	응용연구 개발연구	에너지 기술 평가원	X	○	○	○
64	원전안전부품경쟁력 강화기술개발(R&D)	중소·중견기업 대상으로 원전 안전관련 기자재 국산화, 품질 향상, 정비 고도화를 지원하여 원전산업 생태계 강화	응용연구 개발연구	에너지 기술 평가원	X	○	○	○
65	제조업 활력 제고를 위한 산업기계 에너지저감형 재제조 기술개발	노후된 산업단지의 주요 공작기계를 재제조하여 침체된 제조업 활력제고와 재제조된 산업기계를 수출하는 선도기업 육성, 재제조품의 기술표준화 및 보급·확산을 위한 기반 조성	응용연구 개발연구	에너지 기술 평가원	X	○	○	○
66	중소규모 가스전 및 희소광물 탐사/ 활용 기술개발사업	청정에너지 확보를 위한 중소규모 가스전 개발·활용 기술 및 4차 산업혁명 시대 대응을 위한 희소광물 탐사·개발 R&D	응용연구 개발연구	에너지 기술 평가원	X	○	○	○
67	특수차량 노후엔진 및 배기장치 전자기술 연동 재제조 기술개발	미세먼지 배출 밀도가 높은 3대 특수목적 차량(건설기계, 특수차, 농기계) 엔진 및 배기장치 전자화 재제조 기술개발 및 품질 인증 지원	응용연구 개발연구	에너지 기술 평가원	X	○	○	○

68	화력발전소 안전환경 구축 기술 개발사업(R&D)	화력발전소 안전환경 구축 기술개발을 통해 발전소 내에서 발생하는 사고의 예방 및 안정적 전력수급에 기여	응용연구 개발연구	에너지기술평가원	X	O	O	O
69	(다부처)방역연계 범부처 감염병 R&D 사업	신·변종 감염병에 선제적이고 신속한 대응을 위해 국가방역체계에 4차 산업혁명(빅데이터, 인공지능, ICT 등) 기술을 활용하여 국민이 체감 할 수 있는 현장중심의 범부처 R&D 협력사업 추진	개발연구	에너지기술평가원	X	O	O	O
70	민군기술협력사업	군사 부문과 비군사 부문 간의 기술협력이 강화될 수 있도록 관련 기술에 대한 연구개발을 촉진하고 규격을 표준화하며 상호간 기술이전을 확대함으로써 산업경쟁력과 국방력을 강화	응용연구 개발연구	에너지기술평가원	X	O	O	O
71	디지털트윈기반 화재·재난 지원 통합 플랫폼 기술개발	전력, 통신, 난방 등 주요 라이프라인이 집중된 지하 공동구에 대한 다양한(화재 등) 재난상황을 대비하여 조기예측 및 사전대응이 가능한 디지털트윈 기반의 화재·재난지원 통합 플랫폼 기술 개발 및 실증	응용연구 개발연구	에너지기술평가원	X	O	O	O
72	혁신조달연계형 신기술사업화 사업	신기술·제품에 대한 공공부문(부처, 지자체, 공공기관 등)의 선제적 도입 수요에 대해 상용화 R&D를 지원하고 공공조달을 연계하여, 미검증 신기술·제품의 초기시장 진출과 시장 활성화를 도모	개발연구	산업기술진흥원	X	O	O	O
73	산업집적지경쟁력 강화사업	산업의 구조고도화 및 지식기반 산업화 전환 등 산업환경 변화에 능동적으로 대응하고 생산중심의 산업단지를 산학연관 협력 네크워크(클러스터) 구축, R&D역량 강화를 통하여 국가경제 성장을 견인하는 산업클러스터로 육성하는 R&D 지원사업	응용연구 개발연구	산업단지공단	X	O	O	O

④ 과학기술정보통신부(www.mafra.go.kr)

NO	세부 사업명	단위 사업명	사업특징	사업 유형	관리 기관	기업성장단계			
						1	2	3	4
3	무인 이동체 미래 선도핵심 기술개발	첨단융합 기술개발	핵심부품 성능향상을 통한 공공 및 민수용 소형드론 기술기반 구축, 무인이동체 공통기술 개발, 차세대 무인이동체 원천기술개발	개발 연구	한국 항공 우주 연구원	X	X	X	X
		무인 이동체 원천 기술개발	무인이동체 종류와 관계없이 공통으로 필요한 6대 핵심기술(탐지·인식, 통신, 자율지능, 동력원·이동, 인간-이동체 인터페이스, 시스템) 및 다수·이종 무인이동체 간에 상호 협력하거나 육상·해상(저)·공중 등 전혀 다른 환경에서 동시에 임무수행이 가능한 통합운용 무인이동체를 개발	기초 연구 응용 연구 개발 연구	한국 연구 재단	X	X	X	X
		DNA+ 드론 기술개발	데이터(Data)·5세대 이동통신(5G Network)·인공지능(AI)과 드론의 융합은 1:1 수동조종, 가시권 비행, 녹화영상 등 기존 드론 활용의 기술적 한계 극복을 통해 응용분야에서 새로운 산업과 서비스 창출을 견인	기초 연구 응용 연구 개발 연구	한국 연구 재단	X	X	X	X
4	집단연구 지원	기초연구 지원	ㅇ 국내 대학의 우수 연구인력을 학문분야별 특성에 맞게 조직화하여 집중 지원함으로써, 우수연구집단으로 성장 견인 ㅇ 연구기반이 부족한 지역대학의 공동연구 역량을 강화하고, 학과/학부 단위 특성화를 통한 지역공동 연구거점으로 육성 ㅇ 세계 정상급 연구주체와의 네트워킹을 확대하여 실질적 국제 공동연구 활성화를 통한 연구역량 제고 등	기초 연구	한국 연구 재단	X	X	X	X

			창의적·혁신적 R&D 수행이 가능하도록 목표지향적 개방형 연구집단을 구성하고, 목표변경 허용 등 프로세스 혁신 및 연구자 숙의과정을 거쳐 최종 과학난제 해결에 필수적인 역할을 할 수 있는 핵심과제를 발굴·지원						
5	공공연구 성과기술 사업화지원	연구성과 기술사업 화지원	ㅇ 기초 원천 연구성과의 기술이전, 사업화 촉진 및 연구성과를 활용한 기술창업 탐색·준비 및 전문기획 지원 ㅇ 산·학·연 연구공동체의 연구개발성과와 고급인력을 활용한 기술사업화를 통해 고부가가치 신산업을 육성하고 양질의 일자리 창출에 기여	개발 연구	한국 산업 기술 진흥 협회	X	△	○	●
		공공연구 성과 기반 BIG 선도 모델 구축 운영	국가연구개발 성과를 토대로 공공기술과 시장의 Gap을 줄이기 위해 산학연 외 VC, TP, 엑셀러레이터 등 다양한 주체가 참여하는 지역혁신 지식클러스터를 구성하여 지역 전략분야 유망 BM을 발굴, 기술개발, 창업·성장 등 사업화 전주기를 지원	기타	연구 개발 특구 진흥 재단	X	X	X	X
6	STEAM 연구	첨단융합 기술개발	21C 기술혁명을 주도할 융합기술을 기반으로 국가 신성장동력을 창출하고 창조경제를 견인할 원천기술을 개발, 과학 및 ICT 등의 융합기술을 통해 사회.문화.교육 등 여러 부분에 활용 및 발전 촉진	기초 연구 응용 연구	한국 연구 재단	X	X	X	X
7	기후변화 대응 기술개발	에너지 환경기술 개발	기후변화 위기에 대응하여 온실가스 감축효과가 큰 기술 분야에 대하여 세계 선도적 원천기술 확보 및 미래 성장 동력 창출 지원 ㅇ (탄소저감 분야) : 태양전지, 연료전지, 바이오에너지, 이차전지, 전력 IT, CCS 등	기초 연구	한국 연구 재단	X	X	X	X

7	기후변화 대응 기술개발	에너지 환경기술 개발	ㅇ (C1가스리파이너리) 석유대비 저렴한 C1가스로 석유기반 화학소재 및 수송용 연료를 대체 생산할 수 있는 핵심 기술(바이오 및 화학 촉매, 리파이너리) 개발 ㅇ (탄소자원화) 화석원료, 폐기물 등에서 발생하는 온실가스를 석유/석탄 대체자원으로 활용하여 화학소재 및 연료를 생산하는 핵심 원천 기술 개발	기초 연구	한국 연구 재단	X	X	X	X
8	글로벌 프론티어 지원	첨단융합 기술개발	미래를 선도하는 핵심 융합기술 분야에서 창조 경제를 견인할 수 있는 세계 최고수준의 원천기술 확보를 위해 대형·장기·융합 연구단 운영	기초 연구	한국 연구 재단	X	X	X	X
9	미래성장 동력 플래그십프로젝트	창조경제 기반조성	미래성장동력의 조기상용화를 위해 신기술 실증 및 사업화를 지원하고, 발생가능한 규제를 조기에 발굴하는 프로젝트	개발 연구	한국 과학 기술 기획 평가원	X	△	○	●
10	투자연계형 기업 성장 R&D지원	연구 공동 체육성 지원	지역 중소.중견기업의 수요와 검증된 사업모델을 대상으로 기술 기반 창업기업을 설립함으로서 미래 성장동력을 확보	표준화 인증 등 기타	한국 산업 기술 진흥 협회	●	○	△	X
11	산학연협력 활성화지원 사업	산학 연협력 활성화 지원	ㅇ (산학연공동연구법인 지원) 기술 보유기관과 수요기업이 기술과 자본을 공동 출자하여 기술개발과 사업화를 연계 추진 ㅇ (기술사업화 특화전문 인력양성) 대학 교육기능과 기술사업화 전문기관·기업 간 연계를 통해 국내외 기술사업화 시장에서 바로 활용될 수 있는 특화분야별 고급 전문인력 양성 ㅇ (대학기술경영 촉진) 대학 기술이전 전담조직(TLO) 역량강화 및 대학 산학협력단 보유기술을 활용한 기술 지주회사 설립 활성화	기타	한국 연구 재단	X	X	X	X

			ㅇ (기술수요기반 신사업 창출지원) 출연(연) 등 공공(연) 기술이전 조직의 성과지향형 활동 지원으로 우수 공공기술 확산 촉진						
12	범부처 전주기 신약개발 사업	바이오·의료기술 개발	미래를 선도하는 핵심 융합기술 분야에서 창조 경제를 견인할 수 있는 세계 최고수준의 원천기술 확보를 위해 대형·장기·융합 연구단 운영	기초 연구	한국 연구 재단	X	X	X	X
		3D생체 조직칩 기반 신약개발 플랫폼 사업	3D 생체조직을 이용해 신약후보물질의 약효 및 독성을 시험함으로써 신약의 임상시험 성공률을 높이고, 연구개발 비용을 절감	기초 연구 응용 연구 개발 연구	한국 연구 재단	X	X	X	X
13	방사선 연구기반 확충	방사선 이용기술 개발	방사선기술 분야 시험시설, 성능 평가시설 등 관련 장비구축 및 기술정보 네트워크 연계 운영, 전문 인력양성, 신약개발 지원 인프라 등을 통한 국가 방사선이용 연구 기반 확대 및 활성화	기초 연구 응용 연구 개발 연구	한국 연구 재단	X	X	X	X
		방사선 고부가 신소재 개발	국내 방사선 전문가들이 최종 수요 산업체와 함께 3년간 방사선을 활용한 신소재 기술을 개발토록 지원	기초 연구 응용 연구 개발 연구	한국 연구 재단	X	X	●	●
		첨단 방사선 융합치료 기술개발	방사선 항암치료의 한계를 극복하기 위하여 인공지능, 정보통신기술, 나노, 바이오칩 기술 등 국내의 첨단 연구들과 방사선 치료 기술의 융합 연구를 지원	기초 연구 응용 연구 개발 연구	한국 연구 재단	X	X	●	●
14	바이오의료 기술개발	바이오 의료 기술개발	신약, 줄기세포, 첨단의료 기반기술 등 미래유망 바이오 분야에 대한 연구개발을 통하여 고부가가치 창출이 가능한 핵심원천 기술 확보 및 선진화 기반을 확충함으로써 바이오경제시대를 주도하는 국가 신성장동력 창출	기초 연구	한국 연구 재단	X	X	X	X

14	바이오의료 기술개발	바이오 의료 기술개발	※ 10개 내역사업으로 구성(예타 2개 사업)	기초 연구	한국 연구 재단	X	X	X	X
15	ICT융합 Industry 4.0s (조선해양)	광역 경제권 거점기관 지원	세계 최고 수준의 ICT.SW를 조선.해양산업과 접목하여, 조선 해양산업 경쟁력 제고와 SW.ICT융합 新시장 창출을 위한 「ICT.SW융합 조선.해양 Industry 4.0S」사업 추진	응용 연구 개발 연구	정보 통신 산업 진흥원	X	△	●	●
16	공공복지 안전연구	공공복지 안전 연구개발	국민 삶의 질 향상에 기여하기 위한 사회·재해안전 분야의 핵심 기초·원천기술 개발	기초 연구 응용 연구	한국 연구 재단	X	X	X	X
17	ICT 유망기술 개발지원	중소기업 연구개발	ICT분야의 신시장 창출 및 성장기회 제공을 위해 ICT 업계의 기술 수요를 반영한 단기 사업화 기술개발 지원	개발 연구	정보 통신 산업 진흥원	△	○	○	●
18	정보통신 방송 표준개발 지원	표준화 및 인증 (정진 기금)	ICT 융합기반 新산업 新시장 개척을 위한 선제적 표준개발 및 우리 ICT 기술의 국제표준 채택, 의장단 진출 등 글로벌 표준화 리더십 강화를 위한 국내외 표준화활동 지원	표준화 인증 등 기타	정보 통신 기획 평가원	△	○	○	○
19	정보통신 기술인력 양성	인력양성 (정진 기금)	미래 ICT산업의 선도적 경쟁력 제고를 견인하고, ICT기반의 융합기술을 이끌어 갈 창의적 우수인재 양성 및 산학협력 활성화를 통한 ICT분야 일자리 창출 및 채용연계 강화	인력 양성	정보 통신 기획 평가원	△	○	○	○
20	방송통신 산업 기술개발	방송통신 산업 원천기술 개발 (R&D)	국가 성장전략에 기반한 전략기술 분야의 핵심 원천기술 개발과 ICT R&D 연구환경 조성을 통하여 미래 신산업을 육성 및 성장 잠재력 확충 ㅇ 차세대 이동통신, 차세대 인터넷, 전파·위성, 방송, 스마트미디어, 홈네트워크 등 미래 신산업 핵심 원천기술 개발	응용 연구 개발 연구	정보 통신 기획 평가원	X	△	○	●

			o (방송통신R&D관리기반구축) 급변하는 ICT 생태계 환경에 유연한 정부 R&D 투자시스템 선진화						
21	첨단융복합 콘텐츠 기술개발	문화 콘텐츠 산업 기술지원	ICT 기반의 콘텐츠 산업 육성을 위해 타산업/기술간 연계와 융합을 통한 융복합콘텐츠 핵심응용기술 및 서비스 기술 개발 (사업화 및 서비스 중심)	개발연구	정보통신기획평가원	△	○	○	○
23	SW컴퓨팅 산업 원천 기술개발	정보통신 산업 융합 원천기술	국산 SW 핵심기술 확보와 글로벌 SW전문기업 육성을 통해 SW 기술 선진국 도약	응용연구 개발연구	정보통신기획평가원	X	△	○	●
24	SW기술 자산활용 촉진	기술확산 지원	o 공공.민간의 SW R&D 등의 결과물을 SW자산뱅크에 등록하고, 우수한 SW의 개선을 지원 o SW 스타트업.중소기업의 제품 출시 전, 프로슈머의 제품 평가와 보완점 개선을 지원하여 시장 연착륙을 유도 o 시장성.기술수요를 바탕으로 SW자산의 기술이전과 재개발을 지원하여 SW기술을 확보 o SW전문 창업기획사를 육성하여 우수 아이디어 및 기술의 창업화를 지원	표준화 인증 등 기타	정보통신산업진흥원	△	○	●	●
25	재난안전 플랫폼 기술개발	재난재해 대응기술 개발	현장 수요에 신속하고 효과적으로 대응하기 위해 각종 재난안전 분야 기술개발에 공통적으로 필요하거나 개별부처·재난상황에 맞게 쉽게 응용이 가능한 기술 및 서비스 개발	기초연구 응용연구	한국연구재단	X	△	○	●
26	핵융합 기초연구	에너지·환경기술 개발	미래 청정에너지인 핵융합에너지 개발에 필요한 핵융합 분야 연구기반을 확대하고 연구역량 향상을 위한 핵융합 기초연구 지원	기초연구 응용연구 개발연구	한국연구재단	X	X	X	●

27	방사선기술 개발사업	방사선 이용기술 개발	방사선기술을 조기에 확보하여 국가 과학기술발전을 촉진하며 국민 건강증진, 국가 산업경쟁력 강화 – 방사선 핵심기술 개발을 위해 방사선융합기술, 방사선의학기술, 방사선기기 핵심기술, 첨단비파괴검사기술, 방사능 피해 예측 및 저감기술 개발 추진	기초연구 응용연구 개발연구	한국연구재단	X	△	○	●
28	뇌과학 원천기술 개발	바이오·의료기술 개발	ㅇ 미래 유망분야인 뇌연구를 통해 치매.파킨슨 병 등 노인성 뇌질환 예방.치료 기술, 신체장애 극복기술, 뇌기능 강화 기술 등의 뇌과학 핵심 4대 분야* 원천기술 확보 및 BT, IT, CS(인지과학) 융합을 통한 신산업 창출 * 「제2차 뇌연구촉진 2단계 기본계획('13~'17)」에 명시된 뇌인지, 뇌신경계 질환, 뇌신경생물, 뇌공학 분야	기초연구 응용연구 개발연구	한국연구재단	△	○	●	●
		치매극복 연구개발 사업	다양한 치매 유형을 분석하고, 새로운 치매 원인 인자를 발굴하며, 치매 조기 진단 및 치료를 위한 치매 원인을 규명한다. 더불어, 기존 치매 진단법의 정확도를 향상시키고, 생체 신호 기반의 치매 진단 연구를 통해 저비용·저침습·고정밀의 치매 조기진단법을 개발	기초연구 응용연구 개발연구	한국연구재단	△	○	●	●
29	나노·소재 기술개발	나노·소재 기술개발	ㅇ 나노.소재 핵심기술의 선도적 발굴을 통해 신산업 창조 기반 마련 및 국가 성장 동력 확보 ㅇ 기구축된 나노인프라 시설을 활용한 나노기술 개발 촉진 및 인력양성 추진	기초연구 응용연구	한국연구재단	X	X	X	X

			ㅇ 나노안전관련 측정 기술 및 특성.독성 평가 기술 개발 등 연구 개발(R&D) 추진을 통해 국내 시험평가기관에 국제표준 보급 등 나노안전인증체계 구축 ㅇ 세계적 수준의 기초분야 연구기관인 독일 막스 플랑크 연구소와의 연구협력을 통해 우수한 연구성과 창출						
30	미래통신·전파	방송통신 산업기술	차세대 이동통신, 차세대 인터넷, 전파·위성, 방송·스마트미디어 분야 미래 신산업 핵심 원천기술과 국제 표준화 대응 및 전략적 국제협력을 위한 국제공동연구 지원	응용연구 개발연구	정보통신기획평가원	X	△	○	●
31	SW·AI	SW 컴퓨팅 산업원천	– 대형 시장창출이 예상되는 분야를 선정하여 미래 SW기술을 주도할 거대한 기술과제와 국가적인 기술문제를 연계한 프로젝트를 전략적으로 수행 – 클라우드·빅데이터·스마트컴퓨팅, 선도SW 핵심기술, 기반SW연구 등 유망분야에 대하여 SW의 지능화, 고성능화에 필요한 원천성이 강한 세계적 수준의 SW핵심기술 개발	응용연구 개발연구	정보통신기획평가원	X	△	○	●
32	신산업 창출을 위한 SW융합 기술고도화	광역경제권 거점기관 지원	ㅇ 수도권에 버금가는 지역SW거점조성을 통해 기업.대학.연구소 등이 공동으로 활용할 수 있는 기반시설, 장비구축을 통해 SW융합 확산 ㅇ 지역에 "SW융합 생태계" 조성을 위해 SW융합 기술지원센터 구축 및 수요기반 SW융합 R&D 및 사업화 등을 통한 신시장, 새로운 일자리 창출	개발연구	정보통신산업진흥원	X	△	○	●

33	디지털 콘텐츠 원천기술 개발	SW 컴퓨팅 산업 원천 기술개발	차세대 실감 영상콘텐츠, 인터랙션콘텐츠, 감성콘텐츠 등 디지털콘텐츠 원천기술을 선도적으로 개발하여 콘텐츠 생태계 구축 및 글로벌 시장선점 (기술개발 중점)	응용 연구 개발 연구	정보 통신 기획 평가원	X	△	○	●
34	기술확산 지원 (정보통신)	기술 확산 지원	IT융합 확산, SW산업 경쟁력 제고, IT중소기업 활용 서비스 강화를 통해 IT기술의 확산 및 글로벌 사업화 촉진	응용 연구	정보 통신 기획 평가원	△	○	○	○
35	원자력 기술 개발 사업	원자력 연구 개발사업	국민이 신뢰하는 원자력 안전을 확보하고 원자력 기술 고도화를 통한 세계 원자력 기술 선도	기초 연구 응용 연구 개발 연구	한국 연구 재단	X	△	○	●
		SMART 혁신기술 개발	원자로의 크기는 소형화하면서 발전출력의 증가를 통해 경제성 향상을 도모하고, 피동안전계통 최적화 등 원전 사고 대비 안전계통 성능을 강화하기 위한 혁신 요소기술을 개발	기초 연구 응용 연구 개발 연구	한국 연구 재단	X	X	○	○
36	우주핵심 기술개발	우주핵심 기술개발	우주분야 전문인력 양성 등 우주기초연구 기반확대 및 독자적 우주개발능력 확보에 필수적인 우주핵심기술 자립화	기초 연구 응용 연구 개발 연구	한국 연구 재단	X	△	○	●
		한미민간 달착륙 선탑재 공동 연구사업	본 사업을 통해 미국 달 탐사 미션에 참여함으로써 달에 관한 새로운 과학적 지식 창출은 물론, 향후 계획된 달착륙선('30), 소행성샘플귀환선('35) 등 우리 탐사미션에 필요한 기술과 절차를 검증·발전시킬 수 있을 것으로 기대	기초 연구 응용 연구	한국 연구 재단	X	X	X	X
		스페이스 챌린지 사업	연구주제별로 2개 과제를 선정하여 2년간 지원하고, 중간평가를 통해	기초 연구	한국 연구 재단	X	X	X	X

			1개 과제를 선정하여 2년간 추가 지원할 계획이다. 또한, 다학제 컨소시엄 참여를 유도하기 위해 과제선정 시 타 분야(재료, 화학, SW, 전기전자 등) 전문가를 포함할 경우 우대						
37	지역연구 개발 혁신지원	산학연 협력 활성화 지원	ㅇ (연구개발지원단 육성 지원) 지역별 R&D 전담기구의 지역별 R&D 조사·분석 및 정책지원을 통해 지역 R&D 역량 및 효율성 제고 ㅇ (산학연협력 클러스터 지원) 산학연 연구협력 네트워크 구축·운영을 통한 기업의 R&D 역량 강화	표준화 인증 등 기타	한국 산업 기술 진흥 협회	X	O	O	O
		연구개발 특구 기술 사업화 투자지원	연구개발특구 내 초기·창업기업은 벤처투자에 대한 접근성이 부족한 상황이다. 이에 신규 특구펀드 조성 지원 연구개발특구 중심의 기술금융 선순환 생태계(투자→회수→재투자)를 구축하고 지방투자 확대를 통해 지역 일자리 창출 및 지역 중소기업 성장에 직접 기여할 수 있을 것으로 기대	투자 지원	특구 진흥 재단	X	X	X	X
38	혁신도전 사업	원천기술 창출 G-First	세계 최초·최고의 핵심 원천기술 확보 및 기술적 난제 해결을 통한 미래 신시장 창출을 위한 G-First사업 및 임무지향적 고위험·도전적R&D 추진체계 마련을 위한 혁신도전 프로젝트 시범사업	기초 연구	한국 연구 재단	X	X	X	X
		혁신도전 프로젝트	실패의 위험성이 크다 하더라도 한번 성공하게 되면 사회·경제적 파급효과가 큰 대형R&D 과제를 추진하기 위해 '혁신도전 프로젝트' 지원	기초 연구	한국 연구 재단	X	X	X	X

40	연구장비 개발	연구개발 장비 및 고도화 지원사업	연구장비를 국산화하고 국내 연구장비 산업 생태계를 육성 할 수 있도록 원천기술·부품 자립화, 첨단 연구장비 개발 및 장비 성능 검증 등	기초 연구 응용 연구 개발 연구	한국 연구 재단	X	X	○	○
41	사회문제 해결형 기술개발	사회 이슈 해결형 연구 (R&D)	국민생활환경 개선, 격차 해소 등 국민생활과 밀접한 사회문제를 발굴하여 과학기술을 중심으로 법.제도, 서비스 전달 등의 공공시스템과 연계하여 新 제품 및 서비스창출을 지원하는 기술개발	개발 연구	한국 연구 재단	X	△	○	●
		국민 공감· 국민참여 R&SD 선도사업	수요발굴부터 해결방향 기획, 기술개발 및 현장적용까지 지자체와 지역 주민이 직접 참여하는 전주기 리빙랩을 구성하여 해결방향 기획 단계부터 연구자와 지역 주민이 적극적으로 소통하는 동시에 지자체에서도 기술의 적용과 확산을 지원	개발 연구	한국 연구 재단	X	X	○	○
		범부처 사회문제 해결 기반구축 사업	사회문제를 '문제정의→과학기술적 해결방안 모색→범부처 협력 TF 구성·운영'의 과정으로 추진	개발 연구	한국 연구 재단	X	X	○	○
42	전자정보 디바이스 산업 원천기술 개발	정보통신 산업융합 원천기술	반도체, 디스플레이, LED, 광 분야의 성장유망 기술개발 집중 지원을 통해 주력기간산업의 경쟁력을 제고	응용 연구 개발 연구	한국 산업 기술 평가 관리원	X	△	○	●
43	ICT융합 산업 원천기술개발사업	신산업 융합 원천기술	ICT기반 융합기술을 통해 미래사회에서 요구되는 신산업,신서비스 창출과 미래 성장동력 원천기술을 확보할 수 있는 산업융합 핵심·원천기술 개발 지원	응용 연구 개발 연구	정보 통신 기획 평가원	X	△	○	●

44	미래인재 육성	혁신성장 선도 고급 연구인재 성장 지원	미래 혁신성장 분야 기술 혁신을 원하는 수요기업과 매칭을 통해 첨단산업 및 시장 지향적인 연구를 수행하여 관련 산업계의 기술혁신을 지원하고 참여 박사급 인력은 첨단산업 혁신역량을 육성	기초 연구	한국 연구 재단	X	X	X	X
45	차세대 지능형 반도체	차세대 지능형 반도체 기술개발 (설계)	주로 연산 기능을 수행하는 인공지능 프로세서, 반도체 구동을 위한 SW, 데이터 전송 기능의 인터페이스 등 지능형반도체 핵심 설계기술 개발	기초 연구 응용 연구 개발 연구	정보 통신 기획 평가원	X	△	○	●
46	인공지능 사업	인공지능 중심산업 융합집적 단지	인공지능 개발에 필요한 기반 시설을 바탕으로, 국내·외 인공지능 최고 전문가가 모여 인공지능을 접목한 제품·서비스를 연구·개발·실증 및 서비스化 할 수 있는 인공지능 중심 산업 융합 생태계 조성이 추진	인프라 기타	정보 통신 기획 평가원	X	X	X	X
		클라우드 로봇 복합 인공지능 핵심기술 개발	5G의 '실시간·초연결' 특성을 활용, 클라우드 플랫폼 상에서 로봇을 연결·제어하고 다수 로봇에서 생산된 데이터를 실시간 학습할 수 있는 AI브레인 기술개발	기초 연구 응용 연구 개발 연구	정보 통신 기획 평가원	X	△	○	●
47	5G기술 개발사업	5G 기반 장비·단말 부품 및 디바이스 기술개발	5G 기지국, 프론트홀 등에 필요한 부품 및 디바이스 국산화 개발로 해외 의존도 탈피 및 국내 ICT 산업체의 기술 경쟁력 향상으로 국내 중소기업 중심의 5G 신시장 선점과 글로벌 경쟁력 확보가 기대	기초 연구 응용 연구 개발 연구	정보 통신 기획 평가원	X	△	○	●
		5G와 방송망 연동을 위한 신규 미디어 서비스 기술개발	5G와 방송망간 융합을 통한 고품질 미디어 서비스를 제공하고, 새로운 시장 성장의 기회를 모색하고자 '5G와 방송망 연동을 위한 신규미디어서비스 개발사업' 지원	기초 연구 응용 연구 개발 연구	정보 통신 기획 평가원	X	△	○	●

		네트워크 슬라이싱 기반 5G 융합서비스 테스트베드 구축운영	5G 이동통신 상용화가 이루어진 가운데, 새로운 5G융합서비스 개발을 지원하기 위한 '네트워크슬라이싱 기반 5G융합서비스 테스트베드 구축 운영' 사업 지원	기초 연구 응용 연구 개발 연구	정보 통신 기획 평가원	X	△	○	●
		국민 체감형 자율주행 서비스 실증	자율주행 산업 발전을 위해서는 관련 핵심기술 개발과 함께, 서비스 모델을 발굴·실증	응용 연구 개발 연구	정보 통신 기획 평가원	X	△	○	●
48	사회문제 해결사업	ICT기반 사회문제 해결 기술 개발	①국민생활분야는 범죄 예방·대응, 생활편의 증진 등 국민들의 일상생활 분야 문제 대응·해결에 필요한 기술, ②재난안전 분야는 자연재해, 인재(人災)(화재·붕괴, 전파재난 등), 안전사고의 예방·대응·복구 및 사회안전망 구축에 필요한 기술, ③복지증진 분야는 저소득층, 고령자, 장애인, 청소년 등 사회적약자의 삶의 질 제고 및 복지증진을 위해 필요한 기술, ④도시환경 분야는 도시집중화 문제(교통체증 등), 환경오염(대기, 수질, 폐기물 처리 등) 등 생활·주거환경 개선을 위한 기술개발을 지원(리빙랩방식)	기초 연구 응용 연구 개발 연구	정보 통신 기획 평가원	X	△	○	●
49	양자정보 통신사업	양자암호 통신 집적화 및 전송기술 고도화	4차 산업혁명의 기반 기술 중 하나인 양자암호통신 R&D 사업(양자암호통신 집적화 및 전송기술 고도화 사업) 지원	기초 연구 응용 연구 개발 연구	정보 통신 기획 평가원	X	△	○	●
50	재난안전 관리사업	디지털 트윈 기반 재난안전 관리 통합 플랫폼 기술개발	디지털트윈* 기반으로 사회중요시설(지하공동구 등)의 이상 징후 감지, 재난확산 경로예측 및 신속한 재난대응 등을 위한 기술을 개발하고 실증하는 사업	기초 연구 응용 연구 개발 연구	정보 통신 기획 평가원	X	△	○	●

			*현실의 공간 및 특성 등을 가상으로 구현하여 현실에서 발생할 수 있는 상황을 컴퓨터로 시뮬레이션함으로써 실제 현상에 대한 예측, 대비 등이 가능한 가상화 기술						
51	엣지컴퓨팅	차세대 엣지 컴퓨팅 시스템 기술개발	선진국에서는 클라우드 컴퓨팅 기술을 바탕으로 운용 환경이 가혹한 산업현장(온도, 습도, 분진 등)에서 운용 가능한 엣지 컴퓨팅시스템의 시장 선점을 위해 엣지 서버, 스토리지, 플랫폼 등의 기술개발에 총력을 기울이고 있다. 이에 본 사업은 가혹한 산업현장에서도 운용이 가능하고, 5G, 스마트팩토리 등 다양한 서비스에 따라 SW 및 HW 확장 등이 가능한 엣지 컴퓨팅시스템 개발을 지원	기초연구 응용연구 개발연구	정보통신기획평가원	X	△	○	●
52	정보보호	5G+ 핵심 서비스 보안강화	핵심서비스별 實 산업현장 분석을 통해 기기 보안성 시험, 서비스 플랫폼(설비, 클라우드 등) 취약점 점검, 개인정보 보호 점검을 수행하여 보안 위협에 효과적으로 대응하는 보안모델을 개발하고 시험검증을 현장에서 해결할 수 있도록 보안 리빙랩을 설치 지원	기초연구 응용연구 개발연구	정보통신기획평가원	X	△	○	●
53	지역신산업 선도 인력양성	산업기술 인력양성	창조경제혁신센터를 중심으로 기획한 지역전략산업의 R&D 과제를 대학과 기업이 수행하여 연구인력 양성 및 지역기업 육성	인력양성	한국연구재단	●	○	△	X
54	6개월 챌린지 및 엑셀러레이터 연계지원	창조경제 기반조성	국민의 아이디어를 사업화하기 위한 6개월 단기 집중지원 프로그램 운영으로, 창조경제 성공사례 조기 창출 및 스타트업	표준화 인증 등 기타	연구개발특구진흥재단	●	○	△	X

			붐 확산 창조경제혁신센터별 엑셀러레이터와 연계한 밀착형 멘토링을 통해 지역 혁신기업의 창업 및 사업화 촉진						
55	차세대 정보·컴퓨팅 기술개발	차세대 정보·컴퓨팅 기술개발	장기적인 국가경쟁력 확보를 위해 기존 IT분야 R&D와 차별되는 SW분야 기초.원천기술 개발 중점 지원('10.8월 예타 통과사업)	기초연구	한국연구재단	X	X	X	X
56	정보보호 핵심원천 기술개발	방송통신 산업 원천 기술개발 (R&D)	안전한 국가 사이버환경 조성을 위한 기반기술 및 ICT 환경 변화에 따른 신규 보안위협 대응 기술 등 정보보호 분야 핵심 원천기술 개발	개발연구	정보통신기술진흥센터	X	X	X	X
57	연구개발 특구사업화 지원	연구소 기업 창업 성장지원	-연구소기업의 용도별(설립용/투자용) 기술평가 지원체계 구축 추진 (기술창업 및 성장지원) 특구 거점 대학, 액셀러레이터 활용을 통한 기술창업 활성화와 특구별 특성화 사업, 글로벌 진출 지원 등 추진 -이노폴리스캠퍼스, 액셀러레이팅 지원사업 등을 활용하여 기술창업을 활성화하고, 특구기업의 투자 및 보육 등 후속 지원체계를 강화	기타	연구개발특구진흥재단	O	O	O	O
		특구별 특성화 사업	특구별 구성원(산·학·연·관) 특성, R&D 역량 및 산업 환경 등에 따라 특성화 강화 및 전략적 육성을 통해 지역 활성화 도모 ·대덕 (기술 확산 및 사업화) 대덕특구 기술과 타 특구 기업 매칭 및 사업화 전략 수립 ·광주 (특화기업 성장 촉진) 지역 산업 기업의 진단 및 공백기술 탐색, 사업화 전략 수립	기타	연구개발특구진흥재단	●	O	△	X

			·대구 (특화분야 기술역량 강화) 전통산업 기업을 지식서비스, 의료분야 기술기업으로 체질 전환 지원 ·부산 (전략산업 시뮬레이션) 특화분야 기업의 수요맞춤형 설계해석 시뮬레이션, 표준·인증 ·전북 (특화분야 혁신성장) 특화분야 신기술, 신산업을 육성하고, 시제품 제작 등 시장 진출 지원						
		특구연구 성과 사업화	(기술발굴 및 연계) 사업화 유망 공공기술의 발굴·선별 및 수요기업 매칭을 통해 기술이전·사업화 및 연구소기업 설립을 촉진 –'기술찾기사업'은 미래 유망기술 발굴 및 BM 개발 등 기술마케팅을 통한 우수 공공기술의 수요기업 연계 및 이전·출자 활성화를 중점 추진 –발굴된 수요기술이 '이전, 출자, 창업' 등 필요 목적별로 기업에 매칭 될 수 있도록 활용 극대화 (기술이전 사업화) 공공기술을 이전받은 기업, 연구소기업 등을 대상으로 제품 고도화·상용화 등 기술사업화(R&BD) 과제 지원	기타	연구 개발 특구 진흥 재단	●	○	○	○

NO	세부 사업명	단위 사업명	사업특징	사업 유형	관리 기관	기업성장단계				
						0	1	2	3	4
58	중소·창업 기업 지원	산학연 공동연구 법인 지원	대학·출연(연)·기업이 참여하는 산학연공동연구법인 육성을 통해 전주기적 R&D 투자효과 제고 및 중소·중견기업의 미래선도형 신제품 개발 지원 강화	응용 연구 개발 연구	과학 기술 일자리 진흥원	●	●	X	X	X

		투자연계형 공공기술 사업화	바이오, 나노 분야 등 대학·출연(연)의 우수 실험실 기술을 기반으로 사업화를 추진하는 5년 이하 초기단계 기업에 민간투자와 연계한 R&D를 지원하여 사업화에 필요한 기술력을 높이고 지속 성장 기반 조성을 통한 기술혁신 기업 육성 지원	응용연구 개발연구	과학기술일자리진흥원	X	●	●	X	X
		예비창업자 육성	산업계, 연구계 경력을 갖춘 예비창업자를 발굴·육성하여 실험실창업 기반 구축 마련과 전문화된 육성 프로그램 운영으로 예비 창업자 역량 강화	창업 멘토링	과학기술일자리진흥원	●	X	X	X	X
59	데이터 산업 지원	데이터 바우처 지원사업	데이터·AI 산업 활성화 생태계 조성 및 데이터 활용에 어려움을 겪는 중소·벤처기업, 소상공인 및 1인 창조기업을 대상으로 데이터구매·가공 바우처 지원	구매, 가공 비용	데이터 산업 진흥원	X	●	●	X	X
		데이터 산업지원	(데이터유통활성화)데이터 유통 지원사업은 개방형 데이터스토어 운영으로 데이터 수요에 대응한 맞춤형 데이터 중개·거래지원 (데이터활용사업화지원) 데이터 활용 사업화 지원(DB-Stars)사업은 데이터를 활용한 우수 서비스들이 시장을 선도하고 성장할 수 있도록 서비스 개발비, 멘토링/교육/컨설팅/홍보 등을 맞춤형 지원하는 국내유일의 데이터 활용 스타트업 육성 프로그램 (해외진출 지원)데이터 글로벌은 우수한 중소·중견 데이터 기업을 발굴하여 국산 데이터 기술의 현지 수요발굴, 현지화, 마케팅 등 해외진출 지원	사업화 컨설팅	데이터 산업 진흥원	X	●	●	○	○

		데이터 인증	데이터인증제도는 공공·민간 등에서 개발하여 활용 중인 정보시스템의 데이터 품질을 확보하기 위해 데이터, 데이터 관리, 데이터 보안 등을 심사·인증하여 범국가적 데이터의 품질 제고 및 고도화를 목적으로 지원	인증	데이터 산업 진흥원	X	X	○	●	●

④ 농림축산식품부 (www.mafra.go.kr)

NO	세부 사업명	단위 사업명	사업특징	사업 유형	관리 기관	기업성장단계			
						1	2	3	4
1	첨단 생산기술 개발	농식품 기술개발	농업 인구 감소 및 고령화, 농업경영비 상승 압력 증대 등의 불리 여건을 극복하고, ICT를 활용한 농업의 첨단산업화를 위한 기술 개발 지원(ICT융복합시스템기술제외 일몰)	응용 연구 개발 연구	농림 식품 기술 기획 평가원	X	△	○	●
2	유용농 생명자원 산업화기술 개발	농식품 기술개발	사전 검증된 성과를 활용하여 단기(2년이내) 산업화가 유망한 핵심분야을 엄선하여 지원, 농생명소재(동식물, 곤충,미생물) 활용 고부가 제품 개발	응용 연구 개발 연구	농림 식품 기술 기획 평가원	X	△	○	●
3	작물 바이러스 및 병해충 대응산업화 기술개발	농식품 기술개발	작물바이러스 및 병해중 대응 전주기에 대한 체계적, 조합적 대응을 통해 작물 질병 핑해 경감 및 핵심기술확보	응용 연구 개발 연구	농림 식품 기술 기획 평가원	X	△	○	●
4	1세대 스마트 랜트팜· 애니멀팜 고도화 및 산업화 기술개발	농식품 기술개발	스마트팜 기술의 고도화를 기반으로 작물의 생산성 향상과 노동력 절감을 위한 단기 산업화 기술개발을 통해 스마트팜 모델 확산	응용 연구 개발 연구	농림 식품 기술 기획 평가원	X	△	○	●
5	첨단농기계 산업화기술 개발	농식품 기술개발	농촌인구감소 및 여성,고령화등에 효과적으로 대응하고 밭농업기계화촉진을 위해 국내 환경에 최적화된 첨단농기계 개발 및 핵심부품 국산화 지원	응용 연구 개발 연구	농림 식품 기술 기획 평가원	X	△	○	●

6	가축질병 대응 기술개발	농식품 기술개발	국가 긴급 재난형 가축질병(구제역, 조류인플루엔자)에 효과적으로 대응하기 위해 예방, 검역, 진단, 방역 및 사후 관리 등 전주기적 기술개발 및 동물용의약품 개발 지원	기초연구 응용연구 개발연구	농림식품기술기획평가원	X	△	○	●
7	맞춤형 혁신식품 및 천연안심 소재기술 개발	농식품 기술개발	첨단 식품 가공기술을 활용한 미래형 혁신식품 및 소비트렌드에 따른 맞춤형 식품개발,천연물기반 식품첨가물 등 기술개발을 통해 미래식품 전략산업의 신시장 창출 및 생태계 조성	기초연구 응용연구 개발연구	농림식품기술기획평가원	X	△	○	●
8	농축산 자재 산업화 기술개발	농식품 기술개발	농업경영비 절감을 위해 고효율 농축산 자재를 개발하고 수입에 의존하는 주요 자재의 국산화를 통해 국내 농축산 자재 산업의 경쟁력 재고	응용연구 개발연구	농림식품기술기획평가원	X	△	○	●
9	농식품 연구성과 후속지원	농식품 기술개발	국가연구개발사업을 통해 개발된 농식품 분야 기술 중 사업화 가능성이 높은 우수 기술 발굴 및 사업화 연계를 추진하고, 영세 창업,벤처기업의 원활한 시장 진입을 위한 바우처 지원	사업화 (바우처)	농림식품기술기획평가원	●	●	○	●
10	농식품 수출 비지니스 전략모델 구축	농식품 기술개발	농식품 수출 시장 확대를 위해 맞춤형 패키지 수출 비즈니스 모델 구축을 통해 수출시장, 기술선점을 위한 전주기 연구개발 지원	응용연구 개발연구	농림식품기술기획평가원	X	△	○	●
11	가축질병 대응기술 개발	농식품 기술개발	고 위험성 가축질병에 효과적으로 대응하기 위해 전주기적 기술개발 및 동물용의약품 개발 지원	기초연구 응용연구 개발연구	농림식품기술기획평가원	X	△	○	●
12	농촌현안 연결 리빙랩 프로젝트	농식품 기술개발	부,청의 R&D역량을 결집하여 농업,농촌 현장과 국민 생활에 영향을 미치는 사회적 문제를 국민 참여형 R&D로 해결	응용연구 개발연구	농림식품기술기획평가원	X	△	○	●

13	농업에너지 자립형 산업모델 기술개발	농식품 기술개발	농산업 현장에서 친환경 신재생 에너지를 안정적으로 생산,소비할 수 있는 시스템 구축 및 확산 모델 마련을 위한 기술 고도화 지원	응용연구 개발연구	농림식품기술기획평가원	X	△	○	●
14	농업기반 및 재해대응 기술개발	농식품 기술개발	민간 주도의 농업재해 대응력을 확보하고, 농업용수 관리 효율화등 안정적 생산기반 구축	응용연구 개발연구	농림식품기술기획평가원	X	△	○	●

⑤ 해양수산부 (www.mof.go.kr)

NO	세부 사업명	단위 사업명	사업특징	사업 유형	관리 기관	기업성장단계			
						1	2	3	4
1	4차산업 혁명 대응	해양 PNT 고도화 기술개발	○지상기반 센터미터급 고정밀 PNT정보 기술개발 및 전해역 실증 개발과제 ○ R-Mode 신호생성·송출기술과 이용자 수신 장비를 개발하고, 실해역 테스트베트 구축 및 실증	응용연구 개발연구	한국해양과학기술진흥원	X	△	○	●
		스마트 항만 컨테이너 자동통합 검색 플랫폼 기술개발	○ 컨테이너 위험화물 자동검색 및 복합탐지 시스템 개발과제 ○ Private 클라우드 기반의 항만보안검색정보 데이터 처리기술 및 타 시스템 연계를 위한 정보공유 및 제공 플랫폼 기술개발	응용연구 개발연구	한국해양과학기술진흥원	X	△	○	●
		IoT기반 지능형 항만물류 기술개발	항만물류자원의 효육적 운영을 위한 공유 플랫폼 기술개발	개발연구	한국해양과학기술진흥원	X	△	●	●
		자율운항 선박 기술개발	IMO Level 3.0 수준의 자율운항 지능화, 자동화 시스템 개발, 검인증, 실증을 통한 운용기술 확보 및 국제표준 선도	기초연구 응용연구 개발연구	한국해양과학기술진흥원	X	△	●	●

2	해양수산 전략산업 육성	전기추진 차도선 및 이동식 전원공급 시스템 개발	이동·교체식 전원공급 시스템 적용 전기추진 차도선 및 도서지역 전력공급 체계 기술개발 및 실증	기초연구 응용연구 개발연구	한국해양과학기술진흥원	X	△	●	●
		극지 유전자원 활용 기술 개발	극지 유래 생물자원을 활용한 항생물질 변형 효소 및 항생제 후보물질 개발	기초연구 응용연구	한국해양과학기술진흥원	X	△	○	●
		수소선박 안전기준 개발	ㅇ 수소연료 추진선박의 수소연료(액체·기체·고체) 벙커링 및 수소 운송선의 수소(액체·액상)이송 및 적하역 안전성 평가기술 및 안전기준 개발 ㅇ 수소연료 추진선박의 수소연료(액체·기체·고체) 저장용기 및 연료공급시스템과 수소 운송선 화물창의 안전성평가기술 및 안전기술 개발	기초연구	한국해양과학기술진흥원	X	X	X	X
		해양 바이오 전략소재 개발 및 상용화 지원	ㅇ 해양생물자원(식물,동물,미생물,수자원등)을 대상으로 제품 개발에 활용 가능한 효능, 성능을 지닌 전략소재를 개발하고 집중 확보 ㅇ 산업적 활용 가치가 높은 해양생물 유래 유용물질의 대량생산 및 고도화를 위해 소재를 표준화하고, 전략소재의 대량생산 공정 개발 ㅇ 기술상용화 지원 및 해외시장 진출지원	응용연구 개발연구	한국해양과학기술진흥원	X	△	○	●
		해양장비 연구성과 활용촉진	수중글라이더 핵심부품·장비 기술개발 및 선단(Fleet)운용센터 구축·운영	기초연구 응용연구 개발연구 기타	한국해양과학기술진흥원	X	X	X	X

3	사회문제 핵결& 기술사업화	해양 플라스틱 쓰레기 저감을 위한 기술개발	ㅇ 접근이 어려운 지역의 해안쓰레기 수거장비 기술개발 ㅇ 해안가 미세플라스틱 수거장비 기술개발 ㅇ 도서-어촌 맞춤형 해양쓰레기 처리시스템 개발 ㅇ 지능형 해양쓰레기 수거관리기술개발	기초연구 응용연구 개발연구	한국 해양 과학 기술 진흥원	X	△	○	●
		어업현장의 현안해결 지원	ㅇ 연근해어업 안전 및 자동화 기술개발 ㅇ 양식업 안전 및 자동화 기술개발 ㅇ 내수면어업 혼획방지 및 자동화 가술개발	응용연구 개발연구	한국 해양 과학 기술 진흥원	X	X	X	X

⑥ 보건복지부 (www.mohw.go.kr)

NO	세부 사업명	단위 사업명	사업특징	사업 유형	관리 기관	기업성장단계			
						1	2	3	4
1	치과의료	미래첨단 치과의료 기술개발	ㅇ 구강질환 조기 진단·치료를 위한 진단 치료기술 연구개발 및 사용자 맞춤형 관리 시스템 개발 ㅇ 의료-ICT 융복합 진단/치료/관리 통합 솔루션 개발 통한 진료시스템 효율성 제고 및 의료서비스 확대	응용연구 개발연구	한국 보건 산업 진흥원	X	△	○	●
2	줄기세포·재생의료 분야	성과 창출형 중개연구	ㅇ 글로벌 경쟁력과 시장 성공 가능성을 갖춘 차세대 줄기세포·재생의료(세포를 활용한 유전자치료 및 조직공학치료 분야 포함) 후보제품(치료기술 및 치료제)의 발굴	기초연구 응용연구	한국 보건 산업 진흥원	X	○	○	○
		상용화 공통기반 기술개발 지원	ㅇ 글로벌 줄기세포 재생의료 시장에 성공적으로 진출할 수 있는 치료기술 치료제 개발을 촉진하기 위한 상용화 공통기반기술 개발 지원 ㅇ 국제적으로 우수한 줄기세포 재생의료 치료기술 치료제 및 선도그룹 확보를 위해 줄기세포 재생의료 분	개발연구	한국 보건 산업 진흥원	X	○	○	○

		야에 해당하는 실용화 연구(TRL 4~6)와 시너지 효과를 창출할 수 있는 상용화 공통기반기술개발 지원						
	연구자 주도 임상연구 (IIT)	○ 글로벌 경쟁력과 시장 성공 가능성을 갖춘 차세대 줄기세포·재생의료(세포를 활용한 유전자치료 및 조직 공학치료 분야 포함) 후보 제품(치료기술 및 치료제)의 발굴	기초 연구 응용 연구	한국 보건 산업 진흥원	X	O	O	O
	허가용 기업주도 임상시험 (SIT)	○ 글로벌 줄기세포 재생의료 시장에 성공적으로 진출할 수 있는 치료기술 치료제 개발을 촉진하기 위한 상용화 공통기반기술 개발 지원 ○ 국제적으로 우수한 줄기세포 재생의료 치료기술 치료제 및 선도그룹 확보를 위해 줄기세포 재생의료 분	응용 연구 개발 연구	한국 보건 산업 진흥원	X	O	O	O
	세포기반 첨단조직 공학 융복합 기술 실용화 지원	○ 첨단 보건의료 분야 기술의 융복합을 통하여 세포기반 생체조직공학 분야 등의 임상 및 실용화를 조기 실현하고 글로벌 리더쉽 확보를 목표로 향후 기존의 보건의료기술 및 제품을 대체할 수 있는 신기술 발굴 ○ 사업화 제품화 가능성이 높은 신규 첨단의료기술 분야를 발굴 및 지원하여 명확한 성과창출 및 신산업으로 조기 안착 유도	응용 연구 개발 연구	한국 보건 산업 진흥원	X	O	O	O
	이종장기 이식 임상적용 가능성 검증	○ 장기수급의 불균형의 근본적 해결을 위해 형질전환돼지를 기반으로 한 이종 장기 이식(고형장기)의 임상적용 가능성 검증을 통해 이식대기자의 미충족 의료수요 대응	기초 연구 응용 연구 개발 연구	한국 보건 산업 진흥원	X	O	O	O

3	신약개발	신양개발 비임상· 임상시험 지원	○ 신약 비임상 임상시험 단계별 지원을 통해 국내 신약 연구개발 역량을 강화하고, 국산 신약개발 및 국내외 기술이전 등 실용화 성과 창출 ○ 수익성이 낮은 희귀의약품 개발을 통한 의료안전망 강화	응용연구 개발연구	한국보건산업진흥원	X	O	O	O
4	감염병 분야	백신 실용화 기술개발 사업단(장)	○ 백신개발 분야에 대한 연구개발, 실용화 및 과제관리 등 전문적 종합적 역량을 갖춘 사업단 구축 지원 ○아래 제시된.지원내용.및.예비타당성조사결과.분석내용을 반드시 세부과제로 포함하여 최종 목표 달성을 위한 연도별 성과지표, 연구개발 로드맵, 사업운영 및 관리방안 등을 제시해야함	기초연구	한국보건산업진흥원	X	X	X	X
		의료현장 맞춤형 진단 기술 개발	○감염병의 조기진단, 현장진단 등 진단기술 고도화를 통한 감염병 확산방지 및 진단 지침개발 등에 적용을 통한 실효성 확보	개발연구	한국보건산업진흥원	X	O	O	O
		미해결 치료제 도전 기술개발	○감염병 치료제 개발 및 이를 위한 기반기술 확보 예시) 바이러스성 급성 호흡기 질환치료제/매개체 전파 바이러스 감염병 치료제/바이러스성 간염 완치제/다제내성 그람음성균 치료제	기초연구	한국보건산업진흥원	X	O	O	O
5	라이프케어 융합서비스 분야	커뮤니티 케어 서비스 모델 개발	○ 거동이 불편한 노인·장애인의 독립적인 일상생활을 유지할 수 있도록 기본적으로 충족되어야 할 주요 욕구(식사/수면/이동/세면/안전/여가)를 반영한 아이디어를 모집하여 지역사회 통합 돌봄의 공공서비스 제공기반을 확립	개발연구	한국보건산업진흥원	△	O	O	O

			- 기존 개발된 기술·제품에 ICT 기술 등을 활용하여 체감도 높은 수요자(노인·장애인) 대상 주요 욕구의 특성을 고려하여 독립적 재가생활을 할 수 있는 맞춤형 서비스 시나리오 개발						
6	한의기반 융합기술 분야	한의융합 제품 기술개발	○ 국내외 한방 의료기관에서 사용 가능하고 안전성·유효성이 확보된 침, 뜸, 기타 한의 체외진단·치료 용품의 국내외 시장 진출 및 시장 확대를 위한 한의약과 현대 과학기술의 융합 연구 지원	개발 연구	한국 보건 산업 진흥원	X	O	O	O
7	글로벌 인재 육성 분야	바이오 메디컬 글로벌 인재양성 (연구자 협력형)	○ 보건의료 분야 글로벌 선도 기관에서의 해외연수 또는 프로젝트 참여 등을 통한 글로벌 감각을 갖춘 융합형 고급인재 육성 (박사과정) SCI(E)급 논문 또는 Top conference 발표 (박사후연구원) .SCI(E)급 논문* 또는 특허 출원	인재 육성	한국 보건 산업 진흥원	X	X	X	X
8		바이오 메디컬 글로벌 인재양성 (글로벌 혁신인재 양성 지원센터)	○ 바이오메디컬 분야* 글로벌 인재양성 지원을 위한 글로벌 혁신인재양성 지원센터 구축 * 재생의료, 정밀의료, 신약, 의료기기, 보건의료 빅데이터, 보건의료기술 인프라 등	인재 육성	한국 보건 산업 진흥원	X	X	X	X
9		한-영 보건의료 기술교류 (KHIDI-MRC Korea-UK Partnering Awards)	○ 다양한 형태의 정보교류 및 연구자교류 등 협력활동에 대한 지원을 통해 국제공동연구 촉진을 위한 연구자 네트워크 저변 확대 ○ 한-영 연구자간 네트워크 구축 및 상호보완적 유망기술 발굴을 통한 지속적인 한영 공동연구협력 기반 마련 ○ 한-영 연구자 상호 간 시설에 대한 접근성 강화를 통한 실질적인 협력 기반 구축	인재 육성	한국 보건 산업 진흥원	X	X	X	X

10	피부 과학 분야	피부과학 응용소재 선도기술 개발 사업단(장)	○ 소재 국산화, 기술 경쟁력 강화, 시장 다변화를 통해 화장품산업을 지속가능한 미래 성장동력으로 육성하기 위한 연구개발 지원 ○ 성과목표 – (주요 화장품 소재 국산화) 수입의존 기초 범용 소재 2건 이상, 나고야 의정서 대응 국내 자생 천연소재 3건 이상 개발 – (화장품 기반기술 확보) 신개념 화장품 개발을 위한 기초 피부과학 기술(기전 타겟 등) 4건 이상, 동물실험 대체 효능평가 기술 2건 이상, 신제형 기술 1건 이상 확보 – (시장 다변화 기반 마련) 수출대상국 맞춤형 소재 또는 제형 2건 이상 개발	인프라 사업	한국 보건 산업 진흥원	X	X	X	X

⑦ 환경부 (www.me.go.kr)

NO	세부 사업명	단위 사업명	사업특징	사업 유형	관리 기관	기업성장단계			
						1	2	3	4
1	환경시설 재난재해 대응 기술 개발 사업	환경시설 재난피해 예방·대비	환경시설 가상 재난안전 교육 컨텐츠 및 지원도구 개발	응용연구 개발연구	한국 환경 산업 기술원	X	△	○	●
		환경시설 재난피해 긴급대응	정수 및 하폐수처리시설 2차 피해 확산방지기술 개발	응용연구 개발연구	한국 환경 산업 기술원	X	△	○	●
		환경시설 재난피해 복구기술	하·폐수처리시설 자산관리 기반 재난대응 유지보수 기술개발	응용연구 개발연구	한국 환경 산업 기술원	X	△	○	●
			정수 및 하·폐수처리시설 조기 기능복구 및 지반환경 관리기술	응용연구 개발연구	한국 환경 산업 기술원	X	△	○	●

2	미세먼지 사각지대 관리 기술 개발	미세먼지 저감 실증화 기술	ㅇ Post Stage-V 대응 건설기계/농기계용 배기 후처리 기술 개발 ㅇStage-V대응 농기계용 30kW급 SI엔진 및 후처리 장치 개발 ㅇ공항 또는 항만 운행 하역장비용 PM, NOx 저감 장치 개발 및 실증 ㅇ비상용 발전기용 PM, NOx 저감 장치 개발 및 실증 ㅇ군용차량 PM, NOx 동시 저감 장치 개발 및 실증 ㅇ중소 제련소 맞춤형 미세먼지 저감 기술 개발 ㅇ중소 소각시설 맞춤형 미세먼지 저감 기술 개발 ㅇ비산먼지 저감을 위한 건물 외벽 도장기술 개발 ㅇ실외 Hot-Spot(오염농도↑, 인구밀집↑, 반폐쇄형) 미세먼지 저감기술 실증	응용연구 개발연구	한국 환경 산업 기술원	X	△	○	●
		미세먼지 측정·분석 기술	ㅇ고정오염원 배출시설 PM10, PM2.5 연속 측정 시스템개발 ㅇ운행 경유 자동차 후처리 장치 진단 및 감시 기술 개발	응용연구 개발연구	한국 환경 산업 기술원	X	△	○	●
3	지중환경 오염위해 관리기술 개발사업	지중환경 오염거동 특성 평가·진단 기술	ㅇ지중유체 및 오염물질 조사·모니터링 요소기술 및 통합 시스템 기술 개발 ㅇ지중유체 및 오염물질 시료채취 장비개발 ㅇ지중환경 내 휘발성유기 오염물질 조사 및 노출 평가 기법 개발 ㅇ환경수사학(forensic) 기법을 활용한 지중오염원 해석기술 개발	응용연구 개발연구	한국 환경 산업 기술원	X	△	○	●
		지중시설 유발오염 감시 기술	유류 저장소 및 배관 주변 환경 실시간 오염감시 및 경보 시스템 개발	응용연구 개발연구	한국 환경 산업 기술원	X	△	○	●

4	표토보전 관리기술 개발사업	표토환경 보전 및 최적관리 기술	표토훼손 피해지역 복원 기술 및 사후관리 · 평가시스템 개발	응용연구 개발연구	한국 환경산업 기술원	X	△	○	●
5	도시생태계 건강성 증진 기술 개발사업	맞춤형 도시 생태계 복원 기술 개발	ㅇ도시 환경문제 대응을 위한 도시생태계 완충능력 개선기술 ㅇ도시 생태계 탄소저장능력 향상 구조/소재/공법 개발 ㅇ도시 열 스트레스 취약 공간 생태계 서비스 향상 구조/소재/공법 개발	응용연구 개발연구	한국 환경산업 기술원	X	△	○	●
		도시 생태계 통합 관리 기술개발	폐플라스틱 등을 활용하기 위한 고효율 시멘트 소성공정 기술개발	개발연구	한국 환경산업 기술원	X	△	○	●
6	생활폐기물 재활용 기술개발 사업	생활폐기물 재활용 기술개발	폐플라스틱 등을 활용하기 위한 고효율 시멘트 소성공정 기술개발	기초연구 응용연구	한국 환경산업 기술원	△	○	○	X
7	ICT기반 환경영향 평가 의사 결정 지원 기술개발 사업	ICT기반 환경영향 평가 의사 결정 지원 기술	ㅇ환경영향평가 매체별 데이터화 및 환경영향 분석기술 개발 ㅇ환경영향평가 통합 의사 결정 검토 지원모델 개발 ㅇ환경영향평가 의사결정 검토지원모델 결과 시·공간 표출 기술개발	개발연구	한국 환경산업 기술원	X	X	X	X
8	상하수도 혁신 기술 개발사업	상하수도 저에너지· 고효율 핵심 기자재 및 처리기술 개발	ㅇ도심하수처리장 고효율 송풍기 및 산기장치 개발 ㅇ전기분해방식 고농도 차아염소산나트륨 기반 현장제조용 소독장치 개발 ㅇ저에너지 모듈형 오존 발생장치 개발 ㅇ장수명 중압 및 펄스형 자외선 램프를 활용한 대용량 소독장치 개발	기초연구 응용연구	한국 환경산업 기술원	△	○	○	△

			ㅇ상하수도 기자재 에너지 소비효율 평가기법 및 인증방법 개발 ㅇ자가생성막 활용 하·폐수 슬러지 바이오가스화 시스템 실용화 ㅇ고탄성력 및 UV를 활용한 상수관로 보강 장거리, 저에너지형 갱생기술 개발						
		상하수도 지능형 관리 기술 개발 분야	ㅇ상수관망 고정밀, 원격 모니터링 및 노후도 예측 기술 개발 ㅇ하수관로 실시간 모니터링 및 클라우드 기반 상태 종합 평가기술 개발 ㅇ사물인터넷 기반 상수관망 수질 및 수량 저전력 계측 시스템 개발 ㅇ사물인터넷 기반 하수관망 복합 수질 및 수량 계측 시스템 개발 ㅇ정수처리 자동제어 및 운영·유지 관리기술 개발 ㅇ하수처리 자동제어 및 운영·유지 관리기술 개발 ㅇ상하수도 빅데이터 관리·해석 플랫폼 및 표준화 기술 개발 ㅇ사물인터넷/감성컴퓨팅 활용 상수도 웰니스 구현기술 개발	기초 연구 응용 연구 개발 연구	한국 환경 산업 기술원	△	○	○	△
9	수요대응형 물공급 서비스 연구사업	지능형 물공급 관리 서비스	비접촉식 유속계와 초음파센서를 이용한 하천 유량 및 유사량 조사기술 개발	개발 연구	한국 환경 산업 기술원	X	○	●	○
10	수생태계 건강성 확보 기술개발 사업	지능형 수생태계 건강성 위협 요인 측정 및 감시 기술	ㅇCell image 기반 미세조류 지능형 온라인 측정 기술 개발 ㅇ분자생물학 기술 기반 유해 남조류 및 독소물질 동시 측정장치 개발	응용 연구 개발 연구	한국 환경 산업 기술원	X	△	○	●

			ㅇ다종 생물센서 기반 생태독성 측정장치 개발 ㅇ수생태계 유입 신종 오염물질 직독식 측정 기술 개발 ㅇ퇴적물 원위치 오염조사를 위한 샘플러/센서 장착 ROV 개발 ㅇ신종 미량 오염물질 수생태계 유입 부하량 예측 기술 개발 ㅇ이상강우 대응 수생태계 장기 지표수-지하수 통합 유출 예측 기술 개발 ㅇ지문화 기술을 이용한 총 유기탄소(TOC) 기원 추적 기술 개발						
		수생태계 건강성 평가·예측 기술	ㅇ어류 이동성 기반 하천의 수생태계 종적 연결성 평가기술 개발 ㅇ정수생태계 변화예측 모델 개발 ㅇ보 운영에 따른 하천 퇴적물 거동예측 및 수생태계 영향 예측 기술 개발 ㅇ유역환경변화를 고려한 생태유량 취약성 평가 및 수질-수문-수생태 연계 기술 개발	응용연구 개발연구	한국 환경산업기술원	X	△	○	●
11	생활화학제품 안전관리 기술 개발사업	생활화학제품 함유 혼합물 유해성 평가 기술개발	ㅇ생활화학제품 함유 혼합물 대상 인체 생식·발생 독성 및 내분비계 장애 평가기술 개발 ㅇ제브라피쉬 활용 제품 함유 혼합물 대상 인체 in vivo 신경독성규명 기술 개발 ㅇ제품 유해 원인물질 규명 비표적 분석 및 영향 유도분석 기술 개발	기초연구 응용연구 개발연구	한국 환경산업기술원	X	X	X	X
		생활화학제품 사용 환경 기반 노출 평가 기술 개발	ㅇ제품 함유 유해물질 수생태 환경 노출지수 개발 ㅇ제품 함유 유해물질 환경 오염부하 노출량 평가 기술 개발 ㅇ제품 사용 조건별 유해	개발연구	한국 환경산업기술원	X	X	X	X

			물질 경구 및 경피 전이량 측정기술 개발 ㅇ실내 유기필름을 이용한 제품 사용조건별 생활환경 중 유해물질 노출량 측정 기술						

⑨ 특허청 (www.kipo.go.kr)

NO	세부 사업명	단위 사업명	사업특징	사업 유형	관리 기관	기업성장단계				
						0	1	2	3	4
1	IP-R&D 전략 지원	특허정보 활용강화	중소·중견기업이 글로벌 시장을 주도할 '창조·선도형 R&D' 분야에서 강한 지재권을 확보할 수 있도록 구체적인 지재권 획득 전략 수립 지원	컨설팅 보고서	한국 특허 전략 개발원	X	X	△	●	●
		IP정보 서비스 기술개발	특허 정보(DB)를 활용하여 새로운 서비스 상품을 출시하는 스타트업·벤처기업에게 사업개발 전략수립(비지니스 모델)을 지원	컨설팅	한국 특허 전략 개발원	X	●	●	X	X
2	표준 특허 창출 지원	특허정보 활용강화	기술 간 상호호환성을 규정하는 표준과 기술에 대한 독점적 권리인 특허를 연계하여 고부가가치 표준특허 창출을 지원함으로써 연구생산성 향상 및 기술무역수지 개선 기여	컨설팅	한국 특허 전략 개발원	X	X	△	○	●
3	특허 기술 조사 분석	특허정보 활용강화	정부 R&D 사업의 과제발굴, 연구기획, 과제선정, 연구수행 및 성과관리 등의 全 과정에서 특허정보 활용을 강화하여 연구개발 효율성 제고	컨설팅	한국 특허 전략 개발원	X	△	○	○	○
4	지식 재산 활용 전략 지원 사업	특허활용	기업의 경쟁력 강화를 위해 지식재산(IP) 관점에서 기업의 특허/제품/사업화 관련 전략을 제시하는 컨설팅 지원	컨설팅	한국 발명 진흥회	X	○	○	●	●

5	사업화 연계 특허 기술 평가 지원	특허활용	등록된 특허, 실용신안에 대한 성능분석 및 비교분석, 사업타당성 및 가치평가 등을 수행하는데 소요되는 평가비용을 지원하여 특허기술의 사업화 및 활용촉진을 위해 객관적인 평가결과를 제공	IP가치 평가 비용 지원	한국 발명 진흥회	X	○	○	●	●
6	보증 연계 특허 기술 평가 지원	특허활용	기업이 보유한 특허기술의 가치를 평가하고 그 결과를 사업자금의 보증 및 대출에 활용할 수 있도록 평가비용 지원	IP가치 평가 비용 지원	한국 발명 진흥회	X	○	○	○	△
7	투자 연계 특허 기술 평가 지원	특허활용	우수 기술력을 보유한 중소기업에 대한 투자심의시, 투자기관이 공인된 평가기관의 기술평가 보고서를 활용할 수 있도록 평가비용 지원	IP가치 평가 비용 지원	한국 발명 진흥회	X	●	●	○	△
8	IP 담보 대출 연계 특허 기술 평가 지원	특허활용	기업이 보유한 지식재산권의 가치평가를 통하여 지식재산권을 담보로 자금을 조달할 수 있도록 평가비용 지원	IP가치 평가 비용 지원	한국 발명 진흥회	X	X	△	●	●
9	우수 발명품 우선 구매 추천 사업	특허활용	국가기관, 지방자치단체, 정부출원, 투자기관 등에 중소기업이 개발한 특허제품의 우선구매를 추천	인증	한국 발명 진흥회	X	△	○	●	●
10	IP 사업화 통합 지원 센터	특허활용	예비창업자, 중소기업 등이 보유하고 있는 지식재산권을 사업화에 효율적으로 활용할 수 있도록 특허청 및 유관부처에서 시행 중인 다양한 관련 지원사업 정보를 한 곳에 취합하여 일괄 제공함으로써 신속하고 효과적인 의사결정 기회를 제공	컨설팅	한국 발명 진흥회	X	○	○	○	○

11	글로벌 IP 스타 기업	특허창출	해외 수출(예정) 중소기업의 글로벌 강소기업 육성하기 위해 해외권리화, 특허기술 시뮬레이션, 맞춤형 IP맵, 특허&디자인 융합, 비영어권 브랜드 개발, 글로벌 IP 경영진단 서비스를 제공	IP 서비스 비용 지원	한국 발명 진흥회	X	X	△	○	●
12	스타트업 특허 바우처	특허창출	스타트업의 특허 경쟁력 제고를 위해 스타트업에 바우처를 발급하면, 스타트업은 IP 서비스 메뉴와 Pool에 등록된 기관 중에서 자유롭게 필요한 서비스 및 기관을 선택하여 이용하고 바우처로 비용 지불	IP 서비스	한국 특허 전략 개발원	X	●	●	X	X
13	중소기업 IP 경영 지원단	지역 활성화	중소기업의 지식재산경영 도입 활성화를 위해 브랜드, 디자인 개발 및 국내외 IP컨설팅 서비스를 지원	컨설팅	한국 발명 진흥회	X	X	△	○	●
14	IP 나래	지역 활성화	중소기업의 보유기술에 독점적 권리를 도출하여 시장경쟁력을 강화하고, 지식재산 기반 경영 기초를 설계하여 지속성장 기업이 되도록 지원	IP 서비스 비용 지원	한국 발명 진흥회	X	○	○	△	X
15	IP 디딤돌	지역 활성화	개인의 아이디어를 창업으로 유도시키기 위하여, 아이디어 창출교육, 아이디어 구체화 및 권리화, 아이디어 제품화 (3D 설계 및 모형제작) 및 창업 컨설팅을 지원	IP 서비스 비용 지원	한국 발명 진흥회	●	X	X	X	X
16	지식 재산 경영 인증	지역 활성화	지식재산경영을 모범적으로 수행하고 있는 기업의 자긍심을 높이고 대외 인지도를 제고하여, 중소기업의 자발적인 지식재산경영 도입을 유도	인증 평가	한국 발명 진흥회	X	X	△	●	●

2. 기업성장단계별 지원기관의 중소기업 지원시책 현황

① 중소벤처기업진흥공단 (www.kosmes.or.kr)

NO	사업명	사업특징	분야(방식)	기업성장단계			
				1	2	3	4
1	창업기업 지원자금	(혁신창업사업화자금)사업 개시일 7년 미만인 중소기업 및 창업을 준비 중인 자를 대상으로 자금 대출 지원	시설자금(융자) 운전자금(융자)	●	●	△	X
2	일자리창출 촉진자금	(혁신창업사업화자금) 일자리창출, 일자리유지, 인재육성 기업등에 자금 지원, 7년이내 기업	시설자금(융자) 운전자금(융자)	●	●	△	X
3	미래기술 육성자금	(혁신창업사업화자금) 사업개시일로부터 3년 이상 10년 미만인 중고기업으로 혁신성장분야 영위기업에 대출지원	시설자금(융자) 운전자금(융자)	X	△	●	●
4	고성장 촉진자금	(혁신창업사업화자금) 사업개시일로부터 3년 이상 10년 미만인 중고기업중 고성장, 혁신기업을 대상으로 대출지원	시설자금(융자) 운전자금(융자)	X	△	●	●
5	개발기술 사업화 자금	(혁신창업사업화자금) 해당기술을 사업화하고자 하는 기업(연구개발성공기술,특허등록기술,인증기술,기술이전기술등)에 자금 대출	시설자금(융자) 운전자금(융자)	△	○	○	○
6	투융자복합 금융자금	기술성과 미래 성장가치가 우수한 중소기업에 대해 융자에 투자요소를 복합한 방식의 자금지원으로 창업활성화 및 성장 단계 진입을 도모 (성장공유형) 기술성과 미래 성장가치가 큰 기업으로 ipo가능성 있는기업 (스케이업금융) 혁신성장 잠재력 및 기반을 갖춘 기업으로 직접금융 시장을 활용하여 자금을 조달하고자 하는 기업	시설자금(CB) 운전자금 (RCPS)	●	●	●	△
7	신시장 진출 지원 자금	중소기업이 보유한 우수기술 제품의 글로벌화 촉진 및 수출인프라 조성에 필요한 자금을 지원하여 수출강소기업을 육성 (내수기업 수출기업화자금) 내수기업 또는 수출 초보기업(수출10만 달러 이내) 지원 (수출기업 글로벌화자금) 수출 유망기업(최근 1년 수출10만 달러 이상) 중 생산품(용역, 서비스 포함)을 수출하고자 하는 중소기업	운전자금(융자)	○	○	○	○

8	신성장 기반 자금	(혁신성장지원자금)업력 7년 이상 중소기업중 협동화 자금과 산업경쟁력 강화 자금으로 구분 운영	시설자금(융자) 운전자금(융자)	X	X	●	●
		(제조현장 스마트화자금)스마트공장 추진기업중 '스마트공장 보급사업', 4차 산업혁명 관련 신사업·신기술 영위기업, ICT기반 생산 효율화를 위한 자동화 시설 도입기업 대상	시설자금(융자) 운전자금(융자)	X	○	●	●
9	재도약 지원자금	사업전환, 구조조정, 재창업 지원을 통해 재도약과 경영정상화를 위한 사회적 기반 조성, 사업전환자금, 구조개선전용자금, 재창업자금으로 구분	시설자금(융자) 운전자금(융자)	●	△	○	○
10	긴급경영 안정자금	재해, 경영애로 해소 등 긴급한 자금소요를 지원하여 중소기업의 안정적인 경영 기반 조성	운전자금(융자)	△	△	○	○

② 중소기업중앙회 (www.kbiz.or.kr)

NO	사업명	사업특징	분야(방식)	기업성장단계			
				1	2	3	4
1	중소기업 회계기준 적용지원	중소기업의 자구적 회계투명성 확보를 위해 「중소기업 회계기준지원센터」를 설치하여 기업이 쉽게 중소기업회계기준을 적용할 수 있도록 지원	교육지원	△	○	○	○
2	사업조정 제도	대기업의 사업진출로 당해업종 상당수 중소기업이 수요감소 등으로 경영안정에 현저하게 나쁜 영향을 미치거나 미칠 우려가 있는 경우 대·중소기업간 상호 자율협의를 통해 상생방안을 마련하는 제도	제도적 지원	X	△	○	○
3	제조하도급 분쟁조정 협의회 운영	기업 간 하도급거래에 있어 계약서 미교부, 납품대금 미지급, 부당한 납품단가 감액 등 분쟁 발생시, 제조하도급분쟁조정협의회에서 당사자 간 자율적 분쟁 해결을 유도	제도적 지원	X	△	○	○
4	가업승계 원활화를 통한 명문 장수기업 육성	중소기업의 성공적인 가업승계를 통해 고유기술, 전문인력, 경영노하우 등이 단절되지 않고 지속적으로 유지되어 명문 장수기업으로 성장할 수 있도록 지원	제도적 지원 교육지원	X	X	○	●

5	무역피해 구제 지원 센터운영	무역구제제도에 대한 홍보 및 지원을 통해 수입의 급증 또는 불공정한 무역행위로부터 국내 산업을 보호하고 중소기업 경영안정 도모	대리인비용 지원	X	X	△	△
6	중소기업 무역촉진단 파견지원	중소기업의 글로벌화 및 수출 촉진을 도모하기 위해 전문업종 중심의 단체전시회 및 수출컨소시엄 파견 등을 지원	마케팅 지원	X	△	○	○
7	중소기업 제품 공공 구매제도	중소기업 판로 지원을 통한 중소기업 육성을 위해 중소기업이 생산·제공하는 제품에 대하여 정부 및 지방자치단체, 정부투자기관 등 공공기관이 우선적으로 구매하도록 다양한 지원책을 마련·운영	판매지원	X	△	○	○
8	외국인 근로자 고용지원	중소기업의 인력난 완화를 위해 국내 인력을 구하지 못한 기업에게 외국인 근로자를 고용할 수 있도록 지원	인력지원	X	△	○	●
9	소기업·소상공인 공제제도 (노란우산 공제)	사업주가 매월 일정부금을 납부하여 폐업, 사망, 질병·부상으로 인한 퇴임, 노령 은퇴 시 생활안정과 사업재기를 위한 퇴직금마련 지원제도	공제회	○	○	○	○
10	중소기업 금융공제 지원제도 (공제사업 기금)	중소기업의 도산방지와 경영안정을 위하여 공제사업기금 가입업체를 대상으로 받은 어음이 부도나거나 어음수표, 매출채권의 조기 현금화 및 단기운영 자금이 필요할 때 자금을 지원	운전자금(융자)	○	○	○	○
11	중소기업 보증공제 지원제도	중소기업이 공공기관과의 조달계약에 참여할 경우 필요한 보증서를 그동안 보증시장을 독과점 해왔던 민영 보험사보다 저렴하게 발급·지원	보증지원	X	○	○	○
12	중소기업 PL(제조물 책임) 공제 지원 제도	중소기업이 제조물책임(PL)을 부담하는 경우에 손해를 배상하는 보험으로 단체보험 가입시 개별 가입시보다 보험료가 20% 이상 저렴하여 중소기업의 경비 경감을 지원	단체보험 (경비절감)	X	△	○	○
13	중소기업 손해공제 지원제도	중소기업이 경영과정에서 노출되는 위험에 대비하도록 화재·배상책임 등 공제서비스를 저렴하게 공급하여 경영부담을 완화하고 위험업종 사업장에 대해서도 인수제한을 최소화하여 공제(보험) 가입의 문을 넓힘	공제 서비스	△	○	○	○

③ 신용보증기금 (www.kodit.co.kr)

NO	사업명	사업특징	분야(방식)	기업성장단계				
				0	1	2	3	4
1	중소기업 신용보증지원	기업의 미래성장성과 기업가치를 평가하여 기업 경영에 필요한 각종 채무에 대한 보증을 지원함으로써 중소기업이 자금융통을 원활히 할 수 있도록 지원	보증지원					
2	경영혁신형 중소기업 인증평가	서비스업, 전통제조서비스업, 전통제조업 등을 포함한 다양한 업종에서 일반 중소기업에 비해 높은 부가가치를 창출하는 경영혁신기업을 발굴	평가인증	X	△	○	○	●
3	보증연계투자	중소기업의 원활한 자금조달 및 재무구조 개선을 위해 보증과 투자를 연계하여 지원하는 복합금융상품, 신보가 가치창출능력과 미래성장 가능성이 높은 중소기업의 유가증권을 직접 인수하여 중소기업에 자금을 지원하는 제도	보증+투자지원	X	○	○	○	△
4	유동화회사보증 (P-CBO)	기업이 회사채 발행 등을 통해 직접금융시장에서 자금을 조달할 수 있도록 지원하는 보증제도	보증지원	X	●	●	●	△
5	산업기반 신용보증기금	사업시행자가 금융기관 등으로부터 민간투자사업자금을 원활히 조달할 수 있도록 지원하는 보증사업	투자유치 지원	X	X	△	○	●
6	매출채권보험	중소기업이 외상으로 물건을 팔고 대금을 받지 못할 것을 대비한 보험, 중소기업은 경기 전망이 불투명할 경우 매출채권을 회수하지 못할 가능성이 높아지는데 매출채권보험에 가입함으로써 이런 불확실성을 헷지	금융지원(보험)	X	X	△	○	●

7	희망창업 아카데미	(예비)창업자에게 창업교육, 멘토링 등을 제공하여 성공적인 창업을 위한 단계별 맞춤형 창업교육을 실시	교육지원	●	X	X	X	X
8	지식재산 우대보증	지식재산단계별 프로젝트 보증(창출–이전–사업화–활용)	보증지원	X	○	●	●	●
9	IP담보대출보증	지식재산가치평가를 통한 보증프로그램(한국발명진흥회 기술가치평가 연계)	보증지원	X	○	●	●	●
10	SMART보증	한국발명진흥회 특허가치평가시스템 스마트3.0 기반의 보증	보증지원	X	○	●	●	●
11	유망창업기업 성장지원 프로그램	유망창업기업을 대상으로 창업 유형 및 창업단계별 특성을 반영한 맞춤형 보증 프로그램	보증지원	X	●	●	X	X
12	신보 혁신아이콘	우수 중견기업 또는 글로벌 혁신기업으로 성장 가능성이 높은 혁신 스타트업에 대한 스케일업 프로그램(보증 100억, 보증연계투자지원)	보증+투자지원	X	△	○	●	●
13	퍼스트펭귄 창업기업보증	창업 후 3년 이내의 창조적 아이디어와 기술력을 보유한 유망창업기업 중 미래 성장성이 기대되는 핵심 창업기업을 별도로 발굴·선정하여 최대 30억원까지 보증을 지원하고 각종 우대도 최고 수준으로 지원하는 제도	보증지원	X	●	X	X	X
14	M&A보증	신보 M&A지원센터에서 M&A보증(매수자), M&A 컨설팅등 지원	보증지원	X	X	X	●	●

④ 기술보증기금 (www.kibo.or.kr)

NO	사업명	사업특징	분야(방식)	기업성장단계			
				1	2	3	4
1	기술보증	담보력이 부족하나 기술력을 보유하고 있는 중소기업의 기술성, 사업성 등 미래가치를 평가하여 보증서를 발급해 주는 사업	보증지원	●	●	△	△
2	예비창업자 사전보증	창업 전 보유 기술·아이디어를 평가하여 창업자금 지원규모를 결정 및 창업정보를 제공하는 창업멘토링을 지원, 창업즉시 창업자금 및 보증 지원	보증지원	○	X	X	X
3	창업기업 우대지원 제도	기술력을 기반으로 한 창업을 유도하여 미래의 성장동력을 육성하고 이를 통해 일자리 창출을 확대하고자 창업기업에 대한 다양한 제도를 마련하여 우대지원	창업기업 우대지원	●	△	X	X
4	일자리 창출기업 우대보증 제도	일자리 창출 효과가 높게 나타나는 창업기업, 지식서비스산업, 10대 차세대 성장동력산업, 녹색성장산업 등에 중점 보증지원, 중소기업의 신규인력 고용에 소요되는 인건비를 지원함으로써 직·간접적으로 고용창출유도	고용창출기업 우대지원	○	●	●	△
5	전자상거래 보증	기업간(B2B) 전자상거래에서 발생하는 대금결제를 위한 대출금 또는 외상구매자금에 대해 보증을 지원하는 제도	채무보증	○	●	○	△
6	R&D 보증	아이디어 단계부터 사업화에 이르기까지 전주기에 걸쳐 개발 및 사업화연계 R&D금융 매칭을 통해 체계적인 R&D금융 활성화를 도모하기 위한 제도. R&D를 개발-사업화준비-사업화단계로 구분하고, 각 단계별 특성에 맞는 평가방법과 소요자금 사정기준을 적용하여 R&D자금을 지원	보증지원	●	●	●	△
7	특허기술 가치평가 보증	특허청과의 우수특허기술 사업화 지원 협약 에 의해 특허기술의 사업화를 촉진하고 중소기업의 기술혁신을 효율적으로 지원하기 위해 특허기술의 가치평가를 통해 금융을 지원	기술사업화 지원	●	●	○	△

8	지식재산 (IP) 보증	우수 지식재산(IP)의 창업·인수·사업화 촉진을 위해 금융지원을 하는 제도, 등록된 지식재산(IP) 및 미등록 지식재산(IP)에 대해 기술가치를 평가하여 기술가치금액을 산출하고, 산출된 가치금액 범위 내에서 사업화 또는 인수자금을 보증지원	보증지원	△	○	●	●
9	기술융합 기업 우대 보증	융합(완료)기술의 개발·사업화 하는 혁신형 중소기업에 보증지원	기술융합 기업 우대지원	X	△	○	●
10	문화산업 완성보증	문화상품의 제작사가 제작에 필요한 자금을 원활하게 조달할 수 있도록 금융회사에 보증서를 발급하고, 문화상품의 제작을 완성하여 인도 시 수령하는 판매대금이나 관련 수익금으로 대출금을 상환하는 제도	프로젝트 보증지원	△	△	△	△
11	고부가 서비스 프로젝트 보증	정보통신 솔루션 개발, 문화콘텐츠 제작 등 고부가서비스 용역 수행기업이 소요예산 범위 내에서 계약서 등에서 정한 계약기간 이내에 용역공급을 완료하도록 필요자금에 대해 보증지원	프로젝트 보증지원	X	●	●	●
12	기술평가	무형의 기술을 대상으로 그 기술의 기술성, 시장성, 사업성 등을 평가하여 금액, 등급, 의견 등으로 표시하는 제도로서, 기술가치평가, 기술사업 타당성평가, 종합기술평가 등으로 분류하며 평가목적, 용도 등에 따라 다양하게 운용	목적별 기술평가	●	●	○	○
13	벤처확인 평가	기술평가 기관으로서 벤처확인평가를 실시, 벤처확인공시시스템벤처인(venturein.or.kr)을 직접 운영	평가인증	○	○	X	X
14	이노비즈 인증평가	이노비즈(Inno-Biz)란 혁신(Innovation)과 기업(Business)의 합성어로 기술우위를 바탕으로 경쟁력을 확보한 기술혁신형 중소기업을 의미하며, 정부에서는 기술경쟁력과 미래 성장가능성을 갖춘 이노비즈기업에 기술, 자금, 판로 등을 연계 지원	평가인증	X	X	○	○
15	기술이전·사업화 지원사업	대학, 연구소 등으로부터 기술을 도입하고자하는 기업을 대상으로 산업재산권 거래 등에 필요한 정보를 제공하고, 기술이전 중개자로서 기술보유자, 기술수요자 간 기술거래 알선 및 협상과 기술사업화에 필요한 자금을 기술금융을 통해 One-stop으로 지원(* 테크브리지 R&D 신설)	기술사업화 지원	○	○	○	●

16	녹색인증 평가	'저탄소 녹색성장기본법'에 근거한 녹색 인증관련 평가기관으로서 녹색기술·녹색사업 인증 및 녹색전문기업녹색기술 제품 확인업무를 진행	평가인증	X	△	○	●
17	보증연계 투자	기술력이 우수하고 성장 가능성이 높은 기술·창업 중소기업에 대하여 보증과 연계하여 직접 투자하는 보증·투자 복합상품으로, 기술보증기금이 창업초기·R&D· 미래성장 부문 등 기술혁신형 중소기업의 유가증권을 직접 인수하여 자금을 지원	투자지원	●	●	X	X
18	투자 옵션부 보증	기술력이 우수한 창업기업에 대하여 보증부대출로 Seed Money를 우선 제공한 후, 일정시점 이후부터 보증기간 만료일까지 기금의 선택으로 보증부 대출을 투자로 전환할 수 있는 옵션이 부여된 보증	투자지원	●	●	X	X
19	경영개선 지원제도	기술력과 사업성이 있으나 경영애로를 겪고 있는 기보의 보증기업 중 기보의 지원으로 경영애로 해소가 가능한 기업을 선정하여 신규보증지원, 보증재조정, 기업지도, M&A 또는 기술거래 중개, 기술·경영컨설팅, 기타 경영·기술지원 등을 통해 경영정상화를 지원	컨설팅	△	○	●	●
20	재창업 재기지원 보증제도	실패하였지만, 우수한 기술력과 건전한 기업가 정신을 갖추고 있어 재기가능성이 높은 기업에 대해 채무조정과 신규보증을 지원	채무조정	△	X	X	X
21	특허공제 사업	특허공제사업은 공제가입 기업이 해외특허 출원이나 특허분쟁 발생 시 정부지원을 받을 수 없거나 지원이 불충분할 경우를 대비한 유용한 대안으로, 정부의 중소, 중견기업 IP보호 지원의 사각지대에 놓인 기업들의 애로를 해소할 수 있도록 설계	공제보험	○	○	○	○

⑤ 신용보증재단중앙회 (www.koreg.or.kr)

NO	사업명	사업특징	분야(방식)	기업성장단계			
				1	2	3	4
1	소기업·소상공인 등 신용보증 지원	소기업·소상공인 등의 운전자금 및 시설자금 등에 대하여 보증을 지원함으로써 금융회사 등으로부터 자금융통을 원활히 할 수 있도록 지원	운전자금, 시설자금	●	●	X	X
2	재해중소기업 특례보증	공장, 점포 및 시설이 재해로 파손되거나 유실되어 피해를 입은 재해중소기업에 대한 신속한 보증지원을 통해 지역경제 활성화를 도모	보증지원	O	O	O	O
3	장애인기업 특례보증	장애인기업에 대한 금융지원 확대로 장애인기업에 대한 경영안정 및 성장지원을 통해 장애인의 사회적·경제적 자립을 도모하고 고용기회를 확대하는 사업	보증지원	O	O	X	X
4	플러스 모바일 보증	생업유지로 지역신보 및 금융회사 방문이 어려운 개인사업자에 대한 모바일 기반의 보증으로 고객 편의를 제고하기 위해 지원하는 사업	모바일 보증지원	●	●	X	X
5	사회적기업 전용 특별보증	사회적기업에 특화된 전용보증 지원을 통해 사회적기업을 육성하여 취약계층에게 사회서비스 제공 또는 일자리 창출 확대 및 지역사회에 이바지하고자 하는 상품	사회적기업 우대지원	X	●	●	X
6	협동조합 특례보증	취약계층 일자리 및 사회서비스 제공, 창업 활성화 등에서 중추적인 역할을 협동조합을 지원하는 사업	운전자금	O	O	X	X
7	재도전 지원 특례보증	도덕성에 문제가 없는 성실실패자 및 법적채무종결기업에 대한 재기 지원 가능성을 평가하여 재도전 기회를 제공하고 창업생태계 활성화 도모를 위해 지원	운전자금	●	X	X	X
8	햇살론 (자영업자) 신용보증	물적 담보력이 부족한 일반 영세기업, 저신용 · 저소득 자영업자에게 담보처럼 활용할 수 있는 보증서를 제공함으로써, 영세기업이 서민금융회사에서 자금을 조달할 수 있도록 도움	창업자금, 운전자금, 대환자금	O	O	X	X

⑥ 기업은행 (www.ibk.co.kr)

NO	사업명	사업특징	분야(방식)	기업성장단계			
				1	2	3	4
1	IP보유기업 보증부 대출	신용보증기금, 기술보증기금의 기술가치 평가를 기반으로 우수한 지식재산을 보유한 기업에게 신용보증서를 담보로 자금을 지원	운전자금	△	○	●	●
2	IP사업화 자금대출	담보력은 약하나 우수 기술력을 보유한 중소기업에게 IP를 담보로 자금을 지원	운전자금, 시설자금	△	○	●	●
3	IBK창조기업 대출	중소기업청과 중소기업 기술개발사업 자금관리 및 기술력 우수 중소기업 육성을위한 업무협약 을 체결하고 R&D과제 성공기업 및 기술·성장잠재력을 보유한 기업 등에게 필요한 자금을 지원	운전자금, 시설자금	△	○	●	●
4	기술평가 기반 무보증 신용대출	우수기술을 보유하고 창업을 준비하고 계시거나 창업한지 얼마 지나지 않은 기술기반 창업기업의 소요자금을 무보증·무담보로 지원	운전자금	●	○	X	X
5	수출기업 육성자금 대출	글로벌 경쟁력을 갖춘 수출강소기업 육성을 위해 유관기관과 연계한 수출기업에게 자금을 지원	운전자금, 시설자금	X	△	○	●
6	수출입기업 유동성 지원 자금 대출	격한 환율변동에 따른 수출채산성 및 가격경쟁력 악화로 일시적인 자금곤란을 겪고있는 수출입 중소기업의 원활한 경영활동을 지원	운전자금	X	△	○	●
7	IBK 문화콘텐츠 대출	기술보증기금에 특별출연한 출연금을 재원으로 문화콘텐츠산업을 영위하는 중소기업에게 기술보증기금이 발급한 신용보증서를 담보로 자금을 지원	운전자금, 시설자금	○	○	○	●
8	고부가 서비스산업 지원대출	정보통신 솔루션 개발, 문화콘텐츠 제작 등 고부가서비스산업 영위기업에게 기술보증기금에서 발급한 신용보증서를 담보로 자금을 지원	운전자금	X	●	●	●
9	IBK시설 투자대출	기업의 경상적인 영업활동 및 시설투자에 필요한 소요자금을 지원	시설자금	X	△	○	●

10	토지분양 협약대출	정부산하기관 또는 지방자치단체(지방, 공기업 포함)가 분양하는 토지의 수분양자에 대하여 '토지분양 대금 반환청구권'을 담보로 취득하고 중도금 및 잔금 납부에 필요한 자금 또는 타행 토지분양협약대출의 대환자금을 대출	운전자금, 시설자금	X	△	○	●

⑦ 한국산업은행 (www.kdb.co.kr)

NO	사업명	사업특징	분야(방식)	기업성장단계			
				1	2	3	4
1	기업금융 종합서비스 지원	시설 및 운영자금 지원, 회사채 주선 및 인수, 컨설팅서비스 제공 등 고객의 수요를 충족하는 다양한 금융상품을 구비하여 지원	시설자금, 운전자금, 투자금융 컨설팅	○	○	○	○
2	온렌딩 대출	산업은행이 중소·중견기업을 지원하기 위하여 은행 및 여신전문금융회사를 통하여 장기·저리의 자금을 공급하는 정책자금 대출상품	시설자금, 운전자금, 리스자금	X	△	○	○
3	산업구조 고도화 지원	전통 주력산업 및 신성장 분야 중소, 중견기업대상 (중소,중견기업투자) 생산성 향상등을 위한 설비, 기술투자 (대중소상생투자) 대중소 협력사업등 산업생태계 경쟁력강화 (사업재편) 사업전환, 사업장 이전 등 사업구조 혁신	투자금융	X	X	X	●
4	환경·안전투자 지원	환경, 안전분야 신규투자 (환경,안전설비) 안전시설, 장비, 내전,내화, 집진,흡착등 환경,안전분야 설비투자 확대를 통한 산업재해 예방 (노후설비,건축물) 노후화된 기계, 기구교체, 사업장, 공장개선과련 설비투자 확대를 통한 안전사고 방지 (민간의 생활 SOC투자) 문화,체육, 관광,노후산단,신재생에너지 등의 개선 및 신규투자를 통한 선진국형 생활환경 구축	시설자금	X	△	○	○

5	벤처투자	(스타트업투자) 미래선도산업분야 글로벌 경쟁력 보유기업으로 성장할 가능성이 있는 기술력 또는 아이디어,서비스 우수한 창업초기 벤처, 중소기업 투자 (벤처투자) 벤처 생태계 조성을 위한 중소, 벤처기업(혁신성장산업관련 중소기업)을 대상으로 투자 (글러벌파트너쉽펀드) 투자 역량이 우수한 해외 벤처캐피털의 한국 진출 플랫폼을 제공하여, 해외벤처캐피탈의 글로벌 역량 및 네트워크를 활용하여 국내 벤처, 중소기업의 해외시장 진출 확대 및 글로벌 경쟁력 강화를 지원 (오픈이노벤이션펀드) 4차 산업혁명시대 미래 성장동력을 모색중인 중견기업들의 혁신벤처생태계 참여을 통한 '개발형혁신'을 지원하고 전통 중견기업과 벤처기업간 사업협력으로 공동성장을 모색	투자금융	O	O	O	O
6	기술금융 (자체평가 기반)	(IP매입자금대출) 기업의 지식재산권(IP)구입자금 지원을 목적으로 하여, 자금의 용도는 등록된 IP의 매매(양도) 및 실시권 허락에 필요한 자금으로 한정 (IP담보대출) 지식재산권(IP)을 담보로 한 기업의 자금조달 다변화를 목적으로 하여 매출이 발생하고 있는 제품과 관련된 IP 및 매출이 발생하고 있는 기존 제품의 개량, 보완과 관련된 IP에 한정 (IP기술사업화 투·융자)지식재산권(IP)을 활용하여 사업을 영위하는 기업의 사업화 자금을 지원 *IP사업화기업은 기술거래기업, 기술사업화컨설팅기업,IP기업등을 의미 (R&BD금융지원프로그램)중소벤처기업의 기술개발, 기술이전, 기술사업화 자금을 지원	시설자금, 운전자금, 리스자금	O	O	O	O

7	기술금융 (TCB 프로그램)	(TCB기반 신용대출)기술력 평가 중심의 여신지원으로 우수 기술 보유기업의 성장지원(7년이내, TCB평가 T4이상 기업) (IP기반 신용대출)기술력이 우수하나 담보력이 미약한 IP보유 또는 IP구매 중소기업에 대하여 무담보 대출 형태로 지원 (소프트웨어산업 육성펀드)기술력이 우수하나 담보력이 미약한 창업 초기 기업중 소프트웨어 영위 기업에 대하여 무담보 대출 및 투자형태로 지원(7년이내, TCB평가 T4이상 기업) (우수기술사업화펀드)기술력이 우수하나 담보력이 미약한 중소기업에 대하여 IP사업화를 위한 자금을 무담보 대출 및 투자형태로 지원 (기술기업성장지원펀드)기술력이 우수하나 담보력이 미약한 중소기업에 대하여 원재료구입비등 성장에 필요한 운영자금을 무담보 대출 및 투자형태로 지원	시설자금, 운전자금, 리스자금	●	●	○	○

⑧ 한국수출입은행 (www.koreaexim.go.kr)

NO	사업명	사업특징	분야(방식)	기업성장단계			
				1	2	3	4
1	수출초보 기업 육성 프로그램	연간 해외 직수출 1백만 달러 이하의 수출 초기단계 중소기업에 대한 우대지원을 통해 수출 중견기업으로 육성하는 제도	운전자금, 컨설팅	X	●	●	△
2	히든챔피언 육성 프로그램	기술력과 성장잠재력이 높은 중소·중견기업을 지원대상기업으로 선정, 금융·맞춤형 경영정보서비스를 지원하여 히든챔피언으로 육성하는 우리나라 대표 글로벌 중견기업 육성 프로그램	운전자금, 시설자금, 컨설팅	X	X	X	●

3	기술금융 프로그램	담보력은 부족하지만 기술력이 우수한 혁신형 중소기업의 성장 지원 및 개발기술의 사업화 추진을 위하여 기업이 보유하고 있는 기술의 우수성과 시장성을 평가하여 여신을 지원	운전자금	X	△	○	○
4	상생금융 프로그램 ① 해외동반 진출 파트너십	수출입은행과 상생협력약정을 체결한 현지진출 대기업(공공기관 포함)의 추천을 받아 대기업과 동반진출한 협력 중소·중견기업 앞으로 필요한 자금을 수출입은행이 직접 또는 간접 지원	투자자금, 수출팩토링	X	△	●	●
5	상생금융 프로그램 ② 상생자금 대출	수출입은행과 상생협력약정을 체결한 대기업이 추진하는 수출 프로젝트에 지원대상 물품을 공급하는 중소·중견기업을 대상으로 대기업의 추천을 받아 수출입은행이 생산 및 수출에 필요한 자금 또는 이행성 보증을 지원	운전자금	△	○	●	●
6	상생금융 프로그램 ③ 상생협력 대출	수출입은행과 상생협약을 맺은 대기업을 차주로 하여 중소·중견기업이 대기업 앞으로 수출용 원부자재를 납품하는 즉시 수출입은행이 대기업을 대신하여 중소·중견기업 앞으로 납품대금을 지급함으로써 중소·중견기업의 자금유동성을 지원	운전자금	△	○	●	●
7	환위험관리 금융·비금융 서비스	수출중소기업의 대외거래에 따른 환위험관리 애로 해소를 지원하기 위해 제공하는 금융·비금융 서비스	통화옵션, 컨설팅	△	△	●	●
8	수출금융 ① 수출촉진 자금	내수에서 수출로 전환하거나 수출확대를 추진하는 기업을 대상으로 시설투자, 기술개발, 해외시장개척활동자금 및 수출기업 인수 등을 지원	시설자금	X	△	●	●
9	수출금융 ② 수출성장 자금	물품 등의 수출에 필요한 자금을 과거 수출실적 범위 내에서 일괄 지원	구매자금	X	△	●	●
10	수출금융 ③ 수출이행 자금	수출계약별로 수출목적물의 제작이행 및 대금 회수시까지 필요한 자금을 지원	운전자금	X	△	●	●
11	해외사업 관련대출	해외자원개발, 해외 M&A, 현지법인 사업자금 및 해외사업 활성화를 위한 시설자금 등 우리기업의 해외진출 지원을 위한 다양한 금융을 제공	투자자금, 운전자금	X	X	○	●

12	수입금융 (수입자금)	국민 생활의 안정, 고용증대 및 수출 촉진 등에 기여하는 물품 등의 수입자금을 지원	수입소요자금	X	△	○	●
13	이행성보증	수출거래의 수주, 국민경제의 중요한 수입 또는 해외사업 이행 등에 필요한 제반 이행성 보증을 지원	보증지원	X	△	○	●
14	무역금융	수출거래를 이행한 후에(선적 후) 바로 수출대금을 받을 수 있는 수출팩토링, 포페이팅 등 다양한 금융상품 지원제도	운전자금	X	△	○	●
15	해외온렌딩	중소기업(건설·플랜트 및 해양기자재 중견기업 포함)의 대외거래에 필요한 자금을 국내중개금융기관의 지점망을 통해 공급하는 간접대출 상품	운전자금	X	△	○	○

⑨ 한국무역보험공사 (www.ksure.or.kr)

NO	사업명	사업특징	분야(방식)	기업성장단계			
				1	2	3	4
1	수입자 신용조사 서비스	해외신용조사기관으로부터 입수된 수입자 신용정보를 근거로 해외수입자의 신용상태와 수입국의 정치경제사정에 관한 조사활동을 하는 제도	컨설팅	△	△	○	○
2	수출 신용보증 (선적 전)	수출기업이 수출계약에 따라 수출물품을 제조, 가공하거나 조달할 수 있도록 외국환은행 또는 수출유관기관들(이하 '은행')이 수출신용보증서를 담보로 대출 또는 지급보증을 실행함에 따라 기업이 은행에 대하여 부담하게 되는 상환채무를 한국무역보험공사가 연대보증하는 제도	신용보증	X	X	○	○
3	수출신용 보증 (선적 후)	수출기업이 수출계약에 따라 물품을 선적한 후 금융기관이 환어음 등의 선적서류를 근거로 수출채권을 매입(NEGO)하는 경우 무역보험공사가 연대보증하는 제도	신용보증	X	X	○	○

4	단기수출 보험 (선적 후)	수출자가 수출대금의 결제기간 2년 이하의 수출계약을 체결하고 물품을 수출한 후, 수입자(L/C거래의 경우 개설은행)로부터 수출대금을 받을 수 없게 된 때에 입게되는 손실을 보상	수출보험	X	X	O	O
5	중소중견 Plus+보험	보험계약자인 수출기업은 연간 보상한도에 대한 보험료를 납부하며, 수입자 위험, 신용장 위험, 수입국 위험 등 보험계약자가 선택한 담보위험으로 손실이 발생할 때 공사는 책임금액 범위 내에서 손실을 보상	수출보험	X	X	O	O
6	환변동 보험	수출 또는 수입을 통해 외화를 획득 또는 지급하는 과정에서 발생할 수 있는 환차손익을 제거, 사전에 외화금액을 원화로 확정시킴으로써 환율변동에 따른 위험을 헤지(Hedge)하는 상품	환리스크	X	X	O	O
7	수입보험 (수입자용, 금융기관용)	'수입자용'은 국내수입기업이 선급금 지급조건 수입거래에서 비상위험 또는 신용위험으로 인해 선급금을 회수할 수 없게 된 경우에 발생하는 손실을 보상하는 제도이며, '금융기관용'은 금융기관이 주요자원 등의 수입에 필요한 자금을 수입기업에 대출(지급보증)한 후 대출금을 회수할 수 없게 된 경우에 발생하는 손실을 보상하는 제도	손해보험	X	△	O	O
8	해외채권 추심업무 대행	수출 또는 기타 대외거래와 관련하여 발생한 해외미수채권에 대하여 한국무역보험공사가 해외 네트워크를 통해 채권회수를 대행하는 제도	채권회수	X	X	O	O

⑩ 대한상공회의소 (www.korcham.net)

NO	사업명	사업특징	분야(방식)	기업성장단계			
				1	2	3	4
1	중소기업 품질혁신 지원사업	제조기반 중소기업의 품질향상 및 경쟁력 강화를 위해, 품질전문가로 구성된 지도위원을 기업현장에 파견하는 맞춤형 품질혁신 자문 및 지도를 수행하는 품질혁신 지도와, 중소기업의 품질혁신	컨설팅, 교육지원	X	△	O	O

		지도와, 중소기업의 품질혁신 마인드 향상을 위한 맞춤형 교육인 품질혁신 교육 등을 지원하는 제도					
2	산업혁신 운동	대중소기업 동반성장을 2,3차 협력 중소기업 및 대기업 미연계 중소기업까지 확산함으로써 기업생태계 전체의 생산성 제고. 중소기업 현장의 생산성 향상을 종합지원함으로써 대중소기업 동반성장 강화 및 중소기업 자생력 강화	컨설팅	X	△	○	○
3	코참경영 상담센터	법률/법무, 무역/관세, 인사/노무, 특허, 세무/회계, 창업/경영 분야의 전문위원들이 보다 나은 기업환경 조성에하기 위한 제도	경영컨설팅	○	○	○	○
4	제조물책임 (PL)보험 중소기업 지원	제품 결함으로 발생할 수 있는 손해배상 책임의 보장을 위해 제조업자가 PL보험을 가입할 경우 단제 할인율 적용으로 기존보험료 대비 20~40% 할인을 받을 수 있으며, 개별 보험계약보다 업체에 유리한 조건으로 보험료 및 사고처리서비스 제공하는 제도	단체보험	○	○	○	○
5	중소기업 직업능력 개발 지원	기업의 인력수요를 반영하여 재직근로자, 채용예정자, 구직자를 대상으로 서울을 포함한 전국 9개 인력개발원에서 현장실무 중심 교육훈련 실시	인력지원	○	○	○	○
6	올댓비즈 (allthatbiz.korcham.net)	정부·지자체의 기업지원사업과 다양한 경영정보를 한눈에 볼 수 있도록 망라한 맞춤 검색 사이트 제공	정보제공	○	○	○	○

⑪ 대한무역투자진흥공사 (www.kotra.or.kr)

NO	사업명	사업특징	분야(방식)	기업성장단계			
				1	2	3	4
1	수출애로 상담	중소기업의 무역 애로사항 해소를 위해 전화, 온라인, 내방상담 등 다양한 경로를 통해 무료로 상담	컨설팅	△	○	○	○

2	이동 KOTRA	'이동 KOTRA'는 내수·수출초보기업을 찾아가는 현장컨설팅 서비스로 중소기업의 수출 전반에 대한 문의사항에 대해 무료로 방문 상담해드리는 서비스	컨설팅	X	△	○	○
3	해외시장 조사	전 세계 KOTRA 해외무역관 네트워크를 활용하여 잠재 사업파트너 정보 조사, 맞춤형 시장 조사, 원부자재 공급선 조사 등 진출 타겟 시장에 대한 조사 서비스를 제공	해외마케팅	△	○	○	○
4	글로벌 역량 진단 (GCL Test)	GCL Test(Global Competence Level Test)는 글로벌 역량 평가와 품목별 분석을 통해 ① 역량 분석 결과 ② 품목별 시장성 ③ 수출 지원 사업 안내를 제공하는 서비스로, 기업의 해외진출 전략 수립에 유용하게 활용	컨설팅	X	△	○	○
5	수출상담회	한국 상품 수입을 희망하는 구매단 또는 개별바이어를 초청하여 국내 업체와의 수출상담 기회를 제공해드립니다. 복잡한 시장조사와 바이어 발굴에 들어가는 노력과 비용을 절감하고 해외출장을 가지 않고도 바이어와 상담	컨설팅 (연계지원)	△	○	○	○
6	무역 사절단	국내 중소기업의 해외진출을 위해 KOTRA가 지자체, 유관기관과 세일즈단을 구성하고 해외로 파견하여 현지 바이어와의 수출 상담 기회를 제공해드립니다.KOTRA 해외무역관에서 현지 바이어와의 상담을 지원함으로써 국내업체의 수출을 지원	컨설팅 (연계지원)	△	○	○	○
7	해외전시회 한국관 참가	해외에서 개최되는 전시회에 KOTRA와 유관단체가 공동으로 한국관을 구성하여 국내 수출업체의 전시회 참가를 도움	해외마케팅	△	○	○	○
8	해외전시회 개별참가 지원	해외에서 개최되는 전문전시회 개별 참가시 KOTRA가 부스비, 해상편도 운송비, 해외시장조사비의 일부를 지원	해외마케팅	△	○	○	○
9	온라인 마케팅 (buy KOREA)	국내 B2B e-마켓플레이스 바이코리아를 통해 전 세계 바이어와 한국 공급업체를 연결함으로써 한국 상품	결제서비스	△	○	○	○

		의 해외 홍보, 해외바이어의 구매정보 중개는 물론 거래대금 온라인 결제(KOPS), EMS 국제배송, 화상상담 등 거래 프로세스를 지원					
10	신규 수출기업화 사업	국내 내수기업을 대상으로 해외시장개척을 지원하여 수출 유망기업으로 성장할 수 있도록 1년간 서비스해드리는 사업. 특히, 퇴직무역전문인력인 수출전문위원(PM)과 참가기업을 '멘토·멘티'로 지정하여 무역 실무에서 수출계약 이행까지 1년간 1:1로 밀착 지원	컨설팅	X	△	○	○
11	지사화사업	해외에 지사를 설치할 여력이 부족한 중소중견기업의 현지 지사역할을 대행, 수출 및 해외진출을 지원해 드립니다. 해외진출 단계별 수요에 따라 OKTA 글로벌마케터(진입), KOTRA 지사화전담직원(발전), 중진공 해외민간네트워크(확장) 중 적합한 서비스를 선택하여 이용하실 수 있음.	컨설팅	X	△	○	○
12	월드챔프	기업 중심의 맞춤형 해외마케팅 지원을 통한 중소·중견기업의 수출 경쟁력 강화 및 한국형 히든챔피언 육성을 지원	컨설팅	X	△	△	●
13	세계일류 상품 육성 사업	국가 수출을 이끄는 1,000개의 핵심 제품 육성을 위해 세계시장 점유율 5위 이내 품목(7년 이내 진입가능 품목 포함)을 선정하여 생산기업의 종합 해외마케팅을 지원	해외마케팅	X	△	△	●
14	해외 프로젝트 수주 지원	이메일, 전화, 내방상담 등 다양한 방식으로 해외 프로젝트 수주 과정 중 겪게 되는 중소기업의 다양한 애로사항을 무료로 상담	컨설팅	X	△	△	●
15	IT수출상담 지원센터	ICT 분야 하드웨어, 소프트웨어 및 IT서비스 기업을 지원하는 전문 상담센터로 온·오프라인에서 상시 이용이 가능. ICT 중소기업이 해외진출 시 직면하는 단계별 문제를 해결하고 현지 진출국에서의 애로사항을 해소할 수 있도록 지원	컨설팅	X	△	△	●

16	ICT기업 해외 수출지원 (K-Global)	주요 IT시장에 중소기업 해외수출 확대를 지원하는 사업으로 IT분야 전시상담, 컨퍼런스, 기술교류, IR 등을 복합적으로 추진하는 사업	해외마케팅	X	△	△	●
17	서비스업 해외진출 선도기업 지원	서비스 분야의 해외시장 진출을 위해 서비스 거점 KOTRA 해외무역관을 이용하여 기업 수요에 따라 맞춤형으로 지원하는 서비스	컨설팅	X	△	△	●
18	경제한류 해외진출 지원	한류의 글로벌 확산에 따른 경제한류의 파급 효과를 국내 유망 제조 및 서비스업에 적용하고 경제한류의 브랜드 파워를 활용하여, 신규 해외 수출 및 진출 기회를 창출하기 위해 한류 박람회, 한류 연계 특화 마케팅 사업, 한류 심층조사를 추진하여 경제한류 분야 해외마케팅을 선도적으로 지원	컨설팅	X	△	△	●
19	의약품· 의료기기 선도기업 육성사업	의약품, 의료기기 기업의 해외시장 진출 지원을 위해 기업 수요에 따라 맞춤형으로 해외마케팅을 지원하는 서비스	컨설팅	X	△	△	●
20	글로벌 조달 전문기업 육성	해외 공공조달시장 진출 지원을 위하여 조달 전문기업 1,000개사 육성을 지원	컨설팅	X	△	△	●
21	글로벌기업 파트너링 지원	R&D 기반의 글로벌기업과의 파트너링을 통해 국내 기업의 육성을 지원해드리는 사업	연계지원	X	△	△	●
22	열린 무역관	국내기업이 해외출장 시 필요한 사무공간을 전 세계 KOTRA 해외무역관에서 무료로 지원해드리는 서비스	공간대여	○	○	○	○
23	수출 인큐베이터	현지 KOTRA 무역관과 연계하여 해외 주요 거점도시에 사무공간을 제공하고, 정착 지원서비스와 시장개척 활동을 지원	공간대여	X	△	△	●
24	해외물류 네트워크 (공동물류) 사업	KOTRA 해외무역관이 현지 전문물류서비스 업체와 제휴하여 우리 중소기업의 해외 현지 창고 입출고 및 보관, 반품, 보세창고(중국지역) 지원 등 물류 관련 서비스를 제공해드리는 사업입니다. 국내기업의 적기납품,	컨설팅	X	△	△	●

		현지 스톡세일(stock sale) 등 현지 물류 서비스를 지원					
25	한국투자 기업지원 센터	해외 진출이 활발한 7개국에 12개 '한국투자기업지원센터'를 설치하여 해외투자진출 기업의 성공적인 현지정착을 지원	컨설팅	O	O	O	O
26	지식 재산권 보호 (IP-DESK)	6개국에 12개소에 '해외지식재산센터(IP-DESK)'를 설치하여 국내 기업의 지식재산권보호 및 확보를 지원	IP컨설팅	O	O	O	O
27	국내복귀 기업 지원	해외진출 기업의 국내복귀(신설 또는 증설)를 지원하기 위해 원스톱 서비스를 제공	컨설팅	X	△	△	●
28	글로벌 M&A 지원	M&A를 활용한, 국내 중소·중견기업의 해외 핵심기술·브랜드·유통망·생산기반의 효율적 확보를 지원	컨설팅	X	△	△	●
29	해외 전문인력 유치지원 사업	KOTRA 해외무역관을 활용하여 중소기업에 필요한 기술, R&D인력 등 해외 전문인력 발굴부터 인터뷰 주선, 이력확인, 비자추천, 채용까지 지원	인력지원	O	O	O	O
30	교육·연수	KOTRA 아카데미에서는 글로벌 지역전문인력 육성과정, 글로벌 비즈니스과정, 외국인투자유치교육과정 등 글로벌 비즈니스 전문가 양성을 위한 다양한 프로그램을 운영하고 있음	인력양성	O	O	O	O

⑫ 한국무역협회 (www.kita.net)

NO	사업명	사업특징	분야(방식)	기업성장단계			
				1	2	3	4
1	TradeSOS 무역실무 상담	수출입절차, 통관절차/HS품목분류, 해외인증, 세무/회계, 외환/환율, 국제계약/클레임, 할랄 수출상담에 이르기까지 분야별 전문가의 상담을 받을 수 있는 제도	컨설팅	△	O	O	O

2	TradeSOS 무역현장 자문서비스	실무 경험이 풍부한 대기업, 종합상사 출신 무연현장 자문위원이 업체를 직접 방문하여 맞춤형 자문서비스를 제공하는 제도	컨설팅	△	○	○	○
3	해외전시회 참가 지원	홍콩 춘계보석전시회, 라스베가스 보안기기전시회 등 해외전시회에 공동관(한국관)을 설치하여 중소/중견기업의 참가를 지원함으로써, 전략시장 수출증진과 시장 다변화를 통한 무역규모 확대에 기여하고 부스이미지 고급화를 통한 한국관 브랜드이미지를 제고할 수 있도록 지원하는 제도	해외마케팅	X	△	○	○
4	해외바이어 초청 수출상담	해외의 유력 바이어를 초총하여 수출상담회를 개최하여 수출 마케팅 기회를 제공하는 제도	해외마케팅	X	△	○	○
5	온라인 해외 마케팅 지원 서비스	한국무역협회가 보유한 DB검색을 통해 원하는 해외바이어정보를 제공하는 바이어DB 타겟 마케팅, 한국무역협회 해외지부 및 해외 마케팅오피스에서 1:1 타겟마케팅 후 발굴된 복수의 바이어 정보를 제공하는 해외비즈니스 매칭서비스, 글로벌 유통 100대 바이어를 온라인상으로 초청하여 국내업체와 상시적으로 거래알선을 지원하는 박바디어 상시거래알선, 유망수출기업에게 영문 미니사이트 제작을 이행하는 사업 등 온라인 글로벌 시장 개척 지원하는 제도.	해외마케팅	△	○	○	○
6	Kmall24를 통한 B2C 해외판매 지원사업	한국무역협회가 운영하는 해외판매 전용 온라인 쇼핑몰인 Kmall24를 활용한 해외시장 진출 지원사업입니다. Kmall24(영문, 중문) 입점 및 아마존, 이베이 등 해외오픈마켓 연계 판매 등을 통한 B2C 해외판매를 지원하는 제도	판로개척	X	△	○	○
7	APEC 기업인 여행카드 (ABTC) 발급	APEC 회원국간 경제교류 확대를 위한 것으로서, 기업인에게 별도의 입국 비자 없이, 공항내의 전용 수속레인을 통해 신속한 출입국을 보장하는 제도	출입국 카드	X	△	○	○

8	무역분야 외국인 사증 (VISA) 발급 추천	외국인력 채용이 필요한 무역업체에, 외국인력 채용을 위한 외국인 사증 발급을 추천하는 제도	인력지원	X	X	O	O
9	무역기금 융자	한국무역협회가 중소기업의 수출지원을 위해 자체 조성한 자금을, 해외시장개척 및 수출이행 관련 자금이 필요한 중소기업에 의 지원하는 제도	운전자금(융자)	X	X	O	O
10	용역 및 전자적 무체물 수출입실적 증명발급	무역/통상 관련 기관 또는 단체의 무역/통상진흥 활동 지원에 활용되는 기업의 일정기간에 대한 용역 및 전자적 무체물 등의 수출입실적을 증명하는 문서를 발급하는 제도	실적증명	X	△	O	O
11	OK FTA 컨설팅 지원사업	FTA활용에 어려움을 겪고 있는 기업에 맞춤형 현장방문 컨설팅을 지원하는 사업으로, 기업의 자율적인 FTA 활용을 위해 업체별 수요에 따라 종합/개선/예비 컨설팅을 제공하는 FTA 원산지관리 컨설팅과, FTA 체결국 수출 시 필요한 해외인증, 지재권, 계약서 검토에 관한 맞춤형 정보와 컨설팅을 제공하는 비관세 분야 컨설팅 등을 제공하는 제도	컨설팅	△	O	O	O

⑬ 소상공인시장진흥공단 (www.semas.or.kr)

NO	사업명	사업특징	분야(방식)	기업성장단계				
				0	1	2	3	4
1	소공인특화자금	숙련기술 기반의 소공인이 필요로 하는 장비 도입, 경영안정 등에 필요한 자금 지원	운전자금(융자)	X	O	O	X	X
2	성장촉진자금	'성장기' 및 '성숙기' 소상공인에 대한 활력 제고 및 성장·재도약 자금 지원	운전자금(융자)	X	O	O	X	X
3	일반경영안정자금	소상공인의 경영애로를 해소하고 영업지속률을 높이기 위하여 점포운영 자금 지원	운전자금(융자)	X	O	O	X	X

4	소상공인 경영교육	예비창업자 및 소상공인이 경영/기술 환경 변화에 대처할 수 있도록 전문기술교육/경영개선교육 지원	교육지원	●	●	O	X	X
5	청년고용특별자금	자금력 부족으로 애로를 겪는 청년 소상공인 경영 활성화 및 청년 일자리 창출 지원	운전자금(융자)	X	△	O	X	X
6	신사업창업 사관학교	성장가능성이 높은 신사업 아이디어로 창업하려는 예비창업자를 선발하여 이론교육, 점포경영체험, 창업멘토링을 패키지로 지원	컨설팅	●	X	X	X	X
7	혁신형소공인전용자금	혁신형 소상공인의 성장에 필요한 자금 지원	운전자금(융자)	X	O	O	X	X
8	생활혁신형 창업교육	생활 속 아이디어를 적용하여 성공 가능성이 있는 생활혁신형 창업자에 성공불융자 지원	교육지원	●	X	X	X	X
9	소상공인 역량강화	소상공인 경영역량 강화를 위한 컨설팅 제공, 경영애로 소상공인에게 경영환경개선 등 맞춤형 연계 지원	컨설팅	X	O	O	X	X
10	소상공인 협업활성화	소상공인간 협업 및 공동사업 지원을 통해 소상공인의 경쟁력을 제고	기타	X	O	O	X	X
11	나들가게 육성	동네슈퍼 중 희망점포를 나들가게로 선정하여 점포환경 및 운영 개선을 지원	기타	X	O	O	X	X
12	중소슈퍼 협업화	슈퍼조합 중심의 동네슈퍼 체인화와 중소유통물류센터의 배송체계 구축을 지원	기타	X	O	O	X	X
13	상생협력 프랜차이즈 육성	가맹점과 상생협력 하는 프랜차이즈 가맹본부를 대상으로 브랜드 홍보, 해외진출 등 맞춤 지원	기타	X	O	O	X	X

14	소상공인 온라인판로 지원	우수 소상공인 제품의 온라인 시장 진출 지원	기타	X	△	△	X	X
15	백년가게 육성	지속가능한 경영을 하고 있는 우수 소상인(소기업)을 발굴하여 성공모델을 확산	기타	X	O	O	X	X
16	소상공인 자영업자를 위한 생활혁신형 기술개발	소상공인의 성장 및 혁신을 위한 비즈니스모델 개발 지원과 소상공인의 제품·공정·서비스 단계 등에 쉽게 적용할 수 있는 기술개발 지원	개발기술	X	O	O	X	X
17	소상공인스마트 상점기술보급	소상공인에게 적합한 스마트기술을 발굴·보급하여 경영서비스 혁신 및 자생력 강화를 지원	기타	X	O	O	X	X
18	희망리턴 패키지	폐업 예정 소상공인이 안정적으로 폐업하고 임금근로자로 전환할 수 있도록 컨설팅, 교육 등을 패키지로 지원	기타	X	O	O	X	X
19	재창업 패키지	특화형 및 비생계형 업종으로 전환하고자 하는 소상공인에게 교육 및 멘토링 지원	기타	O	O	O	X	X
20	1인 소상공인 고용보험료 지원	'자영업자 고용보험'기준 보수 1~4등급에 가입한 1인 소상공인에게 보험료 일부(30~50%) 지원	기타(보험료)	X	O	O	X	X
21	소기업& 상공인공제	소기업 소상공인의 폐업 사망 등 경영위기 발생시 생활안정과 사업재기를 지원하는 공제제도	기타	X	O	O	X	X
22	(소공인특화지원) 공동기반시설 구축·운영	소공인의 조직화·협업화 유도 및 집적지 경쟁력 제고를 위한 공동전시장, 공동장비실, 공동창고, 교육장 등 공동기반시설의 구축 지원	기타	X	O	O	X	X

23	(소공인특화지원) 제품 판매촉진	국내외 전시회 참가, 온라인몰 입점, 뉴미디어 마케팅 등 소공인의 판로개척 지원	판로개척	X	O	O	X	X
24	(소공인특화지원) 제품 기술 가치향상	소공인의 제품 기술 개발(개선)을 위한 기술개발 기획, 개발비용 등의 지원	개발기술	X	O	O	X	X
25	(소공인특화지원) 소공인 복합지원센터 구축·운영	입주부터 기획·디자인, 제품개발, 전시·판매, 온라인 마케팅까지 일괄지원이 가능한 복합지원센터 구축 지원	기타	X	O	O	X	X

〈참고 자료〉

도서

- 송상엽 외, 《지식재산 마케팅 전략》, 한국과학기술정보연구원, 2015.
- 신완선, 《컬러 리더십》, 더난출판사, 2002.
- 《2045 미래사회 @ 인터넷》, 한국인터넷진흥원, 2016.
- 《기술가치평가 실무가이드》, 산업통상자원부, 2014.
- 《사례중심의 지식재산 경영 매뉴얼》, 특허청, 2006.
- 《지식재산 거래업무 매뉴얼》, 특허청, 2018.
- 송상엽, 《지식재산 스타트》, 넥서스BOOKS, 2014.
- 《특허분쟁의 적극적 대응을 위한 Power Patenting전략》, 한국전자산업진흥회, 2008.
- 《지식재산권 분쟁 매뉴얼》, 특허청, 2012.12.
- 김석관, 〈Chesbrough의 개발형 혁신 이론〉, 과학기술정책, 2008 SEP·OCT.
- 《IP제품혁신매뉴얼》, 특허청, 2016.
- 《M&A 에센스》, 중소기업청, 2017.
- 최환진/김소현, 《스타트업 똑똑하게 시작하라》, 지앤선, 2014.
- 더멋 버커리(Dermot Berkery), 《스타트업 펀딩》, e비즈북스, 2013.
- 《대형성과물 창출을 위한 슈퍼특허 설계 및 출원전략》, 교육과학기술부 과학기술기반과/한국연구재단 성과확산지원팀, 2010.
- 이환희, 《정부창업자금활용전략》, 한국과학기술정보연구원, 2015.

온라인 홈페이지

- 한국벤처투자 홈페이지, www.k-vic.co.kr
- 아이디어브릿지 홈페이지, www.ibridgefund.com
- 플랫텀 홈페이지, www.platum.kr
- 한국벤처캐피털협회 홈페이지, www.kvca.or.kr
- 전자신문 홈페이지, www.etnews.com
- 동아비지니스리뷰 홈페이지, www.dbr.donga.com
- 삼성경제연구소 홈페이지, www.seri.org
- IT동아(스타트업투자유치마스터링), www.it.donga.com
- 한국전자정보통신산업진흥원, www.gokea.org

기(企業)사부일체

초판 1쇄 발행 · 2020년 1월 30일

지은이 · 박수기
펴낸이 · 김동하

기획편집 · 양현경 김원희
온라인마케팅 · 이인애

펴낸곳 · 책들의정원
출판신고 · 2015년 1월 14일 제2016-000120호
주소 · (03955) 서울시 마포구 방울내로9안길 32, 2층(망원동)
문의 · (070) 7853-8600
팩스 · (02) 6020-8601
이메일 · books-garden1@naver.com
포스트 · post.naver.com/books-garden1

ISBN 979-11-6416-047-1 (03320)

· 이 도서의 국립중앙도서관 출판예정도서목록(CIP)은 서지정보유통지원시스템 홈페이지(http://seoji.nl.go.kr)와 국가자료공동목록시스템(http://www.nl.go.kr/kolisnet)에서 이용하실 수 있습니다.(CIP제어번호: CIP2020001324)